CARBON NEUTRALITY

范式变更

碳中和的长潮与大浪

朱 民◎主编

中国出版集团
中 译 出 版 社

图书在版编目（CIP）数据

范式变更：碳中和的长潮与大浪 / 朱民主编 . --
北京：中译出版社，2023.5（2023.12 重印）
ISBN 978-7-5001-7378-6

Ⅰ . ①范… Ⅱ . ①朱… Ⅲ . ①绿色经济—研究 Ⅳ .
① F062.2

中国国家版本馆 CIP 数据核字（2023）第 054244 号

范式变更：碳中和的长潮与大浪
FANSHI BIAN'GENG: TANZHONGHE DE CHANGCHAO YU DALANG

著　　者：朱　民
策划编辑：朱小兰　刘炜丽　任　格　朱　涵
责任编辑：朱小兰
文字编辑：刘炜丽　王海宽　苏　畅　王希雅
营销编辑：任　格

出版发行：中译出版社
地　　址：北京市西城区新街口外大街 28 号 102 号楼 4 层
电　　话：（010）68002494（编辑部）
邮　　编：100088
电子邮箱：book@ctph.com.cn
网　　址：http://www.ctph.com.cn

印　　刷：北京中科印刷有限公司
经　　销：新华书店
规　　格：710 mm × 1000 mm　1/16
印　　张：30.75
字　　数：360 千字
版　　次：2023 年 9 月第 1 版
印　　次：2023 年 12 月第 2 次印刷

ISBN 978-7-5001-7378-6　　　　定价：98.00 元

序

碳中和的逻辑

全世界范围内形成的碳中和共识及其所引发的行动，标志着工业革命后形成的传统发展范式开始落幕，新的绿色发展范式由此兴起。这一新的发展范式将为人类提供新的现代化模式，为中国和世界带来可持续的绿色繁荣。有史以来，还从未有过像碳中和这样规模巨大、覆盖一切、穿透一切、如此完美的自我革命和自我颠覆。碳中和不只是简单的化石能源替代和技术问题，更表现为工业革命以来最为全面和深刻的人类发展“范式转变”。

2020 年 9 月 22 日，国家主席习近平在第 75 届联合国大会上宣布，中国力争在 2030 年前实现碳达峰，在 2060 年前实现碳中和。中国的“双碳”承诺，既是中国应对全球气候变化的大国担当，也是中国以碳中和推动经济绿色转型和全面建设社会主义现代化国家的战略选择。2022 年 10 月召开的中共二十大，将“中国式现代化”确立为中国今后的“中心任务”。“中国式现代化”不是简单地学习和追赶西方现代化，而是对工业革命后建立的现代化概念的重新定义。这其中，“人与自然和谐共生”便是“中国式现代化”重要的基本特征和本质要求。碳中和目标和“中国式现代化”，都意味着发展范式的深刻转变。

发展范式的上述转变意味着发展底层逻辑的变化，这将彻底改变传统工业时代形成的发展理念、发展内容、发展方式。这些改变会深入影响资源概念、企业组织模式、商业模式、金融模式、体制机制和政策体系等方面，具体表现为能源体系、基础设施、工业化、城镇化、农业现代化、金融体系、技术创新等领域发生的新变化。转变发展范式需要对经济学基本问题进行重新思考，包括价值理论、财富的内涵和测度、成本与收益概念、最优化概念、消费者和企业行为的目标及约束条件等。在碳中和的“范式转变”下，人类的生产目的、生产方式、消费方式、生活方式、社会组织都会发生变化。社会价值也会发生变化，人、生产、社会、自然将融为一体。我们需要从“范式转变”这一宏大的历史视野出发，思考、观察、理解碳中和带来的人类发展新逻辑。

碳中和带来的“范式转变”宣告以工业革命为基础的“工业文明”开始退出历史舞台。以工业革命为基础的工业化、城镇化和农业现代化带来了物质生产力的飞跃，提高了人均产出和收入，取得了物质指标上的巨大成功。但是，这种以物质财富生产和消费为中心的发展范式建立在高物质资源消耗、高碳排放、高生态环境破坏的基础之上，其对高碳能源和材料的过度开采和使用，以及对物质资本的严重依赖，导致了全球气候变化风险与自然资本和生态恢复力的枯竭。人们为追求物质消费而过度掠夺自然，破坏了生物的栖息地与多样性，引起了严重且广泛的环境退化。除了破坏人与自然的关系，这种发展范式也不可避免地带来对“健康”和“平等”的持续压力，削弱社会凝聚力。物质主义和消费主义的演进不能再使福祉获得相应提高。传统发展范式的不可持续性是全球所有国家都面临的严峻挑战。

碳中和带来的“范式转变”也将重新定义发展的目标。传统的工业革命使用国内生产总值（GDP）这一狭隘的产出衡量标准，将物质财富生产和消费最大化作为首要目标。这一目标夸大了物质商品和市场化服务的消费对福祉的作用，既没有充分考虑生产和消费对社会环境方面的机会成本和收益，也未能正确阐述或理解传统发展范式对环境施加的不可持续压力、对公共卫生的威胁和对社会福利的侵蚀。在碳中和开启“范式转换”后，发展的根本目的转变为提高人们的福祉。这种从“最大化物质产出”向“思考福祉”的变化需要多维度理解人类的幸福感，由此回到“以人为本”的价值理论，体现“超越GDP”的基于福祉的发展目标。

新发展范式将重新定义发展的内容。人们对“美好生活”的需求不再局限于狭义的物质，人类的幸福感也将逐渐与物质商品消费脱钩。因此，新的发展内容必须包括物质和非物质产出，涵盖环境保护、健康、社会和谐等多个需求维度。整个生产函数和消费函数都将由此发生本质变化，生产和消费系统也会随之转变。在生产方面，新的发展范式重构了人与自然的关系，将人类活动置于大自然的边界之内，考虑人力资本、物质资本、自然资本和社会资本等生产要素之间的平衡，要求物质资本的使用不能削弱其他资本。此外，除了通过进入生产过程提高人类福祉，这四类资本还在其他多个方面对人类福祉作出直接贡献。

新发展范式还将改革政府的定位和功能。碳中和本质上是政府提供的一种新型公共产品。碳中和的目标、碳市场和相关法规不是由市场自发形成的，而是政府为避免气候危机、提升整体社会和人类的福祉而人为创造的。鉴于气候变化问题是市场和政府双重失灵的结果，碳中和转型便是政府的一项艰巨任务，需要其在经济管理以及资源配置方式上进行快速、深远、持久的变革。发展范式转型远不只是通过零碳技术促使排放与增长脱钩，还需要改变资源配置、生产、流通、消费和分配的模式，并对社会价值观等方面进行系统性重塑。此外，政府还需要改变城市和社区的资源利用方式，对经济活动和行为模式进行实际重组，以及使用更普遍的“福祉”定义来衡量发展政策的效果。这就要求政府在让市场更好地发挥决定性作用的同时，进行更积极的战略规划指导。政府需要通过“顶层设计”进行战略谋划，充分融合市场机制和激励机制，在转型过程中有效协调技术创新、制度改革和社会转型；政府也要从发展范式转型的新视角制定公共政策，以人民为中心，坚持人与自然和谐共生；政府还要推动形成广泛的碳中和社会共识，促进消费行为转变，形成“自我实现”的市场预期，推动绿色技术创新和新经济的出现。

发展范式转变是一个系统性变化，必须依靠政府和市场的共同作用。这就要求政府制定的政策和监管框架需要内含激励机制，发挥市场在资源配置中的决定性作用。认识政府和市场在实现碳中和目标中的不同作用，是成功转型的关键。在碳中和转型过程中，强有力、可预测的碳定价发挥着重要作用。而发挥市场作用的重要前提之一，就是将碳排放的社会成本引入生产者和消费者的决策体系，以转变其行为模式，促进绿色产业的兴起。除碳成本之外，经济活动的生态环境成本，也必须进入经济主体的决策体系，从而实现“降碳、减污、扩绿、增长”的协同。

实现碳中和事关全人类的共同利益，也因此成为全球的共同事业。只要地球上还有国家继续排放二氧化碳，由此产生的气候变化就会对所有人产生影响。因此，实现碳中和需要世界各国协同行动。在新的发展范式下，随着发展对物质资源投入依赖程度的降低，全球范围内争夺资源和环境不可持续的情况将有所缓解。发展和环保之间遂可建立相互促进的共生关系，进而推动各国共赢的绿色合作，达成全球可持续发展目标，实现当代人与后代人的共赢。碳中和源起国际推动，过程需要国际协调，其终点也一定归于国际碳中和政策和治理的框架。全球将会在竞争与合作中制定出全球趋同的应对气候变化、开创低碳未来的标准，包括产业目录、技术标准、金融披露等。这一竞争与合作的过程，还会在基础科学研究和发明领域带来关键科技创新和重大技术变化；加速重构建投融资体制，支持更多金融资金流入碳中和领域，特别是金融支持发展中国家的碳中和转型；改革碳中和治理机制，协调制定并监督落实各国碳中和政策。世界任一角落的技术创新、标准变化、产品突破、贸易政策都会影响其他国家的本土市场。碳中和也势必在国际竞争与合作中发展前行，成为未来国际社会最主要的发展大潮和活动。国际新秩序也会从碳中和转型这一极其宽广、深刻和结构性的“范式转变”中诞生。

碳中和是人类走向未来的梦想，仍处在不断的动态变化之中。我们必须立足未来审视今天，又要从今天洞察到未来，随时从未知中捕捉机遇。这要求我们在时间维度具备高度前瞻性、在空间维度保持高度敏感性，并且在时间和空间的对冲之中保持极高的互置能力。因此，对未知的开放心态与对已知持续的调整能力、观察能力、学习能力相互融合，跻身最为核心的竞争能力。

碳中和转型将深刻改变商业的底层逻辑。碳中和背景下，企业与社会的关系会发生重大变化。企业需要理解社会价值观发生的根本变化，理解这一改变如何成为推动碳中和实现的最大动力。当价值观发生变化的时候，社会的关系就会发生变化，个人消费者和社会将作为需求方、利益方、监督方，成为推动碳中和的主要力量。企业的逻辑需要从传统的本土销售、市场、质量、服务和技术等要素，跳转至宏大的、社会人与世界人的角度。在碳中和时代，企业不再是简单的利益创造者或商品生产者，而是人类利益和命运的共同参与者。

如同历史上一切发展方式的“范式转变”一样，碳中和的“范式转变”同样没有蓝图在手，没有坦途在前。作为当今世界发展的大趋势，碳中和的方向是明确的，但其他一切都是不确定的，存在剧烈变动的可能。实现碳中和的诸多要素仍然高度不确定，包括碳中和实现的路径、碳中和科技的突破、碳中和产品、全球碳中和市场竞争，等等。在碳中和进程中，整个世界运作的底层逻辑已然发生变化，重塑思维方式刻不容缓。我们需要看到生产、消费、社会、自然这四个维度如何相互作用，需要看到政府、市场和企业形成了怎样的新型政企逻辑，需要看到国内和国际两个空间维度的相互影响，需要看到未来与当下两个时间维度的猛烈冲击。只有勇于探索、思考和学习的人才能到达成功的彼岸。

本书是一个碳中和培训班的讲义合集。正是考虑到碳中和的新逻辑，听众都是企业家或投资人，主要课程安排也偏重分析工业革命旧有发展范式的不可持续性，揭示碳中和转型发展目的、发展内容和发展方式的具体内容。书中研究了各行各业转型的路径，提出了新范式下碳中和转型的政策原则，分析了国际碳中和的竞争与合作，构建了新发展范式转变对于重塑中国重要经济部门和系统的基本思路及政策含义。我要再次感谢各位老师的不懈努力，他们不仅精心准备内容、呈现精彩的课堂讲授，还在课后不辞辛苦地整理讲稿，帮助本书最终问世。

碳中和让我们有幸生活在如此波澜壮阔的变革之中。碳中和发展的长潮将连绵不断，而长潮之上，也会时时掀起滔天巨浪。拥抱碳中和，拥抱未来，我们别无选择。

是为序。

朱民

2023 年 9 月 1 日

目录

第一部分
发展范式与宏观政策

第二部分
能　源

第三部分
交通、城建、工业、农业与土地

第四部分

零碳金融、“双碳”科创与绿色消费

第一部分

◆

发展范式与宏观政策

气候变化与全球共识——碳中和趋势

尼古拉斯·斯特恩（Nicholas Stern）[①]

全球减排量规模巨大，净零排放日益紧迫

成立于1988年的联合国政府间气候变化专门委员会（IPCC）在1990年发布了第一份《气候变化评估报告》，该报告揭示了“气候变化的科学”，推动联合国在1992年通过《联合国气候变化框架公约》（UNFCCC）。自此，这一公约成为所有气候相关讨论的基础框架，并基于该框架形成了《联合国气候变化框架公约》缔约方大会（COP）。本文主要讨论2015年底在巴黎举行的第21次缔约方大会（COP21）和2021年11月在格拉斯哥举行的第26次缔约方大会（COP26）。

气候变化主要是由“温室效应”引起的，即大气中的一些分子，尤其是二氧化碳和其他温室气体的分子，其振荡频率与从地球表面返回的红外能量相同，阻止了红外能量逃出大气层。二氧化碳作为主要的温室气体，体量巨大，且存在时间可长达数百年。正是这种存量的二氧化碳造成温室气体效应并导致全球变暖。1990—2018年，IPCC先后发布了六份《气候变化评估报告》，报告的内容令人越发担忧。气候变化影响的速度、规模和强度都远超预期，温室气体的排放量仍在持续上升。

面对这种情况，要阻止温室气体的浓度上升，就必须实现净零排

① 英国气候变化研究专家，世界银行前首席经济学家，全球气候变迁政策奠基人。

放。而且，人类越早达到净零排放，地球的稳定温度值就越低。2015年巴黎会议通过的目标是要确保地球温度上升低于2℃，并尽最大努力保持在1.5℃以内，但各国政府制定的2030年控温计划目标是升温在3℃以上。格拉斯哥会议之后，各国政府控制的升温目标有所下降，却仍远高于2℃。

图1.1显示的是格拉斯哥会议之前的情况，可以看出当前各国所承诺的减排量离目标仍有很大差距。此图显示了按照现有政策下二氧化碳排放量的发展趋势，但为了将升温目标控制在1.5℃以内，需要全世界大幅度、快速地减少碳排放量。

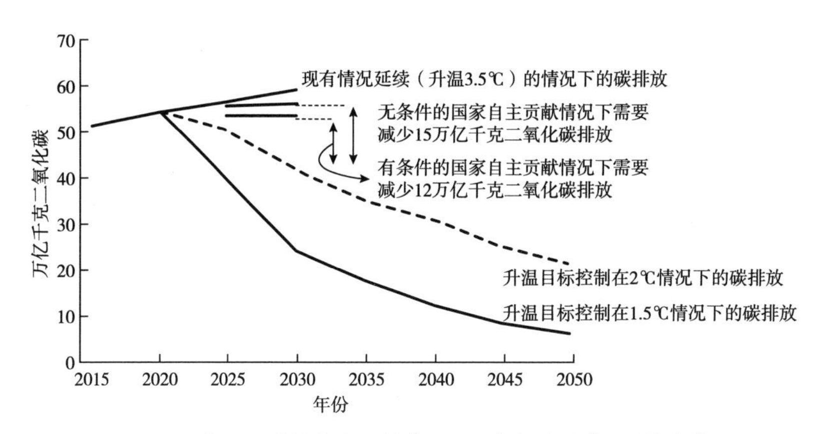

图1.1　各国承诺的自主贡献（NDCS）与达到《巴黎协定》温度目标间的差距

资料来源：联合国环境署（2020年）。

注：环境署报告使用的1.5℃情景假设是基于负排放技术（NET）在21世纪晚些时候的广泛使用。

2018年IPCC的报告为世界敲响了警钟。该报告显示，全球气温上升2℃的后果要比上升1.5℃的后果严重得多，两者的差异在表1.1中显露无遗。

表 1.1　升温 1.5℃目标和 2℃目标的差异

项目	1.5℃	2℃
酷热气温 （每五年至少一次暴露于严重酷热的全球人口比例）	14%	37%
北冰洋无冰夏季的数量	在大约 100 年的稳定变暖之后，至少出现 1 次	在大约 10 年的稳定变暖之后，至少出现 1 次
生物范围损失 >50%	脊椎动物种类数：8% 植物种类数：16% 昆虫种类数：18%	脊椎动物种类数：4% 植物种类数：8% 昆虫种类数：6%

资料来源：联合国政府间气候变化专门委员会（2018 年）和世界资源研究所（2018 年）。

表 1.1 显示，一旦地球升温 1.5℃，每五年全球将至少有 14% 的人口暴露在高温下，而若升温 2℃，这一比例将急剧上升到 37%，带来致命的后果。2022 年 7 月，印度北部德里的气温已较去年同期升高了 4~5℃，甚至更高。在这里，只有小部分人有空调，许多人不得不在野外从事农业劳动。就危险程度、极端事件概率、人类整体环境的根本变化，以及生物多样性而言，升温 1.5℃和 2℃之间的差异是巨大的。巴黎会议后，各国承诺将地球升温控制在前工业水平的 2℃以内，并努力将升温进一步限制在 1.5℃以内。而升温 2℃和升温 2.5℃之间，以及和升温 3℃之间的差距将会更大。事实上，升温 3℃是人类 300 万年以来从未经历过的。若地球升温 2~3℃，海平面将有可能上升 10~20 米，[①] 必将大大恶化人类的生存环境，并导致大规模的人口流离失所。2021 年 11 月的格拉斯哥会议又强调了净零排放对实现升温 1.5℃的重要性。而且，由于大气中温室气体的浓度决定了

① 联合国新闻. 气象组织：2015—2019 年很可能成为有记录以来最热的五年［EB/OL］.（2019-06-28）. https://news.un.org/zh/story/2019/06/1037251.

温室效应的强度，因此关键不仅在于何时达到净零排放，还在于实现净零排放的路径，正是实现净零排放的过程中累计的温室气体排放综合决定着温室气体的浓度。

图 1.2 显示了全球二氧化碳排放量随着时间的推移逐渐上升，其间很大一部分增长来源于中国。在 21 世纪头十年，中国经济飞速发展，中国的碳排放量也大幅增加。同时该图也表明中国及世界其他国家的碳排放量开始趋于平稳，但仍未下降。并且，碳排放量下降是远远不够的，必须大幅度下降以实现净零。如果看历史排放量，发达国家过去的排放量占比的确很高；但展望未来，新兴市场国家将成为排放量最大的国家，它们的减排努力便尤为重要。因此，无论是基于发达国家的排放史，还是基于发展中国家的排放现状，为了实现全世界的排放总量净零，所有国家都必须采取行动。

格拉斯哥会议的亮点之一是越来越多国家做出净零碳排放承诺。截至 2021 年底，已有超过 80 个国家承诺要实现净零碳排放，其温室气体排放总量约占全球排放总量的 3/4，而在此之前承诺净零碳排放国家的温室气体排放总量仅占全球 1/4，这意味着全球净零排放向前迈出了一大步。此外，由金融机构推动的格拉斯哥净零金融联盟（GFANZ）也做出承诺，其涵盖了超过 130 万亿美元的私人资本，将共同致力于净零经济转型。我参加了自 2006 年以来所有的《联合国气候变化框架公约》缔约方大会，格拉斯哥会议首次把私营部门放到了重要的位置，这是一个非常重要的进步。现在，世界各地的私营部门越来越愿意投资低碳发展，并努力实现净零排放。同时，我们也必须努力创造能够推动私营部门投资的政策环境和项目规划，从而将投资机会转化为真正的运营项目。

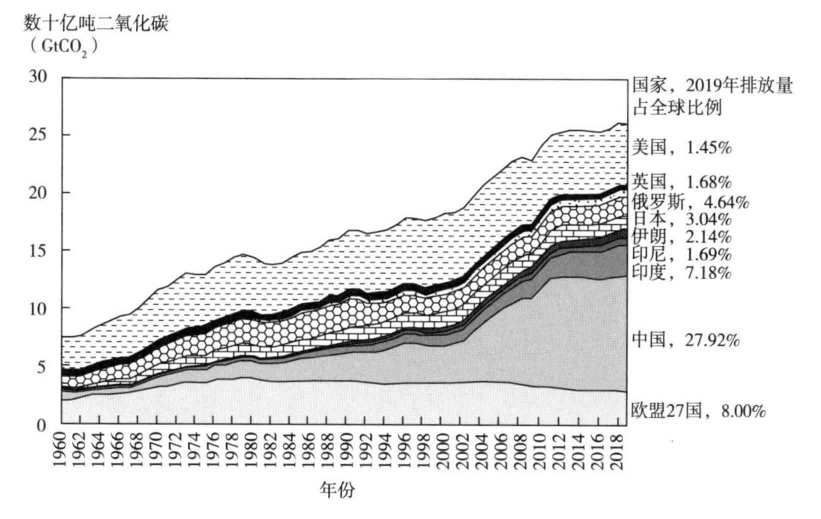

图 1.2 化石能源排放二氧化碳量（按地区分）

资料来源：国际科学合作组织“全球碳项目”（GCP）（2021 年）https://www.globalcarbonproject.org/。

注：GCP 是由国际地圈——生物圈计划（IGBP）、国际全球环境变化人文因素计划（IHDP）、世界气候研究计划（WCRP）和国际生物多样性计划（DIVERSITAS）共同于 2001 年建立的，是未来地球的全球研究项目，也是世界气候研究计划的研究伙伴。

近年来地球温度上升了 1.1℃，全球大范围已充分感受到气候变化带来的可怕后果。应对气候变化的行动不能只聚焦于减少排放，也要提高适应气候变化的能力，即必须使人类活动、基础设施、农业用地等更有弹性，以适应诸如暴雨等极端天气和荒漠化等自然现象。

同时，在格拉斯哥会议中，自然资本也成为关注的焦点之一。自然资本包括土地、树木和海洋等，是地球生态系统的重要组成部分。公平地说，净零排放承诺、私人资本、气候适应、自然资本这四个领域立足于巴黎会议所创建的基础，都在格拉斯哥会议上获得了更长足的发展。

此外，技术突破的推动力也不可小觑。尤其是电力部门，其采用清洁发展方式（可再生能源发电）的成本已经低于采用污染发展方式的成本（化石能源发电），因此可以非常迅速地采取行动脱碳。同时，钢铁、交通、氢能等其他领域也需要持续发力。在格拉斯哥会议中，多国也在这些领域做出承诺，将联手降低低碳发展的成本，同时签署了在诸多领域改进技术的合作协议。

格拉斯哥会议还讨论如何减少甲烷排放。甲烷虽然没有二氧化碳留存的时间长，但其增温效应远强于二氧化碳，因而对温室效应有非常大的影响。中国和美国发布了重要的联合声明，即《中美关于在21世纪20年代强化气候行动的格拉斯哥联合宣言》。以上都是格拉斯哥会议取得的重大进步。总体来看，若每个国家都兑现其在格拉斯哥的承诺，将有可能使得全球升温控制在2.5℃左右，较此前升温超过3℃的目标已有很大进步，但仍然过高。

最后，与乌克兰有关的地缘政治问题充分说明人类过分依赖化石燃料多么危险且充满变数。由第四次中东战争引起的第一次石油危机，以及此后由伊朗伊斯兰革命所引起的第二次石油危机，与此次乌克兰危机中断世界主要的石油和天然气供应如出一辙。对化石燃料的依赖是对供应结构的依赖，存在很大的不稳定因素，这也凸显了摆脱化石燃料依赖的重要性。

气候和新冠疫情大流行危机

21世纪的第二个十年对世界来说非常艰难。受世界经济从全球金融危机中复苏缓慢的影响，欧美的社会凝聚力持续下降，民粹主义则在全球逐渐兴起（例如特朗普当选后的美国），国际合作和全球化日益减少，碳排放持续增加，生物多样性也屡遭破坏。

以新冠疫情大流行为开端的新十年也必然十分艰难，世界正遭受经济、债务、卫生、社会和政治的重大危机。新冠疫情大流行肆虐全球，造成了惨烈的人力成本与生命的损失，给各国经济带来严重影响。国际货币基金组织（IMF）公布的全球 2020 年的经济增长率为 –3.3%，IMF 总裁克里斯塔利娜·格奥尔基耶娃（Kristalina Georgieva）在 2020 年预估这场危机将在未来 5 年内造成高达 28 万亿美元的生产损失。与 2008—2009 年的金融危机不同，新冠疫情大流行是一场真正的全球危机，新兴市场和发展中国家的经济受到的影响尤其严重。依据世界银行 2021 年公布的数据，全球极端贫困人口在此期间增加了 2.1%。很多国家背负的债务压力也日益严重。据 IMF 估计，2021 年全球公共债务将创历史新高，达到 GDP 的 100%，将对许多低收入国家造成严重负担。一些地方的失业率持续走高，根据国际劳工组织（ILO）的统计，2020 年失业人数是 2008—2009 年金融危机期间失业人数的四倍，其中年轻人的失业率尤为突出。世界银行在 2020 年的研究表明新冠疫情大流行扰乱了全世界 90% 儿童的教育，可能让多年以来不断改善的人力资本出现倒退。新冠疫情大流行还可能导致不平等加剧、社会凝聚力降低、投资持续走低等问题，对社会结构造成潜在破坏。

新冠疫情大流行、经济复苏和气候变化危机是相互关联的全球性挑战，需要采取综合全面且协调一致的应对措施。新的十年从一个增长中断、不平等加剧的起点开始，必须努力找到一条走向复苏的前进道路来重续增长。而这需要强劲和可持续的投资，以推动世界走出过去十年缓慢增长的阴影，走出新冠疫情大流行带来的干扰，并进入新的可持续的增长方式。并且，可持续复苏和增长所需的许多投资是可以得到迅速实施的，这些投资不仅能有效缓解就业问题、发挥强劲的乘数效应和正外部性，还能在中长期内通过巨大的创新潜力推动生产率增长。

旧增长模式的失败

自 19 世纪以来，许多国家都一直遵循工业革命后建立起来的经济增长模式，而这种旧增长模式也确实使这些国家取得了巨大的经济成就，尤其是在人均产出和收入方面。作为一个典型案例，中国在大量投资和出口的驱动下，在过去 40 年里保持了经济的持续快速增长。然而，由于气候变化、生物多样性丧失和环境威胁的日益加剧，这种由高碳基础设施和化石燃料能源推动的旧增长模式即将结束。如图 1.3 所示，中国与很多其他国家一样都在经济增长过程中大量使用煤炭、石油和天然气，强劲的经济增长在很大程度上是由化石能源支撑的。未来的挑战在于节约能源，尤其要打破能源和温室气体间的必然关联。虽然能源供给是经济增长的重要支撑和保障，但通过推动能源转型（即更多地使用可再生能源来替代化石能源）以及能源清洁高效地利用，我们便可实现低碳绿色发展。

80 年以来，标准经济学使用的总体增长模型侧重于实物资本和劳动力投入，以及外生的技术变革。该模型狭隘地聚焦于实物资本积累，使用局限性的产出指标——GDP 来衡量产出，从而导致对社会与环境等方面成本与收益的考量被排除在外。自第二次世界大战以

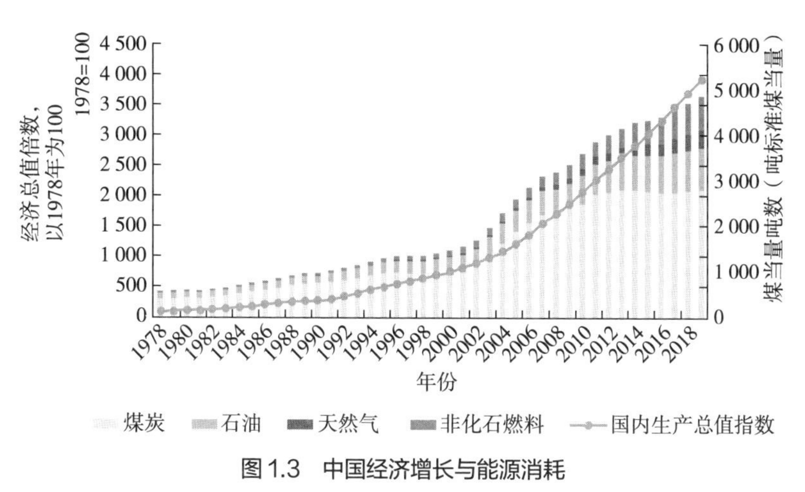

图 1.3 中国经济增长与能源消耗

资料来源：中国国家统计局。

来，化石燃料引领的强劲经济增长也带来了社会与环境层面的巨大成本和风险。人们不得不开始反思人类发展经济的目的究竟是什么？我们应当超越狭隘的物质资本积累，对更深层次的发展内涵和人类福祉进行思考。发展的目的不仅仅是经济的增长，还应该涵盖健康、教育、环境和平等多个维度。2015 年，联合国可持续发展峰会通过了可持续发展目标（SDGs），包含消除贫穷、零饥饿、良好健康与福祉、优质教育、性别平等、清洁饮水与卫生设施、负担得起的清洁能源、缩小差距、可持续城市和社区、工业、创新和基础设施、水下生物、陆地生物等 17 项内容，清楚地表达了必须超越 GDP 来衡量产出的要求，体现了对人类福祉的追求。

旧的标准经济学增长模式的失败之处在于其狭隘地界定投入和产出。前文已对产出有所阐述，在投入方面，旧增长模式过度局限于物质资本、劳动资本和外生技术进步。但现在我们已经愈加认识到自然资本和社会资本的重要性。自然资本包括土地、海洋、森林、水、空气等；社会资本则体现的是一个地区或组织内对制度的信任，具体表现为普遍认同感和共同遵守的规范等。旧的增长模式既没有考虑所有这些自然资本和社会资本作为重要投入要素对产出起到的决定作用，也没有意识到它们从很大程度上而言也是发展目标的一部分。换句话说，若想增加自然资本，就需要认可森林、土地和空气的真正价值，它们通过塑造人类的经济活动来影响生产力水平。可持续发展目标所体现的多重维度为思考和制定经济发展的目标提供了一个有价值的框架。我们现在必须以全新的方式来审视不同类型的资本和投入。

可持续发展成为人类的优先事项，意味着我们能为后代提供至少与我们这一代相当的发展机会。当然，这取决于人类未来给后代提供的四类资本：物质资本、人力资本、自然资本和社会资本。旧的增长模式并未正确预测和理解经济增长对环境造成的不可持续的压力，从而对人类社会的延续造成了巨大威胁。当前变革的需求已非常迫切，变革的规模巨大。比如改变现有的经济结构，增加服务占经济的比重，特别是围绕数字化、人工智能、信息技术等的新型服务业。此外，还必须考虑人口结构的变化，应对人口老龄化将给公共财政和医疗体系带来的更多压力。这些既是中国需要解决的问题，也是一种遍及全球的挑战。

综上所述，一旦意识到发展目标的变化（超越单纯的 GDP 增长），更新对增长决定要素的理解，经济运行方式也将根据服务业、新技术和人口等变化做出相应改变。这无疑是世界历史上一个非常重要的时刻，人类必须改变当前的发展路径、经济分析框架和对经济发展的理解，并对政策和制度进行相应的调整。

碳中和与全球经济新增长叙事

就绝对产出而言，中国在发展道路上取得了巨大的成就，但付出了沉重的环境代价。包括中国在内的很多国家都已经充分认识到旧增长模式中的巨大环境成本。目前，中国已宣布到2060年前实现净零排放，或者称之为“碳中和”。欧洲国家，日本、韩国等宣布到2050年实现碳中和，印度则宣布到2070年实现碳中和。对于发达国家来说，应该在2050年之前实现碳中和，因为它们在过去的发展中排放了更多的二氧化碳，有着不可推卸的历史责任。同时，它们还应该帮助发展中国家进行低碳转型，为后者的减排做出贡献。

碳中和或净零排放是全世界都需要做的事情，需要审视经济体系内的每一部分，尤其是城市、能源、交通和土地等温室气体排放量大的系统。这四大系统非常复杂，定义了制造业的大环境，也是实现碳中和的关键部分，需要被建构为一个整体，通过一系列政策和行动才能对其进行改变。

由于我们面临的变革十分剧烈，必须预见可能出现的社会震荡。例如，煤炭开采可能在二三十年后会被淘汰，世界上很多地区与煤炭相关的服务和经济活动也都会停止，造成大面积的经济停滞与失业问题，从而产生社会动荡。同时，新技术和更加绿色的生产方式也会创造出很多就业机会。因此，必须将资金投向那些深受碳中和变革影响的地区和劳动者，帮助他们从事新的经济活动。在迈向碳中和的变革过程中，我们需要管理好随之而来的社会震荡，以实现公平公正的转型、过渡。

中国在设计改革、推动发展方面的丰富经验，有助于中国规划并推动下一个根本性转型。中国已在过去成功地实施了一系列根本性变革，如 20 世纪 70 年代末实施的农村家庭联产承包责任制，到后来允许开设乡镇企业、合资企业，逐步打造社会主义市场经济，在实施根本性变革方面积累了丰富的经验。毫无疑问，在这场迈向碳中和的变革中，中国必将在某些方面处于领导地位。而在电力和电动汽车等新技术领域和以全新视角审视城市发展等方面，中国无疑已处于变革的前沿。

要实现向碳中和的转变，至少需要在以下三个方面改变旧的发展方式，即发展的目的、不同类型的资本、价值来源。首先，重新思考发展的目的意味着需要超越狭隘的产出概念，建立对发展更全面的理解。在旧的发展模式中，产出是用于消费的首要收入来源。新增长模式则需要将重点从产出最大化转向关注多维度的人类福祉上，从而反映经验事实以及人类的愿望和关切。其次，我们需要改变对生产和不同类型资本的理解。在旧的发展模式中，生产很大程度上是人力资本和物质资本积累的函数。而新发展模式必须关注并考虑自然资本、社会资本的存量和流动，认识到四种形式资本积累速率之间的相互依存关系，并在其基础上采取行动。最后，我们还要推动建立新的价值观念，以此改变生产与生活方式，帮助推动对经济活动的重新测量和计算。

气候变化只是人类发展道路上所遭遇的持续性破坏因素之一，环境危机（如生物多样性丧失）、环境污染、自然资源损害等，都会对公众健康、经济发展和社会稳定产生严重影响，威胁子孙后代的生命和生计。要解决这些问题，除了前文所提及的系统方法，还要提高资源效率和生产力。循环经济是提升资源效率的好方法，即设计和生产出来的所有东西都应是可再利用的，最大程度减少浪费和污染。新发展叙事的核心是提升资源效率，尤其是能源效率（但也不仅限于能源）。一旦把重点放在效率上，对城市、能源、交通和土地这四大系统进行改革，就能推动巨大的转变，而这场巨变将如同从农业经济向工业化经济转变的工业革命一样影响深远。

气候变化造成的破坏已不可避免，因此在采取措施减少排放的同时，人类还必须建立富有韧性的气候适应性机制。地球温度升高1.1℃会出现更频繁的极端天气——荒漠化将更加严重，也会有更多地区遭受洪水侵蚀。在这样的背景下，新发展模式的叙事中必须设计适应性机制。也就是说，所采取的措施必须兼顾促进发展、减排、建立更富韧性的适应性等。比如，恢复退化的土地，这不仅可以促进发展、减缓碳排放，还能提高气候韧性；再比如，种植红树林，它不仅有利于鱼类繁衍，还可以固碳、抵御风暴，对印度、印度尼西亚等地都非常重要；分布式光伏也是一个发展、减排和适应性相结合的例子，它不仅通过提供能源来促进发展，还减少了碳排放，分布式电网较之传统的集中电网也更富韧性。可见，新的发展模式必须包含发展、减排和适应，三者要齐头并进。

新增长模式不仅可行，还将带来长期的繁荣及环境和健康等方面的收益。追求碳中和目标并不意味着牺牲经济增长，如果进行正确的、大量的投资，建立起新的基于更全面衡量标准的增长模式，它将会带来更高质量的经济增长，促进经济向高科技服务业转型升级，创造大量的就业机会，以及资源利用的更高效率。更重要的是，这将是可持续增长，能够摆脱旧增长模式下因化石能源依赖造成的污染及健康损害。在英国，每年因空气污染死亡的人数约 3.5 万人，[①] 其中大部分死于化石燃料燃烧造成的空气污染。与之相比，英国每年死于交通事故的人数仅为 1 700 人，[②] 不到前者的 1/20。而发展中国家为此付出的代价则更高，无论印度还是中国，都曾为此付出沉重代价。相对而言，与碳中和转型相匹配的这种新增长模式带来的是全方面的效益。就像通过散步、骑自行车和良好的饮食结构能够带来健康收益，碳中和进程中的方方面面都有着巨大的潜在收益。但这一过程需要巨额投资，还需要管理好变革带来的社会震荡。

最后，在新的增长模式中，必须通过不断创新来发现新科技。这些创新科技也孕育着巨大的投资机会，如低碳技术。同时，我们必须抓紧时间在全世界推行减排。未来的十年十分关键，是一个恢复增长和重建的重要时期，必须启动一场根本性变革来实现以国际主义、投资、基础设施为核心的可持续发展。

实现碳中和的战略

实现碳中和的战略必须重点关注人力资本、社会资本、自然资本和物质资本，这四种资本都需要扩大投资并实现均衡。投资人力资本意味着要投资教育和健康；投资社会资本意味着要投资制度建设，克服不平等问题等；投资自然资本意味着要修复退化的土地，要管理好

① GOV. UK. Air pollution: applying All Our Health [EB/OL].（2022–02–28）. https://www.gov.uk/government/publications/air-pollution-applying-all-our-health/air-pollution-applying-all-our-health. 查询时间 2023 年 8 月 20 日，全书下同 .

② Brake. Safe Roads for All. [EB/OL].（2022–08）. https://www.brake.org.uk/files/downloads/Reports/Safe-roads-for-all/Safe-Roads-for-All_FINAL-26.8.21.pdf?v=1638965320.

森林和海洋等。

要实现碳中和目标，必须创建与之匹配的制度结构。从旧的发展方式转向新的发展方式，需要促进经济管理机构和制度，以及投资配置方式等方面的快速、深远、持久的变革。在许多系统紧密关联的经济体中开展变革，需要涵盖整个经济的强有力的全面管理，而非某一部门的单独行为。

碳中和的变革将发生在城市中，涉及公共交通、行人设施、自行车设施、开放空间、草地和公园等。城市需要制度能力，促使投资进入这些领域让城市系统实现碳中和；也要认真审视其公共财力，判断自身财力是否足以支持城市系统实现碳中和。碳中和的变革将跨越整个经济体系，这是单一职能部门无法完成的，必须在总的顶层设计协同各个部门联合行动，而中国尤其擅长这种顶层设计。同时，也要赋权给地方政府或当地社区以便在地区层面做出变革。当然，还需要改变经济发展的量度与核算方式，将可持续发展目标渗透到新的核算方式中。

此外，给投资者明确的方向尤为重要。如果投资者知道电网将在未来 20~25 年内实现净零排放，他们就可以进行相应的投资。如英国规定 2030 年后不能售卖燃油车，这对汽车制造商就是一个非常明确的信号，推动它们迅速变革。总的来说，技术领域有很大一部分创新来自这种清晰的、明确的、可信的政策作为方向指引。

设定碳价、惩罚污染、激励清洁能源使用都是非常明确的信号，有助于推动创新。比如，想要进行碳捕集和封存就必须推动建立便于封存二氧化碳或输送二氧化碳的管道；要使用氢也必须建立输送氢的管道；再比如，允许不同类型的发电设备发出的电并入电网，或者奖励某种特定发电类型，建立在空间和时间上供需都匹配的电网结构——所有这些明确清晰的方向都有利于创新。此外，还可以考虑何种税收结构能推动新技术的采用和传播，投入更多资金到大学等科研机构推动碳中和科技的创新等，需要在多种措施之间选择重点来施行。

需要注意的是，变革不能仅仅依靠市场之手配置资源。市场基于信息和风险发挥作用，但面对强大的资本市场、污染威胁和网络，只依靠市场去中心化是不现实的。而将市场工具与适当的监管、机构、去中心化结合起来是一项重大挑战。明确从电网中逐步淘汰内燃机和化石燃料的目标非常重要，规章制度在这一过程中起着至关重要的作用；金融机构也需要公开透明地披露其投资领域的碳活动，向公众展示其所投资公司的碳含量；强有力的碳定价对这一过程的有效管理发挥着特别关键的作用，因此一个有效的碳市场所需的基础设施建设至关重要。但是，单单依靠碳定价并不能重新设计城市、减少拥堵或提高空间利用效率，也不一定能够促进产品、系统和建筑的循环设计和循环使用。这就要求在城市环境的设计和改革方面，采取其他形式的直接公共行动，包括规章、标准、基于市场的工具（如碳定价）等，只有综合运用这些工具，才能真正激励正确的投资。

对中国而言，实现碳中和转型的目标毫无疑问是巨大的挑战，但其中也孕育着巨大的机遇，是足以创建新未来、开创新纪元和引领世界的历史机遇。

如前所述，中国拥有开展根本性变革的丰富历史经验，使中国在迈向这一前所未有的历史大变革时处于有利位置。中国深谙通过强有力的投资和系统性的变革能够创造可持续、有韧性和包容性的增长，并非所有变革中的因素都可以被平稳控制，但变革所造成的震荡必须得到有效管理。

中国在很多领域有着独特的优势，比如年轻一代的技能水平很高、社会富有创业精神、政府具有管理重大变革的能力、数字化和新能源等关键产业处于世界领先地位等。同时，中国的大学和科研机构也越来越强大，它们也是中国新增长故事中非常重要的一部分。

与世界其他地区相比，中国的储蓄率和投资率非常高，中国可将储蓄转化为新的投资，为新的增长方式提供资金。其他新兴市场和发展中国家需要公共和私营部门的大量额外资金，中国可以通过“一带一路”倡议及其在国际金融机构中的影响力发挥非常重要的作用。

最后，也是极为重要的一点，从规模上看，中国的碳排放量占到世界碳排放量的 1/4 以上，因此除非中国实现净零排放，否则世界不可能达到净零排放。鉴于中国过往引人注目的增长速度，以及将碳中和置于未来新增长形式的优先项，中国有望成为世界其他地区碳中和转型的榜样，引领世界向新型增长模式转型，对地球及人类未来发挥至关重要的作用。

一起看一下以下几个问题。

问题一：实现碳中和需要政府、市场、私营部门联手，这是一个巨大的挑战。政府必须引领创新，市场也发挥非常重要的作用。那么，政府和市场如何联手，使全社会都朝着碳中和方向迈进呢？

第一，全世界都必须加大对实现碳中和转型的投资。对中国而言，这意味着要改变现有投资结构，但对世界其他地区来说，则主要是要增加投资额度。最重要的是解决公共部门和私营部门如何联合起来改变投资和激励结构，比如制定碳价、出台围绕汽车排放的监管框架和围绕修复退化土地的激励等都需要政府和公共部门来制定政策，从而为私营部门营造有利的投资环境。此外，在某些情况下，政府还需要自己进行投资，做出引导和示范，例如在黄土高原上修复已经退化的土地，其部分投资就来自中国政府支持家庭修建梯田和集水设施的资金。所以，谈及政府与市场如何有效合作，首先要考虑的就是政府在塑造宏观投资环境中扮演的角色。

第二，政府与市场的合作还表现在城市、交通、能源和土地这四大系统上。例如，在交通领域，个人或公司购买电动轿车、电动卡车或者氢燃料卡车都是私营部门的投资。这些购买决策和行为与电动汽车的充电机制、公共交通、不同类型的私人活动与公共交通的互动有关，是一个相当复杂的系统。在能源电力方面，电网系统的运行方式也非常重要。虽然私营电力供应商不少，但供电电网绝大部分掌握在政府手中，因此政府极为关键。

第三，管理碳中和变革带来的社会震荡也需要政府与市场的合作。例如，煤矿的关闭必然会导致许多煤炭行业工人失业，可以加大对受影响的人和地区的投资，如与当地大学合作开展人才再培训等措施来缓解社会震荡。政府在这些领域将发挥非常重要的作用。

在上述三个方面，政府与私营部门之间存在多种多样的合作形式。在这样关键的变革时期，政府需要采取比以往更积极的干预措施。20 世纪 90 年代的主流经济理论都主张政府要少干涉，只做最基本的事情。这套在发达国家非常盛行的经济学方法却带来了环境的破坏和不平等的加剧，并不适合管理碳中和这种根本性变革。未来国家政府的角色将会变化，但由于大多数投资都来自私营部门、技能来自人民，政府、市场与私营部门便需要通力合作。这条路前途坎坷，但确实可行。

问题二：您多次提到投资，那如何找到资金来支持投资？这些投资属于长期的、大规模投资，但技术和气候变化充满不确定性，这类投资的风险也很高。能否找到公共投资的有效融资方式？能否从私营部门获得融资支持？

融资至关重要，这与投资及投资者信心密切相关。私人投资者天生要寻求投资回报，也自然会识别风险，他们会追问：如果投资，能够卖出产品吗？市场前景如何？预期是否可靠？如果投资，项目是否能从头到尾做完？能否管理好与投资相关的各种实际问题？

所以，首先要建立合理的激励结构，使投资者能够获得回报。其次，需要管理风险，以降低资本成本。投资环境其实是国家环境，投资环境决定了参与投资的金融家们如何评估、判断风险，而预期风险越大，资本成本就越高。同时，不同机构通过不同方式合作，可以减少、分担并管理风险。例如，若有股权资本，这意味着通过股权融到了资金并做好承担相应风险的准备。接着可以寻求担保，多边机构可以提供担保来融资。所以，在制定一揽子投融资计划时，不同实体将发挥不同作用，而国际金融机构、多边开发银行将是其中非常重要的参与者。在亚洲，亚洲基础设施投资银行、亚洲开发银行，以及世界银行的作用都非常重要，它们能够承担不同形式的风险。

未来特别重要的融资方式是股权、担保，以及长期贷款，在正确的时间、正确的地点设计正确的融资方式至关重要。现在已经成立了格拉斯哥净零金融联盟，目前这些大型的私人金融机构在发展中国家的投资不多，将来若发展中国家与它们合作创造合适的投资环境及合适的担保结构，则可以释放大量的国际私人资本。当然，公共财政的重要性也不应被低估，城市在实现碳中和变革过程中的重要作用被一再谈及，若城市想要更好地组织公共交通，就要重新进行城市设计，使其更适合行人和骑行者，而这都需要资金来进行投资。因此，地方城市层面的公共财政与国家层面的公共财政都是这一过程中非常重要的一部分。在整个投资环节，融资的部分绝对是非常关键的。

问题三：融资绝对是非常重要的，但在短期内，今天为减排所做的一切实际上都增加了生产成本。人们固然希望能够改写整个经济增长或者发展的目标，但这需要时间。在这之前，为了遵循现行的核算制度，需要将人类的福祉重新定义为一个“真正的”目标，一个可以衡量的数字。应如何处理这个问题，让人们更关注未来的益处，以此激励投资者，使更多私营部门的资金投入这个需求巨大的领域？

一个不争的事实是，至少在某些领域，清洁发展方式的成本已经比旧发展方式的成本更低了。在能源电力领域，目前世界大部分地区的风能和太阳能发电已经比化石能源发电更便宜。在交通领域，如果考虑汽车的全生命周期成本，电动车比燃油车更便宜。虽然电动车的初始购置成本更高，但在之后的使用过程中可以省下购买汽油的钱。

但在另一些领域，情况则截然不同，例如绿色炼钢的成本就比传统钢铁高很多。只有迅速发展绿氢，才能降低绿氢以及绿钢的成本，使之能与传统钢铁竞争，但这可能还需要十年才能实现。在这种情况下，激励性的碳价格是一个可以使用的工具。另外，还可以使用补贴清洁发展或惩罚污染发展等工具，以推动投资。从公共财政的角度看，碳定价、碳税很重要，其能够带来收入，而政府可以利用这些收入推动公正转型，在污染发展成本仍然低于清洁发展成本的领域补贴清洁发展。

问题四：您一直强调气候变化是一个全球性问题，世界必须共同努力。格拉斯哥会议的一个成果是各国同意进行技术创新，以及共同支持技术转化和传播。这是一件非常积极的事情，因为技术传播很重要，尤其是对新兴市场和低收入国家而言。您如何看待世界各国在技术传播方面的合作？

技术转化和传播是一体两面的。一方面是竞争，例如在太阳能面板领域，竞争有助于降低成本，在海陆风电领域也如此；另一方面是合作，合作能够明确方向。例如，若各国政府都同意尽快淘汰煤炭，使用可再生能源发电，那么全世界的投资者都会明白，可再生能源领域的新产品、创新会有很好的市场前景。每个国家都确定强有力的目标就是对创新和降低成本非常重要的激励。

另外，提供资金支持大学开展相关研究对推动思想交流也至关重要。清华大学和伦敦政治经济学院作为联席主席的世界大学气候变化联盟将世界各地的大学聚集在一起分享研究成果，了解各地正在做的研究。在大力支持大学开展研究的同时，应当确保成果得到广泛分享，避免被沉重的专利束缚。

强大的竞争所带来的强有力的推动元素也是非常好的。例如市场正在为更快速降低绿氢成本而展开激励竞争，但前提是他们笃信绿氢会有良好的市场前景，否则不会为降低成本而竭尽全力。与此同时，若法规明确规定未来某一特定时间将禁止使用高排放的钢，市场就会有动力去推动绿氢的发展。目标、市场、特定的法规、碳价、对科研机构和人员的支持，以及专利的开放——这是一套组合拳，需要使用各种不同类型的工具，从公共政策、市场到监管工具，再到促进技术转化和基于市场竞争的全球范围合作。

问题五：国际合作是一个全球性问题，您是否看到世界正逐步走向某种国际标准？例如金融机构或者任何其他公司的信息披露国际标准、绿色产品或产业指数的国际标准，或者碳定价的国际标准。您认为我们能否建立一个国际的碳交易系统？我们是否正朝着该方向发展？

这方面全球确有行动，例如气候相关财务信息披露工作组（TCFD）就是国际金融监管体系的产物，这是向前迈出的重要一步。现在，英国和法国的信息披露是强制性的，其他国家也正在效仿或计划效仿。还有央行与监管机构绿色金融网络（NGFS），它是由各国中央银行组成的网络，中国在其中发挥了非常重要的作用。现在，数百家央行特别关注财务信息披露，识别与高碳活动投资相关的风险。NGFS是一个非常重要的、可以分享想法的地方，并在一定程度上实现了银行监管的协调统一，以便能够发现并识别出围绕气候风险暴露的压力。

在产品领域，公认的国际标准当然非常重要。虽然许多公司声称正在走向净零排放，但实际情况相去甚远。因此，需要以某种形式对这些共享的衡量标准进行公开的详细审查。伦敦政治经济学院率先提出了转型之路倡议（TPI），其试图提供一种既能衡量一家公司现状，又能衡量其向净零转型速度的方法，并将这些信息公之于众。此外，还有一个以科学为基础的目标倡议，也秉持类似的精神，由慈善机构与世界资源研究所（WRI）等机构共同发起。这些都是衡量公司的标准；制定关于产品标识的世界标准对于指导消费者选购商品也有参考价值。

纵观这一切，从融资到审计公司的计划，再到可持续基础设施的定义，甚至个别产品的标识，的确需要国际标准，其也正在开发过程中。金融部门制定的国际标准可能比其他部门更好，但最需要的是通过全球合作建立有效的合作机制，这是一个非常重大的挑战。中国作为世界供应大国，是其中非常重要的一分子，中国必须与其他国家一起采取行动。例如，可以从二十国集团（G20）开始尝试推进这一进程，但让投资者明白在投资什么、在买什么，明白养老基金的去向等信息和标准至关重要。

问题六：您提到了关键的一点，即全球标准非常重要，因为它为所有人提高了透明度。但我们需要找到一种机制，推动所有人联手合作，这是一个关键挑战。碳中和对发展中国家是非常好的事情，但也是一个巨大挑战，因为发展中国家还没有达到碳排放峰值，并且它们仍遵循传统工业增长模式，严重依赖煤炭和化石燃料能源，严重依赖制造业和重工业。现在，世界走向碳中和，这是一个巨大的飞跃，一个在技术、资本、人力资本等方面的飞跃，这不是一项容易的任务。

世界应该如何帮助发展中国家朝这一方向快速、健康地前进？

我从事经济发展工作已经超过50年了，后来之所以研究气候问题，很大程度上源于我担心日益严重的气候问题会给发展中国家和贫困国家带来难以估量的严重后果。我试图证明，把气候和发展放在一起可以讲述一个强有力的故事，建立一种完全不同的发展模式、范式或视角。

首先，新的发展模式是一种非常强大的发展形式，高碳发展形式将导致自我毁灭，是不可持续的。第一，要明确发展意味着什么，发展涉及哪些内容，可持续和有韧性的发展是什么样的发展。第二，要认识到可持续发展蕴含巨大的机会。例如，2050年印度可能有80%的基础设施尚未建成，这一占比在非洲可能更低。这就给它们提供了一个跨越式发展的机会，一个以不同方式做事的机会。非洲从未经历过大规模的固定电话系统，而是直接走向了移动电话系统，这就是一个很典型的例子。在发展中国家将要建造的基础设施可以且必须以不同以往的方式建造。

其次，国际社会尤其是发达国家在投融资方面起着至关重要的作用。除中国外，其他新兴和发展中国家的储蓄和投资不足，国际社会有义务帮助新兴和发展中国家，给它们提供投融资。扩大国际金融机构的贷款能力和融资能力变得极为重要，并且在未来三四年内就应加大力度，提供大规模的投融资。中国在这些国际机构中有非常大的影响力，并且在世界经济和金融方面举足轻重。因此，中国在这些国际讨论中的分量是极重的。

气候领域是一个非常不公正的领域，包括跨代际间的不公正、跨国家和社区之间的不公正，那些造成问题最少的人最容易受到气候变化的影响。因此，发达国家有义务为贫穷国家提供融资，帮助它们获得需要的投资。如果发达国家这样做，全人类都是受益者。虽然中国在投融资方面可以发挥非常大的影响力，但目光还须聚焦在发达国家上，如世界银行最大的股东们。它们需要站出来说：我们准备支持世界银行等机构适当扩大融资，将资金投入世界上较贫穷的地区。

走向碳中和过程中的范式改变

约瑟夫·斯蒂格雷茨（Joseph Stiglitz）[①]

碳中和的重要性

大量科学证据表明，若不迅速实现碳中和，出现严重气候变化的风险极高，甚至会对人类产生毁灭性的影响，这是一个全球性的问题。有一种仅出于经济和技术角度的看法，认为排放碳到大气中的成本与大气中去除碳的成本间有很大的不对称性，既然已经排放了很多碳到大气中，只需要观察世界今后的发展趋势，一旦情况变糟就把碳去除。

然而，世界并非这样运行的，从大气中去除碳其实非常困难，且气候变化的势头凶猛。自从南北两极的冰盖开始融化，海平面开始上升，气候变化的势头就初露端倪了。物理学家们把这种动态发展解释得越来越清楚：冰盖融化会导致更多能量被大气层吸收，西伯利亚冻土层变暖释放甲烷到空气中，加剧气候变暖。正因为存在如此复杂的动态，气候变化势头一旦开始就很难被逆转，此乃气候变化问题迫在

① 约瑟夫·斯蒂格雷茨，美国经济学家，美国哥伦比亚大学校级教授（University Professor），哥伦比亚大学政策对话倡议组织（Initiative for Policy Dialogue）主席。1979 年获得约翰·贝茨·克拉克奖（John Bates Clark Medal），1993—1997 年，任美国总统经济顾问委员会成员及主席。1997—1999 年，任世界银行资深副行长兼首席经济学家。2001 年获得诺贝尔经济学奖，担任主要作者的《政府间气候变化委员会（IPCC）1995 年报告》，使得政府间气候变化委员会获得 2007 年诺贝尔和平奖。2011—2014 年，任国际经济学协会主席。

眉睫的原因。我们不能坐以待毙，说“赌一把吧，等到损害出现后再消除碳”，而必须先发制人。

所有的科学证据都表明人类有必要在2050年实现碳中和。有些人谈到经济成本，认为可以一步一步来，将碳中和推迟到2060年，或者2070年，以降低实现碳中和的成本。也有人认为，不应把升温区间的目标设定在1.5~2℃，而应设定在3℃或3.5℃。IPCC已明确表示，温度升高1.5~2℃所带来的风险大大提高，以此类推，可想而知，设置2~2.5℃，或2.5~3℃，甚至3.5℃以上的升温区间，其风险必将更大，人类不应该冒这样的风险。

碳中和不是一个简单的跨期分配的问题，不是如何平衡当下消耗与未来气候的问题，归根结底，它是一个风险问题，也就是人类是否愿意在今天采取行动，以避免将来可能演变成灾难的风险问题。

现在相对可谓之“好”消息的是，能用较低的成本将升温区间控制在1.5~2℃，从而避免可能出现的灾难。另外，绿色转型是加快经济增长的机会，世界各地经济所面临的转型压力将刺激创新产生。在占用公共资源相对少的基础上，包括风能、光伏、太阳能等在内的可再生能源因创新驱动得到了巨大发展，将把人类带入一个重要的新时代，一个可以提高生活水平，却不会受困于化石燃料的负面影响的时代。

因此，对于人类而言，在2050年前实现碳中和，重要又紧迫。如果不这样做，人类将面临巨大的风险。

绿色转型的方式

那么实现绿色转型的最佳方式是什么？有人认为，减排的社会效益超过其综合效益，因此可通过一个简单的、市场友好的方式来实现绿色转型，即征收碳税。这种旨在解决私人和社会成本，以及私人和社会福利之间差距的税收通常被称为“庇古税”（Pigovian Tax）。[①] 有一个普遍的定理认为，若只存在一种市场失灵，这种“庇古税”可以矫正市场失灵，从而提升效率。

然而，现实是多种市场失灵共存：不仅有碳排放过量的市场失灵，还有其他市场失灵。例如，若有适当的风险市场，其可能已阻止了化石燃料的部分使用，这些化石燃料给全球经济带来很多风险。另外，由于信贷配给（Credit Rationing）[②] 的存在，很多普通人（家庭）本来可从购买太阳能热水器或者其他形式的可再生能源投资中获得较高的投资回报，但他们无法获得资金开展投资；即使能够获得资金，也必须支付高昂的利率。上述仅是诸多市场失灵中的两个例子。由于存在多重市场失灵，故需要一揽子政策而非仅靠一种工具进行应对，这些政策包括法规、公共投资、碳价（碳交易），以及其他能够提升

---

① 庇古税：根据污染所造成的危害程度对排污者征税，用税收来弥补排污者生产的私人成本和社会成本之间的差距，使两者相等。由英国经济学家阿瑟·塞西尔·庇古（Arthur Cecil Pigou，1877—1959）在《福利经济学》(1920）中最先提出，这种税被称为“庇古税”。庇古税是解决环境问题的古典教科书的方式，属于直接环境税。它按照污染物的排放量或经济活动的危害来确定纳税义务，所以是一种从量税。庇古税的单位税额，应该根据一项经济活动的边际社会成本等于边际效益的均衡点来确定，这时对污染排放的税率就处于最佳水平。

② 信贷配给，指在固定利率条件下，面对超额的资金需求，银行因无法或不愿提高利率，而采取一些非利率的贷款条件，使部分资金需求者退出银行借款市场，以消除超额需求而达到平衡。本文作者和韦斯（Stiglitz and Weiss，1981）在《美国经济评论》上发表的文章《不完全信息市场中的信贷配给》，全面系统地从信息结构角度对信贷配给现象进行了分析，对不完全信息下逆向选择能导致作为长期均衡现象存在的信贷配给做了经典性的证明。

市场效率的行动。

就法规而言，汽车能效的法规，还有诸如禁止新建燃煤电厂这样的简单规定都对减少碳排放非常有效。持不同意见的人认为法规效率低下、实施成本高且不起作用，但他们忘记了打造并维持一个价格体系极其困难且成本高昂。像禁止新建燃煤电厂这样的法规实际上很容易实施和执行，且行之有效。因此，需要一套全新且更有效的法规来推动大幅减排。

另外，也需要多种的公共投资，例如对于公共交通系统的投资。公共交通效率更高，产生的排放更少，在许多方面比以私家车为主的交通系统更公平；私人交通在时间和能源等方面效率低下，而且那些没有经济资源、没有私家车的人往往处于经济劣势。因此，需要在全球范围内投资建设更好的公共交通系统，很多国家用铁路替代航空以大量减少碳排放。此外，研发是另一个非常重要的公共投资领域，研发使可再生能源的成本在过去 15 年大幅下降。在公共投资非常有限的情况下，若能更加协调一致地努力实现绿色转型，转型成本将会大大减少。

除上述两个实现绿色转型的重要工具外，碳价也是一个重要的工具。

现存多重市场失灵之间的相互作用阻碍了绿色转型。其中一系列失灵与金融市场有关。在许多国家，金融市场不披露关于气候风险的信息，故不能引导资源有效配置。气候变化及其引发的气候风险有两种形式，一种是自然风险。以房地产为例，某地的房地产会面临海平面上升的风险吗？有发生野火的风险吗？是否面临洪水或干旱造成的风险？这些极端风险事件都会伴随着气候变化发生。另一种是市场尚未充分考虑这些极端气候变化相关的风险，即使政府已经宣布存在这些风险，但市场吸收相关信息很迟缓，这就引出了第二类风险，即转型风险（Transition Risk）。[①]

若人们坚信世界终会意识到气候变化带来的危险并采取行动，那么高碳价比就会出现，这意味着高碳资产的价格必将下降。某个重要类别的资产出现错误定价时会怎样？2008 年的金融危机是最生动的例子。当时，美国次级抵押贷款市场被错误定价，引发了美国的金融问题，并蔓延成为全球性金融危机。当前的全球资产中，高碳资产比当时美国的次级住房抵押贷款重要得多，并且定价的错误程度可能更大，许多高碳资产将成为所谓的“搁浅资产”。[②] 从现在到 2050 年或 2060 年的某个时候，市场将意识到高碳资产近乎毫无价值，引发这些资产价格急剧下跌，从而引发金融危机。因此，监管机构应要求披露碳风险，还应要求披露这些碳风险相互作用的方式，并分析由此产生的系统性风险。世界各地的中央银行已经接受了这一观点，而美国是一个例外。

上述这些战略要素是一揽子行动，有助于实现绿色转型，到 2050 年实现碳中和。这是一个范式的转变，构成现有经济和社会的诸多基本体系都将发生巨大变化。

除此前提到的交通系统将显著变化外，生活系统、居住地以及城市的组织方式也都将被改变。过去，人们喜欢居住在分散的社区中，浪费大量时间通勤，亦有研究表明，长时间通勤令人深感不快。重新

---

① 转型风险，指为应对气候变化，各国需要主动向低碳经济转型，而政策变化、技术变革对经济增长、产业结构和企业信用的冲击，有可能传导至金融体系。

② 搁浅资产，指资产出现意料之外或早于预期的账面价值降低、贬值或负债。当前，全球大力推动绿色金融的发展。在这一过程中，关注气候变化等环境因素以及社会对待气候变化的态度所导致的资产搁浅是重要的议题之一。

规划城市并使其更加密集（减少通勤时间）有助于提高人们的生活质量，但前提是要有公园、公共交通，以及一整套城市设施来确保城市是宜居的，这是一个不小的挑战。

食物系统也必须改变，人们将更加依赖素食，减少浪费。现有粮食种植的方式，对碳排放量有很大影响，需要更加小心地处理陆地碳（terrestrial carbon）。

另一种重要的“范式转变”是经济从集中式向分布式转变。以大型电厂为主的旧能源生产模式是典型的集中系统，而可再生能源则不同，是分布式发电，许多人因此推测能源系统从集中向分布式转变将影响未来社会组织从集中式向分布式转变。

碳中和转型对全球的影响

实现碳中和将对全球局势、地缘政治和经济产生深远影响。若以2050年实现碳中和来计算，现在只剩下27年的时间了，在这段不长的时间里，世界将会发生翻天覆地的变化。很多研究表明，自然资源的分布不成比例。许多国家特别是在中东、非洲，以及其他洲的一小部分国家，其收入来源依赖化石燃料。在未来10年或20年后这些国家的收入来源很可能荡然无存，这将引发怎样的全球动荡？会产生怎样的移民模式？移民和气候变化带来极大的不稳定性，而化石燃料价格下降又将加剧这种不稳定性。未来几十年内，世界将面临一个困难时期。绿色转型将给人类社会带来更大的福祉，在这种新范式下，人们可以过得更好；但要实现这一点，必须要有高水平的合作来解决地缘政治问题。

一起看一下以下几个问题。

问题一：您提到存在多重市场失灵，需要一个组合方法进行应对，需要结合公共投资、法律框架以及创新和基于市场的碳定价。但这些举措如何综合运用？这是当前每个国家都在关注的问题。换句话说，如何多措并举朝着碳中和这一目标前进，同时避免这些举措交织拖累整个进程的速度？尤其是，要发展可再生能源，同时要保障能源安全，后者可能会使减排放缓，这种情况下，这些举措如何综合运用呢？

首先，这些不同的政策需要通过一种非常重要的方式来互补。如果更好的法规被制定、落实，达到碳中和目标所需的碳价将大大降低；若有更好的公共投资、更好的研究，碳价也会大幅降低，对碳价的争议就会大幅减少。反之，若实现碳中和目标的碳价很高，则政治上会有更多反对意见。

其次，这些不同的工具应是高度相辅相成的，您的问题指出了非常重要的先后顺序和速度问题，这是成功的关键。电动汽车的引入就是没有安排好优先顺序和速度的反面例子。当电力来自高排放、高污染的燃煤电厂时，电动汽车越多会带来越多的煤燃烧，实际上污染了环境。

快速安装大量的可再生能源设备势在必行。用一场战争来类比的话，在战争中要全力以赴生产坦克和枪支，而在碳中和的战役中要大幅加快投资的步伐，在这场拯救地球的战役中必须要有紧迫感，不可拖延，需要迅速扩大可再生能源的装机容量。可再生能源的性价比高，在太阳能或风能不足时，可以使用部分化石燃料作为补充。为了拯救地球，即使燃气电厂没得到充分利用也是值得的。承诺扩大可再生能源产能是一种公共投资，应立刻有所行动。此外，公共交通上已做了大量投资。近年来，全球已建立一些机构致力于传播气候变化的重要性，也为应对气候变化挑战开发了很多好项目，以实现碳中和。国际货币基金组织一直在积极发声、行动。有很多机会可以协调各国、各地区和各种政策之间的行动，这虽然是一个挑战，但完全可以应对。

问题二：您提到了一个非常重要的概念：顺序和速度。这意味着需要一个整体战略，以及一个深思熟虑的路线图来设定如何能够朝正确的方向前进，达到碳中和的最终目标。这非常重要，但是否意味着政府应该在制定战略的早期阶段发挥主导作用？

政府的确需要发挥很大的作用，前文提到的一系列工具最终都将有效地为私营机构采取关键行动提供一个框架。

政府设定的碳价就是给私营机构的信号，让它们尽可能减少碳排放，以创新的方式来减排。政府并非解决了所有问题，只是提供一个重要、有效的信息来敦促私营机构采取行动。再比如，政府要求汽车行业必须提高燃油效率，或必须全部发展电动汽车，政府不是告诉私营机构如何完成这项工作、如何开展研究，只是设定框架，私营机构自会着手操作，在此过程中，政府与私营机构间也持续互动反馈。

但这个框架并非一成不变，它会随着对气候变化认知的深入不断演化。在过去 30 年，人类对气候变化的了解逐步深入，早在 1995 年

IPCC 第二次评估报告就意识到气候变化带来的危害，随着时间的推移，对气候科学、气候变化理解的深化推动应对气候变化的工具也发生变化，工具组合不断重新配置，以期在 2050 年实现碳中和。

传统市场经济和传统计划经济都很难理解这些问题。在传统市场经济中，政府不发挥主导作用的意识形态已深入骨髓，阻碍采取有效行动。然而过去几年，美国认识到产业政策的重要性，出现一个全新共识，即政府仅在特定领域扮演某种引导角色，而非大包大揽做所有的事。这一全新共识有助于引导经济向绿色转型。与之相对，像中国这样的曾经的计划经济体，需要摆脱计划经济模式的惯性压力。此处提到的方法与传统的计划经济大相径庭，前者是政府设定方向框架，而后者是政府制定每家公司的生产目标和生产计划。在政府设定的框架内，私营企业和国有企业都会对该框架做出反应，随着对气候变化和技术能力认识水平的不断提高，企业和政府双方都会不断进行调整。

问题三：您几次提到碳定价在引导市场向正确方向发展起到非常重要的作用。这个问题有些争议：一，如何计算最优的碳价？二，若碳价过高，就会扰乱现有的系统，把碳成本加到现有的所有产品中，导致整个社会不稳定。国际货币基金组织发表的文章提到了基于低价的碳定价，针对发达经济体、中等收入国家和低收入国家设定不同的底价。诚然碳定价是一个非常重要的工具，但应当如何计算碳价？如何把碳价纳入系统中，又避免干扰整个经济？

首先，不应仅从对一种稀缺资源定价的角度来看待此问题。比如一开始没有对劳动力定价，随着经济的发展，劳动力开始有了价格，时至今日若取消对劳动力定价肯定被认为是疯癫之举。同理，依我之见，不对碳定价也是疯癫之举，碳排放也是一种稀缺资源。过去在这上面犯了错误，现在正是重新调整价格之时。

究竟将碳价设定在什么水平才能在2050年实现碳中和的目标？要回答这一问题非常难。价格是诸多杠杆中的一种，其他的杠杆包括法规和公共投资。因此，价格的高低，既取决于对价格杠杆的依赖程度，也取决于如何使用其他杠杆。要实现绿色转型，就应综合考虑公共投资、法规和碳定价。若有良好的法规体系、公共投资体系，就不需要高昂的碳价；反之则需要高碳价。可对所需的碳价进行建模，在模型中纳入市场失灵、约束、信用配给等约束因素来准确测算能够实现碳中和目标所需的碳价，该碳价可被称为“目标一致的碳价”。

目前的广泛共识是目标一致的碳价范围在每吨100~150美元，远高于除瑞典外的很多国家已经推出的碳价格。但这个碳价的范围显然是可行的，某些商品的价格的确会因此上涨，因为原来的低价其实是受惠于未对稀缺资源收费，也就是被“补贴”了。现在做的相当于取消“补贴”，使经济更加高效。

这可能会使社会中的某些群体受到严重的负面影响，但这些群体的困境是不平等加剧的结果，很多情况下是由高度贫困造成的。若碳定价导致社会中的部分群体承受压力，必须采用补偿的方法支援这些群体。进一步来说，若不能拯救地球，那么仅有好的分配政策又有何用呢？

问题四：目前基本上有两种观点：一种是采取渐进式方式设定碳价，然后逐渐提高到能够拯救地球的最优水平；另一种是一步到位设定最合适的碳价。但碳价对不同的产品和部门会产生不同的影响，故可以利用补贴政策实现平稳转型。您是否更倾向于一步到位的方式设定碳价？

是的。对于现在的高碳价，还有一个更进步的观点：高碳价会刺激大量的创新，并加快人类从创新中获益的速度。另一种观点认为调整适应是需要时间的，虽有其道理，但还是把渐进式碳定价方法想得过于完美。人类意识到气候变化会带来的危害已至少30年，在这一段不算短的时期采取的正是渐进式方法，结果是碳排放量越来越高。若早在30年前就采用一步到位的碳定价，结果必定截然不同，可能今天已到处是电动车，城市也已被重新规划设计。

问题五：您认为政府应该给市场更多激励，激励市场进行更多科研和创新。您也提到，政府应该进行更多的研发，做更多的基础设施投资。您有没有什么政策可以推荐给各国，来激励创新以实现碳中和发展呢？

首先，前文提到的各种各样的政策，包括法规、碳定价、碳风险披露等，都激励私营机构更多考虑碳，积极减排创新。为减排提供一套全面的激励措施，也就是为更多的创新提供一套全面的激励措施。比如绿色住房抵押贷款，很多国家政府包括美国政府都支持大部分的住房抵押贷款，并起到最终兜底的作用。但若政府只为绿色住房贷款提供兜底，必会激励建筑师和建造者去创新，采用新技术、新工艺。只有走向碳中和的创新才是全方位的创新，因此，社会急需明确的监管信号和定价信号。再比如政府采购，若政府宣布只能采购更环保的产品，必将推动公司间开展一场以更环保为目标的竞赛，自然激励更多的绿色创新。

事实上，对劳动力征税，已在很大程度上把创新引向错误的方向，提高了包括非技术工种的劳动力价格，而一直以来鼓励替代劳动力的创新，则加剧了社会的不平等和失业。然而，直接为碳定价可以反其道行之，鼓励稀缺的研究型人才去拯救地球。

问题六：您很关心发展中国家，自然也关心发展问题。您曾任世界银行的首席经济学家，谈论发展的问题已经有数十年了。现在130多个国家都承诺在将来实现碳中和，其中有些是发达经济体，有些是新兴中等收入国家，有些是低收入国家。我们是否要在如全球碳指数、披露政策上确立同样的标准，或者是否所有国家都要走同一路径？在这些方面如何区分发达经济体和低收入国家，帮助低收入国家也赶上这一非常重要的全球倡议？

在拯救地球的斗争中，新兴市场经济体和发展中国家的行动至关重要。如今它们排放了超过一半的温室气体，如果它们不参与碳中和的进程，这个进程必将失败。这些国家也指出，从历史上看，大气中绝大多数的碳是发达国家排放的，这是不争的事实，故其对强加于它们身上的不公平负担异常敏感。

发达国家应该承担让发展中国家和新兴市场经济体行动起来的经济成本，至少要帮助后者迅速走向碳中和。比如，发达国家可以以合理的专利费将能够以较低成本实现绿色转型的知识产权转让给发展中国家。这样做将帮助新兴市场经济体和发展中国家实现跨越式发展，不被捆绑在18世纪、19世纪和20世纪的旧技术和化石燃料经济上，在21世纪更具绿色竞争力，这当然有助于早日实现碳中和。

问题七：您谈了很多关于超越GDP的目标。谈及碳中和，整个社会、自然都被带入生产函数，您刚刚发表的文章把物质资本、人力资本、社会资本和自然资本放在一起。怎样才能有一个新的衡量标准？您认为应该有一个新的衡量标准来取代GDP吗？

衡量经济表现和社会进步委员会（CMEPSP）[①]得出结论：世界太复杂了，无法用单一数字来概括。应该有一个指标仪表盘，其中一个指标是可持续性，一个国家即使拥有很高的GDP，但若获得GDP的代价是其未来前景被蚕食或摧毁，那么这种GDP是不可持续的GDP。目前尚不能确定是否存在一个简单的衡量方法，但这种数个指标的仪表盘方式是被一致认同的。

① 衡量经济表现和社会进步委员会是法国政府于2008年成立的一个调查委员会，通常被称为“斯蒂格利茨－森－菲图西委员会”，以其领导人的姓氏命名。本文作者是该委员会的主席。

“范式转变”：中国碳中和发展的长潮与大浪

朱民[①]

引言

国家主席习近平在2020年9月联合国大会上宣布，中国将力争在2030年前实现碳达峰，在2060年前实现碳中和，这一举动向世界宣告了中国进行绿色转型的决心和雄心。全球范围的碳中和共识与行动，标志着工业革命后形成的不可持续的“先污染、后治理”的传统发展范式开始落幕，一个新的绿色发展范式开始兴起。这一新发展范式将为人类创造新的现代化模式，为中国和世界带来可持续的绿色繁荣。新发展范式在发展目的、发展内容、发展方式以及发展普适性上，是对传统发展范式的一次深刻革命，是对价值理论、财富的内涵和测度，以及个人和集体行为的重塑。

发展范式的上述变化，意味着发展底层逻辑的变化，这将彻底改变传统工业时代形成的发展理念、发展内容、发展方式，以及发展的环境与福祉含义。这些改变会体现在资源概念、企业组织模式、商业模式、

---

① 朱民，中国国际经济交流中心副理事长，国务院中英对话机制“一带一路”金融与专业服务公使，兼任“十四五”规划专家委员会委员，外交部外交政策咨询委员会委员，中央网信办专家咨询委员会委员。世界经济论坛董事会常务董事，彼特逊国际经济研究院董事会董事，G20为全球公共服务融资高级别委员会委员，联合国经济和发展高级别咨询委员会委员。曾担任国际货币基金组织副总裁、中国人民银行副行长和中国银行副行长，曾在世界银行工作，并在约翰斯·霍普金斯大学和复旦大学讲授经济学。

金融模式、体制机制和政策体系等方面，又会具体表现为能源体系、基础设施、工业化、城镇化、农业现代化、金融体系、技术创新等各个领域。还会体现在对经济学基本问题的重新思考，包括价值理论、财富的内涵和测度、成本与收益概念、最优化概念、消费者和企业行为的目标及约束条件等方面。在碳中和的“范式变更”下，人类的生产目的、生产方式、消费方式、生活方式和社会组织都会发生变化，社会价值也会发生变化，人、生产、社会、自然将融为一体。我们需要从“范式变更”这一宏大、历史的视野，思考、观察和理解碳中和带来的人类发展的新逻辑，把握碳中和的巨大历史性和国际性机遇[①]。

碳中和转型将深刻改变商业的底层逻辑。在碳中和的背景下，企业与社会的关系也会发生重大变化。企业需要理解碳中和引起的社会价值观的根本变化，理解价值观的改变为什么是推动碳中和实现的最大动力。当价值观发生变化的时候，社会的关系就会发生变化，个人消费者和社会将成为推动碳中和的主要力量，它们是需求方、利益方和监督方。企业的逻辑需要从传统的本土销售、市场、质量、服务和技术等要素，放大到宏大的、社会人和世界人的角度来审视。在碳中和时代，企业并非简单的利益创造者，也非简单的商品生产者，而是人类利益和命运的共同参与者。

碳中和已经成为全球共识，是全球未来发展的大趋势。但是实现碳中和的诸多要素尚不明确，其中包括实现碳中和的路径、规则、科技、产品、投融资、市场和全球合作与竞争，等等。碳中和是人类走

---

① 朱民，Nicholas Stern，Joseph E. Stiglitz，刘世锦，张永生，李俊峰，Cameron Hepburn. 拥抱绿色发展新范式：中国碳中和政策框架研究［J］. 世界经济，2023，46（03）：3–30.

向未来的梦想，并且在不断地变化。碳中和既要求我们立足未来审视今天，又要从今天洞察到未来，随时从未知中捕捉机遇。这就需要我们在时间维度上保持的高度前瞻性，在空间维度上保持高度敏感性，以及具备时间和空间对冲的极高的互置能力，由此所形成的对未知的开放心态和对已知的不断调整能力、持续的观察能力、持续的学习能力也已成为最为核心的竞争能力。

碳中和是当代世界大势

全世界已有近 140 个国家承诺践行碳中和，其中约 70% 是发展中国家。这些国家的碳排放量和经济总量均占全球的 90% 左右，人口占全球人口的 85% 左右。越来越多的气候科学的证据（例如全球范围内更强烈的热浪和极端天气）以及技术进步的趋势引导越来越多的国家做出明确的承诺，因为他们认识到高碳对环境的破坏和对经济、社会和人类健康的风险，也意识到碳中和转型是从低碳经济转型中获益的巨大机会。这些好处远超过减少气候变化风险的成本，包括由可再生能源支持的更便宜的电力和运输、更少的浪费和拥堵、更清洁的空气和污染更小的土壤和水，以及更强大的生态系统。碳中和目标导向，有具体的、可衡量的目标。因此，包括财政在内的多种资源都在向碳中和倾斜，科技政策、金融和监管政策、产业政策、社会政策以及国际合作和竞争政策也都在向碳中和倾斜，并围绕碳中和来进行机构和机制改革。

工业革命以来全球的二氧化碳浓度已远超正常波动范围，碳排放影响气候变化，形成更剧烈的自然灾害已经是全世界气候变化专家和地球物理领域科学家的共识。地球是一个非常精密的系统，会有地震、火山喷发等各种偶发自然现象，但地球的基本特性，诸如海洋潮汐、暖流和寒流，以及温度的变化等，都有一定规律，往往在一定幅度内波动，一旦超过正常的波动范围就会产生严重后果。图 3.1 是 80 万年间地球二氧化碳浓度变化的分析，全球气温波动幅度在 80 万年间基本小于 0.75℃，在这个幅度内地球出现了暖周期和冷周期。在讨论碳中和之初，有观点认为，按照地球冷暖周期划分目前正处于暖周期，暖周期过后就气温就不会上升。但从南北极深层冰的数据中，可以看到全球变暖确实在发生。科研人员通过分析 80 万年来空气中二氧化碳的浓度发现，工业革命以来全球的二氧化碳浓度已远超正常波动范围。由于碳衰减太慢，且无法短期内在空气中被消化，二氧化碳将长久存在于大气中，产生隔断效应和温室效应，改变海洋潮汐、暖流和寒流，形成日益增多的剧烈气候变化和自然灾难。这些科学的证据推动世界普遍认识到，温室气体积累所导致的气候变暖是人类必须面对的共同挑战。

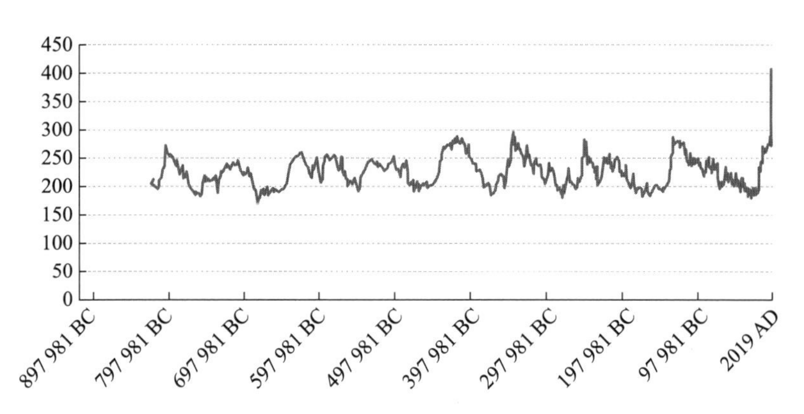

图 3.1 地球 80 万年间二氧化碳浓度变化

资料来源：美国国家海洋和大气管理局（US NOAA）（2018 年）。

注：全球大气中二氧化碳平均浓度（单位：百万分之一）。

2015年召开的巴黎会议[①]与2021年召开的格拉斯哥会议[②]在全球达成碳中和共识中起到至关重要的作用。2015年巴黎会议是国际关于气候变化共识的重要里程碑，近200个缔约方在巴黎会议上达成了全球共识的《巴黎协定》。该协议将全球气候治理的基本框架梳理出来，将气候变化目标量化，提出了面向21世纪中叶的气温目标比工业革命时期上升2℃和1.5℃的目标。面向21世纪中叶，《巴黎协定》标志着全球气候治理机制进一步演化为碳中和全球治理机制。其中，《巴黎协定》提出有七个基础框架：一是减缓，包含看自主贡献特征、登记等；二是市场，包括了合作方法和机制等；三到七则分别是适应、资金、技术、能力建设及透明度。这七个基础框架形成了七个主要的机制，即国家自主贡献机制、可持续发展机制、技术开发和转让机制、增强行动和资助的透明度的框架、应对气候变化的全球总结模式、敦促执行和遵守协议的机制、资金机制与零碳金融。这七个基本原则和机制构成了全球气候治理的基本框架，《巴黎协定》也因此标志着全球气候治理机制进一步演化为碳中和全球治理机制。但是《巴黎协定》在资金、技术以及能力建设方面较弱[③]。五年后再看，《巴黎协定》落实情况并不乐观。一是自主贡献和监督落实不匹配，二是资金与技术两条很少落实，发达国家承诺了每年1 000亿美元的资金一直没有落实，发达国家对发展中国家的能力建设支持也未落实。

2021年格拉斯哥会议最终完成了《巴黎协定》实施细则，提出

① 2015年11月30日至12月11日，第21次《联合国气候变化框架公约》缔约方大会（COP21）在巴黎举办，本文作者参加了巴黎会议。

② 2021年10月31日至11月12日，第26次《联合国气候变化框架公约》缔约方大会（COP26）在英国格拉斯哥举办，本文作者参加了部分格拉斯哥会议。

③ United Nations（UN）. Paris Agreement [R]. 2015.

《格拉斯哥气候协议》。会议解决了各国在减排分配方面的冲突，通过建立“承诺和审查”体系，消除了国际气候合作的一个最关键的障碍，以国家自主贡献代替总体减排目标，开启了“自下而上”的气候国际治理模式。《格拉斯哥气候协议》最重要的进展是：第一，把气候变化从碳排到扩展到广义温室气体排放，将甲烷等也包括在排放目标中；第二，提出2.5万亿美元投资实现碳中和的目标，同意了南非提出的国际公正转型，有了补偿概念；第三，确立碳排放交易新规则，即减排信用额度归属地由出售国决定，避免减排重复计算，为清洁发展机制下的碳信用设立过渡期，避免碳价冲击，还提出一个国家可通过资助另一个国家的温室气体减排项目来实现其排放目标。会议提出的推动全球碳交易市场，实为国际规则，会对一国的自主权产生影响。因为一旦全球统一的ETS（碳排放交易市场）成立，其就不完全由经济利益主导，政治和国际家利益也会被包括其中。所以，全球碳交易市场也引起很大争议。总之，《格拉斯哥气候协议》把《巴黎协定》中七个基础框架的“国际性”往前推了一大步，聚焦于行动纲领（见图3.2）[①]。

从巴黎会议到格拉斯哥会议，短短五年间出现如此出人意料的变化，背后最重要的两股推动力是全球道义和利益的力量。世界上任何事情都需要既有道义旗帜的感召力，又有利益和竞争的压力同时起作用才能成功。在巴黎会议中持反对意见的国家在格拉斯哥会议中发现，若其继续反对，就失去了道义的基石，并丧失进入新社会的门票。巴黎会议后各国日益发现碳中和还涉及地缘政治和经济博弈等因素，是重新定义未来世界竞争的制高点，也是关乎人类未来之争。虽

① United Nations Framework Convention on Climate Change (UNFCCC). Glasgow Climate Pact［R］. 2021.

然从巴黎会议到格拉斯哥会议的五年间，地缘政治恶化，但气候环境也进一步恶化，公众的责任和利益推动应对气候变化继续成为全球共同努力的方向，国际规则制定、科技创新、经济金融、全球治理新规则的合作和竞争也由此开始。

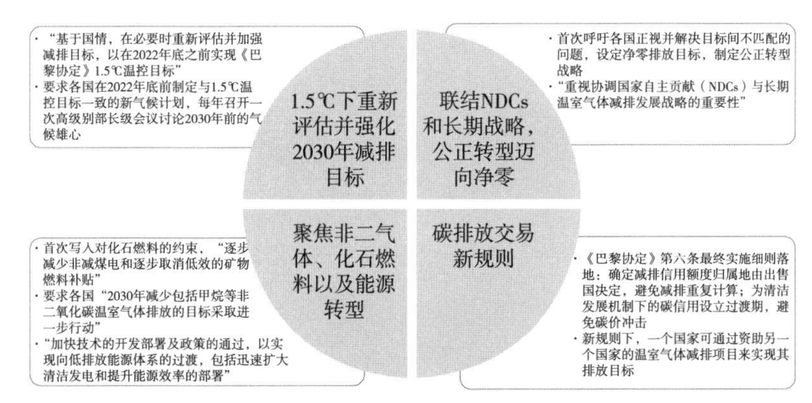

图 3.2 《格拉斯哥气候协议》要点

资料来源：本文作者总结。

在格拉斯哥会议，碳中和领域的全球竞争大幕已经开启。欧盟和美国在碳中和领域的不同维度寻求世界主导权。欧盟和英国谋求主导规则，他们充分吸取了工业文明范式发展的经验教训。尤其是英国，它深知一旦新的发展范式来临时，规则的制定便是最重要的。从 1990 年开始，欧洲就开始在规则和制度层面发力。欧盟已经制定了系统的碳中和转型法规、制度和规则推动欧盟经济向可持续发展转型，明确欧盟要成为全球气候变化的领导者。在目标上提高 2030 年和 2050 年实现目标的雄心，迈向一个无毒和零污染的环境，保护并修复生态系统和生物多样性；把清洁能源放在第一位置，提供清洁、安全和可负担的能源，调动企业积极性重视清洁循环经济。在建筑上，提出高能效和高资源效率的建筑，包括新建和翻修已有旧建筑；在交通上加快可持续和智慧出行转换；在大食品概念下，构建一个公平、健康和环境友好的食品系统。欧盟也出台一系列政策支持上述目标，包括转型融资政策、公平转型政策和动用科技力量培育创新政策等①。而英国还成立了世界第一家国家参与的绿色投资银行来支持碳中和转型，特别是支持绿色科技融资②。

对比欧洲，美国则通过政府政策主导和市场机制聚焦于解决碳中和的技术方面，主要在解决五个核心“零”方面，即零碳电力、零碳交通、零排放汽车、零碳建筑、零废物制造。美国明确要寻求在这些领域的技术创新，力求在储能、可再生能源制氢、零碳建筑、下一代核能、电动汽车、和碳捕捉等技术上取得突破。拜登政府推出的新能源绿色政策，以十年为期限，政府拨款支持科研和投资向上述五个“零”领域倾斜，显示出其希望在这些领域取得主导权的决心③。

碳中和大潮已经涌动而来，成为全球的大趋势，全球围绕碳中和的合作与竞争已经开始。

碳中和是中国的必然选择

我国政府在2020年9月宣布的“双碳”承诺，习主席同时在

---

① European Council Council of the European Union. Climate neutrality [EB/OL]. https://www.consilium.europa.eu/en/topics/climate-neutrality/.

② GOV. UK. Green bank opens for business [EB/OL]. (2012-11-28). https://www.gov.uk/government/news/green-bank-opens-for-business.

③ The Long-term Strategy of the United States: Pathways to Net-Zero Greenhouse Gas Emissions by 2050 [R]. 2021.

2020 年 12 月的世界气候雄心大会上宣布，到 2030 年，中国单位国内生产总值二氧化碳排放将比 2005 年下降 65% 以上，非化石能源占一次能源消费比重将达到 25% 左右，森林蓄积量将比 2005 年增加 60 亿立方米，风电、太阳能发电总装机容量将达到 12 亿千瓦以上。这是中国对世界的郑重承诺，也是中国未来发展的必然选择。已有观察表明，中国的累计碳排放总量、人均二氧化碳排放量自 2000 年以来均快速上升，目前碳排放总量已接近美国和欧洲，人均二氧化碳排放量虽落后于美国，但已超过欧盟。由于富裕国家将高排放制造业转移到了发展中国家，美国、欧盟等先进经济体的排放量基本处于持平状态，甚至有些下降，但很多发展中国家的增速很快。同理，目前中国年均二氧化碳排放量已超过美国和欧盟。在气候谈判领域，早前的观点认为欧美有将近百年的排碳史，碳排放量巨大，它们需要对过去排放的碳做出相应补偿。现在，有欧美国家提出中国的碳排放量也很大，建议将中国列入提供补偿的名单，这也是我国面临的国际压力（见图 3.3）。

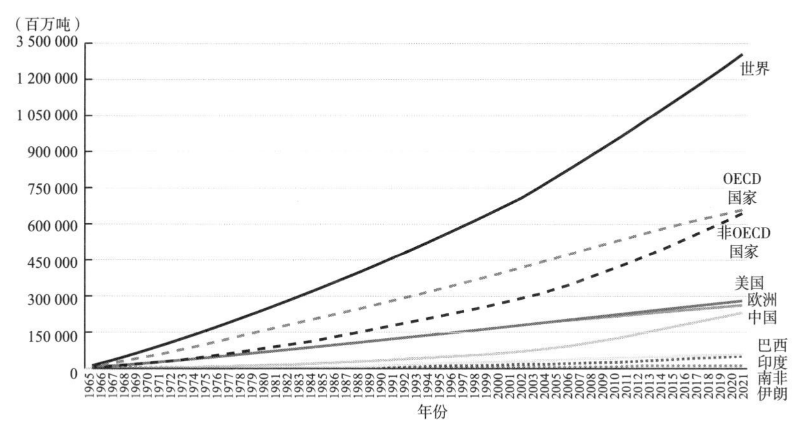

图 3.3 历史累计碳排放量（1965—2021 年）

资料来源：英国石油公司（BP）。

与此同时，我国重煤、重碳、重产业的经济也承担了巨大的污染和环境成本。例如大气污染、水污染、土壤污染、自然生态多样性受破坏严重，气候变化带来的自然灾害加剧频发，中国也为过去的发展支付了高昂的环境成本（见表3.1）。我国从20世纪末开始注意到环境问题，每年花近千亿人民币进行污染防治与环境治理。从投入产出的角度看，把这笔数额庞大的资金花在能产出正面效益的事项上才是更好的投资。同时，我国是出口大国，但大量出口高碳产品；我们实现了贸易盈余，而相应的碳排放却是赤字。我国出口的钢铁、水泥、玻璃、铝等都把大量的碳排放留在了中国，而欧盟开始对中国出口产品征收以边境调节费为名的碳排放边境税。显然，这样的重煤、重碳、重产业的经济结构和经济增长以及贸易结构都不可持续，需要重新定位。

表3.1　2020年中国环境污染情况

大气污染	· 全国337个地级市及以上城市中，135个城市环境空气质量超标，占40.1% · 与2019年相比，六项污染物浓度均下降
水环境污染	· 30个城市地表水环境质量较差 · 河流中，辽河流域和海河流域为轻度污染 · 海洋劣质水质面积为30 070平方千米，较2019年增加1 730平方千米
土壤污染	· 影响农用地土壤环境的主要污染物是镉等重金属 · 土地荒漠化、沙化和水土流失问题较为明显
自然生态	· 全国生态质量一般，与2019年相比无明显变化 · 生物多样性受到破坏，需重点关注和保护的植物、脊椎动物、大型真菌数量达上千种
气候变化和自然灾害	· 2020年全国平均气温10.25℃，较常年偏高0.7℃，全国六大区域气温均偏高 · 暴雨、洪涝灾害偏重，旱情区域性和阶段性特征明显

资料来源：生态环境部。

另一个重要的维度是能源安全。如表 3.2 所示，中国进口了全球约 20% 的煤炭、约 25% 的石油、超 25% 的天然气。若按照现在的经济增速和能源消耗系数不变，10~15 年后，中国的进口将占到全球的一半。中国是以制造业为主的国家，资源在外，产品的成本定价也就掌握在外，在世界大宗商品价格高企和大幅波动下，中国将面临世界大宗商品价格剧烈波动的风险。随着地缘政治的恶化，能源安全已成为全球首要关注的问题，我国也必须为能源安全做好准备。

表 3.2　2020 年与 2021 年中国进口煤、石油、天然气数量，价值，占比

项目	煤		石油		天然气	
年份	2020	2021	2020	2021	2020	2021
中国进口总量（十亿吨）	0.3	0.3	0.5	0.5	0.1	0.1
进口总量占世界比重	22.7%	23.6%	26.5%	23.1%	28.5%	32.6%
中国进口价值（十亿美元）	20.2	22.9	176.4	229.3	33.5	55.8
进口价值占世界比重	21.1%	15.4%	24.9%	22.3%	22.9%	28.3%

资料来源：国家统计局，海关总署，美国中央情报局（Central Intelligence Agency）。
注：石油数据为原油（Crude Oil）数据，天然气数据为液化天然气（LNG，Liquefied Natural Gas）数据。

当前，我国人均 GDP 首次突破 1.2 万美元，进入中等收入国家序列。国际经验表明，一国进入中等收入后，依靠廉价劳动力投入的低成本出口的发展道路已经无法持续，必须走高效率的发展道路。提高劳动生产率是最根本的选择。经济学最基本的理论之一刘易斯拐点（Lewis Turning Point[①]）认为，一个发展中国家的无限廉价劳动供应消

① 刘易斯拐点（Lewis Turning Point，又称路易斯拐点），即劳动力从过剩走向短缺的转折点，指在工业化过程中，随着农村富余劳动力向非农产业的逐步转移，农村富余劳动力逐渐减少，最终枯竭。由威廉·阿瑟·刘易斯（1987 年诺贝尔经济学奖获得者）在 1968 年提出。

失后，经济体必须走内生劳动生产率提升的发展道路。中国的劳动力供应拐点出现在2012年，劳动力供应峰值过后，我国劳动力成本上升迅速，制造业部分外移。2022年，中国到了第二个拐点，即总人口到达顶峰，意味着劳动力的增量已很有限。中国依靠劳动力的增长模式也不可持续，必须走提升效率的发展之路。

碳排放指标提供了一个提升效率的维度。如表3.3所示，2019年我国单位GDP的碳排放量是0.69千克/美元，全世界平均是0.40千克/美元，欧盟、美国、日本等主要发达经济体的指标约为0.20~0.24千克/美元。中国单位GDP碳排放量约为全球平均的1.5倍，约为日本的3倍。这意味着我国的碳排放效率仍有很大的改善空间，这是体现碳排放效率及生产效率的一个综合指标。而碳中和目标就是要把中国的碳排放效率逐渐和世界水平一致，并向欧美水平靠拢。通过提高中国的碳排放效率，实际地改变中国的产业结构，降低中国能源消耗水平，提升中国的劳动生产率。

表3.3　中国需要降低单位GDP的碳排放

国家	GDP（10亿美元）	人口（百万）	CO_2排放（百万吨）	人均排放（吨/人）	单位GDP排放（KG/美元）	人均GDP（美元）
美国	21 433	330	4 744.5	14.4	0.24	60 837
中国	14 280	1 402	9 919.1	7.07	0.69	10 228
日本	5 149	126	1 056.2	8.37	0.23	36 362
欧盟	15 690	477	2 993.5	5.92	0.20	32 997
全球	87 555	7 683	3 3621.5	4.39	0.40	11 004

资料来源：国际能源组织（IEA），2019年；世界银行（World Bank），2019年。

碳中和对各国都是一个前所未有的挑战，但中国面临的挑战更为特殊。第一，中国经济增长速度较高，能源消耗继续增长。欧洲的经济增长率是1.5%，未来40年，中国经济仍将保持中高速增长。到2060年，中国经济规模预计将翻两番以上，中国要在中高速经济增长中实现碳中和。即使中国实现净零碳排放，能源消耗仍将继续增长，意味着中国经济增长的能源效率和碳排放结构都必须出现大增幅的改变。第二，时间紧。欧洲在20世纪90年代就已实现碳达峰，到2050年才实现碳中和，尚有60年的时间，而中国从2030年到2060年只有30年时间就要实现碳中和，30年的转型速度会相当快，经济结构和生产过程都将面临剧烈的变化。第三，中国仍处于工业化和城市化进程当中，经济结构能源强度高，且化石能源超过80%。相比欧美发达国家服务业占经济总值的80%以上，我国服务经济刚刚跨越55%，工业经济占比仍有35%，并且以制造业为主，是典型的重碳经济而非轻碳经济，中国能源转型任务更加艰巨。第四，中国将要大规模提高经济增长的能耗效率。相对于GDP的增长，中国的能源消耗将基本不变，且碳排放还要快速下降。只能依靠经济效率和能源效率的提升，支撑效率提升的是科技，而支撑科技发展的则是整体经济结构的全面的变革。第五，与其他发展中国家相比，中国在工业化和基础设施建设方面的存量较高。这意味着中国不仅要以绿色方式实现增量增长，还必须对其巨大的存量进行绿色转型。第六，中国幅员辽阔，地区资源和特征差异显著，经济结构多样且发展不平衡，各群体收入差距较大。如何实现协调和平衡转型，就是一项艰巨的挑战。第七，在2030年碳达峰时中国经济总量将接近美国，在2060年碳中和时，中国经济规模将远超美国和欧盟。中国将进行世界历史上最大规模的碳中和转型[①]。

摆在中国面前可选择的只有三条路：第一条路是高碳高增长，这条路在全球碳中和浪潮下已经不能走了；第二条路是低碳低增长，而中国目前人均GDP仅在1.2万美金左右，还需要大力发展经济，提高人均GDP水平，意味着这条路也走不通；因此，只有第三条路可以选择，即低碳或零碳和较高的增长，这意味着中国既要选择采取低碳或零碳的绿色技术和产业体系，同时又要提高生产率，这就要求我们必须做出技术产业结构调整和制度改革。虽然挑战巨大，但碳中和也是中国经济“换道超车”和高质量发展的新动力。碳中和并不意味着以高昂的代价来牺牲经济增长。相反，它可以在诸多方面促进经济增长，尤其是在就业、效率提升和经济转型升级等重要方面。

与此同时，我国在绿色发展中也有独特的优势。第一，中国拥有新发展理念，大家普遍对绿色发展和生态文明有认同。第二，我国政府拥有针对绿色转型的协调统领能力。第三，我国拥有显著的市场优势，人口规模超欧美总和，已拥有世界上最大的单一市场，这对绿色技术孕育、孵化、成长提供了最大保证。高增长和大市场已变成了中国自身非常重要的武器。第四，我国拥有一定技术优势，在绿色技术、产业领域已有一定积累，并在诸如新能源和光伏发电等领域处于并跑、领跑位置，这种优势有望继续保持和扩大。第五，中国有较好的数字技术研发和应用基础，可以利用数字技术上的优势助力低碳发展。有研究指出，数字技术在能源、制造业、农业和土地利用、建

① 朱民，Nicholas Stern，Joseph E. Stiglitz，刘世锦，张永生，李俊峰，Cameron Hepburn. 拥抱绿色发展新范式：中国碳中和政策框架研究［J］. 世界经济，2023，46（03）：3–30.

筑、服务、交通等领域的解决方案可以帮助减少 15%~37% 的全球碳排放。因此，绿色与数字化的结合也是很重要的事情。

此外，这些挑战和优势中也蕴含着机遇。第一，我国提早进行绿色转型有利于降低转型的重置成本与沉没成本。中国仍有不少产品未达到需求峰值，这些产品可直接用绿色产品替代。例如，美国、欧盟和日本交通部门排放达峰时每千人乘用车保有量分别约 845、423 和 575 辆，而中国目前仅有 173 辆，在我国汽车普及期间，可直接购买新能源汽车。第二，中国经济增速较高，可为绿色产品创新和推广提供更多市场需求，有利于形成商业模式。第三，从同“双碳”最直接相关的新能源与新能源汽车产业看，“双碳”在促进而非阻碍经济增长。

利用以上优势，中国有望以“换道超车”的方式推动一场技术、产业和发展方式的系统性重大变革，同时有利于降低传统产业的重置成本和沉没成本。碳中和无疑将为中国塑造具有世界竞争力的零碳科技、零碳制造、零碳服务系统提供巨大空间。例如，随着新能源发电技术和电动汽车的快速发展，碳中和对促进增长的作用在能源和交通运输领域尤为明显。2021 年，中国光伏装机比上年增长 20.9%，风电则增长了 16.7%。到 2022 年 6 月，中国新能源汽车保有量约 1 000 万辆，占全球估计总量 1 600 万辆的一半以上，新能源汽车产销量连续 7 年居世界第一。全球近 40% 的可再生能源工作岗位在中国。在互联网、5G、人工智能（AI）、特高压（UHV）、数字基础设施等一系列低碳技术领域，中国也获得新的竞争优势。这些新技术为中国提供了潜在的巨大出口机会。毫无疑问，碳中和将为中国提供发展尖端零碳技术、零碳制造和零碳服务体系的巨大机遇，并重塑整个经济系统和部门。

改革开放 40 年以来，中国创造了经济发展的奇迹。从现在到

2060年的下一个40年，碳中和将成为中国新发展范式和新增长故事的核心，彻底重塑中国的经济结构、生产与生活方式、宏观管理架构和发展模式，给中国经济带来脱胎换骨的变化。中国宣布碳中和目标的时间，恰逢中国开启到21世纪中叶实现第二个百年奋斗目标——建成社会主义现代化强国的新征程。这两个时间点的契合，昭示着中国经济社会发展模式的一个全新开端。碳中和需要发展范式的转变，是对工业时代建立的传统发展范式的重新定义。中国式现代化，是对工业革命后在传统发展范式下建立的现代化概念的重新定义。二者具有内在一致性。中国有望以碳中和为抓手，以绿色发展方式开启中国式现代化之旅，再创又一个四十年发展奇迹[①]。

在这条赛道上，中国和发达国家大体处于同一条起跑线。这意味着，中国有望从过去40年传统发展范式的学习者和追赶者，成为新发展范式的并跑者和领跑者。如果说工业革命是西方工业化国家引领世界发展的机遇，那么以碳中和为代表的新绿色发展范式，就有望成为中国引领世界发展的新机遇。中国要在全球碳中和进程中发挥领跑角色，就需要着力研发新技术、提供新零碳产品、创造新宏观管理模式、重构商业模式、更新城市和社区模式。同时，在经济增长、实施减碳措施、低碳和零碳发展、科技创新和社会和谐等方面要进行全方位创新。这将是一个极具吸引力的可持续增长故事。凭借明确的战略方向、强劲的储蓄和投资、已有的科技能力等优势，中国有潜力引领全球转向绿色发展新范式。

① 朱民，Nicholas Stern，Joseph E. Stiglitz，刘世锦，张永生，李俊峰，Cameron Hepburn. 拥抱绿色发展新范式：中国碳中和政策框架研究［J］. 世界经济，2023，46（03）：3–30.

碳中和是人类发展的“范式转变”

在探讨碳中和下的“发展范式变更”问题时，首先需要清楚碳达峰和碳中和的区别。其中，碳达峰是一个自然过程，在传统工业化模式下也能达到。现在中国东部很多大城市，例如上海和深圳已经达峰了。然而，在实现碳达峰后，如果不主动采取措施的话，排放将永远在峰值上，或者只能缓慢地下降，并不会引起经济结构的根本变革。要达到碳中和，就必须依靠发展模式的根本转变。

在这个意义上，需要理解不同视角下的碳中和与绿色转型的差别。从工业化的视角来看，它是效率问题，碳中和是关于如何提高效率的技术问题，是关于技术和发展的问题。

碳中和是工业革命以来人类生产方式和生活方式的颠覆性变革。工业革命以来传统的发展范式是以不断攫取自然资源、不断扩大物质财富、不断升级物质消费产品为目标，以物质商品的大生产和大消费为特征，追求物质消费最大化的模式。这种以狭隘的物质生产和消费最大化为目标的模式，不可避免地带来了效率损失、环境污染、自然破坏、人类健康受损、财富收入不均、个人和社会对立、国家和全球的矛盾。而全球范围的碳中和共识与行动，标志着工业文明的传统发展范式的落幕，一个基于生态文明的新发展范式已然登场。碳中和不只是传统意义上的产业升级和部门优化，而是要解决为什么发展、发展什么、如何发展等多维度问题。

在碳中和下，发展的根本目的是提高人类福祉，实现“美好生活”。传统发展范式以 GDP 增长为中心，然而 GDP 只是发展的手段，不是发展的目的，高 GDP 不等于高福祉。发展目的与手段的本末倒置，必然带来经济发展的扭曲。因此，新的发展范式必须超越以 GDP 为中心的发展，回归发展的根本目的，即以人类福祉为中心，运用福祉的测度来衡量，满足人们的全面需求。然而，从生态文明的视角来看，碳中和的概念彻底反转，GDP 不再是衡量发展的唯一指标，这将导致商业的组织结构和消费观念等概念的彻底转化，理解同一概念在不同视角的区别非常重要。

不同的发展目的决定着不同的发展内容。传统工业化模式以物质财富的生产和消费为中心，必然带来“不平衡、不充分”的发展。但人类的幸福水平并不总是随着商品或服务等消费而增加，生活方式的价值来源并不仅限于狭义的物质财富。新的发展目标将包括物质、环境、健康、社会和谐等方面的诸多需求，这些需求需要新的发展内容来满足。发展不再是一个单纯的物质过程，而是一个需要考虑人和自然的过程，考虑人和人的过程，考虑人和社会的过程。传统发展模式基于人类中心主义，依靠人力资本、物质资本等要素，实现物质财富的最大化，不太考虑生产对自然和社会造成的巨大成本，长期来看会损害发展的根基。而在新发展范式中，人力资本、物质资本、自然资本和社会资本等生产要素之间需要相互协调，不能以削弱其他资本为代价。因此，未来将会是这四种要素协同生产的发展方式。

发展范式的变化意味着发展底层逻辑的变化，从传统经济学的角度来说，这是最大的变化。这意味着消费者和生产者的目标函数及其约束条件，以及成本、收益、福祉、最优化等概念都将会被重新定义。这就将彻底改变传统工业时代形成的发展理念、发展内容、资源概念、企业组织模式、商业模式、金融模式、体制机制和政策体系。这些改变，又会体现在能源体系、基础设施、工业化、城镇化、农业现代化、技术创新等各个领域。

能源革命

在通往碳中和的道路上，能源革命是第一步。能源的转型不只是能源的生产端用可再生能源替代，以及能源的使用端用电气化替代，同时也要始终坚持能源节约优先的原则，并在转变生产方式的同时加快转变生活方式，以减少能源消耗及其高生态环境足迹，不再重复工业化国家高能源消耗的不可持续老路。中国碳排放居全球首位，2021年约占全球二氧化碳排放的30%。在中国的碳排放结构中，电力占40%，工业占30%，建筑和交通各占15%，电力和工业占大头。中国的能源结构中，化石能源占84%，非化石能源只占15%，化石能源中煤占比高达57.7%，降煤和去煤是中国实现碳中和的最主要和最艰巨的挑战。中国碳中和的能源革命就是“两个脱钩”，即电力与碳排放脱钩，经济发展与碳排放脱钩[①]。

我国能源结构偏煤和我国煤炭资源丰富有关，也和产业结构偏重、能源效率偏低有关。我国能源结构中煤炭的问题在于以煤电为主的重能源产业结构，包括大量生产并出口钢铁、水泥、玻璃等高碳产品。减煤是我国能源转型成败的关键，需要明确尽快完成从控制能源消费总量，到控制化石能源消费总量的政策转变，坚定不移地推动煤炭尽早达峰，合理控制煤电发展节奏和非化石能源发电的发展节奏，并形成推动能源低碳转型的制度保障。

---

① 张希良，黄晓丹，张达，耿涌，田立新，范英，陈文颖.碳中和目标下的能源经济转型路径与政策研究［J］.管理世界，2022，38（01）：35-66.

国家已经明确减煤目标，在“十四五”期间煤炭建设放缓，保证煤炭发电量不再增加，非化石能源发电占比提高至40%；在“十五五”期间煤炭建设完全停止，实现非化石能源发电对燃煤发电增量的替代，在2030年将非化石能源发电占比提高至50%以上；2030年开始煤电的存量替代，并在2035年基本建成以新能源为主体的电力系统，在2050年实现电力系统的净零排放[①]。实现碳中和目标，同时要求构建以可再生能源为中心的全新能源供应系统，同时在社会经济系统中进行电气化改革，以达到中国能源转型的最低要求。中国能源转型的具体路径是以风电、太阳能为主，核电、水电为辅，建立以非化石能源为基础的新型电力体系。

降低煤炭能源占比的一个重要前提条件是保证能源安全，确保有足够的新能源资源。大量调查结果显示，中国的光能资源特别丰富，潜在光电资源存量巨大。若把中国总面积128万平方公里戈壁的1/10用来安装光伏电站，年发电量可达到20万亿度，将远超2020年全年8万亿度的总用电量。此外，我国楼房与办公楼屋顶也有大量可以安装光伏发电系统的空间。与光电类似，我国也拥有巨大的风电资源潜能，尤其是我国东北和沿海地区的风能资源，据统计，我国海拔100米高度陆上可用风能总储量为3 400GW，另外还有500GW的海上风能资源[②]。在价格方面，光伏发电的直接成本已低于煤电，例如，2021年四川的最低上网价格已低至0.147元/度，青海的上网价格是

---

① 中国政府网．“十四五”现代能源体系规划［R］. 2022.

国家电网有限公司．构建以新能源为主体的新型电力系统行动方案（2021—2030）［R］. 2021.

② 国家发改委能源研究所，IEA. 中国风电发展路线图2050［R］. 2011.

0.24 元 / 度，表明新能源在成本上可以替代传统能源，由于风光光电相对于煤电的稳定性不够，需要投资和构建大规模的储能系统进行调峰。中国目前抽水蓄能装机容量为 30GW，居全球第一，预计到 2050 年将增加到 140GW。总体来看，抽水蓄能的装机容量还很小，且受特定的地理条件限制，能量折耗率高达 25%，因此，需要发展大规模和长时间的电化储能。要解决风电光电储能调配平衡，需要在数字技术上进行突破，并在未来实现电网的虚拟化和去中心化。

在用电总需求上升、煤炭使用量下降的情况下，生产端的元素将发生根本性变化，氢能也是具有重大潜力的新能源。氢能的能源密度高，主要用于化工、重工业钢铁、道路交通重型设备等领域。除了作为能源外，氢也将取代煤成为化工产品的主要生产原料，这将导致中国重化工领域发生根本性变化，此前重化工领域使用的原材料以煤为主，当原料换成氢后，相关的机器设备都要被改造或重置。在 2050 年零碳情景下，中国化工行业中，氢气可能在生产原料中占比达 52%，在生产过程能源消费中占比 40%[①]。已有科研表明，到 2050 年使用可再生能源电力的电解水制氢将成为中国氢气的主要生产途径。

从动态看，煤的比重逐渐从占一次性能源消费的 60% 降到小于 10%，之所以会保留一小部分煤炭，这是因为煤电的生产和输送都是最稳定的，这部分煤电可以维持整个电力系统的稳定。核电在能源结构中的占比也在上升，此外就是可再生能源将成为最主要的能源。

能源革命的另一个重要方面是提高能源效率，降低单位 GDP 中

① 能源转型委员会，落基山研究所. 中国2050：一个全面实现现代化国家的零碳图景［R］. 2019.

的二氧化碳排放浓度。第一，在“十四五”时期的目标是将 GDP 中二氧化碳强度下降 19%~20%，年下降率达 4.5%~5%，非化石能源占比 20% 左右，能源消费总量控制在 55 亿 tce 以内，二氧化碳排放总量低于 105 亿吨。第二，以 GDP 的二氧化碳强度下降抵消经济增长带来的二氧化碳排放增量。第三，推进产业结构调整和转型升级，促进 GDP 能耗强度下降。第四，建立绿色低碳循环发展的产业体系。第五，大力节能，推进产业技术升级，淘汰落后产能。第六，加快新能源和可再生能源应用，降低单位能耗的二氧化碳强度。

为了实现这些目标，第一，要克服搁置成本问题，即能源转型使得化石能源时代建设的很多能源基础设备不得不提前退出，由此造成大量的搁置成本。第二，要突破技术瓶颈，主要是维持以间歇性可再生能源为主的电力系统的安全性和稳定性，通过碳捕获和封存或直接空气捕获技术“中和”化石燃料发电产生的剩余碳排放。第三，要克服电力管理、交易和配电系统的不兼容性和缺乏互操作性。中国电力管理系统仍然存在高度本地化的情况，并且各地区可再生能源的供需存在广泛的地域不平衡。这就需要大规模、高质量和大容量的跨区域输电线路，以及更全面的电力调度和管理系统，以有效地跨区域分配过剩电力。中国在特高压（UHV）输电和部署方面虽处于世界领先地位，但仍需要与之相适应的新型电力系统调度和管理模式。此外，在能源的使用端，包括工业、交通、建筑、农业，以及家庭部门等能源使用侧，都需要实现电气化转型，并基于分布式可再生能源的特点进行组织和管理方面的改革。

交通低碳转型

随着经济社会的快速发展和人民生活水平的不断提高，对各种形式交通工具的需求正在稳步上升。根据《国家综合立体交通网规划纲要》(2021)，中国客运和货运需求总量到2060年将翻番。其中，客运增量主要由铁路和航空实现，货运增量主要由水运实现。同时，由于对运输时效性、个性化、舒适度等的要求提高，与之相关的能源消耗总量也会增加。碳中和转型的第二步是推动交通低碳转型，具体包括：第一，推动路面运输（公路和铁路服务）的全面电气化，同时要满足中国交通运输到2060年至少增长三倍的需求。这就需要每公里的能源消耗量要保持下降，在轻型车领域（汽车和城市货运）推动电动车取代内燃机车，并推动氢燃料电池电动车最终主导重型公路运输，同时利用庞大的高铁网络和广泛的地铁系统帮助控制道路交通。

中国交通模式和交通网络格局，很大程度上反映了中国过去传统能源和碳密集型工业化战略，难以适应碳中和时代的新要求。交通运输部门也是碳排放的重要来源。我国交通运输部门的碳排放增长速度快，且不同运输方式的碳排放总量差异明显。2022年交通领域（含私人汽车，不含国际航空运输和国际海运）碳排放总量约为14亿吨。其中，营运性和非营运性公路运输占87%，水路运输、民航和铁路运输分别占6.5%、6.1%、0.7%[①]。需要通过结构调整促进交通运输方式低碳化。按照“减少、转移和优化”的原则，充分利用数字技术和人工智能来设计并实施高效的交通运输系统。建设综合运输系统建设，

---

① IEA. CO2 Emissions in 2022［R/OL］.（2023–03）. https://www.iea.org/reports/co2-emissions-in-2022. License: CC BY 4.0.

并在城市交通发展规划中加大对公共交通的规划，特别是干线和支线交通服务的整合，确保地方和跨城市、跨区域公共交通的良好覆盖。加速促进长距离货运由公路运输转向铁路运输，并扩大轨道运力。通过建设城乡自行车道和步道，发展自行车租赁等措施，提高城乡绿色出行的能力。

在减排负担最大的道路交通行业，发展前景已经明朗。电动汽车是未来的发展方向，即使采用目前中国相对较高排放的动力组合，中国纯电动汽车包括从油井到车轮（包括能源开采、运输、发电和电力传输）的全过程二氧化碳排放量，也比燃油汽车平均低35%。中国在电动汽车生产和一系列基础技术方面，已是公认的全球市场领导者，中国的乘用汽车电气化政策也非常成功。近年来中国电动车产业的增速迅猛，预计将在2050年达到顶峰，可实现燃油车全部被新能源车替代的目标。2022年，我国新能源汽车产业实现历史性突破，该产业也是我国未来在全球极具竞争力的目标产业，还会持续快速发展。与此同时，汽车电动化带来的是终端产品的根本性变化，汽车产业链将被改写。零部件构造和组装生产线的巨变将会带来汽车产业链一系列震荡与变化，汽车的生产过程也将实现全面绿色化。

现在看来，中国将加速向电动汽车过渡，并通过交通电气化实现对发达国家的“换道超车”。将会出现全国禁售燃油车的路线图和时间表，先在特定行业逐步取消化石燃料汽车；特别是公共交通优先电气化，可以看到北京、上海、广州、成都、深圳等大都市会率先实行绿色出行标准。

重塑中国制造业

碳中和是中国经济的绿色大变局，将从根本上改变和重构传统工业时代形成的经济体系和空间格局。纵观整个经济体系的碳排放，生产制造领域直接排放约占 30%，制造业碳排放总量约占全国碳排放总量 45%。在中国的碳排放中，大约 20%~30% 的碳排放内含在出口产品中。

制造业是减排的重要领域，同时制造业也将在碳中和转型中全面重塑。根据国家统计局，2021 年中国制造业增加值为 31.4 万亿元，约占中国GDP的27%，占全球制造业比重近30%[①]。制造业是中国高速发展的主要驱动力，也是传统工业化模式的核心。中国作为全球超大经济体和最大商品出口国的快速崛起，主要是由制造业推动。作为制造业大国，中国制造业产业链条长，就业人数多，制造业绿色转型对我国十分重要。同时我国现在从低端制造业向高端迈进的时候，需要在绿色高端制造领域的技术和市场上找到抓手。

制造企业把自己变成零碳排放企业有多种途径，比如使用新能源，提高效率，寻求技术转变，回收和再生产，碳捕捉、封存和利用，造林等碳补偿等。制造业的碳中和可通过不同的渠道和窗口实现，它并不止限于最终的碳排放，还可从材料、效率、运营等诸多领域寻求突破。各个制造业领域全面脱碳的路径也因技术原因不尽相同，钢铁、水泥和化工领域主要通过氢替代，交通和建筑主要通过电

① 中华人民共和国国务院新闻办公室. 工信部“新时代工业和信息化发展”系列发布会［EB/OL］. http://www.scio.gov.cn/xwfbh/gbwxwfbh/xwfbh/gyhxxhb/Document/1728339/1728339.htm.

气化；船运和航空还是要通过生物质燃料。现在来看，制造业碳中和的两个突破点：一是数字化和节能，制造业节能的空间很大；二是重复使用和回收再利用，制造业存在材料浪费，重复使用拥有巨大的空间。

在重工业领域，面临挑战的主要是重汽和炼钢。重汽面临的是循环经济和重复使用的问题，而炼钢产业则将由高炉变成电炉，用氢气将铁矿石直接还原成铁。目前这些技术均已经存在，需要解决的问题是如何降低成本产生效益。在化工领域，主要的变革将是从原材料和生产严重依赖煤的现状转变到基本上以氢为主的模式，这也是氢如此重要的原因。建筑业绿色转型的核心是供暖制冷全部电气化，所以热泵等技术与建筑节能非常重要，也有非常巨大的提升空间。过往建筑的能源消费以煤和石油为主，电仅占 30% 左右；从未来来看，电力在建筑能源消费中的比重将大幅提升至 75% 左右。水泥也是与建筑业息息相关的产业，中国水泥产量占全球的 50% 以上。同时，主要发达国家的人均水泥存量不超过 25 吨，我国已超过这一水平。除用于本国建筑外，我国水泥还大量用于出口，这个格局也将会变化。水泥产业在未来的大调整发生概率很高，一是整个建筑行业在大调整，水泥的需求在变化；二是零碳水泥生产的成本也会上升。

制造业绿色转型不只是一个简单的能源替代和技术升级的问题，更是制造业价值创造方向和生产组织方式两个方面的深刻转型。为了保持可行性和灵活性，并充分利用电气化提供的技术可能性，制造业应充分挖掘其流程优化和数字化上的潜力，使一条装配线能够满足消费者的多样化、个性化需求。这样，在制造业增加值提高的同时，物质资源投入在产品价值中的比重也将不断下降，知识、设计、体验、生态服务、文化等无形投入的贡献比重会不断提升，以尽可能实现制造业活动与能源资源环境损害的脱钩。

为实现制造业碳中和，需要对旧工业进行改造和重建。这些改造和重建会带来已有投资的搁浅和未成功转型产业中断的风险，但同时也让中国制造业有可能“超越”传统行业并满足未来对绿色制成品和中间品的需求。

推动制造大国向高端绿色制造转型，也会培养新的国际竞争产业和企业。汽车和新能源行业就是典型的示例。目前，中国已是世界上最大的电动汽车和新能源装备生产国和消费国，全球 20 大新能源汽车厂家中，中国企业就达到 12 家。中国企业投资开发电动汽车的制造能力，以及基础传动系统、机器人和电池技术，使中国电动汽车制造商有能力挑战，并超越在该领域积累了数百年经验的全球燃油车行业领导者。同时，中国也在国内广泛部署太阳能和风能技术，已经成为世界最大的可再生能源设备制造商和出口国。中国供应了全球市场 90% 的光伏产业组件，也是世界最大的风机制造国。国际上也普遍承认中国在 5G 及互联网领域的国际竞争力。很明显，这些行业将成为我国未来的主导行业。此外，中国的锂电池若延续当局的发展态势，将会在未来三年中形成国际竞争力，核电有可能成为中国新的具有国际竞争力的产业，中国有巨大的潜力在智能电网，也就是去中心化电网、数字化电网等领域在未来有机会形成国际竞争力。

科技创新是最根本力量

低碳技术的突破是实现碳中和的关键。低碳技术创新不仅要在生产端推动单位产出碳排放强度的下降，更要推动最终消费内容的绿色转变来支持经济增长同碳排放的脱钩。碳中和将推动大规模、系统性的“低碳技术替代”，为中国技术创新提供了一个跨越式发展的新机遇。

碳中和需要在许多领域进行技术创新，新能源及其相关技术是最先突破的技术之一。在新能源方面，无论是技术、装备制造能力，还是市场规模，中国都已是全球领先者。可再生能源发电技术现在已有显著进步，太阳能和风能技术现已成熟且具有商业可行性，光伏发电的直接生产成本已经可以低于煤电的生产成本。预计到 2030 年，中国的可再生能源装机容量将从 6 亿千瓦时增至 12 亿千瓦时。新能源的第二个突破在储能，灵活储能技术对于解决电网系统因可再生能源占比高而导致的间歇性和不稳定性问题至关重要。需要快速发展灵活、长寿命的能量存储和转换技术，以满足经济发展的需要，特别是在重工业和交通运输领域。但电池存储技术的进一步发展仍面临四个瓶颈：能量密度低、性能不稳定或不一致、成本高，以及关键矿物供应链风险高，这些都有待科技创新去解决。

绿色制氢与能源储存和转换技术相结合是第三个重要的突破方向。绿色氢燃料及其衍生物（如氨和甲醇）可能需要大量使用，以满足电气化不适宜行业的热能和燃料多样性需求。利用零碳电力生产氢及其衍生燃料用于化学发电和储能，是技术创新关注的重要方向。大规模脱碳技术即碳捕捉和除碳技术是第四个重要的突破方向。这些技术大致分为碳捕获、利用与封存（CCUS）和直接空气捕获（DAC）。CCUS 技术长期以来一直存在成本高、效率低的问题，以及捕获的碳如何进行储存和再利用的技术问题，DAC 仍然非常昂贵且尚未大规模部署。

还有一些低碳领域非常具有前景的科技创新方向，包括光伏的钙钛矿新技术能将光电转化率从 23% 左右提升到 30%；氢毫无疑义是极为重要领域，通过规模和效率大幅下降成本是第一个突破，氢燃料电池、电解水制氢和存储是三个最重要的细分领域；核能的可控核聚变是新的突破，最近可控核聚变技术出现重大突破，人类第一次在可控核聚变中实现了聚变产出的电能超过投入的电能，即第一次能够产生正能量。核聚变没有污染，没有废料，是理想的新能源。下一步的突破在于把科研转化到商业化运营。电池的发展更具有挑战性，提高能源密度和安全性，固态电池、新型材料电池、快速充电甚至无线充电都有望突破。

世界正在进入一个智能时代，随着数据海量增长、算法日益高效、算力不断提升，人工智能正在发现人类不知道的知识，可能出现了两个并行的智能体系，即人的传统智能和人工智能的机器智能。人工智能从数据到智能，再到产品，可以迅速迭代反馈，形成一个闭环，出现“人类智能之外的人工智能”新概念。中国过去的十年是移动互联网的十年，创造了物联网、物流、共享出行等等数字科技相关的产业。而未来十年是数字驱动的智能化时代，它已超越 5G 和移动互联网。发挥数字化和智能化科技在减碳中的作用，促进数字化和低碳技术的方向融合发展是科技发展的重要方向。数字和人工智能技术的广泛应用，有助于提高碳中和技术的性能、互操作性和监测能力。数字技术通过最优化产出和生产率水平提高来减少排放（例如智慧城市和智能交通）。此外，数字技术还催生大量管理碳排放、促进高碳行业转型的新兴服务业。

上述新技术在具体演进路径上仍然具有高度不确定性，政府在促进低碳技术创新上具有无可替代的作用。但是，政府的作用更多的是为低碳创新提供制度条件，在低碳技术的供给侧和需求侧两端同时发力，不仅要促进新技术的出现，还要为新技术的推广应用开辟市场条件。政府不能干预并支持某些特定的具体技术路径，而是要为不同路径的技术竞争创造条件，发挥对绿色技术的引导作用。在供给侧，政府应提供财政激励以鼓励创新，提供融资机制（如无条件信贷额度）以资助早期应用，并支持碳中和产品供应链的构建。具体措施包括加大绿色技术产业战略布局，提供绿色创新企业认证，为产学研体系提供早期融资、通过公私合作促进技术的商业化，以及利用市场化激励机制创造新技术的早期需求，引导绿色技术产品市场发展。

坚持改革开放，构建与碳中和目标一致的宏观政策框架

面向未来，需要秉持新发展信念：第一，以新发展理念和“范式变更”为核心，在更高、更广和更深刻的层面理解碳中和目标、经济结构转型、社会和价值的变化，并推动与碳中和转型相适应的、广泛的宏观经济金融体制改革；第二，从政策制度、经济系统、社会系统、城市和社区等全方位着手，建立基于“福祉”的全新组织和经济生活模式；第三，运用系统的思路和方式构建政策框架，将碳中和全面纳入发展战略、实施路径、财政和货币政策、金融体系、产业政策、创新生态系统、市场机制、制度建设、国际合作以及宏观调控体系中。这需要各个部门都采用碳中和目标一致的行动方案，这种方案可能要花很长时间制定，但它会给未来落实碳中和提供基础。值得注

意的是，政府规划遇到的最大问题，就是怎样把对碳中和的承诺转化为可量化的指标，否则就没有节点，缺少路径，实施过程异常艰难。例如，制定何时不能够再购买燃油车、碳达峰的标准、煤的增量什么时候能够覆盖等这一类的指标。

2020 年 9 月习主席宣布“双碳”目标后，中国各地各行业积极贯彻落实。经过一年左右的探索和试错，中国在 2021 年 9 月陆续出台“1 + N”政策体系，为“双碳”工作设立了时间表、路线图和施工图。其中，“1”是指中共中央、国务院出台的《关于完整准确全面贯彻新发展理念做好碳达峰碳中和工作的意见》，“N”是指随后发布的《2030 年前碳达峰行动方案》及各部门和行业的减排方案。以此为标志，中国建立了立体和系统的“双碳”目标模式[①]。

为具体落实“1 + N”政策体系并进一步细化碳中和政策，需要细化的碳中和政策方向包括：第一，要进一步明确碳排放总量目标及其减排路径，以及明确非化石能源发展总量目标；第二，要在落实减排责任和任务时进一步体现如何在发展和增长中实现碳达峰和碳中和；第三，在落实统筹原则时进一步明确地区间的责任划分，并建立对地方政府在多目标任务下减排的有效激励机制；第四，要进一步体现短期和中长期的利益取舍（例如，在不同阶段优先考虑不同任务的侧重）；第五，要进一步突出绿色技术和绿色市场在中长期碳中和过程中的作用；第六，要进一步构建新型政企关系，制定“双轮驱动”原则的具体政策，探索政府在碳达峰碳中和中应承担的新型角色，构

① 中华人民共和国国务院新闻办公室.碳达峰碳中和“1 + N”政策体系已构建“双碳”工作取得良好开局［EB/OL］. https://www.gov.cn/xinwen/2022-09/23/content_5711246.htm.

建政府和市场的新型关系，最大程度发挥政府和市场结合的优势和力量。

碳中和本质上是政府提供的一种新型公共产品。碳中和的目标以及相关法规不是市场自发形成，而是政府为避免气候危机、提升整体社会和人类福祉而人为创造的（例如，通过限额和交易系统）。中国作为一个体量大、经济增速高、结构变化深刻且差异性显著的经济体，碳中和转型尤其是一项艰巨的任务。这就要求政府发挥比过去更积极的战略规划指导作用，同时更好地让市场发挥决定性作用。中国要以“顶层设计”的方式进行战略谋划，充分融合市场机制和激励机制，在转型过程中有效协调技术创新、制度改革和社会转型。第一，政府要从发展范式转型的新视角制定公共政策，以人民为中心，坚持人与自然和谐共生。政府要把碳中和承诺转化为客观的量化标准和指标。加快建立财政和货币政策、金融体系和创新生态等支持系统，尤其是推动宏观经济政策充分考虑碳中和目标。第二，政府要在早期引导大规模的碳中和投资，以此推进创新。无数文献表明碳中和的投资越早越好，速度越快越好，规模越大越好。碳中和转型初期的五年将是投资的重要时期。这一阶段的大规模投资，能为 2030 年碳达峰时的低碳技术和商业模式提供坚实基础。要将研发、采购、融资和新市场构建等政府与企业之间的深度合作置于新范式转型的核心位置。第三，政府应推动形成广泛的碳中和社会共识，促进消费行为转变。广泛的社会共识可以大幅减少执行成本，形成“自我实现”的市场预期，为绿色技术创新和新经济的出现创造条件。

发展“范式转变”是一个系统性变化，必须依靠政府和市场的共同作用，特别是发挥市场在资源配置中的主导作用。当前的全球气候变化问题是市场和政府双重失灵的结果。造成这种双重失灵的根源在于，政府与市场的关系主要是建立在传统工业时代的经济基础之上，难以适应碳中和的内在要求。认识政府和市场在实现碳中和目标中的不同作用，是成功转型的关键。第一，发挥市场作用的重要前提之一，是将碳排放的社会成本引入生产者和消费者的决策体系，以转变其行为模式，促进绿色产业的兴起。在碳中和转型过程中，强有力、可预测的碳定价发挥着重要作用。由于碳定价的复杂性和市场失灵，需要建立并完善包括碳排放交易市场、碳金融衍生市场、碳税以及碳抵消市场在内的多维碳价形成机制。这些工具各有优势。目前，碳交易市场是中国碳定价的主要形式。最重要的是以执行成本最小化的方式，实现减排目标。第二，除碳成本之外，经济活动的生态环境成本，也必须进入经济主体的决策体系，以实现“降碳、减污、扩绿、增长”的协同。第三，政府提供明晰的战略方向、政策和监管框架以及激励机制，让市场在资源配置中发挥决定性作用。

实现碳中和目标需要构建与碳中和一致的“新发展范式”统计和核算体系，构建落实碳中和的重要微观“基石”。这对于制定有效的碳中和计划和提高市场机制效率至关重要，有助于利用碳排放关键指标跟踪转型的进程、明确转型的特征。只有以健全的碳核算体系为基础，才能在微观机制设计层面使碳减排能够自我实现。这对于碳中和战略的实施，以及提高市场效率而言至关重要。要建立涵盖所有经济主体的碳核算体系，包括各级政府和各类企业，特别是那些碳排放大的企业，以及个人的碳“责任”核算。为此，需要采用一套更为普遍和多维的“福利”指标来衡量发展政策的效力，并探讨建立一个基于“社会福利”的国家统计系统，与基于物质生产和国内总产值的统计系统一起使用。健全的碳核算体系需要涵盖所有经济主体。这种核算体系的最基本功能，应该包括对各个企业、机构、各级政府的碳排放、碳资产和碳负债的核算，特别是明确界定那些碳排放量大的企业以及个人的碳“责任”。只有这样，才能确定碳排放权归属，形成一套建立在经济、社会、生态协调发展基础上的功能完备的碳成本—收入核算体系，从而有助于利用碳排放关键指标去跟踪转型的进程、明确转型的特征。在此基础上设立碳排放统计核算制度和考核评估系统。这应该包括一个地方和国家政府层面的碳排放统计核算系统，一个评估和审核这些排放的透明机制和明确的时间表，让所有企业和政府机构发布公开、透明的评估报告，并制定相应的奖惩机制。

小结

人类有史以来还从未有过像碳中和这样如此规模巨大、如此覆盖一切、如此穿透一切、如此完美的自我革命和自我颠覆。当碳中和科技发生变化时，生产方式、消费方式、生活方式、社会组织都会发生变化。社会价值也会发生变化，人、生产、社会、自然融为一体，这是工业革命以来人类最大的发展方式变化的“范式转变”。

在碳中和进程中，世界运作的底层逻辑发生变化，重塑思维方式是特别重要的方面。我们需要看到生产、消费、社会、自然结合和相互作用的四个维度，需要看到新的政府、市场和企业关系的新的政企维度，需要看到国内和国际相互影响的两个空间维度，也需要看到未来冲击当下的两个时间维度。只有勇于探索、思考和学习的人才能到达成功的彼岸。我们生活在一个如此巨大的变革之中，碳中和的方向是明确的，但是碳中和转型是动态和不断变动的。碳中和发展的长潮将连绵不断，长潮之上也会时时会掀起滔天的巨浪。拥抱未来，我们别无选择。

新形势下我国“双碳”战略的取向及政策体系

王毅[①]

气候变化的事实、科学评估与系统应对

2022年，对于全球可持续发展、环境保护、应对气候变化乃至中国的环境保护事业而言，都是一个特别重要的年份。1972年，联合国人类环境会议在瑞典首都斯德哥尔摩召开，会议通过了《人类环境宣言》，并提出“只有一个地球”的理念。因此，1972年也成为全球针对环境保护达成共识的元年，到2022年正好是50周年。

1992年，联合国在巴西里约热内卢召开了联合国环境与发展大会。此次会议讨论的最重要的一个概念是“可持续发展”，使全球对于可持续发展形成基本共识。同时，此次大会还通过和签署了五项重要的宣言、公约与法律性文件，其中一项重要公约是《联合国气候变化框架公约》。《联合国气候变化框架公约》也成为冷战后全球非传统安全领域最重要的国际公约，且《联合国气候变化框架公约》及其之后的《京都议定书》等都具有法律约束力，要求各缔约方围绕气候变

---

① 王毅，第十四届全国人大常委会委员、环资委委员，中国科学院科技战略咨询研究院可持续发展所所长，碳中和战略研究中心主任、研究员。兼任中科院可持续发展战略研究组组长、首席科学家，中科院大学公共政策与管理学院可持续发展系主任、岗位教授，国家气候变化专家委员会副主任，国家生态环境保护专家委员会委员，部际循环经济专家咨询委成员，国家“无废城市”建设咨询专家委员会副主任，中国环境与发展国际合作委员会（CCICED）委员、“双碳”专题政策研究组中方组长，全球环境基金会“中国国家公园体制机制创新项目”首席技术顾问，以及十多家环境、能源、气候变化和可持续发展领域的国内外组织、学术团体和基金会的理事或咨询顾问。

化采取一系列减缓和适应行动。

除了 1972 年和 1992 年这两个重要的年份，还有一些其他重要的时间点。例如，1962 年，由蕾切尔・卡逊（Rachel Carson）创作的《寂静的春天》在美国出版，此书最终导致了美国联邦环保局的成立，并开创了现代环保及环境管理工作的新局面；1987 年，世界环境与发展委员会发表了关注人类未来发展的报告《我们共同的未来》，首次提出可持续发展的理念；1997 年，全球多国签署了具有法律约束力的《联合国气候变化框架公约》下的《京都议定书》，针对《联合国气候变化框架公约》附件一所列缔约方采取碳减排约束；2015 年，联合国通过了 2030 年可持续发展议程，巴黎气候大会（COP21）通过了《巴黎协定》；2021 年，格拉斯哥气候大会（COP26）通过了《格拉斯哥气候协议》，完成对《巴黎协定》实施细则的谈判。

需要强调的是，中国一直以来都积极参与全球环境保护与应对气候变化的进程。1972 年，我国派出代表团参加了联合国人类环境会议，并将中国主张纳入最后宣言；1973 年，第一次全国环保大会在北京召开，这是中国环境保护的开端；1992 年，时任总理李鹏率领中国政府代表团参加了在里约热内卢召开的联合国环境与发展大会，并签署了《里约宣言》等一系列国际文件；1996 年，我国将可持续发展战略纳入“九五”计划和 2010 年远景目标纲要。总体来说，中国基本上基于全球应对气候变化和环境保护的规则，并根据自己的实际情况，与时俱进地制定环境与发展战略、各阶段目标，并落实各项行动。

气候变化是全球共同面临的严峻挑战，且在所有环境问题中，其紧迫性不断上升。自 19 世纪以来，全球许多耳熟能详的科学家，如傅里叶、丁达尔、阿累尼乌斯、卡伦德尔等相继提出了温室效应的问题。他们指出：假如大气中二氧化碳的浓度较工业革命前倍增，全球升温将达到2℃。之后，IPCC把气候变化定义为“气候状态的变化，这种变化可以通过其特征的平均值和（或）变率的变化予以判别（如通过统计检验），这种变化将持续一段时间，通常为几十年或更长的时间”。这其中有两个重要概念：一是时间尺度，它并非指地质时期万年以上的时间尺度，而是工业化革命以来的百年尺度。在这一时间尺度中，由于人类燃烧化石能源，导致大气中的二氧化碳浓度增加，对气候造成影响，包括地表平均温度上升等后果，而且这种升温通常是10年或20年平均升温的比较。二是气候变化对于不同区域的影响不同，例如处于寒带的国家和岛国，前者可能因全球变暖减少冬季取暖支出，后者则可能因升温导致的海平面上升而被淹没。

截至目前，很多科学研究都表明人为排放温室气体导致全球气候变化，引起大气、海洋、冰冻、陆地、生物等多圈层变异，产生地表升温、海洋热含量上升、北极海冰减少等现象，成为当代人类社会生存与发展面临的系统性挑战。即使在当前疫情下，联合国依然提出气候紧急状态或气候危机，希望将之列入安全问题讨论范畴，环境权已经成为普遍人权的重要内容，成为“新”的道义制高点。当今，在欧美各项新的政策、标准和制度安排中，维护人权和环境权是最受关注的两大原则，越来越多的产品生产和消费规则将这两点视为重要考量因素。因此，全球气候变化从一个科学认知的问题，不断上升为一个涉及政治、经济和社会的综合性挑战。这一变化过程，实际是一个由科学引导的、科学与政治互动的、两者共同推进的进程。

如前文所述，人类对气候变化的认识是从科学认识开始的，并通过不断的探索，辨识出当前的气候变暖主要是由人为排放的温室气体造成的。IPCC 是一个附属于联合国的政府间国际组织，于 1988 年由世界气象组织、联合国环境规划署联合成立，负责对气候变化问题开展综合评估工作，促进科学共识。IPCC 定期发表评估报告，总结当前科学研究对气候变化问题的综合认识。每篇报告都是基于现有的科学文献，由来自世界各国的数百名科学家直接参与撰写，在评估过程中，还有各国、各学科、各领域的上千名科学家参与相关工作。它下设三个工作组：自然科学基础，影响、适应和脆弱性，以及减缓气候变化。IPCC 一共发表了六次评估报告，而第六次评估报告（AR6）工作，上述三个工作组共选用全球 707 位科学家（包括 37 位中国科学家）。

应对气候变化是一个科学与政治互动的过程，从 20 世纪 90 年代到现在，IPCC 推出的一系列评估报告都支撑着相应的联合国气候大会和气候多边谈判进程。其中：

- 1990 年发表的第一次评估报告，“确信”人类活动产生的各种排放正在使大气中的温室气体浓度显著增加，使地表更加变暖。这一报告为通过《联合国气候变化框架公约》及《里约宣言》提供了支撑。
- 1995 年发表的第二次评估报告，发现人类活动已经对全球气候系统造成了“可以辨别”的影响。这一报告有力支持了《京都议定书》的签署。
- 2001 年发表的第三次评估报告，发现近 50 年观测到的大部分增暖“可能”（66%~90% 的概率）归因于人类活动造成的温室气体浓度上升。这一报告为“里约 + 10”议程提供了参考。

- 2007 年发表的第四次评估报告，发现 20 世纪中叶以来的全球变暖“很可能”（90% 以上的概率）是由观测到的人为温室气体浓度增加所致。这一报告为哥本哈根气候大会的谈判提供了背景材料。
- 2013—2014 年发表的第五次评估报告，发现人类对气候系统的影响是明确的，观测到的 1951—2010 年全球地表平均温度升高的一半以上“极有可能”（95% 以上的概率）是人类对气候的影响造成的。这一报告对于《巴黎协定》的通过发挥了重要作用。
- 2021—2022 年发表的第六次评估报告，发现人类行为对气候系统的影响是“毫不含糊的”，并且升温 1.5℃可能提前 10 年来临，号召所有部门立即采取深度减排行动，促进系统性变革。

对比 IPCC 的六次评估报告可以看出，随着对气候变化研究的深入，人们对气候变化的认识也不断发生变化。例如关于气候变化是否由人为排放引起，每次报告的用词也逐渐变化，由第一次报告中的“确信”到第六次报告中的“毫不含糊”。值得注意的是，IPCC 发表的报告并非自己研究的结果，而是基于现有的已经发表的科学研究的结果进行综合评估。因此，科学界对于人类行为影响气候变化的问题，已基本达成共识，这也是科学界主流的看法与观点。

最新发表的 IPCC 第六次评估报告得出重要结论，确认人类活动造成气候系统发生前所未有的变化，2019 年，全球二氧化碳浓度达到 410ppm，高于 200 万年以来的任何时候。2010—2020 年，全球平均气温比 1850—1900 年水平上升了约 1.09℃（平均升温态势），许多区域出现或并发极端气候事件与复合型事件的概率将增加。报告显示，2019 年全球排放 590 亿吨二氧化碳，目前全球采取的行动尚未完全进入实现 1.5℃温控路径。按照各国目前的承诺，将升温控制在 2℃较难实现。自人类工业革命以来，总共排放了约 2.39 万亿吨二氧化碳，如果按 50% 的概率看，将全球升温控制在 1.5℃之内，那么全球剩余二氧化碳排放空间只有 5 000 亿吨。如果按照 2019 年二氧化碳排放量计算，只留给人类十年左右的时间。而从科学研究的角度看，升温 1.5℃可能是一个临界点，超越这个值可能造成生态系统多个组分呈现不可逆的恶化趋势，包括两极冰盖加速融化、极端天气气候事件频繁出现等。

我国是受全球气候变化影响最严重的国家之一。气候变化给我国带来的影响包括平均气温上升、极端热浪增多、冰川面积萎缩、沿海海平面上升、东部呈现“南涝北旱”趋势、西北呈现暖湿化趋势，以及极端降水频率增加等。当然，也有反向作用，如向大气中排放二氧化硫等气溶胶污染物质，可以产生“降温”效果（常规污染物减排反而有可能促进“升温”）。另外，在全球气候变化过程中，气候变化在一定时段内会使我国西北出现暖湿化趋势，对当地的生态改善有一定益处。但总体来看，我国仍是气候变化的主要受害者之一，应站在全球道义制高点来看待气候变化的危害。

在全球范围内，面对全球共同挑战，必须采取共同行动。各国正通过多边气候谈判，推动一致行动来应对气候变化。1992 年，联合国环境与发展大会共同签署了《联合国气候变化框架公约》，其中特别重要的是提出了“共同但有区别的责任（CBDR）”原则。中国等发展中国家提出二氧化碳排放不是因发展中国家排放造成的，而是主要由发达国家在工业化过程中所排放的温室气体造成的，所以发达国家对全球二氧化碳排放具有历史责任。因此，“共同但有区别的责任”成为当时达成的最基本的一项原则，其中“共同责任”指大家共用承担二氧化碳的全球排放责任，但这一责任又是有区别的，发达国家应为此承担更多责任，支付更多资金，向发展中国家转让更多的相关技术，帮助发展中国家提高应对气候变化的能力。也就是要形成新的资金机制与技术转让，主要是发达国家应向发展中国家提供新的、额外的资金和非商业技术转让。其中，新的、额外的资金是指发达国家在此前承诺的每年拿出 GDP 的 0.7% 的基础上，提供更多资金来支持发展中国家应对气候变化。令人遗憾的是，自 2009 年以来，发达国家承诺每年 1 000 亿美元的资金支持至今都没有兑现。

1997 年，为落实《联合国气候变化框架公约》，各缔约方签署了具有法律约束力的《京都议定书》，其主要约束发达国家和转型国家，并规定在第一承诺期实现六种温室气体减排。同时，为了有效降低减排成本，《京都议定书》中也规定了三个灵活机制：联合履约、清洁发展、排放交易。通过这些机制，发达国家可通过投资于发展中国家的项目来取得减排的碳信用，这些机制也可以帮助全球降低碳减排的成本。这些机制虽在实际落实中暴露一些问题，但对于促进发展中国家发展及其今后实现碳减排具有积极意义。这对中国实现碳达峰碳中和的承诺同样具有借鉴意义，中国的“双碳”战略也可以采取类似的机制和政策来降低减排成本，促进全面绿色低碳转型。值得注意的是，由于国内法律制度规定等原因，《京都议定书》在美国国会参议院未获得批准。

2015年，在巴黎举行的联合国气候大会（COP21）通过了《巴黎协定》，达成中长期目标，即将全球升温控制在2℃并努力控制在1.5℃以内。同时，其采取自下而上的国家自主贡献（NDC），即各国按照各自的能力，承诺减少碳排放，并定期接受盘点评估，更新其NDC目标。根据《巴黎协定》规定，缔约方一旦正式签署就意味着要承诺实现碳达峰碳中和，这在《巴黎协定》的第二条、第四条等条款中已作出明确规定，如第四条第一款：为了实现第二条规定的长期气温目标，缔约方旨在尽快达到温室气体排放的全球峰值，同时认识到达峰对发展中国家缔约方来说需要更长的时间；此后利用现有的最佳科学迅速减排，以联系可持续发展和消除贫困，在平等的基础上，在21世纪下半叶实现温室气体源的人为排放与汇清除之间的平衡。虽然这里没有直接用“碳中和”这一术语，但其实际含义即碳中和。目前，尽管目标和规定都已明确设立，可是全球在减排、适应、资金、技术、领导力上距离实现全球碳中和仍存在巨大缺口，尤其是在发展中国家群体中（见表4.1）。要实现既定目标，必须将雄心目标与务实行动结合起来，特别是找到并制定实现目标的时间表、路线图及系统解决方案，通过投资、创新、合作等行动，补足资金、技术和能力方面的差距。

表4.1 实现全球碳中和仍存在巨大差距

赤字	挑战
减排赤字	即使全面实施管国NDC，仍然无法满足2℃升温目标 大部分国家不能保证NDC按期实现，距离1.5℃升温目标差距更大
适应赤字	缺乏适应行动成效的科学指标体系 缺乏全球公认的适应目标实现路径

续表

赤字	挑战
资金赤字	气候变化与新冠疫情影响叠加，重创全球经济，挤压应对气候变化行动的财政空间 发达国家出资规模远低于需求，也低于承诺数，资金赤字规模将不断扩大 多方面综合能力建设和发展的差距
技术赤字	目前，DAC、BECCS 等新技术不具备大规模使用条件且实施困难重重
领导力赤字	缺乏公平、韧性、可持续的良性治理体系，气候治理力度削弱；能力赤字同样突出

在应对气候变化的进程中，一方面，中国采取各项行动，始终积极参与和贡献全球环境、气候保护多边进程。这包括：20 世纪 90 年代中期就将可持续发展相关目标纳入政府各部门的政策中；2006 年采取环境能源约束性指标；2015 年首次提交 NDC，分享中国智慧、中国经验、中国故事。另一方面，2020 年 9 月，国家主席习近平在第 75 届联大一般性辩论上宣布中国的碳达峰碳中和目标愿景，这是统筹国内国际两个大局和经过深思熟虑所做出的重大战略决策，同年 12 月，我国更新了 NDC，并在 2021 年 9 月第 76 届联合国大会一般性辩论上承诺中国将大力支持发展中国家能源绿色低碳发展，不再新建境外煤电项目，表明中国对全球应对气候变化起到重要的引领作用并不断注入新动力。

新冠疫情大流行以及俄乌冲突导致国际地缘政治环境不断恶化，安全和气候议题越来越受到不同意识形态和价值观的影响，同时也影响着整个社会经济系统的转型。未来，减排的范围已由二氧化碳扩展到甲烷等非二氧化碳温室气体，并将从减煤扩展到退煤、减少和退出油气，行动主体也从各国政府主体扩展到所有利益相关方。此外，在后 COP26 和后疫情时代，各国也将面对更艰难的合作与更深层次的竞争。碳定价、资金机制、贸易和消费方式的变化将引起更多冲突和转型的不确定性，并可能带动供应链和金融系统的绿色低碳结构性转变，利用集团化和区域化重塑全球化。欧盟提出碳边境调节机制、可持续产品等新法规、政策和标准，在国际贸易和供应链安全韧性方面设定新规则。中国在碳中和进程中面临诸如资金、退煤、非二氧化碳温室气体减排、可持续贸易等方面的挑战将逐步增加，中国的国际传播与交流合作也亟待加强、转变和创新。

“双碳”目标的提出、政策演进及面临的挑战和机遇

中国环境保护的历程基本可以分为三个阶段：第一阶段为 1978—1998 年，是问题导向阶段。在这一期间，我国的环境保护主要经历了学习、实践引领，以及“摸着石头过河”的探索。当时亟须解决的问题是污染末端治理，之后逐步过渡到过程控制，以及生态保护问题；从政策上看，经历了环保入宪法、制定环境保护基本国策，再到制定可持续发展战略和《中国 21 世纪议程》。期间，环境保护的体系不断壮大，环境管理机构也从依附走向独立，从一间办公室发展为环境保护部。

第二阶段为 1999—2012 年，是规模治理阶段。这一阶段最重要的背景是 1998 年发生的长江大洪水和北方严重的沙尘暴，这催生了我国包括退耕还林在内的六大生态工程，以及大规模的城市环保基础设施建设，包括水处理厂及之后的垃圾处理厂建设等。同时，我国也在这一阶段遇到新挑战，即在 2001 年加入世界贸易组织（WTO）后，

经济快速增长，规模进一步扩大，对资源环境的消耗及碳排放也不断增长。

第三阶段为2012年至今，是系统推进阶段。在这一阶段，我国提出新的生态文明建设理念，生态环保进入系统推进阶段，逐步形成系统化的习近平生态文明思想。这一阶段的核心首先是改变执政理念，过去传统的理念是单纯以GDP增长为核心，而随着我国综合能力的提升，有条件对平衡发展与保护进行顶层设计，我国也进入重点考虑生态优先、绿色发展，并将其融入经济社会各项建设中的新阶段，这包括“五位一体”总体布局[①]，用制度保护生态环境，系统治理与保护，建立健全绿色低碳循环发展的经济体系，实现高质量发展与全面绿色转型。同时，在这一阶段中我国也将“双碳”纳入经济社会发展和生态文明建设整体布局，生态文明进入以降碳为重点战略方向的新阶段，减污降碳、协同增效作为促进经济社会发展全面绿色转型的总抓手。

我国将“双碳”作为经济社会绿色转型的系统性抓手，这一判断和决策与我国所处的发展阶段也密切相关。一方面，可以看到能源的增长和转变有其规律性，目前中国人均能源消费量约3.8吨标准煤，而OECD国家（加入了经济合作与发展组织的国家）人均能耗都在5~6吨标准煤或以上。依照现有技术水平，中国想要达到发达国家的生活水平，人均能源消费量至少应在5吨以上，当然，在碳排放约束下，新增的能源消费量可以是非化石能源，但这需要有经济、安全、

① “五位一体”总体布局是中国特色社会主义事业的总体布局，主要是统筹推进“经济建设、政治建设、文化建设、社会建设、生态文明建设”五个方面，2012年11月，中国共产党第十八次全国代表大会首次提出“五位一体”总体布局的说法。

韧性和可持续的替代转型方案。另一方面，“百年未有之大变局”的一个目标，是在2030—2050年，包括中国在内的全球发展中经济体将有几十亿人口逐步摆脱贫困和走向现代化，意味着其占用的资源、能源和环境必然会增加，也意味着全球围绕着资源重新配置的政治经济格局将发生改变。综上所述，按照世界社会经济发展及其资源环境消耗的模式来看，我国的能源消耗量还将增长，但增长的来源可以是非化石能源，同时碳排放不再增加，并在达峰后保持持续下降趋势。

在短期内，我国能源消费总量将持续增长，年均增幅不断下降。一次能源消费量预计在2030—2035年达峰，峰值约60亿~65亿吨标煤，达峰后将进入平台期，2050年能源消费量约为55亿~60亿吨标准煤。能源消费结构中非化石能源占比不断提高，2030年非化石能源将成为主流能源，对化石能源形成有效替代；2050年非化石能源将成为主力能源。电气化水平将逐步提升，电力在建筑、交通、轻工业等终端部门能源消费中占比大幅提升。

按照实际的经济发展，中国从现在到2035年，将面临一个各类峰值期和经济社会转型期相叠加的情景。一方面，中国总人口现在已基本达峰。随之，我国的人均主要资源消耗量，以及人均碳排放量也将接近于达峰。这意味着，在未来的十年内，中国人口、资源、碳排放都将进入一个峰值时期。另一方面，我国将围绕着新的经济和发展方向，国家经济结构和系统布局也将处于全面转型期。根据我们对于中国工业化、城市化和生活水平等方面的研究测算，这也是中国经济增长和资源消耗与化石能源脱钩的过程，因此，对于非化石能源和其他关键金属、矿物、原材料的需求及其利用效率将大幅增长。

较之“双碳”目标提出以前，我国面临的国内外环境发生了显著变化。就国外环境而言，面临“百年未有之大变局”、中美战略博弈升级，地缘政治竞争将日益严峻。美国特朗普政府退出《巴黎协定》等国际公约所产生的负面及溢出效应依然存在，多边主义及治理机制受到质疑，全球性问题的解决面临挑战。2019 年 12 月，欧盟提出《欧洲绿色新政》，表明欧盟将绿色发展作为其重要的政治经济目标；2021 年 7 月，欧盟又全面更新该计划。在新冠疫情大流行和俄乌冲突下，尽管存在短期的应对措施，但其能源转型步伐更加坚定，不断出台新的且系统化的绿色政策和制度安排，包括将天然气和核电纳入绿色能源范畴等，有利于在未来绿色竞争中占得先机。国内环境的变化包括经济新常态与“十三五”后期化石能源消费及资源能源密集型行业反弹，低碳发展和应对气候变化工作一度进入低潮期，在“十四五”规划初步设想阶段也出现去气候和环境指标的倾向。

在这种情况下，许多智库及专家，特别是中国气候变化事务特使解振华，在 2020 年中期向中央提出咨询建议，希望我国继续坚决履行包括《巴黎协定》在内所做的国际承诺，保持我国在环境保护和生态文明建设领域的定力及其力度。这些建议受到中央的高度重视。2020 年下半年，中央在经过一系列调查研究和多次协调后，作出明确的政策安排，包括 2020 年 9 月 14 日在中国、德国、欧盟领导人视频会晤上，表示中国正在研究 21 世纪中叶应对气候变化的长期愿景。2020 年 9 月 22 日，在第 75 届联合国大会一般性辩论上，习主席郑重宣布中国的“双碳”目标；同年 12 月 12 日，习主席还在气候雄心峰会上宣布更新中国的 NDC。这体现了中国作为负责任大国，在新的国内外形势下，未来将实现“双碳”目标的整体布局，并对全球应对气候变化注入新的动力和发挥领导力。值得注意的是，当时美国大选尚未举行，对于未来两个党派中哪个当选尚不确定，在多种不确定因素下，中共中央依然选择积极的方案和目标，足见其决心与勇气。未来，气候变化领域将是我国能够进行广泛国际合作且外溢深远影响的重要窗口，需要与时俱进，通过不断深化相关措施和创新布局，协调国内外合作与竞争，更好地实现我国可持续发展的战略意图。

中央做出关于实现“双碳”目标战略决策之初，很多人尚未意识到这一决策的重要性。因此，在 2020 年 12 月举行的中央经济工作会议中，碳中和被列为八项主要任务之一，包括加快建设全国用能权、碳排放权交易市场，遏制“两高”产业盲目发展势头，使各方开始正视和理解“双碳”目标。同时，2021 年 3 月全国人大通过的“十四五”规划纲要，明确涉及“双碳”的相关约束性指标，指明了结构性调整行动，具体包括：第一，建设一批多能互补的清洁能源基地，将非化石能源占能源消费总量比重提高到 20% 左右，调整能源结构，推动煤炭生产向资源富集地区集中，合理控制煤电建设规模和发展节奏，推进以电代煤等；第二，完善能源消费总量和强度双控制度，重点控制化石能源消费，实施控制碳强度为主、控制碳排放总量为辅的制度，支持有条件的地方和重点行业、重点企业率先达到碳排放峰值；第三，加大甲烷、氢氟碳化物、全氟化碳等其他温室气体的控制力度；第四，提升生态系统碳汇能力。此外，鉴于“十四五”规划中对“双碳”目标的阐述尚有不充分的地方，在 2021 年 3 月 15 日中央财经委员会第九次会议上，进一步提出实现“双碳”是一场广泛而深刻的经济社会系统性变革，并把其纳入生态文明建设整体布局，也明确“双碳”工作牵头部门为国家发展改革委，并进行了系统部署。

此后，我国有关实现“双碳”目标的政策不断调整、补充、完善。在 2021 年 4 月的一系列国际研讨会上（包括中法德领导人视频峰会、中美气候变化会谈、领导人气候峰会），我国承诺严控煤电项目、“十四五”期间严控煤炭消费增长、“十五五”期间逐步减少煤电消费、启动碳市场上线交易等。我们理解，这一系列表述意味着我国煤炭消费将在 2025 年前后达峰。2021 年 4 月 30 日，中共中央政治局进行第二十九次集体学习，提出“十四五”时期我国生态文明建设进入了以降碳为重点战略方向、推动减污降碳协同增效、促进经济社会发展全面绿色转型、实现生态环境质量改善由量变到质变的关键时期。同时，会议也提出要完整、准确、全面贯彻新发展理念，保持战略定力，站在人与自然和谐共生的高度来谋划经济社会发展，坚持节约资源和保护环境的基本国策，坚持节约优先、保护优先、自然恢复为主的方针，形成节约资源和保护环境的空间格局、产业结构、生产方式、生活方式，统筹污染治理、生态保护、应对气候变化，促进生态环境持续改善，努力建设人与自然和谐共生的现代化。

2021 年 5 月，我国召开了碳达峰碳中和工作领导小组第一次全体会议，提出加强顶层设计，科学设置目标，做好组织协调，坚持问题导向，如期实现目标。2021 年 7 月，中共中央政治局会议提出要统筹有序做好碳达峰碳中和工作，尽快出台 2030 年前碳达峰行动方案，坚持全国一盘棋，纠正运动式“减碳”，先立后破，坚决遏制“两高”项目盲目发展。紧接着，在格拉斯哥大会召开前，我国于 2021 年 10 月发布了《关于完整准确全面贯彻新发展理念做好碳达峰碳中和工作的意见》《2030 年前碳达峰行动方案》等五个重要文件。

2021 年 12 月举行的中央经济工作会议，更加明确地要求正确认识和把握我国发展重大理论和实践问题，并指出实现“双碳”不可能毕其功于一役，传统能源逐步退出要建立在新能源安全可靠的替代基础上。要防范“碳冲锋”“一刀切”、运动式“减碳”，以及“拉闸限电”现象。完善能耗“双控”制度，新增可再生能源和原料用能不纳入能源消费总量控制，创造条件尽早实现能耗“双控”向碳排放总量和强度“双控”转变。

2022 年 1 月 24 日举行的中共中央政治局第三十六次集体学习上指出，我国要处理好发展和减排、整体和局部、长期和短期、政府和市场四对关系，不搞齐步走、“一刀切”。会议重申“全国统筹、节约优先、双轮驱动、内外畅通、防范风险”20 字原则，还指出要完成好加强统筹协调、推动能源革命、推进产业优化升级、加快绿色低碳科技革命、完善绿色低碳政策体系、积极参与和引领全球气候治理等六项工作。

以上大致描述了我国“双碳”目标制定的整个进程、政策演进、政策调整的前因后果，以及不断完善的政策体系。中央各部委、各地方、企业在中央国务院的决定和布局下，纷纷采取一系列行动，经过各方两年多的不懈努力，我国碳达峰碳中和“1 + N”政策体系基本形成，落实政策的行动已经全面部署，为顺利完成目标奠定了良好基础。碳达峰碳中和工作领导小组组织编写并出版了相关政策解读及政策汇编文本。

同时，“双碳”承诺对于我国经济社会发展及转型是挑战和机遇并存的“双刃剑”。从国际形势上看，世界正处于“百年未有之大变局”，全球气候治理是中美、中欧战略博弈中的重要领域，气候问题占据道义制高点，与能源安全息息相关，为中国提升全球领导力提供了机遇。但其中也有挑战，尤其在全球化重组、贸易摩擦频发等带来的不确定性因素增强的背景下。从时间任务上看，欧美从碳达峰到碳中和有50~70年的过渡期，大致是成熟经济的相对自然的转变过程，而中国只有30年转变时间，且是在发展中转型，将要求2030年碳达峰后碳减排速率年均达8%~10%，远超发达国家的速度和力度，这一挑战已成为共识。俄乌冲突发生后，欧洲立即面临非常大的能源挑战，但此事件也快速推动整个欧洲的能源转型，在保证能源安全下可再生能源快速发展，这无疑也是中国新能源产业的发展机会。此外，在这场变革中，所涉及的利益相关方需要转变观念、达成共识，构建相应的产业能力和统筹协调机制。治理体系和技术路线图都需要与时俱进，支持政策体系需要进一步完善，并大力推动技术创新和迭代升级，提升低碳产业的持续优势和竞争力。气候治理体制机制还需做好国内国际协同，应对气候变化的减缓与适应工作并重，气候、环境、经济与能源诸多系统需实现高度协同和可持续发展。上述这些既是目前存在的问题与挑战，也是未来努力的机遇与方向。

目前，对“双碳”目标愿景的相关概念存在着理解偏差，这一现象值得关注。例如我国二氧化碳排放量是基于IPCC的方法统计核算出来的，并非实际测量得出的结果。对碳排放和温室气体的范围划定也多有不同，比如碳排放可以细化到是能源活动排放的二氧化碳，还是包括整个工业过程碳排放的全口径二氧化碳。温室气体是指二氧化碳还是《京都议定书》规定的六种主要温室气体。还有，世界各国承诺的目标概念和基准年也有偏差。例如，有些国家承诺净零、有些国家承诺碳中和、有些国家承诺气候中和，其间存在一些不同之处。与之类似，我国在政策文件中也没有对承诺目标进行准确的定义。按照我个人的理解，我国承诺的是2030年前全口径二氧化碳排放达峰，

2060年前全部温室气体实现中和。再者，中西方对达峰平台期的理解也存在差异，西方期望中国在完成碳达峰后碳排放迅速下降，而我国需要考虑达峰平台期的时长及与相关转型的协同。最后，就碳排放的核算方法、减排基准年份、企业碳排放核算、碳汇的测算及标准等也都存在着概念理解上的不同。

煤炭是实现"双碳"目标及能源转型的核心问题。因经济高速发展，能源需求还将持续增加，对减煤进程中的能源安全形成挑战。尤其是我国的能源结构以煤为主，煤炭产业与钢铁、建材等重工业关联紧密，我国的减煤进程是一项涉及多产业、多领域工作的系统工程，在满足客观减量的同时，还要保证煤炭与工业产业间减煤步伐的协同，煤炭在短期内依然是支持我国经济发展的基础。我国大部分煤电站有着数十年的设计运行周期，目前中国煤电机组的平均运营时间约为13年，若提前退役将面临较高的资产搁浅风险，以及就业、社会保障等一系列问题。无论如何，预计2035年，我国的煤电将逐步进入运行的末期，届时，煤电大规模退役及减煤引起的能源结构重大变化在所难免。因此，我们需要提前对未来能源结构转变、新型能源体系构建、高比例可再生能源系统建设、CCUS规模成本分担以及能源技术迭代路径创新做好布局，使2030—2035年后我国的能源结构实现可持续转型。有序公正转型问题在减煤退煤进程中非常值得注意，退煤会带来煤炭及相关产业的职工安置问题、企业补贴问题。此外，我国煤炭资源及相关产业分布不平衡、退煤产生的区域差异问题也须引起重视。

除以上提到的诸多认识上的偏差外，我国近中期能源低碳转型还面临其他问题和现实挑战，如政策上存在诸多不协调，包括部门间、国际国内、减煤与大规模高比例可再生能源协调发展及新型电力系统建设等政策的不协调；基础制度和基础能力上也有问题，具体包括认知、数据、科技、制度安排等是否明确，“1 + N”政策虽大部分已经公布，但公布后的政策实施期间出现矛盾应该怎样调整，目前尚未明确。公正转型和治理问题突出表现在如何落实全国一盘棋及如何解决利益相关方冲突，可再生能源发展与新产业布局的关系，新阶段安全、气候、能源、环境等因素的协同治理规则等。

正因为存在如此多的挑战，我们才需要完整、准确、全面贯彻新发展理念，构建统筹考虑“双碳”承诺的新发展格局，破除部门、行业的利益关系，思考其中的重大关系及战略性问题，通过理论和实践创新，提出系统解决方案，推动“双碳”目标的实现。

系统推动全面绿色转型与形成碳中和新格局

回到一个最基本的问题，即碳达峰和碳中和的差异，这是未来所出台政策立足的基础性认知。碳达峰相对容易，在一定的经济社会技术条件以及碳排放制度约束下，产业及相关活动发展到一定规模就会达到某种平衡，从而实现碳达峰。碳中和则不然，它事关人为排放包括二氧化碳在内的温室气体和人为产生的碳汇之间的平衡，情况更为复杂。在我国现有条件下，由于人为碳汇可能产生和增加的空间有限，因此现有绝大部分化石能源需要转变为可再生能源和新能源。这不仅是一场能源革命，而且涉及整个产业和经济社会发展方式的变革。简言之，碳达峰是自然发展过程加上政策驱动，易于实现；而碳中和则是一个系统转型与模式变革，需要有序且富韧性的结构性创新。

中国进入一个新的发展阶段，需要秉持新的发展理念，开创新的发展格局。正如习主席所说，首要应当完整、准确、全面贯彻新发展理念。只有科学理解和认知“双碳”战略目标，才能更好地实现承诺。在我看来，全面绿色转型是实现“双碳”目标的核心，降碳是根本，碳汇及负排放技术只是补充，适应工作的重要性在不断上升，未来低碳竞争力才是优势所在。同时，实现“双碳”目标是高质量发展的内在要求，也是中国在国际上应该体现的大国担当。因此，绿色低碳转型及降碳目标应该成为今后推进生态文明及经济社会高质量发展的系统性抓手。中国将开启一个实现碳中和的“新长征”，探索新路径，开创新格局，构建新模式，实现人与自然和谐共生的现代化。

碳中和转型路径不能只用减排情景曲线来表征，它应该是一系列目标、技术、资金、政策等综合驱动的系统行动路线图，要把握好这把机遇和挑战并存的“双刃剑”，处理好“双碳”的基本关系和基本特征，解决短期内转型成本高、难度大、冲突多的问题。第一，要把握其科学性，基于科学和 IPCC 的系列评估结果进行决策与实施，如充分认识气候演化规律、尊重可再生能源的特征（如分布式、随机性等）及发展规律（技术和系统成本等）。第二，碳中和是一个系统性和综合性的问题，并非某一特定行业和部门能够解决，而需要跨学科、跨领域的解决方案。因此，顶层设计和系统推进极为重要，要综合考虑国内外政策，基于全国一盘棋的高度，制定相应原则和激励机制，进行区域间和领域间的协调，统筹安全、气候与发展。未来实现“双碳”与否，要关注系统性指标，而碳排放总量又是其中的核心指标。第三，碳中和是一个长期性与实践性相结合的问题。所谓长期性，指的是“双碳”相关的项目投资周期长、效益较低、风险不确定。在这种情况下，就需要长期和稳定的政策信号，尤其是价格信号，来帮助市场和行业形成稳定的预期。所谓实践性，指碳中和的实现路径具有不确定性，要在开放系统中不断探索和韧性调整，采用“干中学”和做好适应性管理，降低转型成本和风险。第四，碳中和要具有引领性，需要创新引领全面绿色转型，即引领创新、倒逼改革、促进转型，不断发现颠覆性技术。第五，碳中和具有外部性，即将人为排放温室气体造成的外部不经济性内部化，形成合理的碳定价机制，而碳总量及其统计核算也将成为碳市场的一个基本要素。所有这些基本特征将左右政策走向，只有充分理解“双碳”的基本特征和问题，才能制定合理而有效的政策，找到迈向目标的正确方向和道路，为本国乃至全球提供更多绿色低碳公共产品。

因此，实现“双碳”目标需要有中央的统筹协调机制，形成广泛共识和准备，立足“双碳”目标的明确责任，提高动态、韧性、系统思维能力，推动良治如国内的 CBDR 及灵活机制。碳中和相关工作应秉持系统设计、统筹协调、部门联动、上下结合、分类施策、成本有效、公正转型、共同参与、防范风险、多方合作的原则展开。同时，碳中和制度设计形成了“1 + N”的顶层设计。“1”指的是《关于完整准确全面贯彻新发展理念做好碳达峰碳中和工作的意见》，而“N”指的是《2030 年前碳达峰行动方案》及重点领域和行业政策措施和行动，这些重点领域包括绿色低碳循环经济体系、清洁低碳高效安全能源体系、国土空间布局、绿色低碳交通运输体系、低碳城乡建设、绿色低碳消费、可持续贸易、绿色低碳技术创新、配套政治经济改革措施、国际合作等十大方面，经由国家部委、地方政府、行业、园区、企业和个人等多层次主体加以实施。其中，“意见”和“达峰行动方案”统领整个政策体系，给出短中长期的战略导向和行动指南，谋划全面绿色低碳转型的系统布局。另外，构建碳中和法治体系对于实现该目标同样非常重要。目前我国在该领域尚未出台上位法，而是根据各职能部门的政策及目标导向进行管理，这可能造成不同部门政策间的冲突。此外，在全国一盘棋的框架下，要分领域、分地区规划达峰行动方案及相关计划，制定相应时间表、路线图和优先序，根据实践反馈进行动态调整，实事求是，防止“一刀切”。既不急于求成，又勇于创新求变，同时管控绿色气候风险（如绿色债务等）。基础能力建设也至关重要。从制度、管理、创新到人力资源，这些方面的基础能力尚不完善。最后，不能等到上述问题都解决后再开始实施碳中和进程，我们需要重拾“干中学”，理论与实践互动促进，保持力度与节奏并重。

具体来看，我国在 2030 年前实现碳达峰有十大具体行动，包括能源绿色低碳转型、节能降碳增效、工业领域碳达峰、城乡建设碳达峰、交通运输绿色低碳、循环经济助力降碳、绿色低碳科技创新、碳汇能力巩固提升、绿色低碳全民行动，以及各地区梯次有序碳达峰。为有序推进“双碳”目标实现，相关政策文件相继出台并持续完善。其中一些是“1 + N”政策体系中的文件，包括重点领域重点行业实施方案，如《工业领域碳达峰实施方案》《城乡建设领域碳达峰实施方案》《有色金属行业碳达峰实施方案》《建材行业碳达峰实施方案》等；还有一些是重要支撑保障方案，如《科技支撑碳达峰碳中和实施方案》《财政支持做好碳达峰碳中和工作的意见》《关于完善能源绿色低碳转型体制机制和政策措施的意见》《促进绿色消费实施方案》《关于加快建立统一规范的碳排放统计核算体系实施方案》《建立健全碳达峰碳中和标准计量体系实施方案》《绿色低碳发展国民教育体系建设实施方案》等；此外还有许多地方的实施方案。

在“十四五”规划体系中，也有不少涉及“双碳”领域的相关规划，包括数个能源相关专项规划，如《现代能源体系规划》《可再生能源发展规划》《能源领域科技创新规划》《建筑节能与绿色建筑发展规划》《氢能产业发展中长期规划（2021—2035年）》《新能源汽车产业发展规划（2021—2035年）》《抽水蓄能中长期发展规划（2021—2035年）》；还先后发布了其他多个产业的相关规划，即《工业绿色发展规划》《绿色交通“十四五”发展规划》《全国农业绿色发展规划》，以及《减污降碳协同增效实施方案》《新型储能发展实施方案》《节能减排综合工作方案》《关于加快建立健全绿色低碳循环发展经济体系的指导意见》等。随着众多政策文件陆续出台，做好“双碳”相关的法律框架设计，是接下来需要重点解决的问题。

在碳达峰碳中和“1＋N”政策体系指导下，要形成新的发展范式，至少有以下九个重要方向需要把握，并逐步体系化、系统化，形成“双碳”转型的新格局。

第一，建立绿色低碳循环发展的经济体系，这也将催生一个以去碳化为核心的新产业革命，并形成新的竞争优势。同时，碳也将变成一种新的资产加以管理，不断提质增效，并最终实现净零排放。其中，需要重点强化提高能源效率和碳生产率，因为这是最核心、最无悔的选择，尤其在资源高效综合利用系统创新方面，仍有很大的发展空间。此外，高载能行业绿色低碳改造、结构升级和基于可再生能源成本的重新布局也需要重新考量，包括钢铁、水泥、石化等重点行业的去碳化、去化石燃料化。未来在这些行业改造的过程中，一方面需要考虑保持我国在这些行业所具备的竞争力，另一方面也必须考虑把这些行业中的部分产能转移出去。最后，通过绿色设计、全生命周期评价及供应链安全统筹，发展碳减排导向的循环经济，发挥增效减污降碳增汇的协同效应。要完善联系企业、政府、消费者的生产者延伸制度，通过再生料占比目标、押金制等激励机制促进上述制度的落地，深化“无废城市”试点工作，充分考虑废弃物分类与处置利用的结合，并从更大的区域城市群进行规划。同时，也要推进二氧化碳等温室气体资源化利用创新。

第二，建立清洁低碳、安全高效的新型能源体系，其将以终端电气化引领，推动能源革命与低碳转型，保障能源安全供应。建设这个体系需要解决统筹考虑的核心问题：一是要进行化石能源结构性调整，即管控化石能源增长，统筹考虑有序公正减煤、退煤与退油气。优先煤炭清洁高效利用与减少需求，降低油气作为燃料的使用比重，终端电气化导向；二是要促进高比例可再生能源的新型电力系统建设，建立并完善大规模高比例可再生能源的系统配套政策，深化电力系统改革，统筹分布式能源、智能电网、储能、多能互补等综合解决方案，结合智慧能源系统开发；三是要加快清洁能源基地建设，结合制造业升级、绿氢应用、可持续交通模式等，延伸、完善应用场景，不断增强“可再生能源 +”协同效应，有序发展绿氢制造及相关产业，合理布局抽水蓄能，争取协同增效；四是进一步节能和提高能效，这仍是降低成本最有效的优先选择；五是保持并充分发挥我国在可再生能源制造（风机、光伏组件等）方面的竞争优势，加快新能源技术开发，包括下一代先进核能等；六是保障钕、铂、锂、钴、铜、稀土、硅料等关键矿物原材料的供应链安全韧性，开发替代技术和产品；七是处理新型环境问题，包括废旧新能源设施、动力电池处置，开展碳减排全生命周期评估。

第三，形成国土空间开发保护新格局及自然保护地体系。一是要建立以国家公园为主体的自然保护地体系，结合重点区域能源结构、产业结构调整，吸取过去自然保护区的经验教训，走出中国式国家公园建设的路径和模式，实现人与自然和谐共生。二是要重塑集约、智能、低碳、韧性、可持续的城镇基础设施建设，促进城市韧性发展。三是要统筹考虑区域差异、综合资源禀赋、新能源发展及成本、产业转型战略的碳中和产业空间布局。四是使三大空间、用途管制与“双碳”目标相融合，制定有利于大规模高比例发展可再生能源的混合用地政策，促进生物质能的保护、开发与利用，尽管在有限土地上必须有所取舍，但仍应因地制宜，努力实现降碳、增汇、适应、可再生能源发展与保护生物多样性综合效益、协同效益的最大化。五是要提高生态系统的碳汇和适应能力，完善人为生态系统碳汇的统计核算方法及MRV体系[①]。六是要发展自然受益型经济（Nature-positive Economy），提供基于自然的解决方案（NbS），降低成本、提升额外性和可持续性，完善生态系统综合管理。七是要鼓励包括社会公益保护地在内的各类保护地发展，激励更多的利益相关方参与。

第四，构建安全便捷、绿色低碳、智能共享的综合绿色交通运输及韧性城市基础设施体系。要加强城市绿色韧性基础设施建设，提高适应和防灾减灾能力。注重公交导向发展（TOD），优先发展城际轨

① MRV体系，指碳排放的可测量、可报告、可核查体系，是构建碳市场环境的重要环节，也是企业对内部碳排放水平和相关管理体系进行系统摸底盘查的重要依据。

道交通、共享交通和慢行系统。同时，保持电动车发展与基础设施灵活性，研发不同类型低碳零碳车辆技术，探索创新商业模式，包括充电换电、加氢换氢、综合加充等。制定燃油车退出的时间表，给市场更加明确的信号。

第五，塑造可持续消费模式。中国正处在从生产型社会向消费型社会的转型期，需要塑造符合资源禀赋和文化特征的可持续消费模式。探索绿色低碳可持续消费模式，从节能、低碳消费做起，开展包括供应链、产业链、价值链在内的全链条顶层设计。树立终端用能模式导向，即电气化、清洁化、智能化、市场化，鼓励低碳出行模式。完善垃圾分类、收集及处理处置一体化，开展“无废城市”和“无废社区”体制机制改革试点探索。建立绿色标准标识引领，分类分级分阶段实施，进行最佳消费实践、绿色消费时尚推介和宣传教育。形成合理的定价付费补偿机制，分担绿色成本。创新应用企业社会责任、消费者负担、现代信息通信智能技术与相应机制，分享绿色收益。

第六，构建碳中和的技术创新体系及动态发展路线图，实现低碳、零碳、负碳技术的应用与迭代。在低碳、零碳、负碳技术等领域积极布局，构建分领域的创新体系。制定分领域技术发展路线图及动态调整机制，整合应用数字智能与绿色低碳技术，鼓励能源及产业颠覆性技术发现，创新商业开发模式。制定绿色低碳技术创新政策，建立科学决策咨询机制，开展独立的技术评估与展望，特别是加强对不同技术选择、技术迭代和技术路线比较的综合评估。建设面向碳中和的技术标准体系。

第七，强化绿色气候金融体系的基础能力和制度建设，有序分步推进。加强基础能力和基本制度建设，包括信息披露制度、数据信息收集系统、绿色金融分类标准体系、长期碳定价机制等。利用综合定价收费手段，塑造多元化绿色气候投融资机制，包括税收、定价、补偿、采购及其他激励手段。发展渐进的绿色低碳投融资模式，明确宏观政策，完善微观机制。探索发展转型金融，建立绿色转型发展基金，促进公正转型。完善环境、社会和治理（ESG）框架、原则、标准、投资，降低交易成本。加强监管，防范绿色债务风险与成本搁浅。

第八，构建可持续的贸易、投资与国际合作体系，统筹国际国内可持续发展政策。作为负责任的发展中大国，中国应努力促进全球碳中和进程，构建多元气候合作、对话机制和公平、安全、可持续的治理机制，多方面提供技术、资金、知识及能力。应在《巴黎协定》规则及WTO框架下，提出多边绿色低碳贸易的规则和可持续投融资机制。调整今后中国的贸易政策，减少资源、能源密集产品的出口。构建绿色供应链、产业链、价值链，探索全球化重塑和双循环模式下的可持续贸易模式。优先建立大宗软性商品的绿色价值链，采用非毁林智能认证与可追溯机制，同时发展大宗硬商品及其行业的循环经济。基于南南合作框架，加强绿色“一带一路”建设，开展多层次多渠道环境能源气候合作，完善多元资金治理机制，并与其他发达国家共同开展第三方市场合作。利用G20、区域全面经济伙伴关系协定（RCEP）等平台，设置绿色低碳转型发展的议程，关注海洋保护、塑料污染、食物安全、生物多样性保护等相关热点议题，研究其与绿色贸易的相互作用，支持和完善东南亚、非洲、南美洲等重点发展中国家的国别解决方案。

第九，构建促进“双碳”战略的良性治理体系。形成促进“双碳”系统变革的法律法规体系，包括统筹制定或修订相关法律法规，保障法律法规执行及政策的一致性、连续性。完善“双碳”管理体制机制，包括整合“双碳”的领导机制、优化“双碳”管理体制、完善部门间协调机制，促进部门责权利的统一、利益相关方参与、地方“双碳”管理能力建设等。建立综合、平衡、韧性的规划，政策与保障体系，包括制定中长期转型战略规划。统一规范碳排放统计核算体系，加快构建碳总量控制制度和机制。尽早出台碳排放权交易管理条例，完善碳市场运行机制、扩大交易范围，统一碳排放权、用能权等相关交易市场，探索制定碳税、碳定价等相关政策和机制。建立基于碳中和的高质量、全生命周期的低碳标准、标识及标杆体系，发挥标准引领作用。积极参与全球气候治理，促进多双边合作与良性竞争，争取在“斯德哥尔摩 + 100”时，也就是 2072 年，实现全球碳中和愿景。

综上所述，中国的发展成绩有目共睹，但也面临前所未有的挑战。由于面临国内外新发展背景，且没有成熟的碳中和经验和固定模式可以照搬，中国的生态文明建设和绿色转型发展需要在新的框架下采取面向未来的安全、韧性和可持续的转型发展战略，综合解决方案与配套政策，需要所有利益相关方的共同参与，要做到自上而下与自下而上相结合。同时，走中国特色的绿色低碳转型发展之路是一个不断传承、实践、学习、提升、完善的过程，需要进一步改革、开放和创新。

在中国的碳中和转型进程中，为了制定中长期转型战略和规划，政策设计和综合动态平衡十分关键，要逐步构建以促进结构性创新、环境质量持续改善和全面绿色低碳转型为核心的制度体系和治理体系。在新形势下，探索基于人与自然和谐共生的中国式现代化，走出发展中大国的绿色转型发展道路。中国不仅要实现自身高质量发展，还要发挥绿色领导力，重塑全球绿色价值链、供应链、产业链，完善区域、流域、城市群综合治理模式，构建全球和区域绿色伙伴关系，对世界可持续发展进程与实现全球碳中和目标产生积极影响，特别是通过总结最佳实践与广泛合作，与其他发展中经济体共享发展成果。

推进全球气候治理进程，加速绿色低碳转型创新

解振华[①]

气候变化是科学事实，关乎全人类生存发展

“人类进入工业文明时代以来，在创造巨大物质财富的同时，也加速了对自然资源的攫取，打破了地球生态系统平衡，人与自然深层次矛盾日益显现。近年来，气候变化、生物多样性丧失、荒漠化加剧、极端气候事件频发，给人类生存和发展带来严峻挑战……面对全球环境治理前所未有的困难，国际社会要以前所未有的雄心和行动，勇于担当，勠力同心，共同构建人与自然生命共同体。”这是国家主席习近平于 2021 年 4 月 22 日在“领导人气候峰会”上发表的讲话，充分表明了中国在气候问题上的态度。

气候变化指由于燃烧化石燃料、毁林、土地利用变化等人类活动排放的二氧化碳等温室气体，所导致的全球变暖、极端天气等气候异常的情况。我们常说的“碳”既涉及能源活动和工业过程等排放的二氧化碳，还涉及所有经济领域的温室气体排放，如图 5.1 中介绍的这些气体。其中，能源活动所产生的二氧化碳占温室气体总量的

---

① 解振华，2021 年 1 月任中国气候变化事务特使。2020 年 4 月任中国生态环境部气候变化事务特别顾问，2015—2019 年任中国气候变化事务特别代表。曾任中国国家环境保护局局长、国家环境保护总局局长、国家发展和改革委员会副主任（正部长级，主管气候变化、资源节约、环境保护、节能减排、循环经济相关工作）、第十二届全国政协人口资源环境委员会副主任。中国共产党第十五届、第十七届中央纪律检查委员会委员，中国共产党第十六届、第十八届中央委员会委员。

60%~70%，剩下的则主要为生产和生活过程中产生的甲烷和氢氟碳化物等物质。根据《联合国气候变化框架公约》和《京都议定书》的要求，发达国家的减排是指全经济范围的绝对减排，即其不光要减少二氧化碳的排放，还要促成所有非二氧化碳的温室气体的减排；而发展中国家则可以根据自身国情来决定采取什么行动。《巴黎协定》也对发达国家提出类似要求，并要求发展中国家根据自身国情，逐步实现全经济范围的减排和限排（相对减排）。

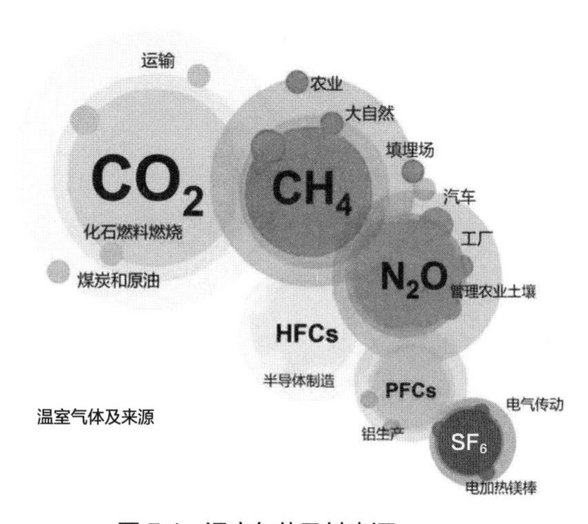

图 5.1　温室气体及其来源

资料来源：本文作者总结。

注：图中每种温室气体的温室效应均换算为等同于 CO_2 全球增温潜势（GWP）。

全球应对气候变化的多边进程向前演进的主要科学参考依据是 IPCC 的历次评估报告。从 1990 年发布第一次评估报告开始，到 2022 年的 30 多年间，IPCC 共发布了六次评估报告。这些报告中的观点存在一个变化过程。如第一次报告指出了人为排放对气候变化的影响，但其也不排除太阳辐射等自然的因素。而在此后的几次报告中，人类活动所受到的关注占比越来越高。近期发布的第六次报告更是明确指出：自工业化以来，人类活动的影响已使大气、海洋、陆地持续变暖，其中人类活动所产生的温室气体造成约 1.5℃升温，气溶胶等其他人类活动造成 0.4℃降温，太阳活动等自然因素及自然系统内部变率对温度贡献则近似为零。因此，IPCC 最新的研究结果显示，全球气温在工业化革命后升高了 1.1℃，且主要由人为因素造成。通过图 5.2 也可以看到，历次报告中对人为因素导致全球变暖确信度越来越高，这种观点也已经成为国际主流。世界各国目前也都参照 IPCC 的建议采取行动、开展合作。

第一次报告（1990年）	第二次报告（1995年）	第三次报告（2001年）	第四次报告（2007年）	第五次报告（2013—2014年）	第六次报告（2021—2022年）
过去100年全球平均地面气温已经上升了0.3~0.6℃。确信人类活动产生的各种排放正在使大气中的温室气体浓度显著增加，使地表更加变暖。	19世纪末以来全球平均地面温度上升了0.3~0.6℃。过去100年全球海平面上升了10~20cm。人类活动已经对全球气候系统造成了“可以辨别”的影响。	近50年观测到的大部分增暖“可能”（66%~90%的概率）归因于人类活动造成的温室气体浓度上升。	20世纪中叶以来的全球变暖“很可能”（90%以上的概率）是由于观测到的人为温室气体浓度增加所导致。可辨别的人类活动影响扩展到了气候的其他方面，包括海洋变暖、大陆尺度的平均温度、温度极值以及风场。	人类对气候系统的影响是明确的。观测到的1951—2010年全球地表平均温度升高的一半以上“极有可能”（95%以上的概率）是人类对气候的影响造成的。具有高信度的是，这导致了20世纪下半叶海洋变暖、冰雪融化、全球平均海平面上升、以及一些极端气候事件。	毋庸置疑的是，自工业化以来，人类的影响已使大气、海洋和陆地持续变暖。其中人类活动产生的温室气体造成约1.5℃升温，气溶胶等其他人类活动造成0.4℃降温，太阳活动等自然强迫因素和自然系统内部变率对温度贡献近似为零。

图 5.2 IPCC 六次评估报告主要发现

资料来源：本文作者总结。

此外，IPCC 的第六次评估报告还给出了几个数据，表明现在的气候变化正在发展成为气候危机。根据该报告的评估，2011—2020 年，全球平均气温比工业化前水平升高 1.1℃左右，过去 50 年平均气温更是近 2 000 年来最高。当前，二氧化碳排放浓度为过去 200 万年来最高，海平面上升为过去 3 000 年来最快，北极海冰面积为过去 1 000 年来最小，冰川退缩为过去 2 000 年来最严重。此前关于气候变化的国际谈判中定下的目标是升温阈值 2℃，后改成 2℃以内、力争 1.5℃。而现在已升温 1.1℃，意味着距全球升温控制目标所留下的空间已经所剩无几，目前的形势也已到达非常严峻的程度。因为按照当前的排放趋势，如果不采取更有力的行动，21 世纪末的全球升温将达到 3~4℃，甚至更高。一旦如此，全球将有 33 亿 ~36 亿人生活在高脆弱的环境下。同时，由于气候变化，人类在粮食、自然环境、水资源、城市、基础设施、灾害风险管理等诸多领域将面临巨大挑战。即使在美国，不管民主党和共和党之间如何争论，五角大楼也始终认为气候变化是一个威胁到美国国家安全的重要因素。根据美国军方的评估，当前气候变化的进程将导致世界上很多国家出现干旱，从而引发争夺水资源和粮食的地区冲突。基于这种看法，美国军方对气候变化问题表现出很高的关注度。

以上简述了国际对于气候变化问题研究的整体情况。我国也对全球气候变暖带来的影响做出评估。根据我国《第三次气候变化国家评估报告》，近百年来全国陆地区域平均累计升温 0.9~1.5℃；中国气象局数据显示，1991—2020 年，我国年均因气象灾害造成的直接经济损失达 2 400 多亿元，死亡人数近 3 000 人。

IPCC 第六次评估报告指出，从 1850 年工业化开始一直到 2019 年，人类活动累计排放了 2.4 万亿吨二氧化碳，其中 58% 是 1990 年之前排放的。这意味着目前大气中累计的二氧化碳主要由发达国家排放。另有数据显示，截至 1990 年，发达国家历史二氧化碳排放量占人类活动二氧化碳总排放量的 70% 左右，而发展中国家只占 30%。目前，按照《巴黎协定》的要求，要将全球升温控制在 1.5~2℃。在控制升温 1.5℃的情况下，2020 年起剩余的二氧化碳排放空间仅有 5 000 亿吨；而在控制升温 2℃的情况下，剩余的二氧化碳排放空间也只有 13 500 亿吨。折算成排放年数来看，只给发展中国家留下 12~15 年。若算上其他温室气体，全球所面临的形势可能更加严峻。所以现在摆在我们面前的不仅是气候问题，而堪称气候危机。

IPCC 在最新的评估报告中特别指出："在可持续发展、公平和消除贫困的背景下设计和实施气候变化减缓行动，并植根于其所在社会的发展愿望，将更容易被接受、更持久和更有效。"这意味着我们不能仅就气候谈气候，还要与社会、经济、健康、环境、能源、工业等各个领域统筹协调。只有在可持续发展的大背景下，应对气候变化的措施才能可持续。因此，全社会都要在经济和社会发展领域进行转型。为了实现目标，我们需要转变发展方式、生活方式、消费模式，并在此过程中进行技术创新、制度创新。20 世纪 90 年代制定的《联合国气候变化框架公约》为我们列出了具体的、定性的目标："将大气中温室气体的浓度稳定在防止气候系统受到危险的人为干扰的水平上。这一水平应当在足以使生态系统能够自然地适应气候变化、确保粮食生产免受威胁并使经济发展能够可持续地进行的时间范围内实现。"IPCC 还为该目标给出定量的结论，就是要将升温控制在 2℃之内，因为超过这个限度便会造成不可逆的后果。因此，实现这一目标是一个可持续发展的大型系统工程。

全球气候治理进程艰难曲折，《巴黎协定》来之不易

习主席指出："作为全球治理的一个重要领域，应对气候变化的全球努力是一面镜子，给我们思考和探索未来全球治理模式、推动建设人类命运共同体带来宝贵启示……对气候变化等全球性问题，如果

抱着功利主义思维，希望多占点便宜、少承担点责任，最终将是损人不利己……应该摒弃‘零和博弈’狭隘思维，推动各国尤其是发达国家多一点儿共享、多一点儿担当，实现互惠共赢。”在全球气候治理处在关键节点，习主席的话彰显了中国的观点和立场，推动了国际合作进程，彰显我国站位于道义制高点，推动达成了一系列于我等发展中国家有利、于全球生态文明建设有益的积极成果。

全球气候治理进程可追溯到 1988 年 IPCC 的建立，其开展的评估项目由全球千余位科学家参加，包括中国的几十位科学家。1992 年，《联合国气候变化框架公约》在里约热内卢召开的联合国环境与发展大会上开放签署。为了落实这一公约，1997 年达成的《京都议定书》明确了发达国家的责任，并专门为发达国家制定减排目标。

1995—2021 年，《联合国气候变化框架公约》缔约方会议举行了 26 次，每次会议都历时近半个月，图 5.3 摘取了代表全球气候治理进程主要节点的几次会议。

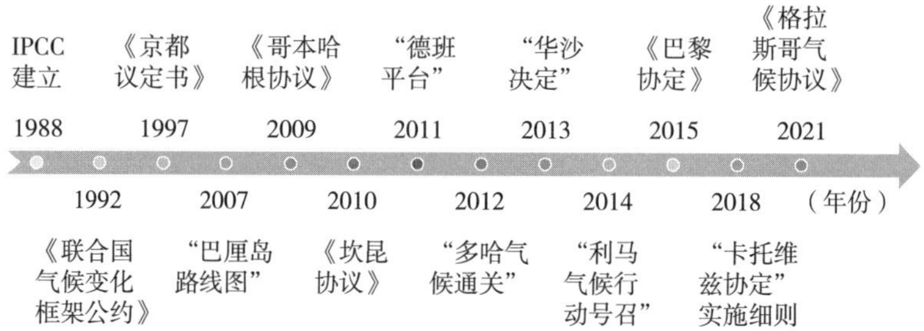

IPCC 建立 1988
《联合国气候变化框架公约》 1992
《京都议定书》 1997
“巴厘岛路线图” 2007
《哥本哈根协议》 2009
《坎昆协议》 2010
“德班平台” 2011
“多哈气候通关” 2012
“华沙决定” 2013
“利马气候行动号召” 2014
《巴黎协定》 2015
“卡托维兹协定”实施细则 2018
《格拉斯哥气候协议》 2021
（年份）

图 5.3　全球气候治理进程主要节点

资料来源：本文作者总结。

全球气候治理谈判大体可分为三个阵营：第一个阵营包括欧盟 27 国，属于在应对气候变化中持激进观点的阵营，往往提出激进的目标和过激的要求；第二个阵营是由美国、日本、澳大利亚、加拿大和新西兰等非欧盟发达国家组成的伞形集团，相对偏“右”，在很多观点上与欧盟看似不同，实有契合（欧盟和伞形集团事实上同属发达国家，尽管它们在前期会有非常大的争论，但最后欧盟也大体接受美国提出的意见）；第三个阵营是发展中国家，即“77 国集团 + 中国”，其中又形成了由中国、印度、巴西、南非组成的起主导作用的“基础四国集团”和由不固定的 20 多个国家组成的“立场相近发展中国家集团”。这些国家基本上坚守《联合国气候变化框架公约》的原则和《京都议定书》的规定。此外，现在发达国家、发展中国家内部也形成一些小集团，导致目前的全球气候治理谈判领域成为一场“混战”，各有各的诉求。但总体上，该领域仍以三大（或两大）阵营为主。此外，气候治理的谈判机制是一个公开透明的协商机制，遵循由缔约方驱动的原则。无论国家大小，只要近 200 个缔约方中有一个不同意，决定就不能形成。这虽然影响了谈判效率，但也使得每个国家都有决定权，从而确保了最终达成的结果具有可执行性。

《联合国气候变化框架公约》约定了两项原则：第一，确立了应对气候变化的全球目标，就是上文所述的“定性”目标；第二，确立了公平、CBDR 和各自能力的原则，该原则基于历史责任，要求发达国家率先减排，并为发展中国家提供资金和技术支持。

然后，按照上述两项原则，各国就如何落实原则开启了谈判。首要就发达国家减排进行落实。1997 年，《京都议定书》在日本举行的《联合国气候变化框架公约》第 3 次缔约方大会上被签订，但其直到 2005 年才生效。《京都议定书》中同样规定了两条原则：第一，发达国家需要率先承担“自上而下”、有法律约束力的量化减排义务；第二，在2008—2012年的第一承诺期内，发达国家要从1990年的水平上整体减排5.2%，各个发达国家按照比例进行了减排额度分配。《京都议定书》是真正能够落实《联合国气候变化框架公约》，并有法律约束力的文件。但由于美国不愿意接受相关原则，其执行效果并不理想。彼时，美国参与谈判的是民主党，其做了大量工作使发达国家对于减排的额度达成一致。但在谈判完成后，美国国内出现政治变动，共和党执政。而共和党的观点非常明确——如果中国、印度等发展中国家没有减排责任，那么美国也不会减排。任何国际公约若要求美国强制执行，美国便不愿意接受。最后，美国没有参加《京都议定书》的实施，加拿大也随之退出，日本也没有继续参加第二承诺期。整体来看，《京都议定书》最终的落实并不理想。

1998—2006年间，每年的缔约方大会讨论的基本上都是《京都议定书》的实施方案，这样的讨论和谈判直到2007年的《联合国气候变化框架公约》第13次缔约方大会才有了真正的进展。此次会议启动了“巴厘岛路线图”的双轨谈判安排，确定了《京都议定书》2012—2020年的第二承诺期，并对减排的细节进行谈判。在谈判中，发达国家提出不能仅由发达国家减排，发展中国家也需要参与其中。因此，发达国家要求废除《京都议定书》中所确立的原则，重新开始对《联合国气候变化框架公约》如何实施进行谈判，以此制定新协议，加强长期愿景、减缓、适应、资金、技术、能力建设等合作安排。在这一点上，发达国家和发展中国家双方争论不下，最后采取了折中的安排，即仍然在《京都议定书》的基础上进行谈判，并且在第一承诺期结束后开启第二承诺期。然后在《联合国气候变化框架公约》下确保各种要素相平衡，继续谈判如何进一步落实公约。在此次会议中，参会各方也约定在 2009 年形成一个新的协议。

第 14 次缔约方大会于 2008 年在波兹南举行，该会议主要接续了“巴厘岛路线图”中两个主要议题的谈判，而这两个议题下又有几百个不同的小议题。此外，本次大会还为发展中国家的适应活动争取到发达国家的资金支持，多方谈判决定启动《京都议定书》适应基金。

2009 年在哥本哈根举办的第 15 次缔约方大会是各方争议最激烈的一次会议。该会议要求完成“巴厘岛路线图”双轨谈判，达成一份新协议，但最终只是“注意到”不具法律约束力的《哥本哈根协议》，重申 CBDR 原则，并确立了将升温控制在 2℃的全球长期目标。关于 2℃的升温控制目标制定过程中还有一个插曲，就是欧盟当时提出全球 2050 年的碳排放要在 1990 年基础上减少 50%，但此建议明显对发展中国家很不公平，意味着发展中国家无法发展，发展中国家便没有同意。同时，作为当时全球最大碳排放国，美国也不赞同欧盟的提议。最终，中美双方代表团进行了谈判。因为在《联合国气候变化框架公约》中提到要将升温控制在自然允许的范围内，而根据 IPCC 的评估建议，这个允许范围就是升温 2℃以内。因此，中国最终提出了制定温度目标的减排目标，并在 2℃的目标上与美国达成一致。同时，在韩国首尔举行的预备会，以及在意大利举行的 G20 会议中，各国也对 2℃的升温目标达成一致。最终，缔约国各方在哥本哈根大会中按照 IPCC 的建议定下 2℃的全球长期温控目标。

另外，在第 15 次缔约方大会中，各国也对减排相关的问题进行谈判，最终达成了发达国家承诺量化减排目标（有法律约束力），发展中国家采取适当减缓行动的条款。同时，针对各方行动的透明度问题，发达国家提出了需要建立“可测量、可报告、可核查”的“三可”透明度机制，被缺乏相关能力的发展中国家所拒绝。美国时任总统奥巴马到中国、巴西、印度、南非基础四国领导人磋商的会场，亲自参与了磋商。最终，大会建立了体现区分的“可测量、可报告、可核查”（针对发达国家）及“国际磋商和分析”（针对发展中国家）的透明度机制，其中“国际磋商和分析”机制的前提是不能侵犯主权。在透明度机制达成一致后，发达国家同意每年向发展中国家提供1 000亿美金的资金支持，直至2020年。此次达成的协议虽然仅是一个政治协议，但也为接下来的法律协议——《巴黎协定》奠定了基础。

2010年，第16次缔约方大会在墨西哥坎昆举行。此次大会主要按照《哥本哈根协议》的政治方向，重点细化了透明度的安排和原则。其中最主要的就是要求发达国家接受“三可”和每年的国际评估和审核；要求发展中国家接受“国际磋商与分析”，并且就“国际磋商与分析”设立了尊重国家主权、非侵入性、非处罚性以及促进性的原则。

2011年举行了第17次缔约方大会，该会议启动了“德班平台”的新进程。会议授权于2015年达成一项在《联合国气候变化框架公约》下对所有缔约方具有法律效力的协议，对2020年后作出安排，因为2020年前就是“巴厘岛路线图”（特别是《京都议定书》）中的第二承诺期。此次会议明确要求在2015年达成一个新协议，如果没有各方分歧造成的延滞，这个任务本应在2009年完成。当时，发达国家非常希望这个新协议与《联合国气候变化框架公约》没有直接关系，借此把几个原则抹去。但在中国的坚持下，会议授权新协议仍是在《联合国气候变化框架公约》下的，从而保留了有助于发展中国家统筹发展和减排的原则，这一点非常关键。

会议中还确定新协议需包括减缓、适应、资金、技术、能力建设和透明度等要素。其中，发达国家只关心减缓和透明度两个要素，发展中国家则主要关心适应、资金、技术和能力建设。会议还决定建立并运行绿色气候基金，资助发展中国家提升应对气候变化的技术和能力。最后，会议明确了《京都议定书》第一承诺期和第二承诺期之间没有空当。

2012 年举办了第 18 次缔约方大会，该会议达成了“多哈气候通关”一揽子成果。该会议通过了关于《京都议定书》2013—2020 年第二承诺期的《多哈修正案》，明确了发展中国家最关心的第二承诺期。另外，该会议结束了巴厘行动计划的谈判，“双轨”变成“一轨”，基本确立各方 2020 年前合作应对气候变化的机制安排。最后，会议明确了“德班平台”的谈判必须以《联合国气候变化框架公约》为指导原则。在第十七次和第十八次大会中，美国明确要求按照新的变化来确定新的责任，希望借此淡化 CBDR 原则，但中国没有同意，最后仍然锁定在《联合国气候变化框架公约》下才能进一步谈判新的协定。

2013 年在波兰华沙举办了第 19 次缔约方大会，通过了“华沙决定”。该大会主要邀请各方提出 2020 年后的气候行动目标和政策，多数发展中国家要求发达国家提出承诺，发展中国家提出由自己所决定的行动。发达国家认为承诺具有法律约束性，而行动没有约束性，因此提出异议。当时，“基础四国集团”与美国寻找能被各方所接受的词语，最终找到了 NDC，即邀请缔约国各方于 2015 年提交 NDC。同时，会议要求各方加速落实 2020 年前的承诺和行动，并加大 2020 年前的力度。最后，受气候变化危害最大的小岛国、最不发达国家集团提出了建立“损失与损害机制”的概念，即让发达国家出钱赔偿这些国家所受到气候变化的损失与损害。西方国家坚决反对这个动议。

在各方磋商后，这次大会建立了“华沙损失损害机制”新机制在《联合国气候变化框架公约》框架下建立，在适应气候变化的框架下继续讨论该问题。最终，在《联合国气候变化框架公约》下解决损失与损害问题。

此后，2014 年在秘鲁利马举行了第 20 次缔约方大会。在此次大会中，中美两国元首发表了第一份中美关于气候变化的联合声明。在联合声明中，美国同意了 CBDR 原则，但排除使用“公平”这个词，转而要求再加一个“考虑国情”的前提条件。最后双方达成一致，强调要在 2015 年协议中体现 CBDR 和各自能力原则，并考虑不同国情。这次会议的最终成果是达成了“利马气候行动号召”。这次会议也为 2015 年第 21 次缔约方大会奠定了基础，中美发表的联合声明实际上解决了争议最多的几个问题，包括目标、原则等相关问题。在中美联合声明发表后，其他 160 多个国家也公布了各自的目标和政策，解决了主要的分歧，为此后的会议奠定良好的基础。另外，在第二十一次大会举办前，中美又发表了第二份联合声明，中法也发表了联合声明，基本为后来《巴黎协定》中的各个基本要素找到了解决方案，包括关于发达国家和发展中国家的减排、适应、资金（发达国家出资建立绿色基金）、透明度（逐步达到统一）、行动与支持相匹配的原则等。

2015 年的会议成功达成了《巴黎协定》（于 2016 年 11 月 4 日生效）和大会决定。《巴黎协定》在全球气候治理进程中具有里程碑的意义，其在《联合国气候变化框架公约》下，旨在加强公约在 2020 年后的实施，坚持了公约的 CBDR 原则，就各方 2020 年后强化气候行动、支持与合作提出了一系列目标，作出了一系列框架性安排，确立了全球绿色低碳可持续发展的大势。其中,《巴黎协定》坚持升温低于2℃,争取1.5℃的目标。在这一点上,欧盟和小岛屿国家联盟坚持要求将目标设定在1.5℃,而中美则更倾向于2℃。最终,在中国的提议下,多方达成了对于温控目标的共识。

此外,由于此次会议是在法国召开的,东道国希望会议达成的协议具有可持续性,这也是联合国及其他很多国家的期望和诉求。在大会开始前,时任法国总统奥朗德来华访问,中法发表了联合声明,其主要内容与中美联合声明相似,其中独特的一点是要求协议在实施过程中每五年盘点一次,找出各方的差距,并进一步强化行动与合作,这样就形成了一个可持续的滚动机制。这一点也成为巴黎会议的主要内容之一,为确保《巴黎协定》实施的可持续性,各方建立了每五年盘点机制以及强化透明度框架,以持续提高力度和透明度。此外,巴黎会议还建立了行动与支持相匹配的机制,帮助发展中国家不断提高能力。

在2015年的巴黎会议前,中美两国发表了两份联合声明,第一份解决了焦点问题,第二份解决了《巴黎协定》中覆盖的要素。巴黎会议决定并通过了《巴黎协定》,并于2016年4月22日开放签署。对此,中美又发表了第三份联合声明,其主要内容为:中美两国号召各国于2016年4月22日一同前往联合国参加《巴黎协定》签署仪式,同时呼吁各国积极签署《巴黎协定》。当年二十国集团杭州峰会前夕,中美两国元首一起向联合国秘书长递交各自批准协定的文书,并发表了一份合作文件,号召各方尽快批准。按照《巴黎协定》的约定,只有不少于55个国家,且排放占全球碳排放总量至少约55%的国家批准时,《巴黎协定》才能正式生效。最终,超过160个国家签署了

《巴黎协定》。此前，只有排放占全球碳排放总量不到 2% 的国家签署了协定。在中、美、欧盟带动签署后，《巴黎协定》基本达到了生效的标准。简言之，中美一共发表了三份联合声明、一个共同文件，这四个文件基本解决了《巴黎协定》的达成、签署、生效等相关问题。从这一点来说，中美两国合作为推动《巴黎协定》做出了突出贡献。

《巴黎协定》所涉及的所有内容，包括强调《巴黎协定》在《联合国气候变化框架公约》下，旨在加强《联合国气候变化框架公约》实施，《巴黎协定》的基本原则、长期目标、绿色低碳转型、CBDR、减缓、适应、资金、技术、透明度，以及全球盘点等，都在中美、中法、"基础四国集团"和中欧声明中有所体现。在《巴黎协定》中，中国做出了重要、突出的贡献。正如习主席所讲，在气候变化领域，中国是参与者、贡献者和引领者，这是根据中国政府在中央的领导下真正发挥的作用所得出的结论。

巴黎会议后，第 22 次缔约方大会于 2016 年在马拉喀什召开。在此次会议召开期间，美国总统大选已有了初步结果。在会议中，与会各方知道美国的总统大选可能对美国气候政策产生根本性影响，但当时所有缔约国依旧一致通过了《马拉喀什行动宣言》，不仅强调了多边进程和绿色低碳发展的潮流大势不可逆转，还表明了各方携手落实《巴黎协定》的政治意愿。这向美国新当选的领导人发出了非常强力的政治信号，尽管此后美国联邦政府宣布退出《巴黎协定》。不过，美国的谈判代表团也积极参加了此后的每次气候变化大会。虽然政府间的对话已经停止，但代表团之间以及民间的对话仍在持续。除了《马拉喀什行动宣言》外，此次会议还确定将于 2018 年完成《巴黎协定》下的实施细则谈判。

2017 年，由于主席国斐济没有能力举办会议，大会便定于《联合国气候变化框架公约》秘书处所在地德国波恩召开。这次会议主要确定了《巴黎协定》实施细则的大纲和要素，同时确定了将于 2018 年开展塔拉诺阿促进性对话的安排。这一对话相当于各国坐在一起讲述自己的故事，以增进对彼此的理解，促进行动与合作。

2018 年，在波兰卡托维兹举办的第 24 次缔约方大会中，各方基本上达成了《巴黎协定》的实施细则，包括坚持 CBDR 原则，在《巴黎协定》的目标、框架下围绕 2020 年后《巴黎协定》各条款如何落地，细化相关制度和规则等。之所以说“基本上”，是因为《巴黎协定》第六条全球碳市场规则制定尚未解决，这也是企业家们最关心的问题。其中，巴西提出各国在《京都议定书》中确立的清洁发展机制所拥有的配额在《巴黎协定》达成后建立的全球碳市场中可以售卖；但发达国家认为这是两个市场，因此在这一问题上产生了争议。在中国代表团的斡旋下，欧盟等发达国家与巴西同意将在此后的会议中继续《巴黎协定》第六条全球碳市场等实施细则的谈判。2021 年美国重返《巴黎协定》，中美双方恢复气候变化对话，当年 4 月在上海发表《中美应对气候危机联合声明》，支持加强《巴黎协定》实施，决定在可再生资源等八大领域开展对话磋商，共同支持年底大会取得成功。格拉斯哥气候大会达成了作为大会一揽子成果的《格拉斯哥气候协议》，其中明确了坚持多边主义、加强《联合国气候变化框架公约》和《巴黎协定》的实施；完成了《巴黎协定》第六条全球碳市场等实施细则谈判，决定未来十年要加大力度。当时大会主席国英国及一些缔约方提出了要淘汰煤炭和煤电，对于这一点中印等发展中国家觉得不符合能源转型的实际，不能接受。该会议期间，中美双方达成一致，发表了

《中美关于在21世纪20年代强化气候行动的格拉斯哥联合宣言》，并在宣言中明确表示煤炭和煤电不是淘汰，而是逐步减少。同时，宣言也希望各国把适应和减缓放在同等重要的位置上，发达国家应落实1 000亿美金的资金目标，并制定2025年后出资资金翻倍的目标。此外，中美也倡议就加速低碳转型创新开展国际合作。

可以看出，中国提出的“双碳”目标和话题，顺应并引领了这30年来全球气候治理和低碳转型的大势。现在必须解决的问题，是在这一基础上如何行动。其中最主要的行动就是转型和创新——发展方式和生活方式要转型，技术也要实现创新，只有两者相互协调才能实现“双碳”目标。

我国领导人引领多边进程，做出历史性贡献

习主席指出：“中国为达成应对气候变化《巴黎协定》做出了重要贡献，也是落实《巴黎协定》的积极践行者。”党的十九大报告中也提出，“引导应对气候变化国际合作，成为全球生态文明建设的重要参与者、贡献者、引领者。”这很好地回答了中国在全球环境治理中的角色定位。

习主席对于气候变化问题的数次讲话，实际上明确了我国应对气候变化工作的指导思想。习主席多次指出：应对气候变化是我国可持续发展的内在需要，也是负责任大国应尽的国际义务。这不是别人要我们做，而是我们自己要做。本质上来看，在气候变化这个领域，我们需要在内树立可持续发展，在外树立负责任大国的形象，这是对国内和国际都有好处的一件事情。习主席在多个外交场合提出并倡导构

建人类命运共同体，并指出："这个世界，各国相互联系、相互依存的程度空前加深，人类生活在同一个地球村里，生活在历史和现实交汇的同一个时空里，越来越成为你中有我、我中有你的命运共同体。"这是我们占据的道义制高点——我们做这件事情，既是为了中华民族永续发展，也是为了地球，为了子孙后代。我国在巴黎大会的前后，为了推动《巴黎协定》最终达成、签署和生效，凝聚政治意愿形成政治推动力，先后与美国共同发表了三份联合声明和一个共同文件，以及与法国共同发表中法联合声明。此外，习主席亲自参加了巴黎大会，并在160多个国家领导人参加的大会上发表重要讲话，非常明确地提出了国际规则应该如何制定，以及中国的立场和建议。习主席在巴黎大会的开幕式上指出："巴黎大会正是为了加强《联合国气候变化框架公约》实施，达成一个全面、均衡、有力度、有约束力的应对气候变化协议，提出公平、合理、有效的全球应对气候变化解决方案，探索人类可持续的发展路径和治理模式，提出《巴黎协定》应该有利于实现公约目标、引领绿色发展，凝聚全球力量、鼓励广泛参与，加大投入、强化行动保障，照顾各国国情、体现务实有效，号召各方创造一个各尽所能、合作共赢，奉行法治、公平正义，包容互鉴、共同发展的未来。"

尤其是在2017年美国政府宣布"退群"后，多边进程中的各方出现信心动摇。根据这一情况，习主席在2017年参加达沃斯论坛和访问联合国日内瓦总部时指出："《巴黎协定》符合全球发展大方向，成果来之不易，应当共同坚守，不能轻言放弃。这是我们对子孙后代必须承担的责任。《巴黎协定》的达成是全球气候治理史上的里程碑，我们不能让这一成果付诸东流。各方要共同推动协定实施，中国将继续采取行动应对气候变化，百分之百承担自己的义务。”当时我国表达的意思是：无论其他国家如何改变政策，中国都会坚持积极应对气候变化的战略定力。这使处于摇摆不定之中的多边进程稳定下来。在这一点上，美国是非常孤立的。

同时，习主席在 2018 年联合国卡托维兹气候变化大会前夕的二十国集团领导人布宜诺斯艾利斯峰会上，号召各方继续本着构建人类命运共同体的责任感，持续推进多边进程，为达成《巴黎协定》实施细则注入正能量。这是非常有针对性的讲话，意味着即使美国“退群”，全球依旧要继续沿着这一方向前进。

此外，在全球疫情蔓延、经济复苏、气候危机的挑战下，我国领导人又提出了有力度的目标。习主席在 2020 年 9 月第 75 届联合国大会上宣布：“中国将提高国家自主贡献力度，采取更加有力的政策和措施，二氧化碳排放力争于 2030 年前达到峰值，努力争取 2060 年前实现碳中和。”一些国家问我们，为什么全球需要在 2050 年前实现碳中和，而中国提出的时间是在 2060 年前呢？因为这种提法也是符合《巴黎协定》的，《巴黎协定》中规定的升温限制为 1.5~2℃，并且按照发达国家率先减排的要求实施。所以发达国家定在 2050 年前甚至更早实现净零排放，我国定在 2060 年前完成这个进程是充分合理的。习主席所宣布的碳达峰碳中和目标，是在经过充分论证后，统筹国内国际两个大局所做出的一个战略性决策。要实现这一战略目标，对我国来说任务相当艰巨。美国从实现碳达峰到碳中和要经历 45~50 年，欧盟要经历 60~65 年，而我国则只有 30 年的期限，可见任务之艰巨、挑战之巨大，要通过艰苦努力才能实现。

我国“双碳”目标的达成时间分别定在 2030 年前和 2060 年前，

其中需要强调这两个时间点中的“前”字。在2015年，我国设定的目标还是在2030年“左右”实现“碳达峰”。这一从“左右”到“前”的变化，展现出我国争取做得更好的决心。

习主席在2020年12月联合国纪念《巴黎协定》达成五周年峰会上宣布：到2030年，中国单位GDP二氧化碳排放将比2005年下降65%以上，非化石能源占一次能源消费比重将达到25%左右，森林蓄积量将比2005年增加60亿立方米，风电、太阳能发电总装机容量将达到12亿千瓦以上(见图5.4)。

	2014—2015年提出	2000年提出
2030年单位GDP二氧化碳排放量比2005年下降	60%~65%	65%以上
2030年非化石能源占一次能源消费量比重	20%左右	25%左右
2030年森林蓄积量比2005年增加	45亿立方米左右	60亿立方米
2030年风电、太阳能发电装机容量	——	将达到12亿千瓦以上
碳达峰目标	2030年左右	2030年前
碳中和目标	——	2060年前

图5.4 中国应对气候变化相关目标的变化

资料来源：本文作者总结。

此后，我国继续在国际社会重点关注的问题上展现了负责任大国的担当。习主席在2021年4月领导人气候峰会上进一步宣布：“中国正在制定碳达峰行动计划，广泛深入开展碳达峰行动，支持有条件的地区和重点行业、重点企业率先达峰。将严控煤电项目，‘十四五’时期严控煤炭消费增长、‘十五五’时期逐步减少。”中国已决定接受《〈蒙特利尔议定书〉基加利修正案》，加强非二氧化碳温室气体管控，还将启动全国碳市场上线交易。中方还将生态文明领域合作作为共建“一带一路”重点内容，发起了系列绿色行动倡议，采取绿色基建、绿色能源、绿色交通、绿色金融等一系列举措，持续造福参与共建“一带一路”的各国人民。之后，习主席在2021年9月第76届联合国大会上宣布：“中国将大力支持发展中国家能源绿色低碳发展，不再新建境外煤电项目。”同时，我国金融系统也宣布，不再对境外新建煤电项目进行融资。

此外，习主席在2021年11月格拉斯哥大会世界领导人峰会上作书面致辞：“中国发布了《关于完整准确全面贯彻新发展理念做好碳达峰碳中和工作的意见》和《2030年前碳达峰行动方案》，还将陆续发布能源、工业、建筑、交通等重点领域和煤炭、电力、钢铁、水泥等重点行业的实施方案，出台科技、碳汇、财税、金融等保障措施，形成碳达峰碳中和‘1 + N’政策体系，明确时间表、路线图和施工图。”目前，我国所指的“1 + N”为“1 + 37”，基本上，重点行业、重点领域、重点部门都出台了自己的行动方案，将会陆续发表。同时，习主席还在此次会议中强调，我国将秉持人与自然生命共同体理念，坚持走生态优先、绿色低碳发展道路，加快构建绿色低碳循环发展的经济体系，持续推动产业结构调整，坚决遏制高耗能、高排放项目盲目发展，加快推进能源绿色低碳转型，大力发展可再生能源，规划建设大型风电光伏基地项目。

从图5.5中可以看出，我国碳达峰的峰值要远高于美国、日本等国及欧盟，并且要从碳达峰快速转向碳中和，转型之路非常急迫且艰巨，需要非常大的行动力度。国内有关研究机构测算，实现“双碳”

目标需要 136 万亿 ~140 万亿人民币的投资，这将是一个非常大的市场。从全球范围来看，要实现世界的碳中和目标，大致需要 100 万亿美金的投资，即使在全球范围内，这也是一个非常大的市场。各国要转型和创新的本质就是在这一市场中拥有更大的发言权，并提高自身的竞争力。

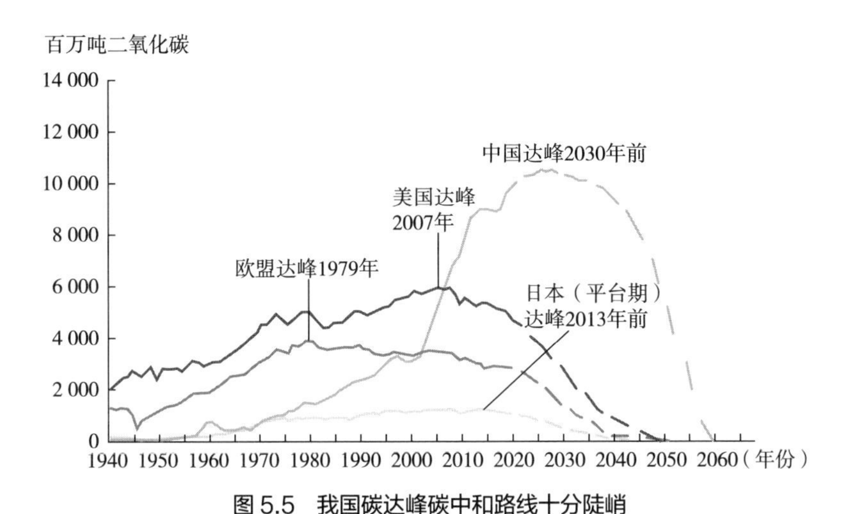

图 5.5 我国碳达峰碳中和路线十分陡峭

资料来源：本文作者总结。

顺应世界大趋势，加速绿色低碳转型创新

表 5.1 中显示了世界各主要国家所做出的关于“双碳”的承诺，各国都提出了各自的目标。从中可以看出，各主要国家设定气候行动目标背后的理念大同小异，实现目标的路径、政策非常接近。这意味着这些国家实际上都在做同一件事情——转型，在能源、建筑、交通、工业等主要领域进行转型。而哪个国家转型早、转型快，它就会

获得在绿色低碳技术、革命和产业变革中的竞争优势。

表 5.1 世界主要国家最新的“双碳”目标

国家	2020/2021 年更新的 NDC 目标
美国	2030 年比 2005 年减排 50%~52%，2035 年实现电力系统零碳排放、2040 年交通部门实现零碳排放，不晚于 2050 年实现净零排放
欧盟	发布“绿色新政”并通过气候法案，到 2030 年比 1990 年减排 55%，2050 年实现气候中和
德国	2030 年比 1990 年减排 65%、可再生能源电力占电力总消费 65%，2040 年减排 88%，2045 年实现气候中和
英国	2030 年比 1990 年减排 68%、停止售卖新的汽油和柴油汽车，2035 年减排 78%，2050 年实现温室气体净零排放
日本	2030 年比 2013 年减排 46%~50%、新建建筑零碳化，2035 年左右新乘用车 100% 电动化，2050 年温室气体净零排放
俄罗斯	2030 年比苏联 1990 年水平减排 70%，2060 年实现温室气体净零排放
韩国	2030 年比 2017 年减排 24.4%，2050 年前实现碳中和
印度	2030 年碳排放强度比 2005 年下降 33%~35%，可再生能源装机量达到 4.5 亿千瓦，2070 年实现碳中和
巴西	2030 年比 2005 年减少 43%，2060 年实现碳中和 /2050 年净零排放
南非	2025 年前达峰，2050 年实现温室气体净零排放

资料来源：本文作者总结。

对于绿色低碳转型创新，国际上有几个方面的情况值得关注。

第一，要发展可再生能源就需要解决电网的储能问题、电网安全问题、核能问题、CCUS 相关技术，以及绿氢相关技术的问题。同时，在绿氢相关领域，国际上已经成立了“绿氢联盟”，各国也在这一领域进行激烈竞争，也蕴含合作机遇。

第二，欧盟在推动碳边境调节机制立法方面已取得一定进展，以防止碳泄漏、保证贸易公平为借口，将对其他国家出口到欧盟的钢铝、化工等产品，根据其碳足迹征收碳关税。目前我国正在就该法案与欧盟进行谈判，反对其进行单边行动，并倡议应该建立多边的碳市场，建立一个全球范围的、有公平标准的碳市场。根据我国国情，国内碳市场中每吨碳的价格大约为60元人民币，而欧盟的价格为80欧元，双方存在显著差距，由此可以预见未来碳定价将成为国际谈判的一个主要议题。

第三，除了政府设定的目标外，跨国大企业也设定了碳减排的目标及行动方案。如表5.2所示，今后跨国间企业也将在碳价格、贸易、产业、投资技术标准等领域产生竞争。

第四，全球碳排放格局在发生变化，发展中国家的碳排放全球占比不断提升（见图5.6），如我国每年的碳排放已达到全球总排放的29%，碳排放总量也已达到美国、日本、俄罗斯等国和欧盟的总和，但人均历史累积排放仍然不高，还是一个发展中国家。因此，我国要坚持站在道义制高点积极参与多边进程，要加速绿色低碳转型和创新，破解资源、环境约束，促进高质量发展。

表5.2　部分跨国企业设定的碳减排目标及行动方案

行业	企业	碳减排目标及行动
电子	宏碁	2035年自有设施100%可再生电力供电
	惠普	2040年全价值链净零排放
	苹果	2030年全供应链、产品生命周期碳中和
设备制造 生产制造	通用汽车	2040年所有产品和运营活动碳中和
	耐克	2030年自有设施温室气体减排60%，全供应链温室气体减排30%
玩具、 食品	乐高	2032年碳减排37%
	玛氏	2040年实现运营设施零碳；2050年实现全价值链减排67%
	雀巢	2050年净零排放
物流、 快消	亚马逊	2030年50%的货运出货量二氧化碳净排放为零
	宝洁	2030年实现自有设施100%可再生电力供电

续表

行业	企业	碳减排目标及行动
石油化工	BP、壳牌、道达尔	2050 年碳中和
	雪佛龙	2028 年碳排放强度较 2016 年减少 35%
	埃克森美孚	2025 年全球业务甲烷排放强度降低 40%~50%
钢铁	蒂森克虏伯、力拓	2050 年实现碳中和
水泥	海德堡水泥	2050 年实现混凝土产品碳中和

资料来源：本文作者总结。

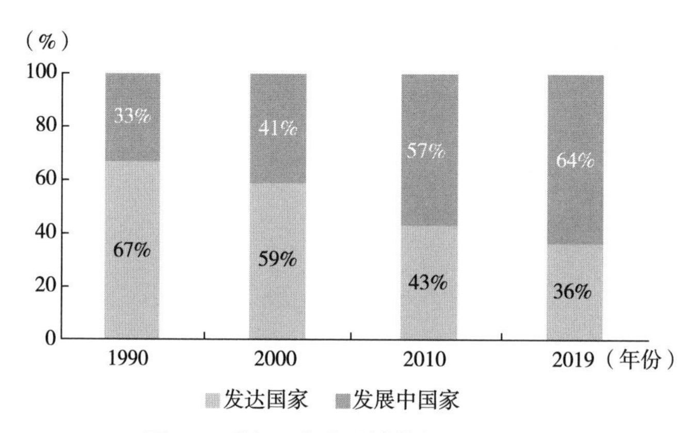

图 5.6 能源二氧化碳排放全球占比分布

数据来源：IEA，能源二氧化碳排放，发达国家指《联合国气候变化框架公约》附件一所列缔约方。
资料来源：本文作者总结。

第五，中美两国在气候领域的对话合作对全球气候治理有着举足轻重的作用。2021 年以来，中美两国已经发表了两份联合声明，分别是 2021 年 4 月在上海发表的《中美应对气候危机联合声明》，以及 2021 年 11 月在格拉斯哥发表的《中美关于在 21 世纪 20 年代强化气候行动的格拉斯哥联合宣言》。第一份声明指明了对话交流的八大领域，第二份联合声明指出双方要进行合作，如表 5.3 所示，中美将要启动中美21世纪20年代强化气候行动工作组，围绕能源转型、甲烷、循环经济、低碳可持续省（州）和城市等开展对话合作，并邀请地方政府、企业家、专家和智库参加，促进各方交流合作。2022年以来，美方又提出了合作的十大问题和领域，包括电力部门脱碳，煤炭、甲烷减排，消除非法毁林，工业去碳化，绿色航空，绿色海运，提高化肥使用效率，零排放车辆，低碳省（州）与城市，沙姆沙伊赫大会成果。针对美方的提议，我国提出了以下五项建议：确保气候政策连续性稳定性、兑现出资承诺、取消绿色低碳贸易限制（包括取消对我国光伏企业的制裁）、气候技术创新合作、碳市场合作。

表5.3　2021年中美两国发表的联合声明及宣言

《中美应对气候危机联合声明》	《中美关于在21世纪强化气候行动的格拉斯哥联合宣言》
2021年4月上海	2021年11月格拉斯哥
八大对话领域： · 工业和电力领域脱碳的政策、措施与技术，包括通过循环经济、储能和电网可靠性、碳捕集利用和封存、绿色氢能 · 增加部署可再生能源 · 绿色和气候韧性农业 · 节能建筑 · 绿色低碳交通 · 关于甲烷等非二氧化碳温室气体排放合作 · 关于国际航空和航海活动排放合作 · 其他近期政策和措施，包括减少煤、油、气排放	· 承诺加强《巴黎协定》实施，体现“共区”和各自能力原则，考虑不同国情 · 加速绿色低碳转型和气候技术创新 · 开展相关法规标准、清洁能源转型、脱碳化电气化、循环经济、CCUS和直接空气捕集等五方面合作 · 开展甲烷合作，交流信息、促进联合研究。美方落实甲烷减排行动计划，中方将制定行动计划 · 开展清洁电力合作，美国到2035年实现零碳电力，中国将在“十五五”时期逐步减少煤炭消费 · 双方计划通过有效执行各自关于禁止非法进口的法律，共同支持消除全球非法毁林 · 计划建立“21世纪20年代强化气候行动工作组”，开展交流合作，落实声明、宣言

资料来源：本文作者总结。

回顾过去，我国的实践证明，气候行动有助于推动各领域协同增效和高质量发展，气候外交是我国参与全球治理和国际合作的重要方面。习主席提出要提高战略思维能力，把系统观念贯穿“双碳”工作全过程，注重处理好发展和减排的关系。我们将坚定贯彻落实习主席关于气候变化与“双碳”工作的要求，积极稳妥推进“双碳”工作，建设性参与全球气候治理进程，内促可持续发展，外树负责任形象，构建人类命运共同体。

第二部分 ◆ 能源

能源革命：从化石能源向零碳能源转变

李俊峰[①]

气候变化推动能源转型

碳中和是《联合国气候变化框架公约》以及附属文件《京都议定书》《巴黎协定》对全球应对气候变化的总体要求，其目标是：到21世纪末，全球的升温幅度与工业化初期相比不超过2℃，并为控制在1.5℃以内而努力。实现上述目标，全球需要在21世纪中叶，最迟不晚于21世纪下半叶，实现人类活动排放的温室气体与大自然所能够吸收的温室气体相平衡。碳达峰是碳中和的第一步，是一个过程目标。

碳中和的本质是走一条可持续发展道路，告别资源依赖，走向技术依赖的发展模式。随着资源型大国也逐渐意识并接受这一现实，人类从资源依赖走向技术依赖将成为必然选择。随着发展规模的扩大，

---

① 李俊峰，红杉中国投资合伙人，中国能源研究会常务理事。长期从事能源经济和能源环境理论的研究，先后组织并主持了我国《可再生能源法》《能源中长期发展规划纲要》的起草工作，参与了《国家中长期科学和技发展规划纲要》《能源法（草案）》《中国应对气候变化国家方案》等重要文件的研究和起草工作。组织过中国能源发展战略问题研究、中国低碳发展宏观战略问题研究等重大国家发展战略研究课题。2017年1月被授予第九届扎耶德未来能源终身成就奖。就职红杉中国之前，曾担任国家应对气候变化战略研究和国际合作中心首任主任、国家发展和改革委员会能源研究所副所长等职务。还曾担任国家能源咨询委员、国家高技术专家委员会委员、国家气候变化专家委员会委员、国家生态环境保护专家委员会委员、国合会特邀顾问，以及北京市、上海市、山西省人民政府低碳发展顾问等。现担任中国人民大学博士生导师等。

资源变得越来越少，随之增加的发展成本将造成发展后劲不足。资源稀缺也会引发各国对资源的争夺、纠纷和战争。由于资源存在的有无与努力无关，资源依赖型的发展方式便是不可持续的，人类必须有新的选择。

技术推动型发展模式所依赖的是技术，而技术是不断进步的，技术的进步可以叠加和积累，不会退步。随着技术进步，发展内容可以不断更新，发展的成本不断地下降。技术支持的发展模式可学习、可借鉴、可复制，发展是可持续的。技术没有有无之分，只有先进与落后，只要愿意努力，落后的可跃升为先进的；若不努力，先进的也可退变为落后的。从这个角度讲，应对气候变化的努力是全球共同向低排放道路发展模式的转型，从资源依赖走向技术依赖。能源转型的本质是资源利用，依靠技术实现能源效率的提升，包括资源的循环回收利用等。

同时，应对气候变化是全球治理的一个重要部分。《联合国宪章》规范了全球的政治秩序，WTO 规范了全球的经济秩序，气候变化的全球治理则正在试图规范全球的环境秩序。《巴黎协定》为生态环境保护画了一条红线，即到 21 世纪中叶或者最迟 21 世纪下半叶，人为排放的温室气体与大自然吸收的温室气体相平衡。

碳减排是倒逼经济高质量、高水平发展的内在要求，要深刻理解减排与发展之间的关系，发展转型是前提。理解发展转型有三个重要的角度：首先是增长方式的转型，不以牺牲生态环境为代价，所有的增长以人类生活、生存和发展质量的改善为目标，实现人类发展的空间平衡和时间平衡（前者指全球的共同富裕，后者指发展不能危及后代的生存与发展）；其次是能源系统的转型，指实现能源的清洁化、低碳化，最终构建以非化石能源为主体的能源体系为目标，逐步摆脱对化石能源的依赖，消除能源贫困，实现人人享有可持续的能源服务；最后是生活方式的转型，包括控制不合理的、不健康的消费，倡导绿色生活、慢节奏的生活，形成简约精致的绿色低碳生活新时尚。只有三种转型相互支撑和支持，才能实现发展方式的全面转型，又称发展范式的更迭。

从碳中和的含义出发，我国转型的目标主要是以控制温室气体排放为抓手。近期以调整产业结构、能源结构，通过减少能源消费来实现经济增长的高质量转型，为尽早实现二氧化碳达峰奠定基础；中期立足于发展与资源能源脱钩的新产业，实现碳达峰之后的温室气体排放稳中有降，继而实现快速下降；远期以碳中和为约束，推动高质量发展和高质量保护，走一条低排放、可持续的发展道路。相应的转型措施包括分门别类地规划达峰方案，制定相应的碳中和路线图和施工图。不同行业、不同地区也需要采取不同的政策导向。其中，绿色新基建当仁不让成为第一站，涉及5G、人工智能、云计算、新能源汽车、光伏电网等领域。

从能源系统转型来看，碳中和要求全球完成从化石能源向非化石能源（或可再生能源）的转变，提供人人可以用得起的、可持续的能源服务，实现人人享有可持续能源的目标。为人类文明提供更加清洁低碳的能源系统，即环境友好型能源体系。同时还要跟上新时代数字化、智能化的要求，现在时代已进入到万物互联的数字化时代，能源也要跟上数字化科学进步的进程。

碳中和所指的“碳”，不仅仅是二氧化碳，还包括《京都议定书》所规定的六种温室气体：二氧化碳（CO_2）、甲烷（CH_4）、氧化亚氮

（N_2O）、氢氟碳化物（HFCs）、全氟化碳（PFCs）、六氟化硫（SF_6）。气候变化推动了能源转型，这是不争的事实。《联合国气候变化框架公约》及其附属的《京都议定书》《巴黎协定》等文件的达成与生效，是全球共同走低排放发展道路的政治选择，其目的是推动全球的可持续发展，也是保护地球家园最低限度的行动，因此成为推动能源转型的最大推手。

全球能源转型的目标与路径比较

碳中和的本质是推动发展转型，主要包括增长方式、生活方式和能源系统的转型，能源转型是发展转型的重要内容之一。由于全球转型的目标高度一致，因此世界各国转型的路径也高度一致。

碳中和已经成为全球发展转型的主流和方向。2020 年 7 月欧盟宣布碳中和目标，2020 年 9 月中国宣布碳中和目标，随后日本、韩国也宣布其碳中和目标。2021 年 4 月拜登总统正式宣布美国 2050 年碳中和目标，同年 11 月，俄罗斯、印度宣布分别于 2060 年和 2070 年实现碳中和。现在已经有 130 多个国家宣布要实现碳中和，意味着占全球经济总量 85% 以上的国家都开始走低排放发展之路。

按照国际的愿景（此处使用“愿景”而非“目标”是因为碳中和并没有法律约束，只能边走边看，最后能达到何种境况不得而知），要将全球变暖控制在不超过工业化前 2℃以内，需要大概于 21 世纪 70 年代初就实现全球二氧化碳净零排放（碳中和），需要全球温室气体排放在 2025 年前就达峰，并在 2030 年前减少 1/4。而如果要将全球变暖控制在不超过工业化前 1.5℃以内，则需要在 21 世纪 50 年代初实现全球二氧化碳净零排放，全球温室气体排放在 2025 年前达到峰值并在 2030 年前减少 43%，甲烷也同时需要减少约 1/3。

中国的愿景基本上契合国际愿景的内在要求，同时又显示了中国共同且有区别的减排责任。中国提出在 2030 年前实现二氧化碳排放达峰；2035 年实现温室气体（包含二氧化碳和其他温室气体，如甲烷等）稳中有降；2060 年前实现碳中和，包括二氧化碳在内的所有温室气体的人为排放与大自然的吸收相平衡；并且追加一条，就是 2060 年非化石能源生产占比提高到 80% 以上，这个目标实际上比碳中和还要难实现。与发达国家相比，中国的达峰时间晚了 50~70 年，但实现碳中和的时间只比发达国家晚 10 年。因此，中国温室气体的排放趋势的增减曲线都很陡峭。但总的来说，碳中和推动了能源、工业、交通、建筑等行业的转型，以及科技创新的发展。

能源系统的净零排放推动能源转型，实现能源系统的净零排放是碳中和的基础。2015 年，七国集团（G7）的领袖们宣布 21 世纪末可再生能源将取代化石能源，而科学界认为 21 世纪中叶就可以实现，目前来看，后者显然是大概率事件。美国宣布 2035 年电力系统要净零排放，欧盟承诺 2050 年实现 100% 的可再生能源，我国则提出到 2060 年非化石能源占比 80% 以上。能源的转型变革势必引起经济和社会的系统性变革，整个经济和社会要全面再电气化，包括工业、交通、建筑等领域的电气化，同时还要实现相应的净零排放。工业要实现净零排放，生产过程中可用电的尽可能用电，不能用电的（称之为难以净零的）采取氢或氢基燃料取代化石能源工业路线，即直接用氢或者氢合成燃料取代化石燃料和原料。交通体系实现净零排放，即电动化取代燃油化。欧盟、英国都已有燃油车退出市场的具体时间表，日本也开始着手制定时间表。关于建筑系统的净零排放，欧盟和英国大体上在2040年实现，美国加州要求2020年以后新建的房子都要实现净零排放。同时，碳中和转型也大力推动科技创新，新一代电力系统，新一代工业、交通、建筑系统，绿色低碳技术，循环碳氢革命等领域都亟待突破。

为了到21世纪中叶或下半叶全球实现碳中和目标，科学家们做了碳预算，粗略估计人类可以排放多少温室气体和二氧化碳。按温室气体计算，全球可排放总量是225亿吨/年左右，人均温室气体排放大约3吨/年。现在总量是590亿吨，需要减少360亿吨；人均排放是7.8吨左右，大约人均减少5吨。按二氧化碳计算，全球可以排放量大约150亿吨/年，人均大约2吨。全球目前排放量约360亿吨/年，需要减至210亿吨/年；现在人均排放量约4.8吨，需要减少接近3吨。从经济性来看，只要技术方案可行，经济成本总体来看是可控的。如果按照中国当前碳市场的价格每吨二氧化碳50元计算，相当于每人每年需要支付150~250元，即使按欧盟每吨100欧元计算，每年需要支付的减排成本也为300~500欧元，成本可预期、可控。由此可见，碳中和并非天大的难事，还可从根本上改变旧的严重依赖化石能源的不可持续的发展方式。能源转型的目标归根结底是实现可再生能源对化石能源的替代，能源替代历来是人类文明进步的重要标志。在原始文明和农耕文明时代，人类主要依靠自然界的可再生能源。直到1760年，随着工业文明的兴起，化石能源，特别是煤炭开始进入能源体系。直到1860年，煤炭逐步取代可再生能源成为主导能源。进入20世纪，随着技术进步，相对方便且清洁的石油和天然气开始替代煤炭，开启了减煤的进程。以1970年作为油气为主的能源时代开端的话，从煤炭为主到油气为主便历时约 100 年。从 1992 年算起，人类考虑再用 100 多年的时间，即 21 世纪末，实现可再生能源对化石能源的替代。而 1.5℃升温目标需要将这一进程提前 30~50 年，即 21 世纪中叶，最迟 21 世纪下半叶就完成这一替代。若没有气候变化政策的强力推动，人类自然也可以完成这一替换，但完成替换的时间可能推后至 2150 年。人类主观愿望和政策推动，使得全球能源转型的进程大约提前了 100 年。

由于全球碳中和转型目标一致，世界各国的转型路径也相互趋同，都是把经济转型、能源转型和生活方式转型放在突出位置。

欧盟的新能源政策设定了比较激进的占比目标，并严格推进落实，走在世界能源转型的前列。欧盟议会于 2020 年 7 月通过绿色新政，承诺到 2050 年成为首个实现碳中和的大陆，将实施“七大行动”：建设清洁、可负担、安全的能源体系；建设清洁、循环的产业体系；推动建筑升级改造；发展智能、可持续交通系统；实施“农场到餐桌”的绿色农业战略；保护自然生态和生物多样性；创建零污染的环境。欧盟能源转型的目标是到 2050 年建成可再生能源为主体的能源体系。

美国提出“重建更美好世界”计划，后来改成《通胀削减法案》，换汤不换药，对内以 2050 年实现碳中和为目标推进国内低碳经济转型，对外以气候外交为抓手强化其在全球的领导力和影响力。提出五个“零”口号，即零碳电力、零碳交通、零碳建筑、零排放汽车、零废物制造，并依靠一系列技术创新为支撑，包括储能、碳捕捉、可再生能源制氢等重要技术。

日本也是较早提出碳中和目标的国家之一，早在 2010 年，为实现 2050 年温室气体排放减少 80%~85% 的目标，日本曾经制定过大胆的核能解决方案，在当时核电占其全部发电量 30% 的基础上，提出了 2020 年和 2050 年核电占比分别提高至 50% 和 85% 的目标。但 2011 年的福岛核事故导致日本碳减排梦碎，现在核电站年发电量不及高峰的 1/5，占全国发电量的比重大幅度下滑，使其不得不考虑氢战略。

全球各组织机构都对碳中和背景下能源转型的目标进行研究。国际能源署[①]在 2021 年 5 月发表的研究报告认为，到 2050 年几乎 90% 的电力来自可再生能源，其中太阳能和风能总计占比近 70%。国际可再生能源署[②]在 2022 年 3 月发布的研究认为，2050 年可再生能源发电量占比将提升到 90%，其中光伏和风电占比 63%。背后体现了高比例风光发电是未来新型电力系统的基本特征。在未来的新增电力构成中，核电、水电和生物质发电的占比大体上只能维持在目前的水

① 国际能源署（IEA），亦称国际能源机构，是经济合作与发展组织的辅助机构之一。现有成员国 31 个，即澳大利亚、奥地利、比利时、加拿大、捷克共和国、丹麦、爱沙尼亚、芬兰、法国、德国、希腊、匈牙利、爱尔兰、意大利、日本、韩国、立陶宛、卢森堡、墨西哥、新西兰、挪威、波兰、葡萄牙、斯洛伐克共和国、西班牙、瑞典、瑞士、荷兰、土耳其、英国、美国。总部设在法国巴黎。它的宗旨是：协调各成员国的能源政策，减少对进口石油的依赖，在石油供应短缺时建立分摊石油消费制度，促进石油生产国与石油消费国之间的对话与合作。最高权力机构为理事会，由成员国部长或其他高级官员 1 人组成。秘书处负责处理日常事务。该机构实质上是与第三世界产油国相对抗的一个石油消费国的国际组织。成立以来，在石油市场、节能、新能源的开发利用等方面一直采取共同对策。

② 国际可再生能源署（IREA），是为了在全球范围内，积极推动可再生能源向广泛普及和可持续利用的快速转变而成立的国际组织。于 2009 年 1 月 26 日在德国波恩成立，总部设在阿联酋首都阿布扎比。2013 年 1 月 13 日，中国代表团宣布计划加入 IRENA。

平。风光发电的占比将会由 2020 年的 10% 左右分别提高至 2025 年的 16%、2030 年的 25%、2050 年的 50% 和 2060 年的 60% 以上，除非发电技术有颠覆性的突破，否则这一趋势不会改变。新型电力系统需要支持高比例风光发电的安全、稳定、可靠的运行。

比较分析中国、美国以及欧盟的能源转型路径与挑战可以发现，美国、欧盟都是计划到 2035 年建成净零排放的电力系统，与中国构建新能源为主体的新型电力系统的目标一致。差别在于中美是发展可再生能源加核能，即非化石能源，而欧盟专注于可再生能源，把核能作为过渡。大家都面临一样的挑战，即在较短的时间内实现电力系统的净零排放是实现碳中和愿景的基础性约束。中美可再生能源都构不成实质性的资源约束，但中国发展核电的挑战在于对核燃料的进口依赖。最大的挑战是如何实现转型期间的能源供应安全，相应的难点在于储能，尚未找到一个经济且规模化的技术路径。

总体来看，全球的转型目标高度一致，重要的内容是推动能源转型，并把发展高比例的风光电力作为突破口，试图在 21 世纪中叶实现可再生能源（非化石能源）取代化石能源。

全球能源转型的回顾与前瞻

人类历史上有两次人为推动能源转型，第一次的起因是污染治理，第二次是气候变化，但只有技术创新才是能源转型成功的最大推动力。全球第一次能源转型是为了治理煤烟型污染，发达国家用了不到 20 年的时间便解决了污染问题，完成油气对煤炭的替代。但其本质上只是一种不可再生的能源资源对另外一种不可再生资源的替代，只是将能源清洁化，并未解决罗马俱乐部[①]在《增长的极限》中提出的发展资源瓶颈问题。此外，由于石油和天然气的资源分布等，大多数国家能源依赖于少数地区，资源争夺和能源贫困并存。1973 年第一次石油危机爆发催生了基辛格“谁掌握了石油，谁就控制了所有国家”的著名论断。全球第二次能源转型是为了应对气候变化，需要推动能源系统由高碳能源向低碳能源过渡，其本质是实现能源的低碳化。第二次能源转型仍在路上，从 1992 年的《联合国气候变化框架公约》到 2015 年的《巴黎协定》。尽管由于技术的限制仍未达成一致的意见，但形成了碳中和的政治共识，也重新诠释了能源安全的新理念，即一场告别化石能源的能源革命才真正开始。

从美国开始，世界各国寻求能源独立之路。自 1973 年第一次石油危机之后，美国总统尼克松提出“美国能源独立”的梦想，其后政府更迭，没有改变“美国能源独立”的梦想。2019 年诞生了美国能源发展史上两个里程碑式的事件：一是美国能源独立的梦想成为现实，这一年美国能源生产量自 1957 年以来首次超过能源消费量，实现了实质意义上的能源独立；二是美国可再生能源占比超过煤炭成为继石油和天然气之后的第三大能源。

欧盟能源转型的成功主要依靠德国的带动，有几位非常重要的人物发挥了不可忽视的作用。最重要的是德国时任总理施罗德，其在 2002 年提出能源革命的口号，并在全球范围内积极倡导能源革命

① 罗马俱乐部（Club of Rome）是关于未来学研究的国际性民间学术团体，也是一个研讨全球问题的全球智囊组织。其主要创始人是意大利的著名实业家、学者 A. 佩切伊和英国科学家 A. 金。俱乐部的宗旨是研究未来的科学技术革命对人类发展的影响，阐明人类面临的主要困难以引起政策制订者和舆论的注意。主要从事有关全球性问题的宣传、预测和研究活动。成立于 1968 年 4 月，总部设在意大利罗马。

的转型。施罗德推动的德国和欧盟能源革命成为欧盟实现发展与资源和能源脱钩的基础。2019 年，可再生能源成为德国第一大发电电源，其占比高达 40.1%，相当于煤电与天然气发电量的总和。德国目前的目标是到 2050 年能源碳中和，实现经济发展与资源和能源脱钩。除了应对气候变化，德国及欧盟能源革命的另一个更重要的目的是维护能源安全。在俄乌冲突的背景下，欧盟敢于对俄罗斯油气资源说“不”的底气就在于其 67% 发电量来自非化石能源。

英国减煤梦想成真是两次能源转型过程中最重大的里程碑事件。1952 年的伦敦烟雾事件敲响了英国煤炭的丧钟。撒切尔夫人于 1979 年入主唐宁街 10 号，下令关闭所有煤矿，英国煤电和煤炭占比迅速下降。为了落实《京都议定书》，英国在 2007 年提出并实施低碳经济战略，煤炭和煤电开始逐步清零。2019 年的伦敦大停电也没有改变英国人能源转型的态度。英国现在的煤炭消费不到总能源消费的 3%，煤电占比几乎清零，煤炭转型非常成功。

2020 年成为碳中和元年，在欧盟、中国率先宣布碳中和的时间表之后，全球 130 多个国家提出了碳中和的目标或愿景，加快能源的资源依赖向技术依赖的转移。从中可总结出能源转型的五个逻辑。

第一个逻辑，从资源依赖走向技术依赖。如前文所述，资源依赖式的能源供应，随着不断的发展，资源会稀缺乃至枯竭，发展将不可持续。而技术推动型能源转型模式所依赖的技术，进步不断，并且可以叠加和积累，技术永远不会退步，发展是可持续的。总之，技术让能源和资源脱钩成为现实。

第二个逻辑，实现能源替代的成本降低。过去的能源替代都是成本上升的过程，比如煤炭替代生物质能是从零成本能源到低成本能源，油、气替代煤炭是从低成本能源走向高成本能源，而可再生能源取代化石能源则是推动能源成本反向轮回，从高成本到低成本，直至零成本。

第三个逻辑，实现能源独立。在化石能源趋于饱和的背景下，只有可再生能源才能实现独立。能源独立的本质是“我的能源我做主”，无论是1973年《美国能源独立法案》、2002年德国施罗德发动能源革命，还是2014年中国式能源革命，都是要摆脱对化石能源的依赖。实现能源独立是一个循序渐进的过程，现在可以看到明显的成效。2019年美国能源生产量超过能源消费量，时隔46年，美国能源独立之梦成为现实。2002年施罗德倡导能源革命时，德国可再生能源发电占比不到3%，2019年这一比例已高达41%。国家主席习近平倡导能源革命时，我国能源结构中的煤炭占比接近70%，目前已经降至55%，8年降低了15%。事实证明，能源转型也可以帮助我国实现能源独立。

第四个逻辑，数字化与智能化。人类发展已经进入万物互联的数字化时代，能源也要跟上时代。电力电子是实现电能高效转换、存储和处理的关键技术。其与5G、人工智能（AI）、大数据、物联网等数字技术结合后，让能源设施从“瓦特”到“瓦特+比特”，用“比特”管理“瓦特”。打破传统的实际能耗、备电状况等不可见的“哑设备”的状况，升级成为“发—输—配—储—用”，到端端可视、可管、可控的数字化智能管理系统，最大限度地提高能效。

第五个逻辑，贵在坚持。任何改变都是从一点一滴开始的。美国自1973年提出能源独立，到2019年才梦想成真，用了46年。德国的能源革命已经坚持了18年，按照计划还需要15年，到2035年才能完全摆脱煤炭。中国能源革命的成功也取决于持之以恒的努力，每年增加1亿吨标煤的非化石能源，30年后，中国可以做到80%的非化石能源占比，为实现碳中和打好基础。1亿吨标煤约等于3 000亿千瓦时的电量，2019年非化石能源发电量是2 000亿千瓦时，争取在“十四五”期间达到3 000亿千瓦时，坚持30~40年，基本可以完全替代化石能源，实现中国版的“能源独立”。

从国际关系的角度来看，技术依赖型的能源系统重塑国际能源关系。能源供应将不再是少数国家的专长，技术突破使每个国家都有可能实现真正的能源独立和安全。资源依赖框架下的竞争与技术依赖框架下的竞争带来的结果迥异。资源依赖框架下各国强调对能源的占有和控制，竞争的本质是零和博弈。技术则可以分享、模仿和学习，竞争将推动技术不断向前发展，即便各国的发展水平存在差异，但有益于人类整体的进步。历史事实也证明了这一点，比如美国的页岩油和页岩气技术导致的成本下降，为全球的油气价格画了一条红线，高油价时代一去不复返了；中国光伏发电的成本的下降，为未来的发电价格画了一条红线，电力价格只能是单向的下降趋势；同时，电动汽车的出现与发展给石油大亨的行为画了一条红线，他们不能再动辄以断供相要挟了。

能源转型的政策推手不可或缺。自2006年开始，我国实施能源双控，扭转了能源、煤炭消费和二氧化碳排放快速增长的趋势。能源消费增长从“十五”期间的增长12亿吨标煤，此后的三个五年规划期分别减少到9.7亿吨、7.3亿吨和6亿吨。煤炭自2013年以后基本实现了零增长。二氧化碳排放从“十五”期间年均增加5.5亿吨，逐步下降4亿吨、2亿吨和1亿吨。2011年成为我国二氧化碳达峰的第一个拐点，为2030年以前基本达峰奠定了重要的基础。由此推算，“十四五”和“十五五”能源消费增量可以分别控制在4亿吨和3亿吨以下，“十五五”即可以实现二氧化碳排放的零增长，即碳达峰。

2006年实施的《中华人民共和国可再生能源法》具有重大意义，为可再生能源发展铺平了道路。风光装机容量从2005年的不到100万千瓦，增至2020年的5.5亿千瓦，风光发电量提高至接近1万亿千瓦时，成为仅次于燃煤发电和水电的第三大发电电源，占比约25%。2010年以后我国能源消费持续增长，但到2013年煤炭消费实现了零增长，二氧化碳排放基本实现了零增长。2020年非化石能源发电量净增长了2 000亿千瓦时，照此计算，即使2021—2030年间可再生能源增速不变，今后十年可再生能源增量可达6亿吨，即今后十年85%的新增能源可以由非化石能源来满足。如果将非化石能源的发电量增量提高至3 000亿千瓦时，则今后十年非化石能源增量达10亿吨标煤，可以形成3亿吨标煤的化石能源的替代，2030年非化石能源占比可以提高到30%以上。

节约能源和提高能源效率是能源转型的首要任务。中央财经委员会第九次会议明确提出要把节约能源资源放在首位，实行全面节约战略，倡导简约适度、绿色低碳生活方式；要坚持政府和市场两手发力，强化科技和制度创新，深化能源和相关领域改革，形成有效的激励约束机制；要加强国际交流合作，有效统筹国内国际能源资源；要加强风险识别和管控，处理好减污降碳与能源安全、供应链安全、粮食安全、群众正常生活的关系。

“十四五”是碳达峰的关键期、窗口期，要重点做好几项工作，即构建清洁低碳、安全高效的能源体系，控制化石能源总量，着力提高利用效能，实施可再生能源替代行动，深化电力体制改革，构建以新能源为主体的新型电力系统。其中能源转型和经济发展转型路线图、时间表和施工图尤为重要。中国实现能源系统的净零排放，要求非化石能源发电占比在2035年以前的提高速度每年不少于1%，2035年以后每年提高2%，但是绝对增量变化不大。

碳达峰碳中和对能源转型既是机遇也是挑战。如前文所述，全球能源转型路径大体上一致。首先是减少煤炭的消费量，全球煤炭占比已经从1990年的30%左右减少到2020年的16%以下。其中美国煤炭占比已经减少到10%。其次是控制煤电，实现电力系统的近零排放。我国的煤电约占全部发电量的63%，是全球平均占比20%的3倍左右。我国早在2007年就制定了逐步摆脱以煤为主的战略方针，碳中和成为我国彻底解决以煤为主能源结构的重要机遇。我国能源低碳转型最重要的挑战是观念的转变，需要破除只有煤、油、气才是能源资源和以煤为主的能源结构难以改变的观念。既要有可以改变的决心与信心，也要树立逐步改变的耐心与恒心。技术上的挑战在于构建以新能源为主体的新型电力系统，这是建设清洁低碳、安全高效能源体系的基础，需要一点点的持续改变。

能源转型的挑战与对策

构建清洁低碳、安全高效的能源体系是能源发展转型的大事，也是整个社会经济系统性变革的大事，其间面临五大挑战。

挑战一：能源需求持续增长基本面的挑战。一方面，当前全球能源需求持续增长的基本趋势没有变，从1965年不到40亿吨油当量增长到 2021 年的 140 多亿吨油当量，年均增长 2.4%。能源消费上涨是无法改变的客观事实，经济发展规律不随政治愿景的改变而转移。2021 年可谓能源反常的一年，当年格拉斯哥气候大会高谈阔论 1.5℃的升温目标，在煤炭下降和退出成为热点的同时，全球能源消费需求增加超出预期，比 2020 年增加了 6%。美国煤电用量同比增长接近 20%，中国当年全社会用电量陡增 10.3%。另一方面，化石能源供应短缺成为世界难题，美国、日本、印度等国家纷纷动用石油储备应对高油价，中国政府重拳治理煤炭非理性涨价，而欧洲则受困于天然气价格居高不下。

挑战二：非化石能源目标实现难度很大。在碳中和的背景下，能源转型的目标大都是非化石能源占比 80% 以上，只是实现的年份有差别。欧盟和美国都将实现年份设定在 2050 年，其非化石能源占比将分别从目前的 26% 和 17% 提高至 80%，分别需要增加 54% 和 63%，平均每年提高 1.8% 和 2% 以上。中国到 2060 年碳中和，非化石能源占比从 16% 提高至 80% 以上，至少需要增加 64%，平均每年增加 1.6%。印度 2070 年碳中和，非化石能源占比从目前的 9% 提高至 80%，需要提高 71%，平均每年约 1.6%。同时，电力转型的目标与现实间差距巨大，难度也大。在碳中和的背景下，非化石能源发电占比要求达到 90% 以上。欧盟和美国到 2050 年非化石能源发电分别从目前的 62% 和 37% 提高至 90%，分别需要增加 28% 和 53%，平均每年至少提高 1% 和 1.8%。中国到 2060 年非化石能源发电占比从 34% 提高至 90% 以上，需要增加 56%，平均每年增加 1.4%。印度到 2070 年非化石能源发电占比从目前的 22% 提高至 90%，需要提高 68%，平均每年 1.4%。

挑战三：新能源发展面临技术挑战。能源系统经历数百年循序渐进的发展已形成固有的系统模式，从多能互补到以电为主，是一场能源的系统性变革，不仅需要社会和经济系统变革的适应，还要有自身的技术创新。现在能源转型的目标是政治决策，但能否实现是由工程师决定而非政治家。能源转型的最大难题就是电力的长周期储存。比如，2022 年夏持续高温与枯水期提前来临，中国川渝地区出现电荒，南方电网供应骤紧，苏浙沪也出现类似的用电问题。

挑战四：理念与观念的挑战。全球的能源转型都是目标导向，争论主要在于由市场主导还是由政府（计划）主导。欧盟是坚定的政府导向型，而美国是坚定的市场导向型（共和党对此坚定不移，民主党略有松动），而中国则介于两者之间。此外，对实现目标的过程是渐进型还是颠覆式也有不同看法。欧美方面主张尽快退煤，而中国和印度主张逐渐减煤。在全球层面，选择共同转型还是单独转型也存在争议，中美强调供应量安全问题，表现出一定的逆全球化趋势。最后，对于从资源依赖到技术依赖的能源转型路径究竟可靠与否的争议仍在继续。

挑战五：形势的挑战。从新冠疫情大流行到俄乌冲突都对未来能源转型产生了正反两面的影响，特别是俄乌冲突，其造成了世界能源短缺，价格飞涨，对欧盟的能源转型造成实质性影响。但也有积极一面，其推动欧盟制定了加速能源转型的计划以尽快实现能源独立，摆脱对俄罗斯石油、天然气的依赖。同时，对俄的制裁措施可能会带来高昂的政治和经济代价，威胁全球产业链的安全，引发对世界撕裂的担忧。意大利、德国都推迟了退煤进程，中国也更加强调能源的饭碗要端在自己手上。总的来说，世界各国都追求能源独立是全球趋势，影响有好有坏。

面对挑战，各国都迎难而上，并取得了初步成效。2021年，风能和太阳能发电量首次在全球范围内超过1/10（10.3%），成为全球第四大电源，仅次于煤电、气电和水电。与2015年《巴黎协定》签署时相比，其份额已经翻了一番。全球50个国家跨越了风能和太阳能占比10%的里程碑，其中既有发达国家也有发展中国家，既有高度依赖煤的国家，也有新能源发展走在前列的国家。有三个国家的占比已超过40%，即丹麦、乌拉圭和卢森堡的风电光伏占比高达51.9%、46.7%和43.4%，在高比例可再生能源并网技术方面处于领先地位。在亚洲地区，中国最高，达到11.2%；越南、蒙古及日本占比分别达到10.7%、10.6%和10.2%。荷兰、澳大利亚和越南是改变最快的三个国家：2018—2021年，荷兰风能和太阳能占比从14%提高到25%，化石燃料从78%下降到63%；澳大利亚风电光伏从13%提升到22%，化石能源从79%下降到70%；越南风光占比从3%提升到11%，化石燃料下降到63%。

近年来美国风电和太阳能发电发展趋势（见图6.1）更加彰显了美国坚定的政治决心。2022年8月16日，拜登总统签署了《通胀削减法案》，释放3 700亿美元的气候和能源投资，推动太阳能、风能、电动汽车、碳捕获和氢能等一系列清洁能源技术的发展，从立法高度保证了未来十年的政策稳定性，对整个新能源产业的发展来说是巨大的推动。俄乌冲突后，欧盟能源转型的决心更加坚定，出台了一项旨在迅速减少对俄罗斯化石能源依赖、加快绿色转型的行动方案——REPowerEU计划，通过该计划提高其可再生能源和能源效率目标，并为实现这些目标投入大量资源。

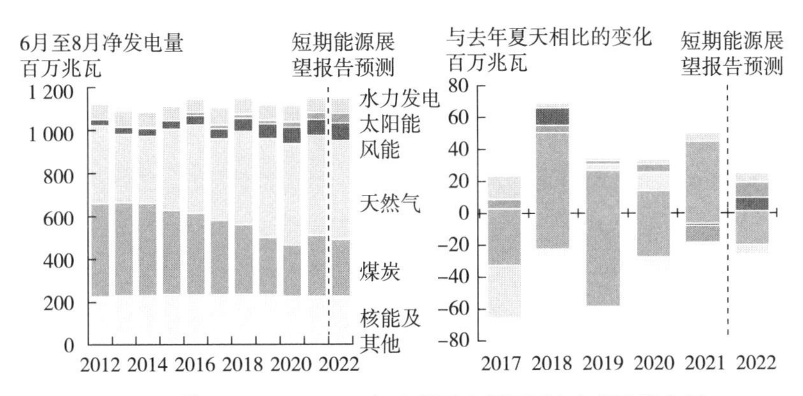

图 6.1 美国 2012—2022 年 6 月至 8 月夏季电力行业发电量

资料来源：美国能源信息署《短期能源展望报告》。

对比欧盟等其他国家，中国的努力还不够。过去 20 年全球燃煤发电增加了 42 768 亿千瓦时，其中中国增加了 42 316 亿千瓦时，其他国家仅增加了 452 亿千瓦时。美国燃煤发电量净减少 11 570 亿千瓦时，欧盟减少了 5 107 亿千瓦时。特朗普执政期间，全球燃煤发电增加了 6 860 亿千瓦时，其中中国增加 7 189 亿千瓦时，美国燃煤发电量净减少 2 216 亿千瓦时，欧盟减少 1 675 亿千瓦时。《巴黎协定》达成之后，全球燃煤发电增加了 9 605 亿千瓦时，其中中国增加 13 146 亿千瓦时，其他国家净减少 3 740 亿千瓦时。美国燃煤发电量净减少了 5 683 亿千瓦时，欧盟减少了 3 611 亿千瓦时。中国自上而下都需要警惕对煤电问题的立场不坚定，不要忘记能源革命的目的就是摆脱对化石能源的依赖，特别是对煤炭的高度依赖。

能源转型也需要经济和社会的系统性变革的支持。工业文明形成的能源供应有动能和热能两大形式。动能通过电动机提供或化石能源通过发动机提供，热能（包括制冷）则通过化石能源燃烧和电力转换提供。碳中和要求能源系统由化石能源为主体向非化石能源为主体转化，社会和经济体系也需要适应这种变化。能源消费的形式从多元化向电气化为主转变，城市建设布局和发展也要逐步适应分布式能源的供应形式，相应的生产组织方式也需要适应新型电力系统的基本特征。全社会的电气化过程依赖于新型电力系统的建立，电力行业需要从满足无限需求向满足有限需求转变。大幅度提高能源效率是建成以新能源为主体的新型电力系统的保障。如果按照目前的共识，碳中和时我国人均用电量达到 1.2 万千瓦时，全社会用电量将超过 16 万亿千瓦时，风光发电量接近 10 万亿千瓦时。但如果人均用电量控制在 8 000 千瓦时，全社会用电量可以控制在 10 万亿千瓦时以内，风光发电量可以控制在 6 万亿千瓦时以内。供电组织形式也应相应改变，如果不必提供全天候的电力供应，钢铁、电解铝等电力消耗大户可以按照电力供应能力组织季节性生产，就可大幅降低储能系统的容量。新型电力系统需要按照轻重缓急重新规划电力消费的等级，按照供电的经济性组织生产行为。

能源转型首先是理念的改变。不破不立是能源转型的基本理念，要有最终用非化石能源（可再生能源）取代化石能源的决心。先立后破则是能源转型的技术路线，按照循序渐进的原则，在能源转型的过程中确保能源安全。破立并举是能源转型的具体实践，在打破旧世界的过程中建立新世界，既要有时不我待的紧迫感坚定不移地推进能源转型，又要认识到能源转型的艰巨性，要有水滴石穿的耐心和恒心，打好能源转型的持久战。

实现碳达峰碳中和是推动高质量发展的内在要求，要坚定不移地推进，不可毕其功于一役。在实现“双碳”目标的过程中，要坚持全国统筹、节约优先、双轮驱动、内外畅通、防范风险的原则。传统能源的逐步退出要建立在新能源安全可靠的替代基础上，不能罔顾以煤为主的基本国情，需要抓好煤炭清洁、高效利用，增加新能源消纳能力，推动煤炭和新能源优化组合。要狠抓绿色低碳技术攻关，绿色技术是能源转型实现的必要条件，没有技术的进步，能源转型与“双碳”目标都是空谈。对政府监管和产业体系的考核标准要坚持科学原则，新增可再生能源和原料用能不纳入能源消费总量控制，创造条件帮助尽早实现能耗“双控”向碳排放总量和强度“双控”转变，加快形成减污降碳的激励约束机制。

当然，能源转型也只能循序渐进。首先，宏观政策方向上尽快完成能耗双控到碳排放双控。“十四五”期间实现新增能源主要由非化石能源供应，新增发电量全部由非化石能源满足。“十五五”期间实现非化石能源对化石能源的存量替代。转型过程中的重点首先是减煤，坚定不移地推动煤炭尽早达峰，“十四五”期间可以实现煤炭的消费量的实质性下降。其次，合理控制煤电、风电、光伏发电的节奏。“十四五”开始推进煤电增容减量的转变，煤电的发展要以支持构建以新能源为主的新型电力系统为前提。非化石能源发电也要合理控制，特别是风电、太阳能发电的节奏。非化石能源发电量占比以每年不超过 2% 为前提，让电力系统逐步适应。风电、太阳能发电新增装机，大体上控制在每年 1 亿 ~1.5 亿千瓦，不超过 2 亿千瓦，不少于 1 亿千瓦为宜，其中风电与太阳能发电比例在 3∶7 或者 4∶6 左右。同时，还需要形成一系列制度保障和支撑，包括深化电力体制改革以适应构建以新能源为主体的电力系统的要求；抓紧制定能源法，为构建清洁低碳、安全高效的能源体系保驾护航；修改对企业的考核指标，化石能源从保供向托底转变。

光伏发电技术路线比较与产业发展趋势

王文静[①]

中国“3060 双碳”目标的要求确定和推动了光伏产业的长期发展趋势。为完成艰巨的能源转型任务和建立以新能源为主体的新型电力系统，需要大力发展光伏产业。从全球范围看，当前在能源和环境的双轮驱动下，任何一个国家都会长远布局光伏产业和技术。中国目前已领跑全球光伏产业，连续多年成为全球光伏发电并网装机容量第一的国家。当前俄乌冲突所造成的能源价格大幅上涨，使欧洲的天然气和石油能源极度短缺，市场对光伏发电的需求持续扩大。旺盛的市场需求给光伏产业链上的所有中国企业都提供了巨大的发展机会。随着光伏产业的发展，其原材料包括玻璃、硅料、封装胶膜、POE 颗粒、石英等供应价格也呈现上涨的趋势。国内电池价格上涨，需求量仍非常巨大，尽管行业会出现阶段性供需错配、部分供应链价格剧烈震荡，但预计这一市场的发展趋势和投资机会将持续存在。基于这样的产业发展前景，技术创新推动行业降本增效是光伏产业发展的主旋律。

---

① 王文静，中国科学院电工研究所研究员，现担任中国科学院太阳能热利用与光伏系统重点实验室副主任、中国可再生能源学会理事、中国可再生能源学会光伏专业委员会理事、中国标准化学会光伏专业委员会委员、中国太阳能学会光伏专业委员会理事、国际半导体产业协会（SEMI）会员。长期从事晶体硅太阳电池、薄膜硅太阳电池异质结太阳电池应用、产业政策、光伏电价政策、太阳电池应用开发等领域的研发工作，是异质结电池产业化推动领军人物。

太阳电池技术提高效率的基本原理

随着光伏产业的迅猛发展，高效率、低成本已成为太阳电池技术必然的发展趋势。提高效率也是降低成本最有效的方式，从而实现技术的量产和市场化。因此，提高效率是永恒的主题。太阳电池的工作原理是利用光电转换原理使太阳的辐射光通过半导体物质转变为电能，因此技术提效的关键在于光电转换过程中提高电性能和降低光电转换的损失，即保证有更多的太阳光射到太阳电池中，同时不让由光伏效应所产生的电子和空穴因再结合而消失，而且要把转换的电流有效导出。太阳电池的基本结构包括硅片、N 型发射极和金属电极。太阳光照射在硅片上会产生电，将太阳电池跟外界接上导线才能实现电流的输出。所以正表面需要金属电极，比如银；背表面也可以有金属电极，比如铝。而金属电极与硅片直接接触会导致光生电子和空穴的损失，限制了电池性能。研究数据显示，100% 的金属覆盖在硅片表面时，表示钝化好坏的饱和电流密度（J_{0e}）是最大的，参数值可达到 4 000。饱和电流越大说明表面缺陷越多，损失越多，效率就越低。为了减轻有害的影响，钝化接触十分重要，它可以通过使用钝化薄膜（通常是硅氧化物或氢化非晶硅）隔绝硅片和金属的直接接触。如果覆盖钝化膜起到很好的钝化作用，饱和电流值（J_{0e}）会越来越小，最小能够降至 10。因此，效率提升的第一个技术逻辑就是钝化接触，即使用钝化膜将金属和半导体隔开。再进一步，由于少子[①]寿命直接

① 少子，又称少数载流子。在N型半导体中，空穴被称为少数载流子。少子是半导体物理的概念。半导体材料中有电子和空穴两种载流子。如果在半导体材料中某种载流子占大多数，导电中起主要作用，则称它为多子。反之，称之为少子。少子浓度主要由本征激发决定，受温度影响较大。

影响太阳电池的转换效率，钝化重掺杂层成为第二个技术逻辑。研究数据结果显示，随着掺杂量变重，电池的少子寿命呈指数式下降。可以看到掺杂量大一个数量级，少子寿命相应会下降两个数量级。因此要想提高电池效率，就要延长硅片的少子寿命。由于N型发射极和铝背场区域都是重掺杂的，会直接使得少子寿命缩短。所以钝化重掺杂的逻辑思路就是使用一些钝化膜将衬底少子寿命较高的区域与重掺杂的N型发射极和铝背场区域隔开。自20世纪50年代开始至今，以上是晶体硅太阳电池技术改进和效率提升的基本逻辑。

从技术的实验室发展来讲，晶体硅太阳电池的整个技术路线最早是从BSF电池开始的，即常规铝背场电池技术。从20世纪70年代开始，之后长达四五十年的时间里，BSF都是太阳电池的主流技术，这种技术虽然成本低廉，但转换效率不高。2017年以后，随着PERC技术的成熟加上单晶成本的快速降低，PERC技术取代BSF技术成为主流。1989年澳大利亚新南威尔士大学的Martin Green研究组首次正式报道了PERC电池结构，但因当时的工艺比较复杂，一直未进入量产。2016—2017年间该技术被引入中国，其市场占有率快速提升，成本大幅下降。与BSF相比，PERC电池技术逻辑思路就是前文所讲的减少金属和半导体的接触面积，以背面局部线或点接触的形式替代全铝背场，增强了背反射性能，从而提升了电池的开路电压和短路电流，进而提高太阳电池转换效率。具体来说，在背表面使用激光开槽保证金属和半导体接触的面积以导出电流（开槽面积占总面积的3%），其他区域都使用钝化膜将金属电极与硅衬底隔开，使金属和半导体接触的面积从100%减少到惊人的3%，效率提高了3%~4%，现在PERC电池的产业化平均效率已经达到了23%。现今90%以上的电池技术和电池种类都是 PERC 电池，其在中国的产能达到 300 多吉瓦。但是 PERC 技术效率已经接近其实验室效率极限，进一步的技术改进和效率突破还有赖于 TOPCon 电池。

基于太阳电池提效的基本原理，金属与半导体接触面积 3%，虽小但仍然存在，如何实现不接触就是所谓的 TOPCon 技术，其主要手段是在背表面覆盖一层沉积在超薄隧穿氧化硅层上的掺杂多晶硅薄层。TOPCon 工艺的进步关键在于制备隧穿氧化层形成了较好的钝化接触结构，同时高掺杂的多晶硅薄层形成电压差实现电子的穿透和导出。但是 TOPCon 电池的前表面仍有金属和半导体接触，所以应该称之为半个革命者，效率提升了 1%~24%。目前，TOPCon 在 N 型电池技术中是市场上主流的下一代技术，由于工艺步骤与 PERC 相兼容，二者之间有继承关系。下一代技术发展的方向是从背面无接触变为双面钝化接触的多晶硅氧化层技术，即 POLO 电池。现在产业化的电池结构都只在背表面钝化，因为正表面钝化的难度非常大。正表面的多晶硅氧化层会产生强烈的光吸收，使得光无法进入硅片。在实验室的技术改进思路是将多晶硅钝化层的厚度减薄，以减少对光的吸收。然而减薄后电阻会增大，需要使用 ITO 透明导电膜增加金属间的横向导电，如此形成一个相对理想的钝化结构。由于多晶硅超薄氧化层工艺控制能力不足，产业界并未将 TOPCon 升级到 POLO。

基于同样的双面无接触的改进思路，HJT 电池前后表面均使用非晶硅薄膜隔绝金属电极和硅的直接接触。非晶硅结构的导电性同样不佳，需要使用 ITO 透明导电膜来加强横向导电性。得益于非晶硅薄膜的引入，HJT 电池结构兼具晶硅与薄膜电池的优势，是当前最完美的双面钝化结构。HJT 电池成为太阳电池的技术终结者，技术的本质是双面钝化结构，隔开金属、隔开重掺杂，目前在实验室还没有人提出可以超越它的技术概念。

以上就是 20 世纪 70 年代以来单晶硅太阳电池技术完整的演变过程，电池结构方面的改进就到此为止了。当然除了钝化和掺杂等技术逻辑之外，通过对设备、工艺、设计等方面的优化也可以提高效率，比如背结（BC）技术、叠层技术都是对设计优化的探索。

理论极限一般可以用来显示和对比不同技术未来的发展潜力，但在实际量产中通常是无法达到理论极限的。2021 年隆基公司实验对于 TOPCon 和 HJT 电池的理论进行了计算，结果显示双面 TOPCon 理论效率为 28.7%，而 HJT 的极限效率为 28.5%。但目前产业化的 TOPCon 只是单面 TOPCon，即正表面仍旧有金属和半导体接触的电池结构，它的理论极限只有 27.1%，在理论上其效率比 HJT 低了 1.4%，这一效率差距在实际生产中是很重要的成本。至于将来能否发展到双面 TOPCon，效率达到 28.7%，是存在一定技术潜力的。但有一点要搞清楚，企业在进行技术布局时不能只看 TOPCon 的最高效率可达到 28.7%，就认为 TOPCon 技术一定优于 HJT 技术，而要进一步分析不同技术实现其效率的难度究竟如何。目前来看，从单面 TOPCon 到双面 TOPCon 的技术还难以实现量产。

总而言之，技术的更新换代会引发市场布局的大变动。太阳电池技术效率的提高不仅会降低电池片的价格，相应的组件、电站等原材料耗用量也都会随之降低，从而实现平准化度电成本（LCOE）的大幅下降。企业如果没有跟上技术的转变很容易被市场淘汰，而一些新企业也可以借助技术革命的机会实现弯道超车。

不同太阳电池技术路线的技术潜力

现在市场上有四种流行的太阳电池技术，即 PERC、TOPCon、HJT 和 HPBC。从电池理论效率来看，PERC 的理论效率极限是 24.5%。TOPCon 单面和双面的理论最高效率分别为 27.1% 和 28.7%。HJT 由于近乎完美的双面钝化结构，理论效率极限可达 28.5%。HPBC 是隆基公司发明的全背节的电池，可以看作一种电极结构变形的 TOPCon（把正电极挪到了背表面）。HPBC 如果是单面多晶硅钝化，理论最高效率为 27.1%，双面可以达到 28.7%。从实验室的最高效率来看，PERC 电池在 2019 年实验室已经做到 24%，之后就没有再提升。TOPCon 在德国小面积电池板的实验室效率达到 26%，大面积电池板的实验室效率最高纪录是晶科公司创造的 25.4%。2022 年 6 月隆基公司创造的 HJT 实验室效率的世界纪录为 26.5%。产线名义效率由各厂家根据自己的标准进行测算，数值有很大差别。除了电池效率本身高低的不同，还受到组件功率的折算率（CTM）即损失情况的影响。对于市场客户来说，组件效率的参考价值更大，其决定了组件的功率。为科学比较和统一标准，将 CTM 都设定为 100%，PERC 电池的实际效率只有 22.8%，TOPCon 只有 23.71%，而 HJT 可以达到 24.06%。也就是说，用同一标准尺度来比较，HJT 的效率比 TOPCon 高，TOPCon 的效率比 PERC 高，而 HPBC 由于缺乏量产数据，等效效率还未知。

从产线良率来看，PERC 电池作为市场主流，其产线良率达到 98.5%；TOPCon 的良率数据较模糊，一般在 90%~95%；HJT 的良率已经接近 PERC 电池，达到 98%。产线良率直接决定了成本，

TOPCon 未来在良率改进方面存在挑战。

再进一步从工序步骤来看，HJT 的工艺过程最为简单。在硅片的薄片适用性上，PERC、TOPCon 和 HPBC 都在 140~180 微米，HJT 更有利于实现硅片薄片化，目前在 13~150 微米，将来有希望降到 100 微米。就硅片尺寸大小来看，PERC、HJT 和 HBPC 可以做到各尺寸全兼容，而 TOPCon 做大尺寸硅片的障碍很大。

与市场主流 PERC 的产线兼容性方面，TOPCon 和 HPBC 的兼容性比较好，有利于延续 PERC 的产线，而 HJT 与 PERC 基本不兼容。从设备投资成本来看，PERC 现在可以达到 1.5 亿 ~2 亿 / 吉瓦，TOPCon 可以达到 2 亿 ~2.5 亿 / 吉瓦，HJT 可以达到 3.5 亿 / 吉瓦。组件价格如果将 PERC 电池设为基数的话，TOPCon 和 HJT 分别会有 5% 和 10% 的溢价。

从技术拓展性来看，PERC 无法再扩展现有技术，止步于现在的电池结构。TOPCon 现在的单面钝化结构并不是很完美，效率也有限，再往上的技术拓展难度很大。POLO 电池是 TOPCon 技术拓展的一个方向，但是 POLO 在德国实验室的效率并不高（22.5%），目前在中国并没有产业化。还有一种解决方案即双面多晶，但只是一种结构设计，连实验室都尚未做到。目前已量产的 HJT 电池采用 HJT1.0 技术，是纯非晶硅结构。在 1.0 版本的基础上，HJT2.0 将电池正表面做掺杂微晶氧化硅层，效率有了大幅提升，产业化的效率可以从 24% 提高到 25%。HJT3.0 在背表面也引入微晶化工艺做成微晶结构，效率进一步提升至 25.5%。HPBC 在 P 型硅衬底上采用 IBC 技术，由隆基自主研发并推广应用于分布式领域，目前的产业化效率据说能达到 24%。POLO–IBC（N 型）将多晶硅氧化物钝化接触技术与 IBC 相结合，虽然效率比 HPBC 高（实验室效率达 26.1%），但工艺步骤复杂。爱旭公司 POLO-IBC 电池计划扩产 8 吉瓦，但现在未必能达到相应的技术水平和技术成熟度。最终发展到 HBC 阶段，将 HJT 非晶硅钝化技术与 IBC 相结合实现高转换率，最新的实验室效率 26.7% 由日本 Kaneka 公司创造，这也是迄今为止晶硅太阳能电池研发效率的最高水平。而 HBC 电池工艺是复杂而昂贵的，要做到产业化难度很高。

2014 年中国正式引入 PERC 电池技术，一些光伏龙头企业像天合、隆基、晶科等不断创造 PERC 电池的最高效率纪录，逐渐接近效率增长极限。在 2019 年 1 月创造了 24% 的效率纪录之后，其至今未有进一步突破。PERC 电池的理论效率极限为 24.5%，未来再进一步提高的可能性很小。

N 型硅片只有两种结构，一种是现在已经产业化的单面 TOPCon，理论效率是 27.1%，实际的量产效率一般会降低 1.5%，所以将来的最高产线效率要达到 25.6% 以上是很难的。双面 TOPCon 的理论效率极限是最高的，为 28.7%，双面钝化结构确实带来效率提升，但技术难度较大，不管在实验室还是量产阶段都存在很大的挑战。根据《中来 N 型 TOPCon 技术的发展与应用》的研究结论（见图 7.1），近年来 TOPCon 电池效率的提升速度还是很快的，最新的实验室效率达到 25.4%。

HJT 电池在结构上已经出现了三代技术（见图 7.2）。HJT1.0 在 2021 年之前已基本实现量产，产线效率为 24.3%。2022 年实现 HJT2.0 技术，与 1.0 技术相比，其在正表面掺杂层使用微晶的氧化硅来替代非晶硅，加入氧化硅可以大大提升透光率；背表面仍旧保留 HJT1.0 的结构。可以说 HJT2.0 技术是 1.0 技术的半个革命者，产线效率可以达到 25%，比 1.0 技术提高了 0.7%。很多已经投产 HJT1.0 技术的公司也都通过技术改进升级为 2.0 版本，这是 2022 年开始的一个技术变化。但是由于技术的成熟化和产业化需要时间，预计 2022—2023 年会迎来大规模量产，2024 年出现新的技术升级，即 HJT3.0 版本。届时电池将做成全微晶结构，完成 2.0 遗留的革命问题，背表面通过掺杂纳米微晶硅将效率进一步提高至 25.5%，即提高整个 HJT 技术的效率。预计在 2023 年底至 2024 年，HJT3.0 会形成真正的产能，到时整个太阳电池的效率也会有大幅提升。而 HJT 能否真正实现对 PERC 和 TOPCon 的技术超越，主要在于 TOPCon 在未来 1~2 年能否还有进一步的技术提升。

J–TOPCon 2.0效率优势

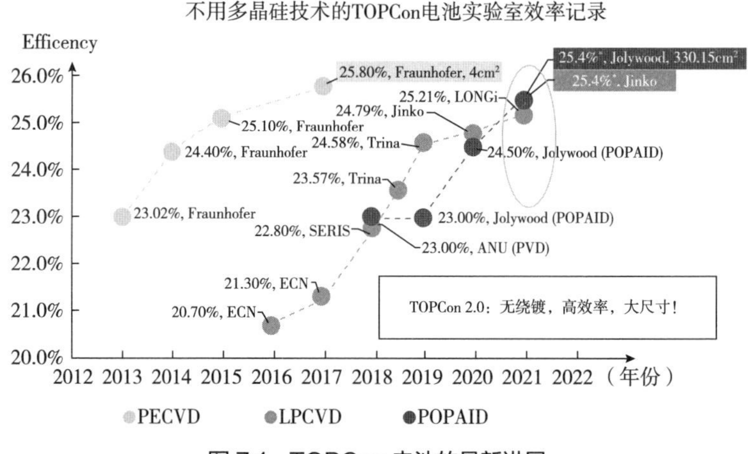

图 7.1　TOPCon 电池的最新进展

资料来源：陈嘉．中来 N 型 TOPCon 技术的发展与应用［R］．苏州：CSPV17，2021.12.7–9.

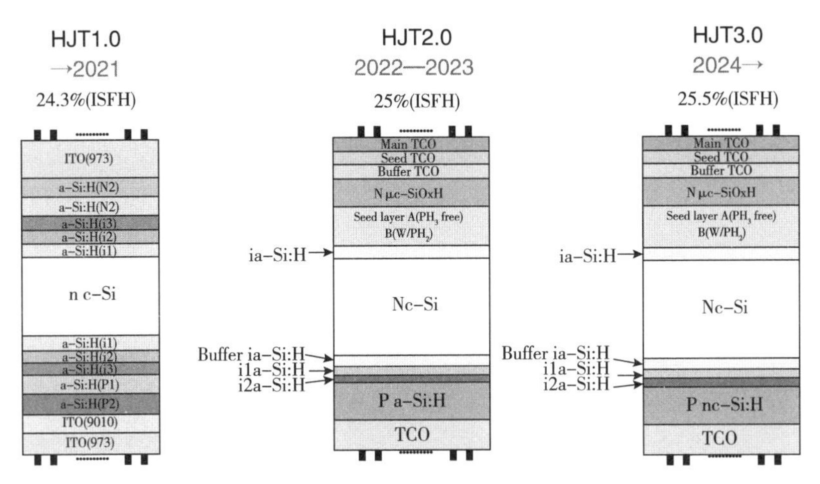

图 7.2 大规模 HJT 量产的技术路线

图片来源：中国科学院电工研究所王文静博士在 2021 年 12 月 6 日至 9 日苏州第 17 届 CSPV 会议的演讲讲义。

HJT1.0–2.0–3.0 是整个 HJT 电池在科学设计角度下的一个技术路线，技术路线一旦清晰便可以大幅度提升实验室效率。HJT 电池世界效率纪录在 2019 年突破 25.11% 后，一直到 2021 年下半年才突破 25.2%，之后各个企业和实验室不断突破效率纪录，直到 2022 年 6 月隆基公司创造了 26.5% 的效率纪录。这说明 HJT 电池的技术潜力是非常大的，从实验室概念上升到中试线概念，商业化前景明朗。

促进 HJT 电池突破效率纪录的技术进步主要通过提高电流（Jsc）实现电池效率的提升。HJT 电池的电流提升难度很大，在技术实现突破之前，HJT 的电流密度一般在 39~40mA/cm^2，而 PERC 和 TOPCon 的电流密度一般能达到 42.2 mA/cm^2。现在找到了提升 HJT 电流的方法，这是一个非常重要的技术方向。

与 PERC、TOPCon 和 HJT 技术的提效思路不同，其他技术进步如背结（BC）技术，主要通过改变电极设计来提高效率。其实太阳电池的很多技术概念和设计都是模仿半导体模式的，包括双极集成电路和 MOS 集成电路。BC 技术其实是模仿半导体的 MOS 集成电路概念，将电池正表面的金属电极全部转移到电池背表面，通过减少正表面的遮光率来提高效率。这种单面电池结构可以叠加任何一种技术，比如其与 PERC 电池叠加形成 IBC 电池，由于正表面没有任何金属栅线，避免了遮光损失，效率得到提升。同样的原理，TOPCon 电池与 BC 技术叠加被称为 TBC 电池，HJT 电池与 BC 技术叠加则被称为 HBC 电池。本质是在 PERC、TOPCon 和 HJT 的技术进步之外，叠加电极设计的改良技术，以进一步提高效率。

根据日本某公司的研究，如果从 PERC 升级到 TOPCon，电压从比较低的 670~690 提升到 700~710。从 TOPCon 升级到 HJT，电压可进一步提升到 740~750。在钝化接触结构下的技术进步中，电压是不断提升的，但是电流仍保持不变。BC 技术将电极挪到背表面的设计可以大幅提升电流。原有的 PERC 和 HJT 电池与 BC 技术结构相结合变成 IBC 和 HBC，电流明显提升。从科学原理的角度，BC 技术的有效性可以被证明，但在实际使用中对于其发电量的大小仍存在一定争议。其虽然通过减少遮光提高了转换效率，但同时失去了双面发电，所以实际发电量不一定比 TOPCon 和 HJT 高，这是目前仍在探讨的一个问题。

随着设备成本的下降和工艺的成熟，BC 技术主要形成了三大技术路线：一是以 SunPower 公司为代表的经典 IBC 电池技术；二是以 ISFH 公司为代表的 POLO-IBC 电池技术，但由于 POLO-IBC 工艺复杂，业内更看好低成本的同源技术 TBC 电池（TOPCon 与 BC 技术的叠加）；三是以 Kaneka 公司为代表的 HBC 电池（HJT 与 BC 技术的叠加）。不同 BC 技术的实验室效率也在不断提升。目前来看，HBC 即 HJT 电池叠加 BC 技术的效率是最高的，日本 Kaneka 公司的实验室效率创造了 26.7% 的世界纪录。

不同太阳电池技术的产业化技术工艺特点

随着太阳能领域的电池转换效率不断提高，大批科学研究机构和商界企业都在致力于优化各个环节的电池工艺。从商业价值的角度来看，判断未来新一代主流电池技术需要弄清楚不同技术的量产工艺难点在哪里。可以从技术难点、成本难点和工艺难点三个角度比较四种电池技术的技术拓展性，分析量产工艺难点。首先，从技术难点来看，PERC 电池致命的弱点在于效率无法再增长，相应的成本无法再下降。因此，现在行业内已经很少有公司再去单纯扩产 PERC 电池，而是选择更加高效的电池技术。TOPCon 的技术难点在于制备过程复杂，包括硼扩散、LPCVD[①]（做多晶硅膜的生长）、去除绕度、工艺步骤过长所导致的良率损失、烧穿与扩散破坏钝化、VHF 沉积均匀性与大产能的平衡，以及电池稳定性等问题。HPBC 电池的技术难点主要包括三次对准（激光 1、激光 2、丝印铝）、后制绒工艺、铝电极 Ag 烧穿导致的良率下降、组件联接技术，以及没有

---

① 薄膜沉积是在半导体的主要衬底材料上镀一层膜。这层膜可以用各种各样的材料，比如绝缘化合物二氧化硅、半导体多晶硅、金属铜等。用来镀膜的设备叫薄膜沉积设备。薄膜制备工艺按照其成膜方法可分为两大类：物理气相沉积（PVD）和化学气相沉积（CVD），根据反应条件（压强、前驱体）的不同又分为常压 CVD（APCVD）、低压 CVD（LPCVD）、等离子体增强 CVD（PECVD）、高密度等离子体 CVD（HDPCVD）和原子层沉积（ALD）。

前场会降低效率等。其次，从成本难点来看，TOPCon 双面银耗量较高，良率低，CTM 低，效率提升难度大，设备维护频度高，设备价格下降困难。HJT 的成本难点在于银浆耗量高，CTM 较低，设备成本较高，ITO 存在潜在涨价的可能性。由于 HPBC 大规模量产的数据尚未发表，成本难点有待验证。预估良率比较低，效率提升存在瓶颈，CTM 不确定但可能也会比较低。

工艺过程的比较实际上是评估各种技术成本下降的可能性，技术过程越复杂，成本下降越困难。TOPCon 电池的高温过程共 4 次，包括扩硼、扩磷、LPCVD 和烧结，必然会造成能耗的增加。HJT 电池的快速吸杂过程虽达到 750℃，但时间很短，只需 1 分钟。因此，从高温过程的能耗比较来看，HJT 的成本优势更明显。湿法过程的清洗会消耗大量的水和化学药品，而 HJT 清洗过程的工艺步骤最为简化。从真空过程来看，TOPCon 工艺步骤最多。总的来说，HJT 的工艺步骤更为简化，大大节省了设备投入成本。

由于现在的主流技术 PERC 电池转化效率已经接近瓶颈，N 型新技术将成为未来太阳电池技术的最终解决方案，故主要分析 TOPCon、HJT 和 BC 这三种技术产业化的降本方向和潜力。

1. TOPCon 电池

PERC&TOPCon 电池的一条完整生产线已基本实现全自动化，人工只需确保设备的完整性和正常运行。TOPCon 电池的生产线比 PERC 电池增加了 LPCVD、扩硼和刻蚀清洗三个步骤，减少了两个激光过程，所以 TOPCon 和 PERC 电池的产线兼容性很好，基本上可以实现 80% 兼容。从这一角度看，一般将 TOPCon 电池看作传统

PERC电池的改良。相比HJT电池，市场对TOPCon电池的呼声更高。尤其是已经大规模生产PERC电池的行业龙头企业如晶科、隆基、天合、爱旭等公司都更加希望看到TOPCon电池的技术发展，可以继续沿用之前的生产线等产业积累。从生产线来看，TOPCon作为一个过渡技术，比较适合延续现在PERC电池的产业寿命。

TOPCon电池生产线增加的过程成本主要是沉积多晶硅的设备，现在市面上最流行的包括捷佳伟创的LPCVD设备和SEMCO（LAPLAS）公司的LPCVD设备。使用LPCVD设备镀制厚多晶硅膜会遇到一些挑战，包括镀膜时间长、出现爆膜现象、设备维护难度大等。LAPLAS的LPCVD设备近年来做了很多改进，硅片采取水平放置，不会造成硅片粘连现象，并防止了背对背放置硅片带来的剐蹭现象，适用于更薄的硅片和M2–M6的各种尺寸的硅片。目前市场上的投资方主要有晶奥和晶科，所以未来如果这两家公司要生产TOPCon电池，购买LAPLAS设备的可能性比较大。此外，管式PECVD也可以沉积多晶硅。管式PECVD导入到TOPCon的过程技术难度比较大，沉积非晶硅膜之后退火，TOPCon电池会出现沿周不均匀分布。但在做了氢钝化的改进后，这种不均匀现象已经消失。目前技术壁垒并不高，捷佳伟创、北方华创、中国电子科技集团公司第四十八研究所、金辰股份等企业都能做传统的PECVD设备。

2. HJT电池

HJT技术路线近乎完美，但其主要问题是成本高，现在面临的主要挑战就是降低成本。HJT电池降低成本主要有五个关键因素。第一，提高效率，这是最有效的降本方式。第二，因硅材料成本在电池成本中占比达 50%~60%，且还在持续增加，故硅片薄片化以减少硅料消耗现已成为降本的第二大重要因素。剩下的三个关键因素分别是电极降本、设备降本和规模化。HJT 从 1.0、2.0 再到 3.0，效率不断提升，技术路线已经很明确。HJT1.0 已实现大规模量产，根据华晟公司 HJT 实际生产情况的产线数据，量产的平均效率在 24.3% 左右，良率达到 98%。通威公司统计了国内产业化 HJT 电池的效率水平及其组件功率，如图 7.3 所示，可以看到企业所报的产线平均效率是不同的，除了电池效率（Eta）本身高低的不同，还受到变成组件功率的折算率（CTM）即损失情况的影响。为科学比较和统一标准，将 CTM 都设定为 100% 计算出等效效率指标。从大部分公司的电池等效效率数据来看，HJT1.0 现在真实的效率大概在 24%。从华晟公司对于 HJT2.0 技术的中试研究结果来看，技术的效率提升是很快的。2021 年 11 月实验室最初建立时，其实验室效率为 23.93%，到 2022 年 5 月已经达到 25.61%。

No.	公司	产能 (MW)	硅片尺寸	Eta(%)	组件版型	组件功率 (W)	CTM	等效效率(%) @CTM=100%	效率记录(%)	Ag耗 (mg/piece)	Ag耗 (mg/W)
1	中威	100	M2-156	24.09%	60-half	345	99.40%	23.90%	25.45%	170	0.69
	合肥通威	180	G12-210half	24.04%	/	/	96.50%	23.20%	/	150	0.68
	通威金堂	1000	M60166	23.94%	72-half	475	100.30%	24.01%	/	185	0.67
2	隆基	/	M6-166	/	/	/	/	/	26.30%	/	/
3	均石	500	G-158	24.00%	60-half	358	99.50%	23.90%	25.20%	150	0.6
4	爱康	220	G1-158	24.60%	72-half	435	97.50%	24.00%	/	180	0.71
5	晋能	200	M6-166	24.20%	72-half	466	97.50%	23.80%	24.70%	200	0.73
6	华晟	2500	M6&M12	24.40%	72-half	472	98.00%	23.90%	25.26%	150	0.68
7	阿特斯	250	M10-182half	24.40%	/	/	97.00%	23.70%	/	150	/
8	晶澳	250	M10-182half	/	/	/	/	/	/	/	/

图 7.3 国内产业化 HJT 电池的效率水平及其组件功率

资料来源：孟凡英．苏州：CSPV17，2021.12.7–9.

除了关注电池效率的提升，组件功率的提升同样重要。华晟公司使用 HJT2.0 电池做成组件，中试研究结果显示，组件功率已经可以达到

500 瓦。这一功率相比 PERC 和 HJT1.0，都有了明显的提升，大大减少了耗材，实现降本。以上是实验室中实现的技术测试情况，TOPCon 在产业化技术水平下，实际组件功率大概在 465 瓦，而 HJT2.0 技术产业化仍然在调试和提升的过程中。华晟公司 2 吉瓦微晶硅 HJT 产线在单日最高效率可达 25.3%，产线平均效率已经达到 25% 左右。

硅片薄片化的技术难点不仅仅在于碎片风险的提高，还带来电池效率下降的问题。一方面，硅片减薄后，减少了体复合，使得开路电压（Voc）提升，这对于背 PN 结电池效果尤其明显。另一方面，光吸收减弱，导致电流（Isc）下降。电池工艺的优化可以减少硅片厚度变薄对电池效率的影响，减薄不减效背后的基本原理在于硅片减薄后，表面钝化优劣凸显。也就是说，维持效率的关键是确保电池表面的钝化，异质结界面的良好钝化使 HJT 比 PERC 和 TOPCon 更适用于薄硅片。华晟公司研究了硅片的厚度对 HJT2.0 太阳电池效率的影响，发现硅片厚度在 150~100 微米时，效率可以维持在一个稳定的区间；如果减薄到 100 微米以下，效率就会下降很多。从实验结果来看，HJT 目前在理论上可以实现在 100 微米的薄度下保持电池效率的基本持平。薄硅片能否大规模量产还取决于组件设备的适应性和可靠性，在生产实践中，还需要考虑碎片率的上升和良率的下降。

在 HJT 电池的成本结构里，银浆成本占比约 60%，比重很大。因此，电极技术的改进一直以来都是降本的重要内容，大体可以归纳为六个方面。第一，银浆料湿重降低，银浆料用量的减少直接实现成本的快速降低，这需要电极技术的改进以匹配浆料用量。第二，银包铜技术，将银覆盖在铜粉表面来减少银的用量，通过调整银和铜的比例可以降低 30%~50% 的银耗量。第三，电镀铜技术，经过不断改进，现在电镀铜工艺使用太阳电池特有的廉价技术如丝印法图形化、喷墨法图形化等代替之前昂贵的光刻技术，这样不仅实现了原材料成本下降，过程成本也下降了。第四，新型技术，包括喷墨打印、激光转印等技术开发。第五，化学镀铜 LID，使用光照即光诱导电镀。第六，SWCT 技术，使用铜线代替银主栅，节省材料成本。SWCT 技术难点主要在于德国梅耶博格对专利的限制，预计 2023—2024 年专利过期，到时 SWCT 技术将大规模向产业化推进。从具体操作步骤来看，目前 HJT 电池电极降本有五个步骤环节。首先，多主栅技术通过增加主栅数量、细化主栅宽度，在减少遮光的同时减少了电流在细栅中经过的距离和每条主栅承载的电流，进而降低了电阻损失和单位银耗量。在目前的技术现状下，银耗量为 140 毫克 / 片。如果使用钢板印刷，再配合浆料的改进，可以把浆料用量降到 120 毫克。如果进一步使用银包铜技术替代 30%~20% 银颗粒，那么银耗量可能会降到 100 毫克。第四步使用 SWCT 技术，用铜线代替所有银主栅，而且细栅里还包括银包铜，将银耗量降到 70 毫克。最后使用镀铜则可以实现零银耗量，即所谓的无银技术。

以 166@72@双玻组件为例，从电极降本的角度比较不同电池技术的改进方向和优劣。PERC 电池由于背表面是铝，所以电极银耗量是比较低的。银耗量是 80 毫克 / 片，组件的银耗为 12.8 毫克 / 瓦。TOPCon 由于功率提高，同时将银耗量降低至 120 毫克 / 片，整个组件的银耗为 18.6 毫克 / 瓦。而 HJT 降低银耗的逻辑是单纯提高电池效率和组件功率，即使没有叠加任何电极改进技术来降低单片银耗量，单瓦银耗量也实现了明显下降。总之，电极降本的技术路线的核心在于实现单片银耗量下降的同时，保证电池效率即组件功率没有下降，这样才能真正实现降本。

以上关于金属电极技术改进的六个方面，在本质上都是从提高效率和降低成本两个思路解决银浆耗量高的问题，一方面，通过技术工艺的改进，提高效率从而直接降低银浆用量。HJT 属于低温工艺，正背表面电极印刷时均需要使用低温银浆（银含量高于高温银浆）。低温浆料的技术性更强，包括导电性、丝印特性、烧结特性、抗紫外特性、抗湿热特性和力学特性等全部都要改进，需要各种新技术的不断投入。另一方面，降低成本包括降低原材料成本和过程成本。无论是银包铜技术使用铜部分替代银，还是电镀铜工艺对银的全部替代，从原材料市场看，铜代替银是未来的一个发展趋势。同时，技术工艺也要随之改进以匹配不同含银量的浆料，不同技术的工艺过程简化和低价化则是未来产业化的方向。

一般而言，基于科学原理的技术改进设想到实现大规模量产的验证过程都需要实验室不断进行电性能测试和可靠性测试。以银包铜浆料为例，随着银含量的降低，浆料体电阻率增加，12BB 设计与 9BB 相比，细栅的导电距离更短，所以匹配浆料的导电性窗口更宽，12BB 可以容忍银含量更低的银铜浆料；按照 9BB 匹配 70% 的含银量，12BB 匹配 50% 的含银量进行测算，最终 9BB 的单片银耗量可以做到 126 毫克，12BB 的单片银耗量可以做到 79 毫克。电性能测试基本已通过，但在功率转化上银包铜技术还存在可靠性的问题，将来有望得到量产验证。

另一个铜替代技术即电镀铜，现有的技术成熟度是完全可以产业化的，但工艺步骤复杂，使用电镀铜技术需要六步工艺来替代之前的丝网印刷银浆一步工艺。虽然铜材料很便宜，但技术的过程成本高昂使之无法量产，未来技术改进的方向就在于简化镀铜工艺。现有的简化方法有三种：第一种方法是使用“种子层＋感光胶＋光刻”的传统方法，但由于光刻技术成本无法下降，现在基本上已被淘汰；第二种方法是“种子层＋丝印＋掩膜”，在传统方法的基础上，使用丝印法镀铜替代感光胶和光刻的步骤；第三种方法则使用直接法镀铜技术替代电镀铜工艺实现进一步简化，即“丝印＋掩膜＋直接镀”。目前这些简化工艺的技术都没有实现产业化，将来要想实现真正的大规模应用就必须解决中间过程成本高的问题，这是一个明确的产业化方向，而使用铜工艺来代替银工艺是必然趋势。

HJT 电极成本除了要解决银耗量大的问题，第二个成本难题在于 ITO 中需要使用贵价金属铟，因此低铟化和无铟化已成为趋势。降低铟用量的核心在于减少 ITO 的用量，但随着 ITO 减薄，电池效率会下降。各种胶膜对于 TCO 薄膜的保护作用就在于保证效率不下降的同时减少 ITO 的用量。具体的方法设计一直在改进，包括可以使用氮化硅和 ITO 的复合膜，还可以用 AZO 和 ITO 叠层膜，甚至使用 AZO 和氧化硅的复合膜代替 ITO 实现无铟化。但是 AZO 潮解性强会导致电池效率下降，所以需要开发出阻水性更高的封装材料来进一步配合改进。目前还有一种无铟无银 HJT 技术在开发，即 HBC。由于 HBC 前表面不用 ITO，背表面可以只用 AZO，因此能做到无铟化。背表面采用隧道结，因此制备背面非晶硅薄膜技术难度并不会增加太多。HBC 的背表面栅线可以很粗大，因此可以采用贱金属铝、铜等来替代银。至于电池效率的改进，虽然 HBC 前表面无电极使效率提高，但由于无双面发电能力，HBC 的发电量不一定比双面 HJT 高。因此，将 HJT 做成无铟无银的 HBC，这条技术路线的方向不是提效，而是在效率相当的情况下实现降本。

相比晶体硅太阳能电池，HJT 的最大特点就是需要制备 TCO 薄膜。PECVD 设备在 HJT 的设备成本中占比达到 50%，成为各家公司争相抢占的价格高地。目前国内的设备供应市场主要是迈为、钧石、理想和捷佳伟创。以理想公司的 PECVD 设备布局为例，它的关键技术和优势在于双套沉积腔室、调频快速耦合功率以及多个子腔室共用一个大腔室，实现产能升级和成本降低。一种主流的 ITO 薄膜制备方法是 RPD 反应等离子沉积法，设备由日本住友公司开发，该技术效率更优，但大规模量产一直难以实现。捷佳伟创公司获得专利授权后对 PRD 镀膜机进行了改进，开发了 RPD 二合一设备（正面 RPD 镀膜 + 背面 PVD 镀膜）。低离子轰击确保高质量的接口特性，高载子迁移率带来高长波长透光率，且产能倍增至 5 500 片 / 时。效率、产能和镀膜质量均得到提升，未来具备量产潜力。相比之下，PVD 磁控溅射法是目前技术成熟度最高、应用最广泛的制膜方法。早年是德国冯 · 阿登纳公司的常规 PVD 设备，现在已经基本全部实现国产化，且产能已达较高水平。设备成本占比目前控制在 20% 左右，未来的降本空间有限。

HJT 电池具备更明显的规模效应，即随着产能增加，电池片成本会大幅下降。PERC 电池产能达到 300 吉瓦，导致价格大幅下跌，但是并没有拉开与 HJT 电池的价格差距。HJT 电池产能目前只有 7 吉瓦，成本下降也受限于产能的规模。将来 HJT 电池的产能规模如果达到上百吉瓦，那么相应的成本下降空间会很大。规模扩大导致单线产能的扩大，同时也能实现设备成本的下降。

3. BC 电池

BC 的技术路线在于高转换效率的发展潜力，标准版 TBC 和标准版 HBC 的效率分别为 26.1% 和 26.7%。目前隆基 HPBC 技术的量产平均效率能达到 24%，是一种简化版的 TBC 技术。转换效率最高的 HBC 技术由于工艺难点在国内还没有量产计划。量产的最大挑战在于如何发展和选用低成本的非晶硅沉积设备来制备背面 PN 区，未来的发展潜力也取决于低成本量产工艺的成熟。从各种 BC 技术的工艺流程步骤来看，工序繁多且复杂，降本的方向在于简化工艺，缩短制程，减少工艺设备。但简化流程后能否实现量产后的良率和成本下降还有待观察。

结论

1. HJT 与 TOPCon 最终走向融合

从硅结构和晶粒尺寸的基本概念来看，现在所有的晶体硅太阳电池本质上是一回事。HJT 到 TOPCon 的技术演化实质上是一个从非晶硅到晶体硅的晶粒尺度变化问题。从这个角度来看，TOPCon 和 HJT 是同一种技术，并不是完全隔离的。具体来看，由于 HJT1.0 非晶硅的不稳定性以及光吸收较强，HJT2.0&3.0 技术将电池做成微晶硅结构，效率得到提升。从 TOPCon 和 POLO 技术演化的角度来看，背表面使用多晶硅和氧化硅后效率提升仍存在瓶颈，多晶硅钝化层进一步减薄并加入 ITO 增强导电性。技术演化的逻辑方向是殊途同归的，只不过是微晶硅和多晶硅的晶粒尺寸大小不同，导致电子迁移率和空穴迁移率提升，需要加入 ITO 来弥补电子和空穴的损失。从短期来看，能兼容现有 PERC 生产线的 TOPCon 电池具有量产经济性。HJT 中长期更具经济效益潜力，提效降本空间较大。目前这两种技术都遇到一些难题，未来会趋向同一种技术方向融合，一个明确的方向就是要做透明导电膜（ITO）。也就是说，由 HJT 和 TOPCon 的竞争转变为传统的同质结扩散技术和全平面长膜技术的竞争。

2. 钙钛矿电池与晶体硅电池的叠层

由于 BC 技术有望与 TOPCon 和 HJT 结合成下一代 TBC 及 HBC 技术，钙钛矿叠层电池极具长期发展潜力。钙钛矿太阳电池在自然环境下，稳定性能较差、寿命短。叠层技术一方面可以提高钙钛矿材料的稳定性，另一方面可以突破晶体硅电池的理论效率极限。各种晶体硅电池与钙钛矿电池的叠层电池结构有两个重要特点：一是使用 TCO 作为复合电流传输，二是使用重掺杂反型层作为隧道结（N++/P++）。在众多叠层方案中，HJT 的结构特点天然契合钙钛矿，叠层技术的优化方案与 HJT 透明导电膜（ITO）的技术路线也类似。而 TOPCon 的电池结构表面不是 ITO，而是氮化硅，做叠层的话需要加上一层 ITO，不仅成本变高，钝化效果也变差。所以总体来看，钙钛矿电池与 HJT 的叠层技术潜能还有待科学的进一步发掘，不过二者的结合被认为是最具发展前景的方案。

总体而言，所有技术路线的发展本质都是突破太阳电池的成本、寿命和效率的“不可能三角”。未来技术提效的三条技术路线基本明朗：一是从 PERC 迈向 TOPCon，效率提升且延续现有产线；二是产线换代，选择 HJT 电池技术路线；三是 HJT 与钙钛矿电池叠层，随着 HJT 降本和钙钛矿工艺改进，未来效率有望突破 30%。未来面向市场的产业化进程依赖于技术降本实现进一步突破，需要关注各环节的降本难度和进度，主要思路包括工艺简化、国产化替代、原材料替代等。而在整个技术进步过程中的投资理念就是等待技术升到顶和成本降到底。

中国风电产业发展现状及趋势

秦海岩[①]

国家主席习近平提出的碳达峰碳中和目标是一个战略性抉择，体现了能源战略的逻辑改变，即在实现碳达峰碳中和目标的过程中，将资源禀赋问题转变为技术和生产制造能力问题，将劣势转变为优势。除了应对气候变化，从能源安全、能源独立的角度来说，发展新能源也是必由之路。当前，由于俄乌冲突，石油、天然气价格暴涨，这种人为因素导致的供应短缺显示出化石能源的波动性、不确定性和不安全性。在此背景下，更是凸显了全球各国能源转型的迫切需要。能源领域面临着经济性、安全性（充足性）和绿色转型的“不可能三角”，而发展可再生能源正是为能源转型指明了方向。在应对气候变化实现碳减排的同时，从长远角度解决了化石能源的供应短缺、价格波动和安全问题。党的十八大以来，在党中央、国务院的坚强领导下，我国能源发展取得了历史性成就，风电产业更是其中一大亮点。全体风能人始终以高度的使命感与责任感，紧紧依靠技术创新，着力做大做强风电产业。

---

① 秦海岩，世界风能协会（WWEA）副主席、中国可再生能源学会风能专业委员会（CWEA）秘书长，现任国际电工委员会可再生能源认证体系（IECRE）副主席、全球风能组织（GWO）执委、IEEE PES 能源发展与发电技术委员会（中国）碳中和与减少温室气体排放技术及其应用分委会副主席、张家口（国家级）可再生能源示范区专家咨询委员会秘书长、国家海上风电装备质量监督检验中心主任、北京鉴衡认证中心（CGC）主任。全国风力机械标准化技术委员会、中国消费品质量安全促进会委员，并作为独立专家受聘于国际可再生能源署（IRENA）、联合国开发计划署、世界银行（WB）等多个国际组织。

中国风电发展整体情况

中国风电产业，是在化石能源消费引发全球气候变化促使各国推动能源结构调整的背景下发展壮大的。国家采取多种扶持措施，大力发展风力发电。回顾中国风电的发展历程，如图 8.1 所示，在 20 世纪 90 年代起步之初，中国风电产业主要依靠技术引进，处于学习探索和示范阶段，1999 年风电新增装机容量不足 5 万千瓦。2005 年，《可再生能源法》的出台奠定了可再生能源发展的法律基础，风电正式进入大规模开发应用阶段。在政策扶持下，风电装机规模迎来爆发式增长，2006 年新增装机容量达百万千瓦级，2009 年进入千万千瓦级。近十年来，中国风电装机规模不断创下新高。2021 年，风电新增装机容量达 5 592 万千瓦，累计装机规模约为 3.5 亿千瓦（见图 8.2）。

风电市场的高速发展也得益于风电价格制度的不断完善。风电上网电价经历了六个阶段：第一阶段，从 20 世纪 80 年代至 1999 年，完全上网竞争阶段。这一时期，上网电价很低，其水平基本参照当地燃煤电厂上网电价。第二阶段，1999—2003 年，审批电价阶段。上网电价由各地价格主管部门批准，报中央政府备案，这一阶段的风电价格高低不一。第三阶段，2003—2009 年，经历了招标和审批电价并存的“双轨制”到“招标制”的过渡阶段。2006 年，国家相关政策的出台开启了陆上风电招标制度。第四阶段，2009—2019 年，标杆上网电价阶段。随着国家发展改革委《关于完善风力发电上网电价政策的通知》（发改价格〔2009〕1906 号）的出台，按照全国四类风能资源区制定相应的风电标杆上网电价。第五阶段，2019—2020 年，

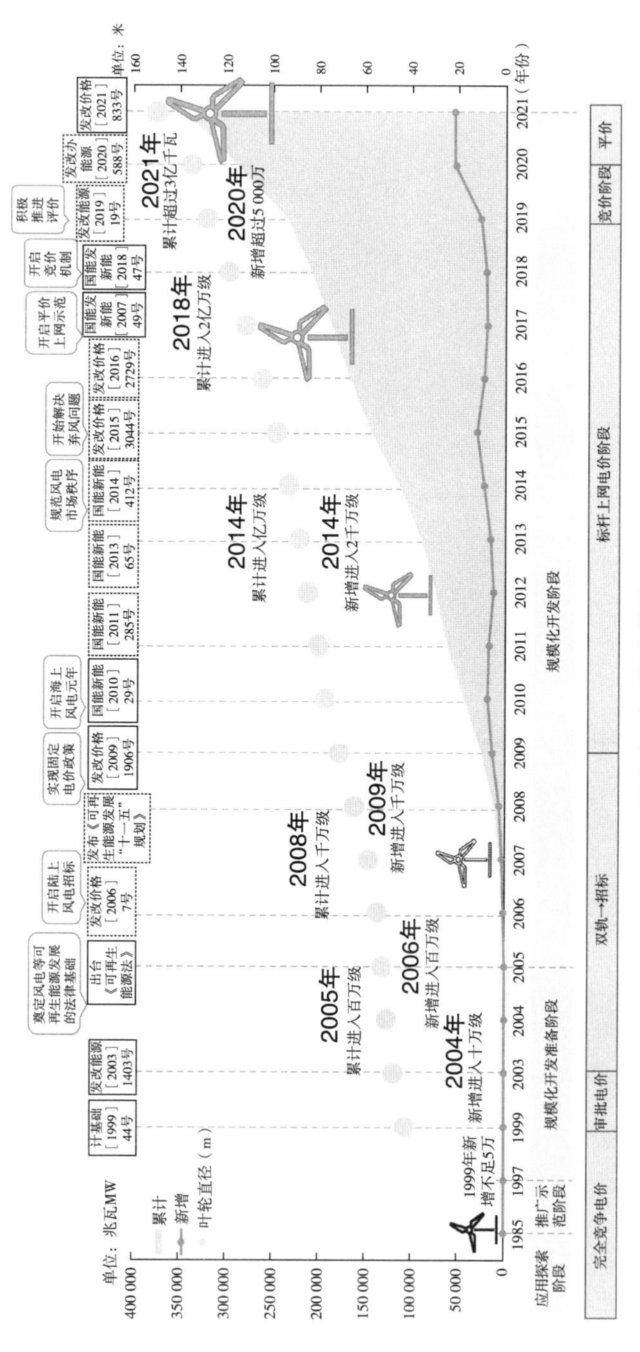

图 8.1 中国风电发展历程

资料来源：中国可再生能源学会风能专业委员会。

竞争电价上网阶段。国家能源局《关于2019年风电、光伏发电项目建设有关事项的通知》(国能发新能〔2019〕49号)的出台，进一步降低了风电标杆上网电价，并确定了平价上网节奏和日程。第六阶段，自2021年1月1日开始，新核准的陆上风电项目全面实现平价上网，国家不再补贴。陆上风电产业进入全面平价上网时代。

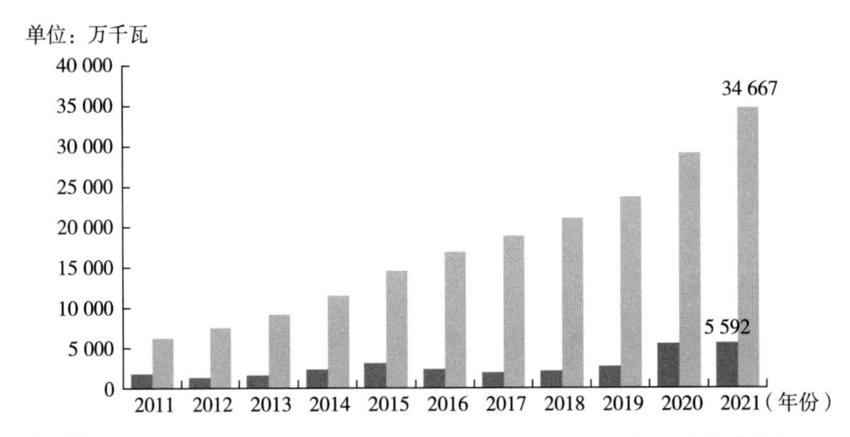

	2011	2012	2013	2014	2015	2016	2017	2018	2019	2020	2021
新增装机	1 763	1 296	1 609	2 320	3 075	2 336	1 996	2 114	2 679	5 443	5 592
累计装机	6 236	7 532	9 141	11 461	14 536	16 873	18 839	20 953	23 632	29 075	34 667

图8.2　2011—2021年中国风电新增和累计装机容量

资料来源：中国可再生能源学会风能专业委员会。

从发展历程来看，中国风电市场之所以能够迅速发展，支持性产业政策是一大关键因素，尤其是电价的适时调整，促进产业规模的扩大和技术的进步。此外，3.5亿千瓦的装机规模彰显中国强大的工业制造实力。风电产业的发展，离不开基础制造、生产线管理、质量把控等方面的经年积累。随着行业技术的成熟和制造成本的下降，风电进入平价时代，将迎来更多的发展机会。

图8.3是2008—2021年全国不同电源发电量的结构变化情况，

2021年风电发电量占比升至7.8%。从整体规模来看，2021年全国风电发电量为6 556亿千瓦时，较2010年增长近10倍。风电发电量占比基本达到全球平均水平，但仍有较大的提升空间。

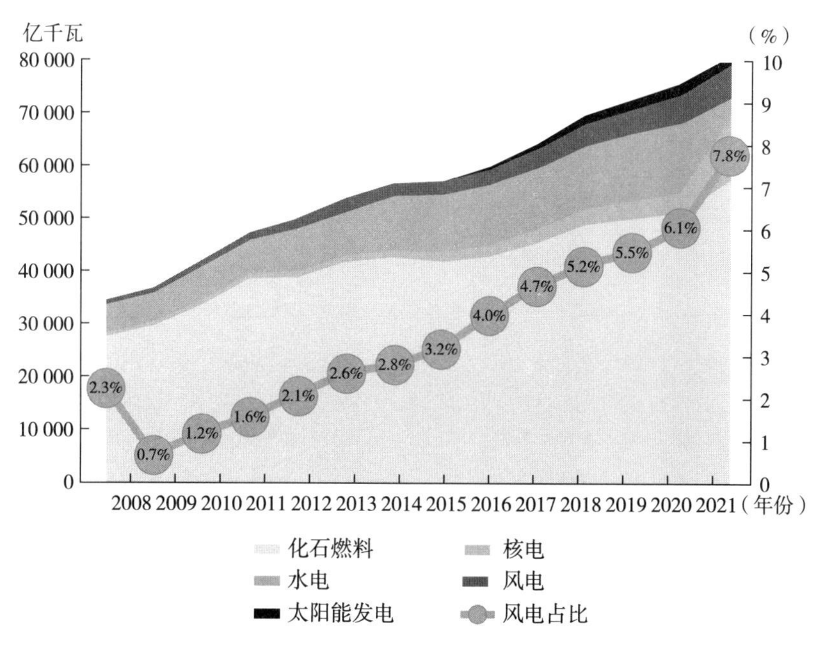

图8.3 2008—2021年中国不同电源发电量（亿千瓦时）

资料来源：中电联。

海上风电装机规模创历史新高，2021年，新吊装海上机组2 603台，新增装机容量达到1 448.2万千瓦，同比增长276.7%。截至2021年年底，全国海上风电累计装机5 237台，容量达到2 535.2万千瓦。

2021年，全国六大区域的风电新增装机容量占比分别为中南25.8%、华东23.9%、华北18.4%、西北16.2%、东北10.6%、西南5.1%。“三北”地区新增装机容量占比为45%，中东南部地区新增装机容量占比达到55%（见图8.4）。全国六大区域中（见图8.5），中南地区新增装机容量最多，为 1 443 万千瓦，占全国新增装机容量的 25.8%，其中包括广东（9.7%）、河南（7.6%）、湖北（3.4%）、广西（3.0%）、湖南（2.1%）。

2017—2021年“三北”和中东南部区域装机占比

（%）
60
50
40
30
20
10
0
45 43 50 52 45
55 57 51 48 55
2017 2018 2019 2020 2021
2017 2018 2019 2020 2021（年份）
“三北”
中东南部

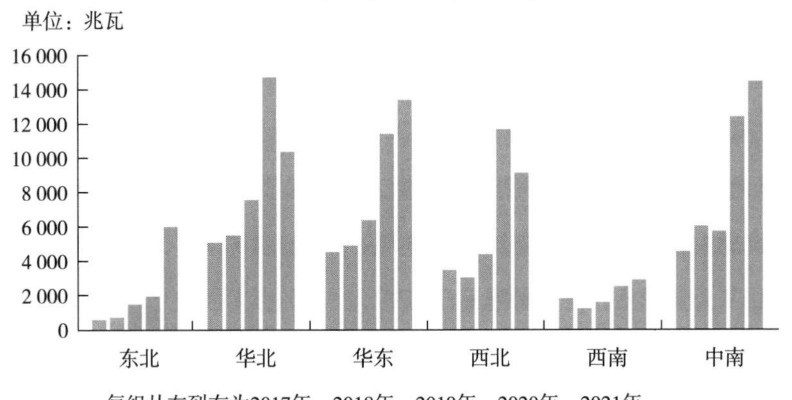

图 8.4　2017—2021 年“三北”和中东南部区域装机占比

资料来源：中国可再生能源学会风能专业委员会。

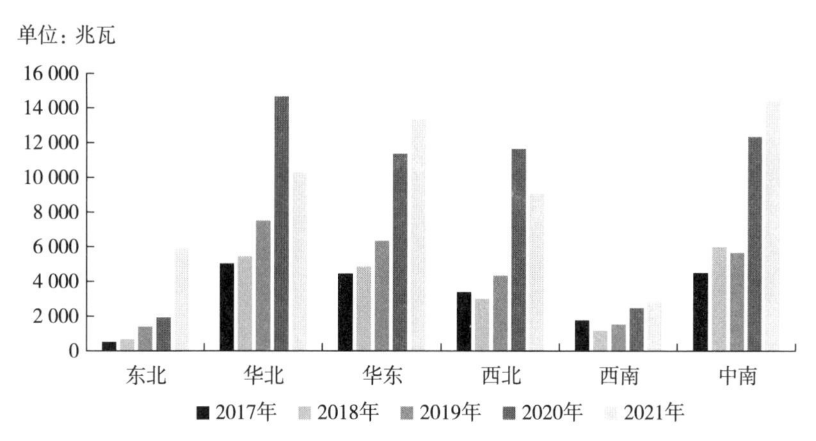

图 8.5 2017—2021 年全国六大区域风电新增装机容量

资料来源：中国可再生能源学会风能专业委员会。

目前，我国海上风电进入规模化发展阶段，江苏、广东引领了中国海上风电发展。在 11 个沿海省市中，目前有 9 个省市有海上风电装机（见图 8.6），其中，江苏省海上风电新增装机容量和累计装机容量均居全国之首，累计装机容量超过 1 100 万千瓦，占全国全部海上风电累计装机容量的 46.5%，其次分别为广东 24.6%、福建 9.1%、浙江 7.4%、辽宁 4.2%、上海 4.0%。

大力发展海上风电，有助于加快沿海省份能源转型进程，实现地区经济结构转型升级，建设海洋经济强国和海洋经济强省。目前，海上风电还无法做到平价上网，仍需政府提供适当的支持，从而保持一定的开发规模，形成市场拉动，确保技术进步持续下去。希望中央和沿海省份能够出台扶持政策，助推海上风电在未来 3 年内顺利过渡到平价上网，具体措施包括：一是加强统筹规划，坚持集中连片开发，单体规模应不低于 100 万千瓦。二是海上升压站和海底电缆等送出工程由电网投资，成本纳入输配电价。三是通过“以奖代补”的方式，支持重点产品与项目创新开发，促使行业实现跨越式创新。四是成立海上风电发展促进基金，推动项目长期贷款利率降至3%以下。

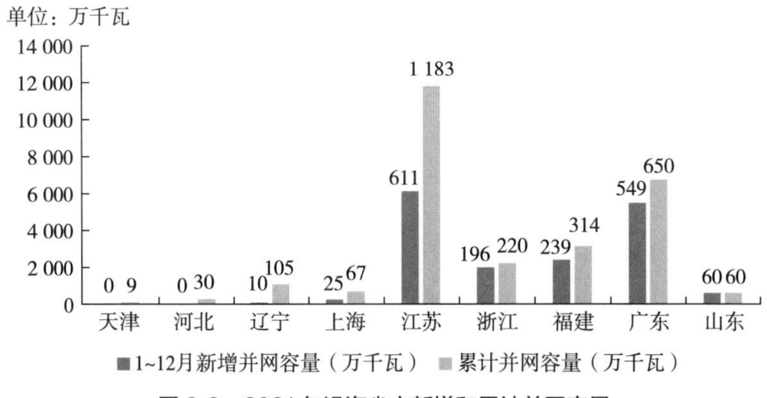

图8.6　2021年沿海省市新增和累计并网容量

资料来源：中国可再生能源学会风能专业委员会。

“三北”地区风能资源储量大、风速高，度电成本甚至低于常规火电，适合大规模集中开发。面对更大的装机规模，依靠特高压外送难以在短期内解决风电消纳问题。在安全运行的前提下，逐步压低火电厂尤其是自备电厂的发电量，可对解决大规模风电消纳问题产生立竿见影的效果。风电将是清洁、便宜的稀缺资源，可以吸引对低价、清洁电力需求量大的产业向“三北”地区转移，从而使风电从零碳便宜的“价格洼地”转变成工业企业的“价值高地”。在“三北”风电等新能源富集区域，与地方政府、工业园区、高耗能产业等各行各业建立广泛的合作关系，打造零碳电力基地，以最具市场竞争力的绿色电力，吸引出口产业园区、高载能工业区，以及制造、数据等产业向内陆地区转移，不仅可有效缓解中东部减排压力，还能一举多得地促进区域产业升级，提升经济发展水平，助力东北再振兴和西部大开发。

表 8.1 截至 2021 年中国风电出口的国家和地区

装机容量 < 50 兆瓦		装机容量 50~200 兆瓦		装机容量 200~500 兆瓦		装机容量 ≥ 500 兆瓦	
乌兹别克斯	0.75	罗马尼亚	50	加拿大	210	巴基斯坦	576.5
玻利维亚	3	保加利亚	51.5	哈萨克斯坦	232.86	美国	758.85
丹麦	3.6	法国	76.75	塞尔维亚	238.5	澳大利亚	1 485.48
英国	3.75	古巴	87.5	智利	261.34	越南	2 446.8
摩洛哥	4	意大利	105.1	印度	268.5		
芬兰	4.5	巴西	115.5	巴拿马	270		
荷兰	7.9	泰国	122	埃塞俄比亚	324		
白俄罗斯	11.5	瑞典	133.5	阿根廷	414.6		
厄瓜多尔	16.5	乌克兰	144	南非	451		
塞浦路斯	20	克罗地亚	156				
德国	22.5	墨西哥	160				
希腊	26.3	土耳其	168.05				
俄罗斯	35						
西班牙	38.5						
菲律宾	40						
黑山共和国	46						
伊朗	49.5						

以全球产业链为视角来观察，中国风电机组累计出口到 42 个国家和地区。如表 8.1 所示，2021 年新增 4 个出口国家和地区，分别为塞尔维亚（运达股份出口）、乌克兰、德国和荷兰（均为金风科技出口）。从出口规模来看，2021 年，中国向海外出口风电机组容量为 326.8 万千瓦，同比增长 175.2%。截至 2021 年年底，中国风电整机制造企业已出口风电机组共计 3 614 台，累计容量达到 964.2 万千瓦。风电出口不是简单的设备出口，而是包括选址设计、机组安装、运维服务等全生态供应和服务体系，对企业的能力要求较高。随着全产业链体系的打通和完善，中国风电出口正处于一个大规模的发展期，产业链上的投资空间很大，未来风电出口将呈指数级增长。

中国风电企业在全球市场具有相当的竞争力。在 2021 年全球新增装机规模 Top 15 的整机制造商中，中国有 10 家，市场份额共占 53.5%；欧洲有 4 家；美国有 1 家，与上年持平。截至 2021 年年底，在全球风电累计装机容量 Top 15 的整机制造商中，有 8 家为中国企业（见表 8.2）。

表 8.2　2021 年全球风电整机制造商排名

排名	国家	整机制造商	截至 2021 累计装机（兆瓦）	截至 2021 累计市场份额
1	丹麦	Vestas	152 502	17.5%
2	德国 & 西班牙	SGRE	119 176	13.7%
3	美国	GE Renewable	98 111	11.3%
4	中国	金风科技	84 881	9.7%
5	德国	Enercon	57 003	6.5%
6	德国 & 西班牙	Nordex Acciona	42 117	4.8%
7	中国	远景能源	40 092	4.6%
8	中国	明阳智能	33 461	3.8%

续表

排名	国家	整机制造商	截至 2021 累计装机（兆瓦）	截至 2021 累计市场份额
9	中国	联合动力	23 469	2.7%
10	中国	上海电气	22 842	2.6%
11	中国	东方电气	20 950	2.4%
12	德国	Senvion	19 461	2.2%
13	中国	运达风电	18 803	2.2%
14	印度	Suzlon	18 128	2.1%
15	中国	华锐风电	17 090	2.0%

资料来源：欧洲风力发电展览会（Wind Europe），由欧洲风能协会（EWEA）举办。

从海上风电规模来看，2021 年是全球海上风电新增装机创纪录的一年。前 10 家制造商共安装了 3 340 台海上风电机组，约 20 吉瓦，其中有 7 家中国企业，占比约 76%（见图 8.7）。截至 2021 年年底，全球海上风电累计装机容量为 55.4 吉瓦，有 6 家中国企业跻身全球前十（见图 8.8）。

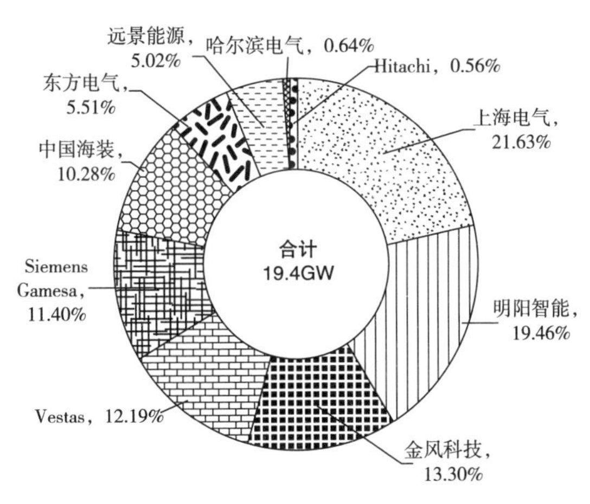

图 8.7　2021 年全球海上风电整机企业装机排名

资料来源：中国可再生能源学会风能专业委员会。

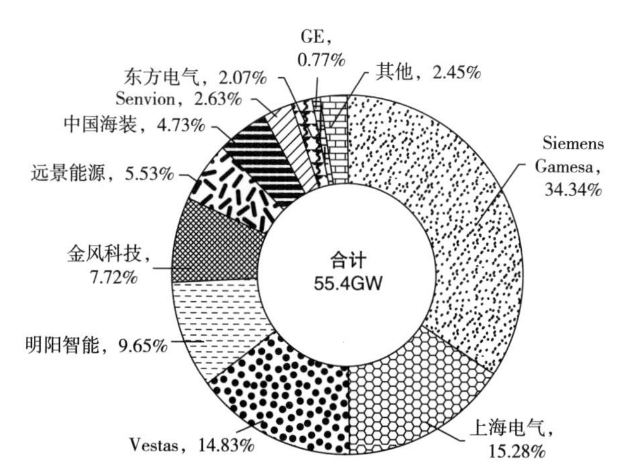

图 8.8　截至 2021 年全球海上风电整机企业装机排名

资料来源：中国可再生能源学会风能专业委员会。

根据国家气候中心的最新数据，中国陆上风电技术可开发量超过 86 亿千瓦。而目前陆上风电累计装机容量约为 3.2 亿千瓦，仅占资源可开发量的 3.7%，风能资源储量没有“天花板”。随着海上风电技术的进步，中国近海和深远海风能资源技术可开发量超过 22 亿千瓦。根据典型的陆上风电场项目经济性分析，在不考虑补贴和电量交易的条件下，项目收益率可以达到 7.5%~11.8%，LCOE 可降低到 0.12~0.3 元 / 千瓦时。而对于海上风电项目，目前仍不具备全面平价上网的条件，但海上风电技术进步的速度远超想象。表 8.3 是在项目全投资收益率 6.5% 的条件下反算，对粤东、粤西、浙江、江苏和山东区域进行平价评估，得出各区域实现平价的难易程度。粤东地区由于资源好、电价高，基本可以实现平价。

表 8.3 中国沿海典型区域在收益率 6.5% 的条件下实现平价的造价水平

区域	风资源条件	发电量水平（小时）	当前造价水平	平价造价范围	平价难度
粤东	8.5~9.5 米 / 秒强台风	3 600~4 000	14 200~15 000	14 340~16 060	资源好，电价高，基本可以实现平价
粤西	7.3~8.1 米 / 秒超强台风	3 100~3 500	14 200~15 500	12 290~13 990	资源一般，地质条件较差，平价有一定难度，需要降低 1 500~1 900 元 / 千瓦造价
浙江	7.2~7.8 米 / 秒弱台风	3 100~3 400	13 355~13 500	11 845~13 030	资源一般，地质条件较差，平价有一定难度，需要降低 600~1 000 元 / 千瓦造价
江苏	7.4~8 米 / 秒无台风	3 200~3 500	13 520~13 970	11 660~12 540	风资源条件一般，平价有一定困难，需要降低 1 500 元 / 千瓦左右
山东	7~7.6 米 / 秒无台风	3 000~3 300	12 900~13 080	11 175~12 245	风资源条件较差，平价困难，需要降低 1 000~1 700 元 / 千瓦

资料来源：中国可再生能源学会风能专业委员会。

注：当前造价水平按 4 500~5 000 元 / 千瓦风电机组价格测算。

“十四五”期间，保守估计全国风电新增规划容量突破 2.8 亿千瓦，最终可实现的增量远超 3 亿千瓦，2021—2022 年年均新增装机容量不低于 5 000 万千瓦，2024—2025 年约为 7 000 万~8 000 万千瓦；海上风电，“十四五”期间，中国沿海省份海上风电规划容量约为 5 500 万千瓦，平均每年新增装机容量约为 1 000 万千瓦。

图 8.9 是中国风电装机规模的预测情况。中国可再生能源学会风能专业委员会预测，未来五年年均新增装机容量为 5 500 万 ~5 800 万千瓦，到 2025 年累计装机容量为 6 亿千瓦左右，其中，海上风电累计装机容量将超过 6 000 万千瓦。

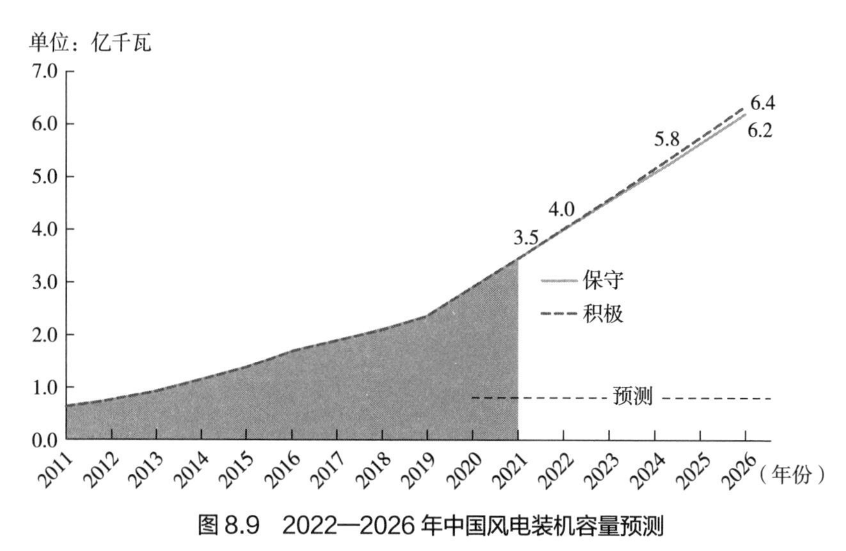

图 8.9　2022—2026 年中国风电装机容量预测

资料来源：中国可再生能源学会风能专业委员会。

风电成本方面，根据陆上风电项目平均单位千瓦造价情况（见表 8.4），测算出未来陆上风电项目的平准化度电成本到 2025 年约为 0.17~0.22 元 / 千瓦时；到 2030 年达到 0.15~0.20 元 / 千瓦时。根据海上风电项目平均单位千瓦造价情况（见表 8.4），测算出未来海上风电项目的平准化度电成本到 2025 年约为 0.26~0.28 元 / 千瓦时；到 2030 年达到 0.22~0.24 元 / 千瓦时。

表 8.4　2022—2030 年中国陆上风电和海上风电成本预测

2022—2030 年陆上风电成本预测				
陆上风电 LOCE（元 / 千瓦时）				
类别	2021 年	2025 年	2030 年	2021—2030 年下降百分比
陆上风电项目造价（元 / 千瓦）	5 000~6 500	4 200~5 500	3 800~5 000	24%
陆上风电平均加权 LCOE	0.21~0.26	0.17~0.22	0.15~0.20	23%~40%

续表

2022—2030 年海上风电成本预测				
海上风电 LOCE（元 / 千瓦时）				
类别	2021 年	2025 年	2030 年	2021—2030 年下降百分比
海上风电项目造价（元 / 千瓦）	13 500~15 500	10 000~11 000	8 500~9 500	38%
海上风电平均加权 LCOE	0.34~0.38	0.26~0.28	0.22~0.24	35%~37%

资料来源：中国可再生能源学会风能专业委员会。

中国风电产业链投资机会分析

中国风电已经形成成熟的产业链，从上游的原材料到中游的机组制造，“卡脖子”技术难题基本解决，轴承逐渐实现了进口替代。由于产业发展将进一步提速，再加上国家的大力支持，中国风电产业链依然存在广阔的发展空间。为全面审视中国风电产业链的发展，以下将从技术发展方向和市场集中度两个维度来分析风电产业链上各环节的投资机会。

1. 整机

从成本和产值来看，风电机组是陆上风电项目成本中占比最大的部分。“十四五”期间陆上风电机组价格预计在 1 500~1 800 元 / 千瓦。“十四五”期间陆上风电新增装机容量预计为 2 亿千瓦，年均 4 000 万千瓦，整机企业年产值超过 600 亿元。对海上风电而言，风电机组是项目成本中占比最大的部分。“十四五”期间海上风电机组价格预计在 3 500~4 200 元 / 千瓦。“十四五”期间海上风电新增装机容量预计为 5 000 万千瓦，年均 1 000 万千瓦，整机企业年产值超过 350 亿元。

从市场集中度的变化来看，整机设备企业技术门槛较高，近几年无新进入者。对陆上风电而言，整机企业 CR5 [①] 占比从 2017 年的 64.4% 增加到 2021 年的 68.1%，集中度相对稳定。对海上风电而言，早期上海电气占据国内海上风电市场大部分份额，但过去几年间，国内整机厂家不断发力，市场集中度逐步下降。“十四五”期间，明阳智能、金风科技、远景能源、中国海装、东方电气、哈电风能、运达股份等，均加大对海上风电的资源投入和产业布局，预计市场竞争将逐步加剧。

整机的技术路线也在变化。从传动链结构角度来看，目前风电机组较成熟的技术路线包括双馈、直驱、半直驱。相对于双馈和直驱，半直驱未来可能是海陆延展性相对较好的技术路线。半直驱的工作原理和优势在于增加了中速齿轮箱，发电机转子转速比永磁直驱高，可以减少永磁同步发电机转子磁极数，有利于减小发电机的体积和质量。由于大容量和成本优化的要求，风电机组大型化是主流趋势。大型风电机组虽然造价较高，但发电量更高，能够显著摊薄发电成本。且在同等装机规模下，所用机组数量大大减少，能够有效降低项目初始投资、施工与运维成本。在大型化趋势下，不同技术路线的风电机组产品在轻量化方面的成本差异凸显，半直驱技术将是各家企业未来布局的重点方向。

① CR5 指行业中排名前五位的企业占据的市场份额。

2. 叶片

叶片是风电机组的核心部件，也是技术创新的重点。叶片的尺寸、形状直接决定了能量转化效率，也直接决定了机组功率和性能。大型化、轻量化、耐用、低成本是叶片的发展方向。目前，陆上风电机组风轮直径最大已经超过 190 米，海上风电机组最大超过 210 米。在相同长度下，使用玻璃纤维作为增强材料的叶片重量明显大于使用碳纤维作为增强材料的叶片重量，从而影响风电机组的运行性能和转换效率。大型叶片的发展趋势预示着未来碳纤维有望成为主要的原材料，也将催生对碳纤维的巨大需求。但受制于碳纤维的高成本技术工艺，目前业界尚未实现碳纤维材料的大规模应用。当前碳纤维的成本在 800~1 000 元 / 千克，在短期内市场预计可以下降至 200 元 / 千克，实现批量供应。再进一步降到 80~100 元 / 千克，叶片的发展会实现突飞猛进。

从成本和产值估计来看，如果按海上风电机组当前中标均价 3 600 元 / 千瓦估算，在风电机组成本（见图 8.10）中，叶片成本占比 20%~30%，叶片单位千瓦价格约 700 元。“十四五”期间海上风电新增装机容量预计为 5 000 万千瓦，年均 1 000 万千瓦，海上风电叶片每年将带来至少 70 亿元产值。如果按陆上风电机组当前中标均价 1 600 元 / 千瓦估算，在风电机组成本（见图 8.11）中，叶片成本占比 23.5% 左右，叶片单位千瓦价格约为 380 元；“十四五”期间陆上风电新增装机容量预计为 2 亿千瓦，年均 4 000 万千瓦，陆上风电叶片每年将带来至少 150 亿元产值。

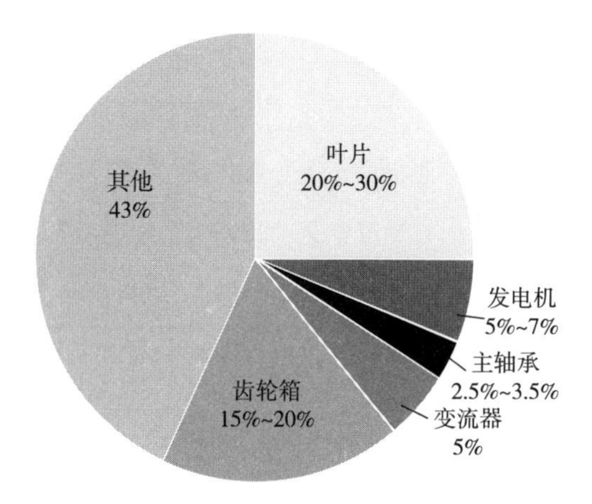

图 8.10 海上风电机组各部件成本构成

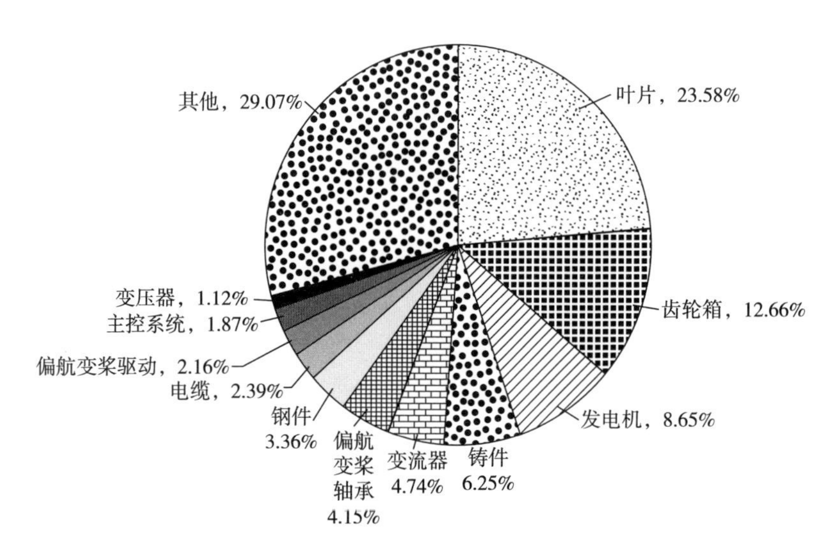

图 8.11 陆上风电机组各部件成本构成

资料来源：中国可再生能源学会风能专业委员会。

从市场集中度来看，叶片技术门槛高，市场集中度较高。叶片制造商分为两大类：独立的供应商和整机厂商自营。国内独立供应商主要有中材科技、艾郎科技、中复连众等。整机厂商自营叶片厂主要有明阳智能、东方电气、时代新材（中车）、洛阳双瑞（中船）、三一重能等。国内风电机组叶片主要集中在中材科技、时代新材、中复连众、明阳智能、双瑞风电。

3. 齿轮箱

目前，金风科技（少部分）、电气风电（部分）、远景能源、明阳智能、中国海装已装机的机组采用齿轮箱，金风科技、东方电气、哈电风能的机组为直驱路线，无齿轮箱。随着机组功率向 8~10 兆瓦，15~16 兆瓦发展，半直驱技术路线以成本优势成为未来的发展趋势。海上风电机组齿轮箱轴承、润滑油全部为国外厂家供应，占整个齿轮箱成本的 35% 左右。在海上风电走向平价的背景下，齿轮箱轴承全面国产化、行星级滑动轴承代替滚动轴承是必然趋势。

齿轮箱年均市场空间超过 35 亿元，市场集中度较高。整个齿轮箱市场，南高齿依靠品牌优势、规模效应稳居世界第一位，国内市场占有率高达 48%，具有行业绝对主导地位。德力佳、大连重工、南方宇航的规模优势凸显，重齿、华建天恒均超过 500 台，市场占有率合计 40%。其他齿轮箱制造商的市场占有率合计 12%，均处于投资规模相对较小、缺乏核心客户支撑、行业话语权弱、基本依靠低价参与竞争的状态。目前国内海上风电齿轮箱制造商主要有南高齿、南方宇航、长安望江、重齿、德力佳等。齿轮箱技术路线占比的增大，促使齿轮箱的需求增多，5 兆瓦及以上齿轮箱仍有 2 000 台左右的缺口，行业需要 1~2 家 1 000 台以上规模的齿轮箱制造商。预计明年和后年齿轮箱市场会出现严重的短缺。

4. 发电机

发电机已基本实现国产，发电机轴承正加速国产化。风电机组发电机产品类型主要有双馈异步、鼠笼异步、低速永磁、中速永磁、高速永磁等，国内企业已具有自主知识产权，半直驱技术或将成为下一阶段的主流，轻量化将成为未来该技术路线的重点发展方向。发电机中的零件和原材料基本实现国产，轴承和润滑脂因客户对国产产品的认可度不高而选择非国产，非国产化零部件占整个发电机成本的20%左右，在风电全面平价及海上风电加速走向大兆瓦的背景下，发电机轴承全面国产化是必然趋势。

从市场竞争的角度来看，发电机行业集中度较高，产能相对饱和。目前国内风电发电机制造商主要有永济电机、中船汾西、株洲电机、湘电、弗兰德、上海电气、东方电气等。永济电机产能最高，2021 年达 5 000 台套；株洲电机年产能达 4 500 台套；中船汾西年产能为 2 500~3 000 台套；湘电年产能达 2 500 台套（见表 8.5）。在亚太地区，四家制造商在 2021 年发电机总产能中约占 59%。

表 8.5　发电机市场产能前四位企业概况

序号	供应厂家	企业简介	主要产品	2021 年产能
1	永济电机	是中国风力发电机配套企业，具备国内全系列风力发电机产品的研制及配套能力。已累计为国内外风电场提供各类型风力发电机 40 000 余台，产品分布全球 1 600 多个风电场，占目前在运行风力发电机总量的 30%，其中直驱永磁风电占国内市场份额超过 40%	双馈、笼型、永磁	5 000 台套
2	株洲电机	研制出直驱永磁同步风力发电机、风冷及水冷双馈风力发电机、高速永磁同步风力发电机、集成式半直驱永磁同步风力发电机、异步风力发电机等系列产品，是中国风电行业涉及技术路线最齐全的企业之一	异步风力发电机、双馈风力发电机、永磁同步风力发电机	4 500 台套

续表

序号	供应厂家	企业简介	主要产品	2021 年产能
3	中船汾西	拥有我国最大的造修船基地和最完整的船舶及配套产品研发能力，能够设计建造符合全球船级社规范、满足国际通用技术标准和安全公约要求的船舶海工装备，是全球最大的造船集团	—	2 500~3 000 台套
4	湘电	是国家重大技术装备国产化研制基地、高技术产业基地和国家创新型企业。主要为我国国防、电力、能源、矿山、交通、化工、轻工、水利等建设事业服务，大型国防装备、电工成套装备、大型水泵和兆瓦级风力发电装备的开发应用在国内起主导作用，逐步形成了“电机＋电控＋电磁能”核心业务群	鼠笼风力发电机、双馈风力发电机、半直驱永磁同步风力发电机、永磁直驱风力发电机等	2 500 台套

资料来源：中国可再生能源学会风能专业委员会。

5. 变流器

中国风电变流器已基本完成国产替代，“十四五”期间年均产值预计为 10 亿元。早期，因国内风电变流器制造商缺乏应用经验，主要供应商为 ABB、艾默生等国外厂商。目前，国外品牌逐渐被国产品牌替代，主要供应商为禾望电气、阳光电源、日风电气、海得控制等。与陆上风电变流器相比，海上风电变流器产品功率更大，可靠性、稳定性以及环境适应性要求更苛刻，禾望电气、阳光电源、瑞能电气为主要的海上风电变流器供应商。截至目前，禾望电气的海上风电产品生产量相对领先，其电气中压 IGCT 变流器于 2018 年在福建兴化湾风电场实现了并网运行，实现了国内中压变流器在海上风电领域“零”的突破，打破了 ABB 在海上风电中压变流器领域的垄断。

6. 塔筒

风电塔筒制造主要材料有钢板、法兰、防腐油漆等。上游原材料是塔筒成本的主要构成因素，占比一般超过 80%（具体比例随钢价上下浮动）。风电塔筒生产工艺在产业链中相对简单，技术门槛较低，企业众多。此外，塔筒的运输成本较高，需要合理布局。

从市场空间来看，“十四五”期间风电塔筒年均产值预计将突破 250 亿元。“十四五”期间，陆上风电按照年均新增装机 4 000 万千瓦、风电机组单机容量按照 4 兆瓦测算，其塔筒设计重量为 260 吨 / 台，造价为 8 000~12 000 元 / 吨，陆上风电塔筒的年均产值预计将突破 200 亿元。海上风电按照年均新增装机 1 000 万千瓦、风电机组单机容量按照 8 兆瓦测算，其塔筒的设计重量为 450 吨 / 台，造价为 8 000~12 000 元 / 吨，海上风电塔筒的年均产值预计将突破 45 亿元。

目前塔筒行业集中度偏低，排名前四位企业（CR4）市场占有率约为 31%。风电塔筒主要制造企业有天顺风能、天能重工、泰胜风能、大金重工、海力风电（见表 8.6）。2020 年，CR4 市场占有率合计约 31%，行业集中度较低。其中，天顺风能稳居龙头，营收稳居行业第一，2020 年营业收入约为 81 亿元，同比上升 35%；其中风电机组塔筒及相关产品营业收入达到 50.5 亿元，市场占有率约为 10%；行业毛利率相对保持稳定。

7. 轴承

随着风电机组大型化，风电轴承的尺寸不断增大，对加工和行业研发能力的要求都更高，形成较高技术壁垒。目前，偏航变桨轴承已经全部实现国产，但 4 兆瓦以上主轴轴承主要依赖国际品牌。国产轴承主要厂家有洛轴、瓦轴、新强联等，主要供应小兆瓦风电机组主轴轴承产品，大兆瓦机组主轴轴承仍被 FAG、SKF 等垄断。国内研制

表 8.6 风电机组塔筒市场产能前四位企业概况

序号	供应厂家	企业简介	主营构成	资质认证	2020 年营业总收入（亿元）	2020 年销售毛利率（%）
1	天顺风能	是全球最具规模的风力发电塔架专业制造企业之一，在太仓、包头、珠海、丹麦等地设有多家生产基地，专业从事兆瓦级大功率风力发电塔架及其相关产品的生产、销售等	塔 62.38%；叶片 26.68%；发电 8.77%；其他业务 2.17%		81	23.49
2	天能重工	是国内专业的风机塔架生产商，主要包括 1.5 兆瓦、1.8 兆瓦、2.0 兆瓦、2.3 兆瓦、3.0 兆瓦及以上等风机塔架、海上风塔柱桩等		ISO9001 质量管理体系认证 ISO4001 环境管理体系和职业健康管理体系认证等	34.25	28.72
3	泰胜风能	是中国最早专业从事风机塔架制造的公司之一，也是国内外知名的风力发电机配套塔架专业制造商。公司产品主要为陆上风电塔架和海上风电塔架、导管架、管桩及相关辅件、零件等	塔架及基础段 72.98%；其他海上风电装备 25.74%；其他业务 1.28%	ISO9001；2008 国际质量体系认证、OHS AS18001：2007 职业健康安全管理体系认证等	36.04	21.48
4	大金重工	是国内技术领先的超大重型钢结构的生产制造企业，主要产品是陆上风力发电塔架和海上风力发电塔架及其相关零部件	风电塔筒 98.85%；其他业务 1.15%	ISO9001 质量体系认证、国家钢结构一级资质等	33.25	25.45

资料来源：中国可再生能源学会风能专业委员会。

大兆瓦主轴轴承的进程正在加快。

在装机容量提升、风电机组产量高速增长的背景下，上游风电轴承等零部件进入了高景气期。2021—2025年中国风电轴承市场规模复合年均增长率（CAGR）预计将达到13%。“十四五”年均新增风电装机容量分别有望达到5 000万千瓦，对应的风电轴承市场规模预计将达到106亿元。其中，陆上风电轴承年均市场空间约为85亿元；海上风电轴承年均市场空间将超过21亿元。

8. 海缆

海上风电项目用海缆主要包括风力发电机连接用海缆（阵列海缆）和机组并网使用的海缆（送出海缆），目前以35千伏阵列海缆和220千伏送出海缆组合为主。海缆占海上风电项目总成本的8%~13%（见表8.7）。由于海缆对耐腐蚀、抗拉耐压、阻水防水等性能要求严格，其材料选择、结构设计、生产工艺、质量管理、敷设安装、运行维护等方面的技术难度较高，整体的技术壁垒较高。此外，大幅度提升的运输安装敷缆能力，包括坐底式安装船、自升式安装船、起重船（浮吊船）、自升自航式安装船、大型海缆敷设船等的建设，为海上风电大规模发展保驾护航。全国敷缆船超过23艘，电缆装载量超过10万吨，每年支持海上风电装机容量超过1 500万千瓦。

表8.7　不同地区海上风电项目成本测算

配置	江苏（%）	广东（%）	福建（%）
风电机组（含安装）	48	43	45
塔筒	4	4	5
风电基础及施工	19	24	25

续表

配置	江苏（%）	广东（%）	福建（%）
基本预备费 / 施工辅助工程	1	1	1
35 千伏电缆	3	3	3
220 千伏送出电缆	5	10	5
海上升压站	6	3	3
陆上集控中心	1	2	2
用海（地）费用	4	3	3
其他	9	7	8

资料来源：中国可再生能源学会风能专业委员会。

从市场空间来看，保守估计“十四五”期间海缆年均产值为 105 亿 ~150 亿元。随着海上风电项目走向深远海，未来柔直及超高压输电的占比会越来越高，送出海缆的单位千瓦造价预计保持上升态势。在风电机组大型化趋势的推动下，场内输电从 35 千伏上升到 66 千伏，将带动海缆单位千瓦价格持续上涨。“十四五”期间，35 千伏列阵海缆和 220 千伏送出海缆的单位千瓦造价预计分别为 400~500 元和 650~1 000 元，结合各省份规划，“十四五”预计海上风电新增装机容量为 5 000 万千瓦，年均 1 000 万千瓦，期间两类海缆的年均产值分别可达到 40 亿~50 亿元和 65 亿~100 亿元。

海缆行业的市场集中度和产品毛利率均保持较高水平。目前国内仅有少数企业具备海缆生产能力，具备 220 千伏以上海缆批量生产能力的企业更少（见表 8.8）。

对于风电机组来说，安装运输仍然是现阶段必须进一步提升的重要环节，需要技术上的突破，以及合理的场地布局和规划。

表 8.8　海缆行业前五位供应厂家概况

序号	海缆供应厂家	地点	企业简介	产品和业务布局	2020 年公司收入（亿元）	2020 年海缆、电缆业务收入（亿元）	海缆、电缆业务毛利率（%）
1	东方电缆	浙江宁波	是国内海缆行业领先企业，拥有国内高端的海底电缆和海洋脐带缆生产基地	海缆、海洋工程，陆缆	50.38	21.79（主要是海缆）	53.72
2	中天科技	江苏如东	是我国最早从事海缆业务的企业之一。2001 年成为首家通过海底光缆生产国家级鉴定的企业，稳居国内海缆龙头，海外业务成功拓展	海缆、海底观测、勘探、缆敷设、海上风电基础设施、风机吊装	440.66	46.67（海缆＋海洋工程）	42.80
3	亨通光电	江苏苏州	是国内规模最大、产业链最为完整的信息与能源网络综合服务商之一，其主营业务涵盖光通信和智能电网传输两大行业，为客户提供全价值链集成服务	海底电缆、海底光缆、海洋工程、光纤光缆、通信设备	323.84	33.14（海缆＋海洋电力通信）	43.30
4	汉缆股份	山东青岛	电线电缆高新技术研发和生产经营的国家重点高新技术企业、原电力部和机械部定点生产电线电缆的专业厂家	电力电缆、通信电缆、光缆等	69.51	49.78（海缆＋陆上电缆）	22.84
5	宝胜股份	江苏扬州	是中国航空工业集团公司旗下的上市公司，是中国电线电缆行业国有大型控股企业	500 千伏及以下电线电缆、电缆材料，海底电缆	341.38	114.6（海缆＋陆上电缆）	15.06

资料来源：中国可再生能源学会风能专业委员会。

中国风电机组大型化发展情况

风电机组单机容量不断增大。2021 年，中国新增装机的风电机组平均单机容量为 3 514 千瓦（见图 8.12），同比增长 31.7%。其中，陆上风电机组平均单机容量为 3 114 千瓦，海上风电机组平均单机容量为 5 563 千瓦。目前推出的最新陆上风电机组已经达到 8 兆瓦级别，海上风电机组已经达到 18 兆瓦级别。

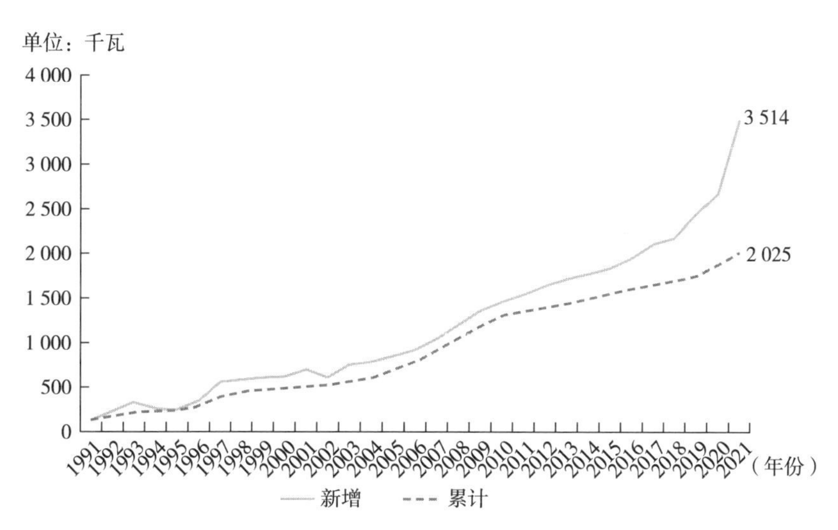

图 8.12　1991—2021 年全国新增和累计装机风电机组平均单机容量

资料来源：中国可再生能源学会风能专业委员会。

风电机组轮毂高度达到新高度。2021 年，在全国新增装机的风电机组中，平均轮毂高度达到 107 米，比 2020 年增长 6 米；2021 年轮毂高度最大值为 166 米，比 2020 年增长 4 米（见图 8.13）。目前风电机组轮毂高度最高达到 170 米。

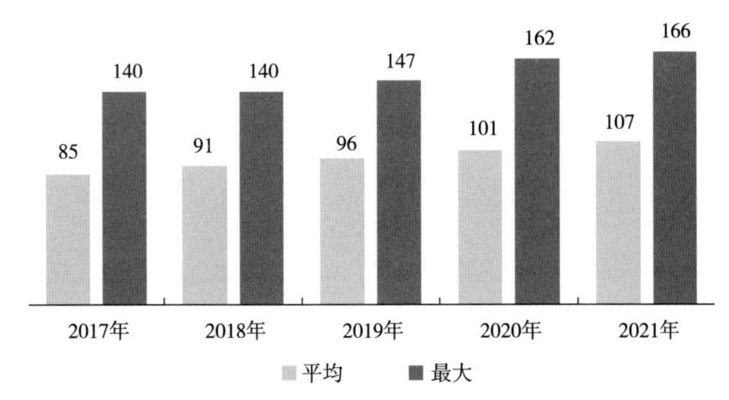

图 8.13　2017—2021 年全国新增风电机组平均和最大轮毂高度

资料来源：中国可再生能源学会风能专业委员会。

风电机组风轮直径增大趋势明显。2021 年，平均风轮直径增长到 151 米，较 2020 年增长 15 米（见图 8.14）。2022 年，陆上风轮直径最大已经超过 200 米，海上最大超过 260 米。

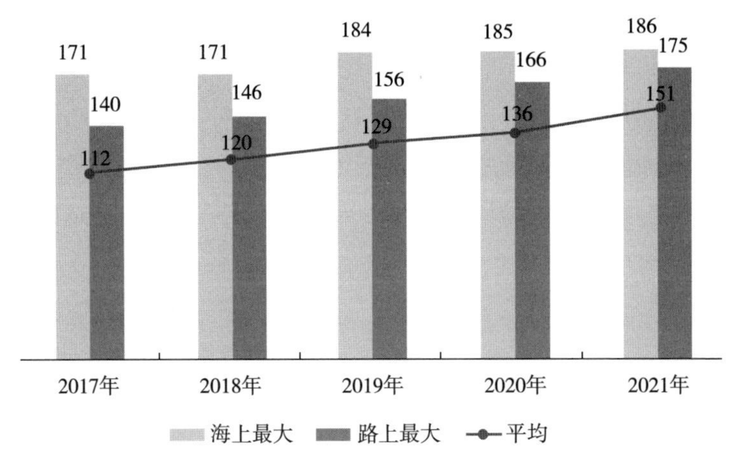

图 8.14　2017—2021 年风电机组风轮直径变化

资料来源：中国可再生能源学会风能专业委员会。

技术进步趋势

随着风电技术的进步，风电机组发电性能提升空间巨大，包括机组可靠性提升、机组发电性能提升、国产化替代、并网性能提升以及噪声、消防、可维修性等性能提升。相应的技术途径包括：叶片翼型优化、先进的控制策略、长叶片的应用、柔塔和混塔等高塔架技术、精细化微观选址、定制化机组设计、大部件效率提升等。

基于各种技术改进方案的潜力、复杂性和现场应用的可能性，需要针对风电机组发电性能提升进行更加详细的研究和开发。技术进步的提升效果随不同环境条件和所采用的新技术而不同，典型的技术进步在特定应用场景下对机组发电性能提升的效果大致如下：采用先进的控制策略，同比提升发电量 1%~5%；采用长叶片，同比提升发电量 5%~12%；采用高塔架技术，同比提升发电量 10%~15%。

依托于先进控制技术和材料科学的进步，过去十年风电机组的风轮直径不断突破，增加到原来的 2 倍，同样风况条件下的发电量增加到 3 倍左右，即使在风电场单位千瓦造价下降不多的情况下，平准化度电成本也可以下降到原来的 50%。最新的风轮直径已经突破 200 米，可以预计未来 3~5 年，相同风电场的发电量会再增加 3 倍左右，度电成本可以再降一半。此外，运输、吊装、运维设备和船舶进一步专业化，也大大提高了海上风电机组建设效率，降低了成本。根据国际可再生能源署的成本数据库，2010—2021 年，我国陆上风电平准化度电成本下降了 66%，海上风电平准化度电成本的降幅接近 56%。总体来看，中国陆上风电平准化度电成本已经与传统化石能源发电成本基本持平甚至更具市场竞争力，海上风电平准化度电成本有望在未来三年内实现平价上网。

从机组大型化推动的技术进步方向来看，现在国内海上风电10~11兆瓦的风电机组已经批量生产，18兆瓦的样机已下线，未来几年可能会有20兆瓦级风电机组下线。叶片长度已经超过120米。面对这种大型化趋势，需要引入更多的技术组合。首先，机组机舱形式进步要求传动链形式从直驱到中速紧凑、中速主轴逐步探索。此外，新材料探索应用为大型化的持续发展带来潜力。以叶片为例，碳纤维替代玻璃纤维能够使叶片减重15%~20%，叶片可以做得更长、更大、更轻。材料科学的进步融入风电行业，会使我国风电的大型化产生天翻地覆的变化。

智能化技术方面，现有图像识别、无人机、数字孪生等技术的应用，使风电的运营效率大幅提升，从故障性维修转为状态监测和预防性维修，风电机组更加智能。此外，虽然现在中尺度模拟已很准确，但在叶片大型化趋势下，原有的动力学原理将发生质的改变，比如叶片变得更轻柔后，气弹问题需要更精细的模拟。微尺度的CFD模拟技术、数字仿真技术如果能取得突破，将提高精细化的设计水平，使风电实现飞跃。

机组基础进步方向呈现多样化趋势。漂浮式机组已有示范，如“三峡引领号”、中国海装“扶摇号”。吊装运维方式也在持续进步，不断增大、更加先进的吊装船，比如“铁建风电01”等，将有效降低大型机组的安装成本。2021年，我国首个柔性直流海上风电项目——三峡集团江苏如东海上风电项目的首台机组正式并网发电，标志着我国对柔直输电系统的持续探索取得阶段性成果，有望形成新的合作开发与集中送出工程建设模式。

当前，风电产业链上仍存在短板亟待补齐。为了进一步提高效率、降低成本，需要业界围绕关键与共性技术进行攻关。为此，应当加快公共技术研发试验平台建设，可由第三方中立机构牵头，企业共同参与，以国家投资为主、企业集资为辅的方式，建设起传动系统、叶片、轴承等研发试验平台。针对风电的未来发展趋势，公共技术研发试验平台可以有效降低成本，推动风电产业实现可持续发展。为此，我们提出了一个“超级链接”创新平台的基础框架（见图 8.15）。通过“超级链接”创新平台，发布技术信息，寻找潜在技术使用者或投资方，推动创新技术从实验室走向市场。技术走向市场的过程也是政策博弈和投资抉择的过程，即政府的政策影响和干预逐渐减弱，而企业和金融机构的投资和融资影响逐渐增强。关键在于依靠“资本”激活风电产业链技术创新的“超级链接”，随着技术成本的下降和市场的扩大，实现从产品技术的推动到市场需求的拉动，最终完成技术基础研发到完全商业化的全过程（见图 8.16）。

具体来看，“超级链接”创新平台的业务模式分为四个关键步骤。步骤一，政策透析，为创新技术企业提供政策支撑；定期发布国家、地方政府实行相关政策的分析和解读；根据客户需求，提供量身定制技术评估专题报告。步骤二，专业咨询，明确企业需求，发现技术、市场发展瓶颈；量身制定商业模式，减少项目不确定因素；跟踪推进项目进展；提供技术评价、标准、检测、认证、尽职调查等服务。步骤三，战略衔接，为企业对接客户、政府搭建融资平台；通过技术聚集、资金整合和政府关系管理政策引导，逐渐形成多元化、多层次的高新技术产业发展投入格局。步骤四，交流合作，建立咨询平台，加强创新技术发布；加强创新技术企业、客户、用户、业主、投资方及其他相关方的合作。四个关键步骤相互连接、相互补充，连贯性地全面满足合作伙伴的专业和战略需求。

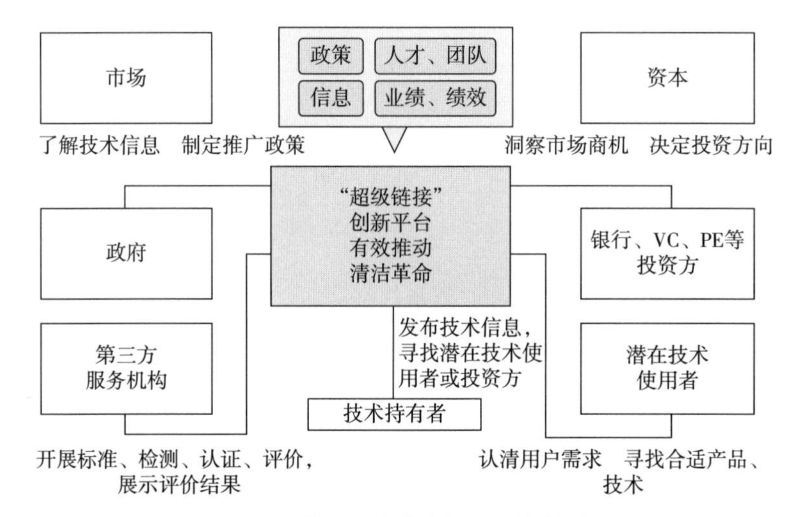

图 8.15 “超级链接”创新平台基础框架

资料来源：中国可再生能源学会风能专业委员会。

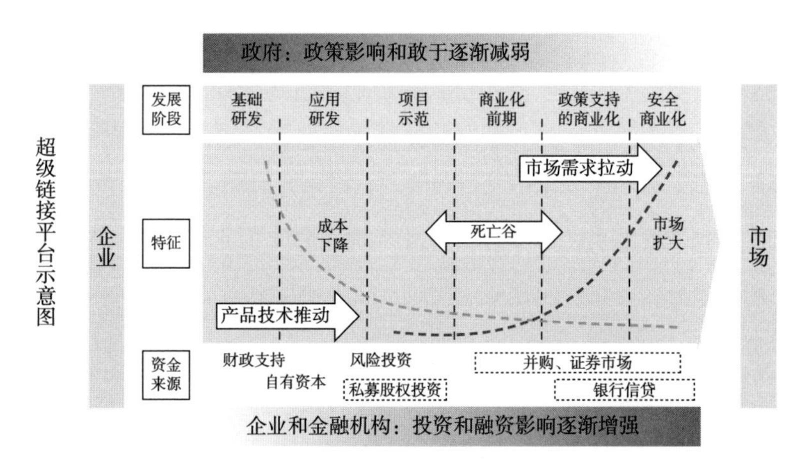

图 8.16 “资本”激活风电产业链技术创新的“超级链接”

资料来源：中国可再生能源学会风能专业委员会。

国外风电市场发展情况及趋势

风电在很多欧洲国家已成为主力电源。2021 年，风电发电量在欧盟总发电量中的占比达 13.6%，风电超越水电成为发电量最大的可再生能源电源。丹麦的风电满足国内 47.8% 的全年电力需求（见图 8.17）。

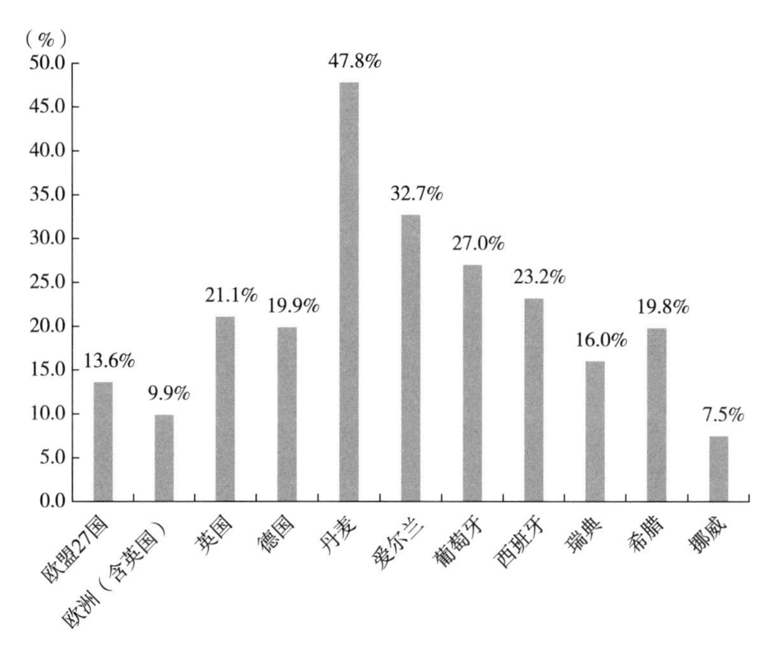

图 8.17　2021 年风电在欧洲主要国家电力消费中的占比情况

资料来源：全球风能理事会（GWEC）。

2021 年，是全球风电新增装机容量历史第二高的年份。十几年来，全球风电累计装机容量快速增长（见图 8.18），由 2008 年的 121 吉瓦增至 2021 年的 873 吉瓦。2021 年全球新增风电并网装机 93.6 吉瓦，同比增加 1.8%，其中陆上风电新增装机 72.5 吉瓦，海上风电新增装机 21.1 吉瓦。2021 年全球风电新增装机容量与上年同比减少

1.8%，排名前五位的国家占据全球陆上新增装机容量的 75.1%。

2021 年，全球海上风电新增装机容量创历史新纪录。2021 年全球新增海上风电装机 21.1 吉瓦，同比增长超 3 倍，占全年全部新增装机容量的 22.5%。其中，中国占 80%，累计装机容量超过 25 吉瓦。

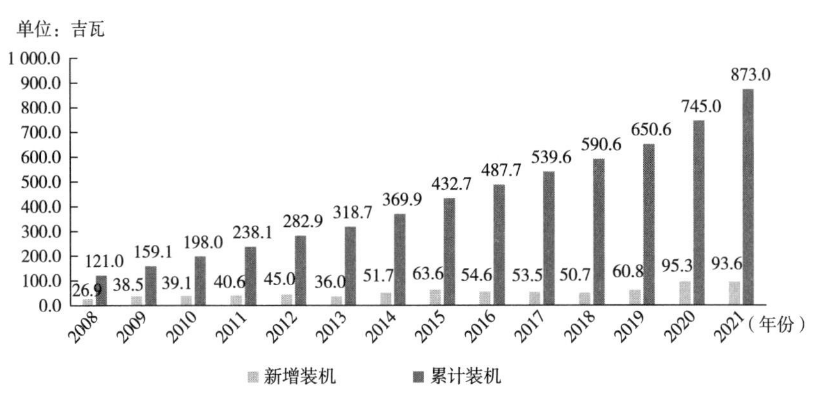

图 8.18　2008—2021 年全球风电新增装机容量和累计装机容量

资料来源：全球风能理事会。

欧洲由于风能自然资源优越，再加上传统机械制造业发达，风电行业一直处于全球领先地位。从新增装机规模来看，2021 年，欧洲风电新增装机容量为 17.4 吉瓦，同比增长 17.6%。其中，陆上风电新增装机 14 吉瓦，占比 80%；海上风电新增装机 3.3 吉瓦，占比 19%。从各个国家来看，2021 年新增装机容量排名前三位的国家是英国、瑞典、德国，新增装机容量分别为 2.65 吉瓦、2.10 吉瓦、1.93 吉瓦，占比 15.20%、12.09%、11.06%。海上风电新增装机容量较大的国家为英国、荷兰、丹麦，海上风电新增装机容量分别为 2.32 吉瓦、0.39 吉瓦、0.61 吉瓦。从累计装机规模来看，截至 2021 年欧洲风电累计装机容量为 236 吉瓦，同比增长 7.76%。其中，陆上风电累计装机容量为 207 吉瓦，占比 88%；海上风电累计装机容量为 28 吉瓦，占比 12%。

2022—2026 年全球风电市场年均增速预计在 6.6% 左右。风电是加速全球能源转型、实现碳中和目标的重要支撑。加之出于全球能源安全形势的考虑，中期来看风电发展迎来前所未有的历史机遇期。未来 5 年陆上风电复合年均增长率预计为 6.1%，年均增长约 94 吉瓦；海上风电复合年均增长率为 8.3%，年均新增约 18 吉瓦（见图 8.19）。

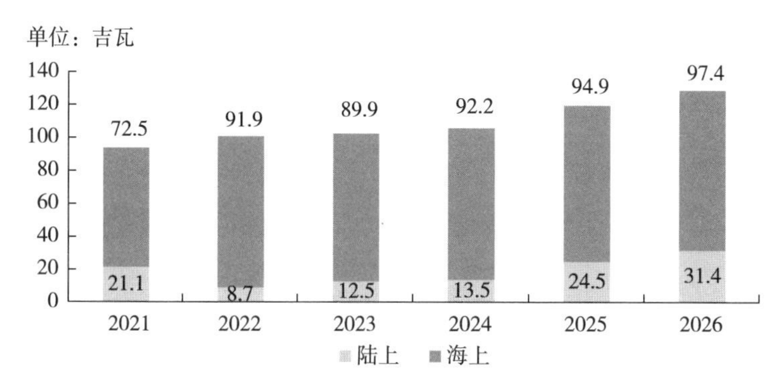

图 8.19 2022—2026 年全球风电新增装机预测

资料来源：全球风能理事会。

近年来，随着技术的成熟，发展海上风电的优势逐渐明显：易于进行规模化部署、漂浮式技术将"解锁"深远海潜能、实现净零目标的战略能源类型、潜在协同效应、技术创新大幅降低成本等。欧洲海上风电规划量明显增长，海上风电预计迎来大规模发展。根据不同阶段欧洲各国的海上风电发展目标（见表 8.9），2030 年各国规划海上风电装机容量分别为：英国 50 吉瓦、德国 30 吉瓦、荷兰 22.2 吉瓦、丹麦 12.9 吉瓦、比利时 5.7 吉瓦、爱尔兰 5 吉瓦、西班牙 3 吉瓦，合计 128.8 吉瓦；2021 年欧洲海上风电累计装机容量仅为 28 吉瓦。假设上述装机目标均得到实现，则2021—2030年间欧洲海上风电增速可观。

从全球各地来看，亚太地区是目前风电新增装机容量和累计装机容量最多的地区，分别占全球的58.91%和48.26%。其中，越南、印度、日本和韩国都制定了相应的风电增量发展规划。根据越南PDP8草案中的风能目标，到2030年，越南风电将增加至18~19吉瓦；其中，越南海上风电装机容量将增至7吉瓦，越南将成为未来全球风电发展的重要市场。目前，越南正在引领东南亚的能源转型，2019—2021年，越南安装了近4吉瓦的风电。2022—2031年，越南将成为东南亚海上风电市场的领导者。

表8.9 欧洲主要国家规划的海上风电发展目标

国家	2027年	2030年	2035年	2040年	2045年	2050年
欧盟		≥60				≥300
英国（2022年4月）		50				
德国（2022年4月）		30	40		≥70	
荷兰		22.2				
丹麦（2022年6月）		12.9				
比利时		5.7				
法国			18			40
波兰	10.9					
挪威（2022年5月）				30		
爱尔兰		5				
西班牙		3				
Esbjerg公告（2022年5月）		≥65				≥150

印度2021年新增陆上风电装机容量达到1.45吉瓦，占全球陆上风电的2%；截至2021年底，印度陆上风电累计装机容量约为

39 吉瓦，占全球陆上风电的 5%。根据印度新能源和可再生能源部（MNER）规划的目标，到 2030 年，印度风电装机容量将增加至 140 吉瓦；其中，海上风电装机容量将增至 30 吉瓦。

2021 年，日本风电装机容量达到 4.58 吉瓦，机组数量为 2 574 台。日本于 2020 年启动了该国历史上首次海上风电开发权拍卖工作，并批准了“海上风电产业愿景”。根据《日本海上风电产业愿景》规划，日本计划到 2030 年海上风电累计装机容量达 10 吉瓦，将带动 5 兆~6 兆日元的直接投资，间接带来 13 兆~15 兆日元规模的经济效益，同时带来 8 万 ~9 万的就业岗位。

继绿色新政后，韩国在 2020 年宣布、并于 2021 年通过了净零承诺，开始布局海上风电，特别是漂浮式海上风电，逐渐引起国际可再生能源市场的关注。韩国政府计划，到 2030 年海上风电规模将达到 12 吉瓦，根据《碳中和绿色成长法案》规定，这一目标将上调至 18 吉瓦，成为全球海上风电五强之一。

可以明显地看到，各主要国家和地区都出台了鼓励风电发展的行业政策。未来，亚太地区和欧洲仍是推动全球风电市场不断发展的中坚力量。现今全球风电开发仍以陆上风电为主，未来海上风电将被广泛认为是风电行业的发展方向。各主要国家和地区也都将之作为重点战略方向制定了积极的长期目标，海上风电将在全球范围实现快速增长。

总之，风电是最具发展潜力的可再生能源技术之一，风电技术的进步脚步不会停止。从市场的角度来看，需求是推动创新和技术发展的最主要力量。现在要应对气候变化、实现碳达峰碳中和目标、解决能源安全问题，有这样明确的市场需求，风电的前景是无限光明的！

氢能技术与产业发展趋势展望

柴茂荣[1][2]　李星国[3]　魏锁[4]

面对气候变化、环境挑战、能源资源约束，世界主要经济体特别

① 按作者姓氏拼音排序，不分先后。

② 柴茂荣，国家电投集团氢能科技发展有限公司首席技术官、日本琦玉工业大学教授。1988 年获日本文部省奖学金留学日本，获九州大学燃料电池学科工学博士。曾在日本财团综合研究所任职多年，牵头参与多项日本国家攻关项目。2017 年回国任国家电投集团氢能科技发展有限公司董事、首席技术官。兼任中国能源研究会副主任委员、科技部 145 氢能燃料电池专家组副组长。国际知名燃料电池专家。2020 年获得“年度中国能源创新人物”称号，2021 年获得“大国工匠”称号与“电力优秀科技工作者”。

③ 李星国，北京大学博雅特聘教授，北京大学化学学院无机化学研究所前所长、北京大学工学院材料系前主任，日本广岛大学客座教授，国家杰出青年科学基金获得者，中国军事科学院防化院客座专家。中石化氢能产业链建设咨询专家委员会专家，中国交通运输协会氢能车船专家组专家，IEEE PES 储能技术委员会（中国）氢储能技术分委会副主席，中国可再生能源学会氢能专业委员会委员，北京未来科学城氢能技术协同创新平台专家，中国颗粒学会荣誉理事，中国粉末冶金学会理事（超细与纳米材料学术委员会主任），机械工程学会粉末冶金分会副主任，中国稀土学会理事。自 1987 年起从事氢气制备、储存和应用等研究。曾主持和参加过 50 余项包括国家自然科学基金，科技部、教育部、国防部及其他部委和省基金等项目，多项企业合作项目。在 *Energ Environ Sci*，*JACS*，*Angew Chem*，*Adv. Mater.*，*Mater. Today*，*Adv. Energy Mater.*，*Nano Energy* 等国内外重要学术杂志上发表 SCI 论文 400 余篇，编著《氢与氢能》等专业书籍 14 本。2002 年获得日本材料技术研究协会外国人特别奖，2005 年获得美国通用公司和基金委联合设立的“GM 中国科技成就奖”，2018 年获得中国稀土科学技术奖二等奖。

④ 魏锁，中国产业发展促进会副会长、氢能分会会长，研究员级高工，长期从事能源领域研究与管理工作。曾任国家电力投资集团党组成员、副总经理，负责核电国家科技重大专项管理，分管核能、科技创新、战略规划、企业改革、人力资源管理等工作，组织推动国家科技重大专项取得了一系列突破性进展和里程碑式成果，在分管领域形成了富有创新性和实践意义的特色经验。

是发达国家纷纷制定了能源转型战略，采取更加积极的低碳政策，不断寻求低成本的清洁能源替代方案，推动经济向绿色低碳转型。在各国积极财政政策的支持下，近年来，世界能源科技创新进入活跃期，目前处在第三次能源革命的进程中。氢能被认为是 21 世纪最具潜力的清洁能源，未来的能源体系将向清洁低碳、电为核心、电氢体系转变。

碳达峰碳中和背景下的氢能定位

氢能技术从研发、制备到应用，经历了很长时间，现今备受重视，既是应对世界气候变化的要求，也是实现碳达峰碳中和目标的要求。面对二氧化碳等温室气体减排要求，以及中国经济持续增长、人民生活水平提高带来的能源消费需求刚性增长，中国实现碳达峰碳中和目标的难度可谓巨大。为避免工业产能提前停用造成的投资成本损失，需要大力开发低碳生产工艺、技术和燃料。预计到 2030 年中国碳排放峰值会达到 130 亿吨，到 2060 年碳中和背景下实现每年不超过 15 亿吨的碳排放。在这个过程中，能源电力等绿色转型将成为实现碳达峰碳中和目标的核心问题、重中之重。我国碳减排的主要路径有五条，而发展氢为代表的清洁能源技术，并推动其产业化、商业化成为不可或缺的一环。

氢能来源广泛，占宇宙质量的 75%，是地球最重要的组成元素之一。实际生产和生活中，氢能有多个来源途径：一是天然气重整制氢和煤制氢等，二是来自纯碱烧碱的生产过程，包括煤炭气化、富产氢等；三是电解水制氢，可以利用风光发电的绿电来制氢，这样氢的制、储、输、用均是清洁的。

氢能便于大规模长周期储存，储存手段和形式多样，有压缩储存、液态液化储存、固体储存等。同时，氢能可以长距离运输，且运输方式多样，包括汽车的储氢罐运输、长管拖车，也包括常压的储存运输，如氨和甲醇。未来规模化后，还可采用经济效益高、体量大的管道输送。

氢能灵活高效、用途多样，可用于储能、交通、建筑、工业等领域。氢能可以通过燃料电池应用于交通工具，也可以用于内燃机、氢汽轮机产生动力，还可以加入天然气管道供民用。同时，氢的密度很高，可以达到每千克 142 兆焦，是煤炭、汽油等化石能源的 3~4 倍。

氢能的使用过程安全可控。氢的安全性问题受社会各界普遍关注，氢重量低、扩散性与逃逸性良好，在开放环境下的利用是安全可控的。氢一旦泄露，会向上方逃逸，于较短时间扩散，即使遇到火开始燃烧，也是向外着火，不会引起容器爆炸，且不会长时间燃烧，相对于天然气和汽油其安全性更高。但氢具有易燃易爆燃的特性，在浓度达到 4%~75% 时，遇明火会爆燃。这也是目前我国仍将氢气作为易燃易爆的化学品进行管理的原因。由于其易燃易爆的特性，氢气在密闭空间内是有危险性的。但氢元素可探测，可以采取措施防控。目前，氢气探测装置已经投入应用，可以精准探测空间内的氢含量。氢在开放空间安全可靠，在密闭空间易于防控，因此，氢的应用是安全的。

氢能主要应用于交通、军事、工业、分布式供能和储能。近年关于氢能应用的巨大投入点是氢燃料电池技术，在美国、日本、韩国均有比较多的应用。目前，美国应用最多的是冷库叉车，现存 3 万多辆。而日本丰田和韩国现代氢能乘用车都有 1 万多辆的运营数量。同时，氢能在船、航空等领域均有使用，还可应用于装载机、挖掘机等工程机械动力。在工业领域，氢可以用于合成氨、合成甲醇、石油炼化和氢冶金等。氢还可用于分布式供能，即分布式发电和热电气联供。在氢燃料电池单独使用时，氢能发电效率达到 50%~60%，如果加上供热供暖，效率高达 90%。此外，在军事领域氢能也有广泛应用。

氢能还是一种非常重要的储能手段，主要用于电力系统能量的储存。狭义上的储能主要指用电中的储能削峰，广义上指电变氢储存后进行应用。新型电力系统构建的关键在于要有大规模、长时间储能条件。在电力充裕时可以转换制成氢，在电力不足时再通过氢来发电调峰，实现长时间连续发电调峰，也能跨区域进行氢能配送。尤其是遭遇连续多天下雨无风这种极端天气，或者有自然灾害及人为因素等情况下，区域或局部供电供暖会受到冲击，氢能是唯一能够解决局部基本供暖供电问题的能源，从而提高电网供电的可靠性。氢能是终端电气化的重要补充，在电气化进程中，对一些电源、电网无法覆盖的地方，可以通过氢燃料电池、氢内燃机，甚至氢燃气轮机的发电技术进行发电供电。

氢能是交通、工业、能源、建筑等领域脱碳最佳选择。氢能可以系统性地替代相关领域的化石能源。在未来能源体系中，氢能将占据重要位置。

在碳中和背景下，未来的能源体系以绿电为主的新兴电力系统和以绿氢为主的氢能网络共同组成，热能和生物质燃料成为有益补充。其间，氢和绿电的转化可以互相支撑，从而保证能源体系的安全性、可靠性。氢能既可以自成体系独立供应，也可与电融合。预测结果显示，在碳中和背景下，氢能占终端能源消费总量比重将达到15%~30%，对于能源体系的重要性不言而喻。

发展氢能对我国有着重要意义。第一，发展氢能是保障我国能源战略安全的重要手段。我国是典型的贫油国，缺油少气，石油的对外依赖度超过70%，天然气对外依赖度达40%，存在潜在安全风险。国家主席习近平多次强调，能源的饭碗要端在自己的手里。氢能是保障能源安全、实现油气替代的重要手段。

第二，氢能是实现碳中和的关键路径。氢能是解决风光发电间歇性波动大、电网消纳难等问题的有效途径之一。氢能是可以替代化石能源的清洁燃料，氢能还是化工、建材等领域的清洁替代原料。在陆上和沿海风光资源较为丰富的地区，规模化风光电制氢后通过管网输送至能源需求大的发达地区，既解决我国东西部地区资源不均衡的问题，又可助力沿海地区深度减排。

第三，氢能是实现能源体系清洁转型的重要载体。人类历史上的每一次能源革命，从煤炭开始，基本上都是向清洁化、减碳加氢、提高能源密度发展的过程。氢能就是第三次能源革命的催化剂，将形成对煤炭、石油的吸收和替代。

第四，氢能是推动产业转型的重要抓手。氢能产业的发展将助力新能源、新材料、新技术的创新和突破，有望培育出更多的新兴产业，实现交通、工业、建筑、电力等传统产业的转型升级。发展氢能产业是有效带动相关高端装备制造高质量发展的手段，也是促进传统产业转型升级的关键抓手。

最后，氢能还将改变国际地缘政治和贸易格局。氢能将成为全球重要的低碳能源，推动大规模基础能源的跨国贸易。在此情况下，中东石油在国际能源贸易中的地位将被改变。贸易格局、能源格局的改变则会推动国际地缘政治格局改变。

氢能技术的发展与应用

氢能产业链包括制氢、储加氢、输氢、用氢四大方面。氢能源于氢气的制备，它决定了氢气的成本，进而决定氢能能走多远、走多广。如前文所述，氢气的制备有多种途径，影响氢能市场发展的关键因素是成本，图 9.1 展示了不同制氢方法的成本对比。成本最低的是焦炉气，钢铁公司为炼钢要生产焦炭，此过程会释放焦煤气，回收焦煤气后经分离可获得氢。其次是利用廉价的化石燃料，即煤炭来制氢，成本也相对较低。然后是用烧碱尾气，也就是电解氢，或是氢氧化钠，盐在水电解过程中产生氢，剩下的即为氢氧化钠，此时副产品为氢，成本也比较低。成本最高的是电解水制氢，但是电解水制氢的成本与电的价格密切相关，目前用电成本在 0.1~0.6 元 / 度，制氢成本也在 13~46 元 / 千克。若是在用电成本较低的地区，比如风电、光伏电资源较为丰富，用这些能源制氢的价格与化石燃料产氢相比，就具有较强的竞争力。

氢能可以分为蓝氢、灰氢、青氢、绿氢四种形式。具体而言，利用化石燃料和水的作用生成氢气，但是伴随二氧化碳的产生所得到的氢称为灰氢。若将二氧化碳捕捉封存，或直接利用，这种不对外排放二氧化碳的制备形式称为蓝氢。若是直接通过加热、焦化化石燃料所产生的氢和碳，生成固体碳，没有排放二氧化碳，称为青氢。而完全没有二氧化碳排放，用可再生能源电将水电解生成氢，称为绿氢。目前灰氢和蓝氢是主要的氢类别，电解水制氢产生的绿氢仅占比 3% 左右，相对较少。随着“双碳”政策的推进，未来绿氢势必会增加，碳系能源逐渐向水系氢能源系统转变。值得注意的是，从化石燃料制氢逐步转向电解水制氢的过程为电解水制氢带来广阔的发展空间。从化学的角度，电解水的原理很简单，将两个电极插入水中就可以产生氧和氢气。但从产业角度，尚有很多提高效率、增加电流密度的技术难关需要突破，这也是未来发展的机遇和挑战。

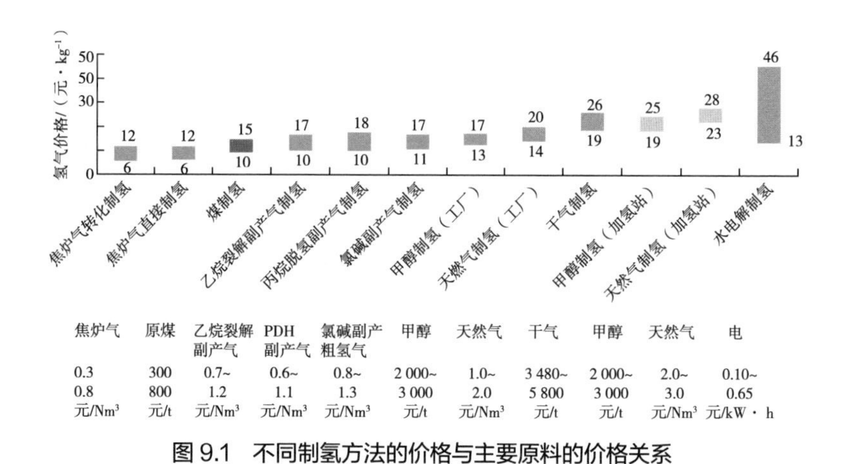

图 9.1 不同制氢方法的价格与主要原料的价格关系

资料来源：韩红梅，王敏，刘思明，等. 不同制氢方法的价格与主要原料的价格关系. 发挥氢源优势，构建中国特色氢能供应网络［J］. 中国煤炭，2019，45（11）：13–19.

目前商业用的电解水制氢主要有两大类，一类是碱性水电解槽（AWE），另一类是固体高分子膜的电解槽（PEM）。具体而言，利用两个电极，一边产生氧，一边产生氢，此过程中两种产物不能混合在一起，需要一个隔膜将氢、氧分开，否则会产生爆炸，也无法得到纯氢。两种技术的不同之处在于中间的膜不同，前者用石棉多孔固体隔膜，后者用有机高分子膜。多孔膜利用碱性液体，包括水、氢氧化钾、氢氧化钠等，通过氢氧根提高导电性，其问题在于氢氧根导电较慢。另一种正在开发的技术即质子膜，以纯水为原料，使用质量氢导电。因为质量氢相对较小，透过的膜可以做得更小、更加致密，获得的氢气纯度会更高，这就是现在行业普遍更加看好质子膜电解水制氢的一个原因。

碱性水电解槽电解水制氢的历史较久，发展迅速，规模可观，目前已经达到产业化水平。在碱性电解水制氢的工厂，多个正极负极串叠在一起组成大的电解槽制备氢气和氧气，一台电解槽 1 小时可以产生 760 标方氢气，相当于 50 千克左右。一家工厂有 28 台巨型的电解槽，每小时可以产生将近 2 吨氢气。因此，工厂每天可以产生几十吨氢气，这不再是一般实验室的规模，而是大工业生产氢气的规模，碱性制氢已具备工业化生产规模。

固体高分子膜制氢，即 PEM 制氢，是用质子膜替代石棉。质子膜比隔膜更薄，密封性会显著提升，氢气、氧气互串，氢气纯度会更高。最终使用的电解小单元槽密封性、压力控制更好，而且使用纯水替代碱性水，对环境的污染更小，由于体积小、节省空间，也降低了导电时的欧姆电阻，能源效率更高。此外，随着电流密度的增加，碱性电解槽两端电压会迅速增加，所以碱性电解槽只能在电流密度较低时工作。而质子膜依靠氢质子导电，所以电流密度增大对电压的影响有限，同样的电解槽可以流动更大的电流，效率更高、体积更小、寿命更长。同时，碱性电解槽的工作压力小于 30 个大气压，而质子膜可以达到 70 个大气压，这样在之后的输氢过程中无须使用压缩机，可以在制氢设备上直接输送，带来明显的效能提升。保有启动的效果也会更好，在用电高峰可以提供更快的启动速度。

但是，固体高分子膜制氢成本较高的问题不容忽视，这种方法的成本主要来自电解槽中的双极板，包括电堆的成本和辅基辅助的成本。电堆的成本可细分成质子膜、催化剂等。在 PEM 中，因制氢过程中腐蚀性更强，需要更耐腐蚀的双极板，其占空间更大。目前很多公司使用不锈钢或在金属表面镀贵金属来做固体高分子膜中的双极板，这样既导电也耐腐蚀。现在开发较好的是苏州铂睿公司，其电流密度每平方厘米可以达到 1.5~2 安培。

另一种是仅在实验室里完成验证示范的电解水制氢技术是固体氧化物电解（SOEC）技术，该技术路线中，隔开氢气和氧气的是致密的固体氧化物电解质层，与前两种更为成熟的技术相比，SOEC 有着更高的制氢效率。在标准状态下，AWE 电解水技术的电解效率为 60%~75%，PEM 电解水技术的电解效率为 70%~90%，而固体氧化物（SOEC）电解槽在高温（700~850℃）下运行，电解效率可达 75%~100%。在同样的工况下，相比 AWE 电解制氢和 PEM 电解制氢技术，可以节约 30% 以上的用电。另外，SOEC 技术原料适应性广，SOEC 电解槽进料为水蒸气，若添加二氧化碳，则可生成合成气（Syngas，氢气和一氧化碳的混合物），再进一步生成合成燃料（e-fuels，如柴油、航空燃油）。因此，SOEC 技术有望被广泛应用于二氧化碳回收、燃料生产和化学合成品，具有碳中性循环的优点。

上述三种制氢技术互为补充，目前 AWE 占比较高，逐渐会被 PEM 和 SOEC 技术替代，未来 SOEC 的量会更大，尤其在核电制氢、高温制氢领域，因为其规模大、效率高。PEM 制氢适合可再生能源，响应速度快，无须预先加热，技术升级速度较快，3~5 年可以完成一次技术迭代，将在 2024 年或 2025 年有较大发展。一方面，贵金属降成本，国电投从西门子买的设备每小时每标方成本 10 万元，而自主研发的设备成本 3 万元，未来有望降至 1.5 万元到 2 万元，与碱式制氢成本相近。国外西门子、康明斯处于领先地位，国内刚刚起步。碱式制氢目前比较成熟，成本较低，响应较慢。另一方面，AWE 制氢的工况复杂，用氢氧化钾制氢的污染相对较大，但随着规模的增加，问题将得到缓解。

氢气制备后，为满足用氢对纯度的要求，需要对氢进行提纯。提纯基本上都是物理方法，例如低温液化、低温吸附、变压吸附、膜分离等，其中变压吸附和膜吸附是目前使用较多的两种清洁分离方法。

变压吸附进行氢气提纯的原理很简单，任何物质均有表面，均有吸附气体的能力。决定物质对气体吸附能力的一个关键因素是气体的种类，氢气是气体中最活泼的，一般的物质无法吸附，因此需要将混合气体压入具有吸气能力的物质中，待其他气体被吸收后剩下氢气，此时降低压力，氢气首先逃逸，从而将氢气分离。第一次分离的氢气纯度有限，可能混有其他气体，在第二个罐子里对纯化的气体进一步加压，利用吸附气的物质再吸收，之后再减压使气体逃逸，从而得到纯度更高的氢气。因此，产业上常利用四个塔进行分离，最后可以得到纯度高达四个九的氢气。

另外一种方法是膜分离，原理也很简单。氢气分子较小，可以通过金属膜，而其他气体无法通过。将混合的气体通过金属膜获得纯的氢气。目前主要用钯金属制造膜，其透氢效率在所有金属中是最好的。但钯金属膜在反复使用几次后容易破碎、开裂，需要在其中加入银金属，制成钯银合金显著提升防裂效果。因此，生产氢分离膜的公司，需要在保证钯银膜足够薄的同时防止穿孔，这是不同公司竞争的关键。

氢气的储存运输成本比制氢成本还要高。氢能的能量密度是其他化石燃料如天然气、石油、煤炭的能量密度的3~5倍，如图9.2所示，但氢能的单位体积能力密度比其他能量来源小得多。氢气体积密度小的特点给储氢带来不小的挑战。

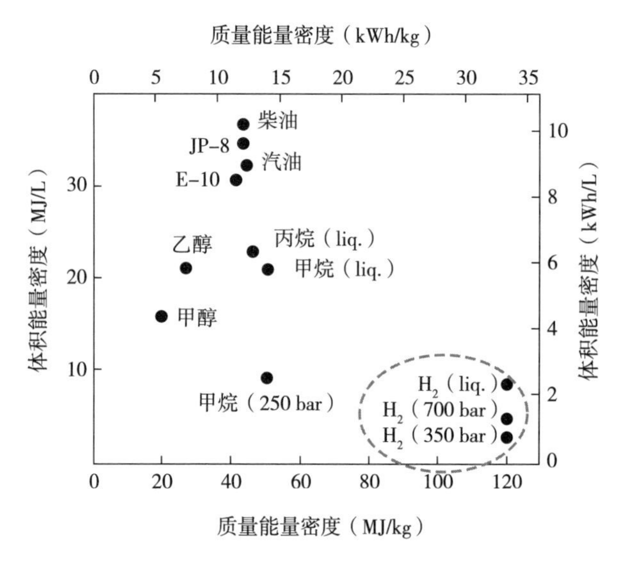

图9.2　氢气与其他燃料的能量密度对比

资料来源：李星国，等. 氢与氢能［M］. 北京：科学出版社，2022.

要在单位体积中储存更多的氢气，最简单的方法是提高压力，工业上多使用工业钢瓶。一个工业钢瓶的容积为40升，可装入1.5千克氢气，而钢瓶自身重50千克。其质量密度只能达到1%，而体积密度更小。在实验室中使用时对于密度的要求不高，可使用这样的工业钢瓶。但若用于商用汽车，每个钢瓶大概可提供 0.5 千克氢气，需要使用 10 个钢瓶，装入 5 千克氢气才能满足汽车 500 公里的里程要求，现有的技术无法满足此类需求，因此对储氢提出了不小的挑战。对此，解决办法是将钢瓶做大，同时增加压力，从 150 个大气压增加至 350 个、700 个，甚至 1 000 个大气压，从而将体积质量密度从原来的 1% 提高至 3%，乃至 5%，未来还可通过进一步增加压力提升体积质量密度。这一解决方法效果显著，但是随着压力提升，危险性也显著增大。小体积钢瓶的危险性还不太明显，如果使用高压、大钢瓶，危险性可能无法估量。

在高压储存工业产品领域，以前的技术是使用铬钼钢，一般可以承受 300 个大气压的压力。若想进一步降低重量，需要在内部使用铬钼钢，外面使用纤维缠绕。此外，还可用铝制作内衬，或进一步使用塑料制作内衬，外面使用纤维缠绕。所以制作工艺逐步从原来钢制钢瓶过渡到复合材料钢瓶，即不含金属的钢瓶，这是目前氢能发展中的核心技术，尤其是在汽车上使用这项技术。较为成功的案例是日本丰田公司使用塑料制作内衬，其中加入高强度碳纤维，外侧使用玻璃纤维进行保护，从里至外一共三层，压力可以达到 700 个大气压，质量储氢达到 5% 体积密度的水平。这样一辆车安装两个罐子，可以装入 5 千克氢气、行驶 500 公里，与普通轿车水平相当，由此奠定了氢能源轿车的基础。但这种做法的成本高昂，其成本主要来源于占整个钢瓶成本 50% 的碳纤维。此外，安全问题同样不容忽视，制造成千上万辆车无法保证不出问题，一旦爆炸后果不堪设想。

由此角度出发，其他可能的高容量储氢法是利用液体储氢满足高体积密度、高质量密度储存氢气的要求。在常温常压下的液体储氢是气态储氢的 840 倍，故将气态氢变成液态氢来储存是目前唯一能够同时获得较高的体积密度和质量密度的方式，在很多地区均有尝试。另一种思路是把氢气装在液体里面，例如装入油或有机液体里面，其容量也可以达到较高水平，而且有利于热管理，还可以与现有的加油站联用。这就是目前产业领域对有机液体加氢、储氢比较关注的一个重要原因。目前使用较多的包括甲苯、二苄基甲苯、咔唑、烷基吲哚等，它们在使用温度和性能上有所差别。但这种方法的核心问题在于有机液体加氢或者脱氢的反应速度比较慢。例如，通过气体加氢，在 3 分钟内可以完成，但是有机液体可能需要 3 个小时。当然可以使用催化剂将反应过程加速，降低反应温度。另一种思路是使用液体氨气，氨气通过简单加压就可以变成液氨，在常压下储存密度得到显著提升，便于运输，而且液氨在现代产业中使用广泛，很容易实现接轨。

将氢气体积减小也是一个重要挑战。液体氢气虽然体积很小，但是制成液体氢气的耗能太大，将近 1/3 甚至 1/2 的能量都消耗在转化液体氢气上，效率太低。既要满足体积小，又要满足能量高的要求，固体吸氢方法的重要性就显现出来了。固体吸氢方法使用类似于海绵的金属合金，能够在较低的压力下大量吸收氢气，而且密度相比液体氢气要高，从而满足在很小的体积中储存大量氢气，这种方法体现出很大的便利性。例如，美国的一家公司使用储氢合金一片一片叠放的高压储氢罐，只需要 10 多个大气压，一个罐子就可以储存 260 千克氢，如果使用工业钢瓶储存同样重量的氢，需要 500 多个钢瓶才可以，而且压力要求达到 150 个大气压。高压储氢罐具有体积小、压力低、安全效能高等优势。目前张家口利用风力发电制氢规模很大，每天产氢可达 56 吨。使用的储氢方式是制造 69 套，每套吸收 8 000 标方固体储氢的装置。因此，从这个角度而言，利用固体储氢可以缩小体积、提高安全性。

储氢的下一步是运氢，在实验室小规模使用中，运氢不存在太大问题，但是一旦投入产业使用，涉及大量、大范围使用氢气时，氢气的输运便显得尤为重要。目前使用天然气的便利性就是由庞大的天然气输送系统带来的。未来需要大量使用氢气，就需要开发相应的大规模氢气输运系统。常见的方法是使用一个或多个工业钢瓶，或者长管拖车，运输量再大就要使用管道或液体槽车。例如，一个工业钢瓶可储存 0.5 千克氢气，将其制成集装格，每个格子装入 9 个、12 个、16 个钢瓶，重量便从 0.5 千克升至 6~10 千克。若运输量继续增加，长管拖车可以使用大体积管子，压力可达 200 多个大气压，每辆长管拖车可以储存 200~600 千克氢气，可供一个加氢站一天的使用量。伴随着运输量的加大，管道将投入使用。因此，美国、日本等国以及欧洲多地开始铺设管道，长度可达几百、几千公里，而我国目前相对而言铺设的管道长度较短。这是因为铺设管道成本较高，而成本不是来自管道本身，而是来自施工。一个降低成本的可行办法，是在现有的天然气管道中充入氢，但是问题在于天然气系统中无法加入过量的氢，这是由氢脆效应导致的。所谓氢脆效应，就是管道材料充入氢气以后会变脆，这时便产生破裂的危险。依据不同的天然气管道的材质，各国选择不同的混氢比例，一般在 10%~20%。

槽车利用液体大规模输送液体氢气，输运成本会随着距离的增加而降低。所以从一个国家运往另外一个国家，使用液体氢气输运成本会降低。这种方法的能量密度比较高，在军事航天、洲际运氢、大型卡车、列车，均可以得到充分应用。但是这种方法存在能源效率低的问题，而且不能长期保存，因此需要结合实际使用合适的氢气输运方式。

氢气的制备、储存和输运是一个完整的链条。根据国际测算，这条产业链的工业规模、市场规模保守估计可以达到上万亿，因此发展潜力相当可观。

氢气输运中还有一个关键因素，即加氢站。加氢站的使用方便程度决定了氢用户的数量。加氢站可以分成两类：一类加氢站不制氢，而是将外边制备的氢托运进站，经过压缩、储存输运，这种被称为站外供氢加氢站；另一类加氢站生产氢，再经过压缩、储存、供氢，这种被称为站内供氢加氢站。从成本角度来说，站外供氢加氢站相对较低。加氢站的建设十分重要，日本很早就开始制定加氢站规划，2015年建成100家，2020年建成1 000家，2030年计划建成5 000家。美国、欧洲国家也在规划增加加氢站。到2018年我国加氢站的数量有十余家，数量较少，不过近年发展较快，目前已有118个加氢站，但是按国土、人口与国外比较，数量还是相对较少。

加氢站跟加油站、充电桩最大的区别在于成本较高，这是氢能利用中一个很大的瓶颈。一般而言，建设一家加氢站，成本大约是1 500万元人民币，成本主要来自压缩机。伴随机器压力的提升，成本逐步增加，目前我国多使用进口隔膜式的70兆帕压缩机，成本约为600万元人民币；其次是储存用的钢瓶，以及加氢设备。为促进清洁能源发展，我国多地出台了加氢站建设补贴政策，平均一家补贴800万元人民币。但是补贴的钱多用于进口国外设备，成为国外企业的利润，这也是加氢站发展的一个很大的问题。

纵观氢能产业链的成本分布，制氢成本只占 20%，压缩、输运占 20%，加氢站占 20%。目前国内加氢站运营亏损严重，原因在于使用车辆较少，只有伴随着使用车辆的增加，成本才能迅速下降。这是一个矛盾的问题。缺少加氢站，车辆数量无法稳定增加；率先建设加氢站，现有车辆数量无法满足加氢站的盈利需求。因此，氢能领域的投资是战略投资，这是新的产业形成过程中的困境，只有企业从长远角度布局行业，才会敢于承担眼前的亏损。

在氢能的运用中，燃料电池是氢能最为重要的用途。燃料电池于 1839 年发现，到 1960 年开始用于航天器飞行，之后 1960—1990 年用于军工，军工的应用可以承受高成本。自 1991 年起，氢能应用于民，民用要求氢能使用成本低才能商业化，使用安全性、可靠性要高，使用具有逆变性才方便。直到 2014 年，市场上出现标准化的可供购买的产品，燃料电池才真正实现商业化。我国在 2000 年开始研发燃料电池，期间被电动车赶超而停滞，直至 2021 年为北京冬奥会开发的固态电池电动车无法满足使用中的爬坡需求，燃料电池车的开发才被重新提上日程。清华大学引进了丰田的技术，同时为避免技术垄断，国家电投氢能公司于 2017 年开始从事氢能研发，后来北京冬奥会中有 200 多辆国产和 400 多辆丰田产的燃料电池汽车投入使用。

氢燃料电池的原理是将氢气送到燃料电池的阳极板（负极），经过催化剂（常见的是铂）的作用，氢原子中的一个电子被分离出来，失去电子的氢离子（质子）穿过质子交换膜，到达燃料电池阴极板（正极），而电子是不能通过质子交换膜的，只能经外部电路到达燃料电池阴极板，从而在外电路中产生电流。质子到达阴极板后，与氧原子和氢离子重新结合为水。由于供应给阴极板的氧可以从空气中获得，因此只要不断地给阳极板供应氢，给阴极板供应氧，并及时把水（蒸气）带走，就可以不断地提供电能。燃料电池发出的电经逆变器与控制器等装置给电动机供电，再经传动系统和驱动桥等带动车轮转动，就可使车辆在路上行驶。

氢燃料电池有多种技术路线，较为成熟的是质子交换膜燃料电池（PEMFC）和固体氧化物燃料电池（SOFC）。

质子交换膜燃料电池使用固体聚合物作为电解质，含有铂或者铂合金催化剂的多孔碳作为电极，可以在大约80℃下运行，其启动更快，对其他部件损害小，拥有更长的使用寿命。此外，其还具有较高的能量密度、较轻的重量和较小的体积，特别适用于乘用车。该技术使用贵金属铂作为催化剂，因此降本的主要路径就是降低铂的使用量或找出成本更低的铂替代物。

固体氧化物燃料电池能效转换率高，使用无孔陶瓷氧化物作为电解质，拥有约60%的转化效率，如将其散发的热量充分利用，转化率甚至高达85%。其抗硫性是最强的，即使有一氧化碳也不会影响其运行效率，故适用天然气、沼气、煤气、甲烷等多种燃料。无须使用贵金属催化剂，因使用全固态组件，故不存在漏液、腐蚀等问题。其具有积木性强、规模和安装地点灵活等特点。固体氧化物燃料电池可用于发电、热电回用、交通、空间宇航和其他领域。但是，固体氧化物燃料电池需要较高的运行温度，使得其材料的使用寿命短、启动时间长，还需隔热措施防止人被烫伤，这都限制了固体氧化物燃料电池的适用范围，目前用于分布式发电及余热供热等应用占比更多，但很多厂商也在引导其应用走向船舶动力、汽车动力等。

氢燃料电池成本下降迅速，从原来的3 000美元/千瓦下降到现在的 100 美元 / 千瓦，仅相当于锂电池的一半。氢燃料电池车有着显著的成本优势，目前市面上一辆燃料电池汽车约为 30 万元，随着贵金属用量下降、功率密度提升，其价格将进一步下降，而同档次的燃油车至少需要 40 万。日本氢能发展全球领先，其燃料电池乘用车、重卡、巴士的技术都已成熟，除交通外，氢能还主要用于发电，利用氢能降低碳排放、减少能源进口，目前已完成液氢体系建设和甲基环己烷碳足迹评估。

较之日本，我国的氢燃料电池寿命短、性能差、成本高。由于我国氢燃料电池体积无法缩小装入乘用车，功率密度也无法满足需求，目前商业应用还停留在重卡、巴士应用阶段。

燃料电池推广中最大的问题是安全性问题，而优势在于加氢速度快，相比而言，电动车充电时间较长。燃料电池环境适应性强，–30℃依旧可以运转，而固态电池电动车只能到 –10℃。燃料电池解决了燃油车的逆变性和电动车的电子化问题，只要能使用电就一定能够使用氢，包括潜艇、航天、军车、大型车、乘用车、叉车、重运货车、无人机、轨道列车、船舶、固定式应用发电、充电、应急电源等特殊场景。

氢燃料电池有众多的相关配套行业。第一，催化剂，中国国家电力投资集团目前处于全球领先地位。第二，质子膜，车载使用的质子膜要求加速快、冷空气进入立刻可以使用。第三，碳纸扩散层，即碳纤维。第四，双极板，我国的双极板稳定性强，溶出率为 0.3，优于日本的 0.6，处于世界领先地位。第五，膜电极，我国也处于领先地位。第六，电堆组装，其关键在于密封工艺，密封圈、密封胶与日本丰田相比存在一定差距，有进步空间，也恰是未来的投资方向。第七，飞机领域应用的燃料电池，属于军工领域，我国至少领先美国五年以上。第八，加氢站，关键在于加氢头、加氢阀，目前尚未实现国产。第九，氢冶金，氢气炼钢可用国内低品位铁矿砂，减少铁矿石的对外依赖，无须将钢铁厂建在距离进出口港口附近的东部沿海，可移至宁夏、新疆等太阳能充足的地区，使用绿氢炼钢，助力钢铁行业实现零碳。

氢能产业发展现状与趋势

2020 年全球氢能需求量为 9 000 万吨，其中 79% 的氢气由专业化生产公司制备，技术包括天然气重整、煤制氢等；21% 是副产氢；80% 由合成氨炼油制备。我国 2021 年的氢产量达 3 300 万吨，20% 用于甲醇和铁还原，产量居于亚洲首位。IEA 预估，到 2030 年，CCUS 技术的制氢规模将达 90 万吨，电解水制氢规模将达每年 80 万吨。到 2050 年，在全球完成 20% 二氧化碳减排目标下，终端用氢将占 18%，全球氢能市场规模由 2030 年的 4 000 万美元上升至 2050 年的 1.6 万亿美元。

美国最早提出发展氢能，前期主要关注氢能储备，产业链从材料到部件等均处于领先水平，拥有丰富的应用场景，提出的目标是到 2040 年全面实现氢经济。日本提出氢能社会，希望利用光伏和风能制氢，氢能应用不局限于交通领域，还包括工业用氢、生活用氢、建筑用氢，通过制氢解决发电功能问题。欧盟方面，发展氢能技术装备是其碳减排战略的措施之一。韩国也将氢能作为重要的经济支柱。规划层面，美国、日本、韩国、德国、欧洲其他国家等通过免税、财政补贴等一系列政策措施促进氢能的示范应用和发展。目前国际上氢能制储输运技术成熟，但是制氢装备、储氢装备、单机规模仍有待提升。

为实现碳达峰碳中和目标，我国制定出台了“1 + N”一系列文件促进新能源和氢能产业的发展。在国家政策支持下，尤其是2022年3月《氢能产业发展中长期规划（2021—2035年）》出台后，地方政府广泛响应，目前已有30个省和市将氢能纳入“十四五”规划，制定专项政策支持氢能发展。我国氢能的示范应用，首先由财政部、工业和信息化部、科技部、国家发展改革委、国家能源局五部委推动燃料电池汽车示范城市项目，以上海、广东为主，京津冀、张家口、郑州共五个城市群的项目已实施落地，分别制定了5~10年间生产不低于5 000辆车的示范目标，每辆车国家给予17万元补贴。我国大体形成几个产业集群，包括长三角、珠三角、京津冀、武汉、山东、成渝等，以及近几年发展较快的宁夏、内蒙古、吉林等地区。

我国氢能产业整体产业链完整、市场空间大、自主化进程较快。我国虽然起步较晚，但发展迅速，市场主体积极踊跃参与，97家央企中已有43家进入该行业，还有部分有实力的民企、科研机构、大学也在进行前期的科研研究。技术方面，我国与国外的主要差距在于技术尚未规模化应用，因此成本较高、性能缺乏技术迭代，性能指标与国外先进指标相比还有差距，技术材料的主要高性能部件加工能力比较薄弱。我国氢能产业链已经基本完成布局，产能已初步具备规模化使用的能力。储氢技术方面，目前面临的最大问题是液态储氢的化学催化剂，日本、美国、中国都在积极研发，美国已研发出能够初级示范应用的苯储氢。低温液态储氢液氢的设备制造，过去我国主要依靠进口，目前已有两家小规模的示范应用。燃料电池技术的催化剂、质子膜、碳纸、膜电极、双极板、空压机、氢循环泵、电堆八大件中，关键的质子膜技术材料和碳纸目前均依赖于进口，碳纸技术难关有望在2023年上半年被攻克。

目前我国氢能行业主要存在五大问题。第一，产能产业尚未完全展开，产业链还存在薄弱环节。第二，供应体系需进一步完善，供需失调问题比较突出，产供销的应用体系目前还未形成，导致部分地区的氢能在应用过程中无法供应、转运。第三，法规标准滞后，难以匹配氢的能源属性和氢能产业发展要求。目前氢能还被界定为危化品，由此产生两个连带问题：一是运输标准尚未制定，为管理带来困难；二是按照现有管理要求，生产化学品必须在化工园区使用成本较高的工业电，导致氢能价格昂贵。第四，尚未形成目标引领、协调一致的创新体系，国家各部委按照各自的职能推动氢能产业发展，尚未形成统一目标指引下的分工协作。第五，产业链未形成合力。国内科研机构均结合各自理解、要求开展业务，缺乏整体性。

整体来看，氢能行业2000年处于起步期，2025年预计突破1万亿规模，到2035年将进入快速发展期，2035年之后进入稳定发展期，到2050年之后产业规模基本达到顶峰（见图9.3）。

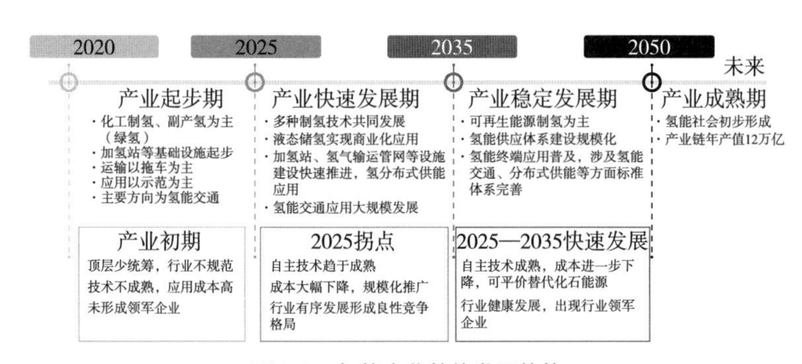

图9.3　氢能产业整体发展趋势

资料来源：本文作者绘制。

制氢方面，其发展趋势是新能源就地运用，主流是绿氢、副产氢，尤其是涉及天然气和煤的副产氢。储氢方面，目前处于小规模、近距离的阶段，未来向中远距离、管道运输发展，以液氢、液态储氢和氨作为补充。其中，氨储氢成本较低，主要解决的是运输问题，利用运输车的小型离液器装氨上车，使用时再转化成氢。但是现有的氨裂解技术需要高温环境，难度较大，未来可能的方向是使用新型催化剂。短期之内，若绿氢成本与煤相当，通过绿电、绿氢、合成氨进入氢市场也存在可能。用氢方面，主要包括燃料电池和分布式供能。随着成本降低，氢燃料电池的竞争力将大幅提升，分布式供能的成本也会快速降低，一旦燃料电池成本下降，分布式供能成本相比固定式发电成本更低。

氢能的经济性主要体现在热效率和制备成本两方面。热效率方面，燃料电池的效率处于 50%~60%，内燃机处于 30%~40%。目前甲醇利用内燃机解决技术替代问题，并在部分地区实现推广，未来在一段时间内将会有所应用。但是长期而言，内燃机存在两个问题：一是内燃机效益不如氢燃料电池；二是甲醇在应用时会释放二氧化碳。制备成本方面，预计 2030 年之前，PEM 制氢的设备成本将会下降至 1 万元/标方，处于相当低的水平。随着技术发展，单位成本将会下降，在风光资源丰富的地区，氢气成本到 2030 年时将降至 10~20 元。根据主流机构预测，2030 年用氢市场规模将从 3 000 万吨上升至 5 200 万吨，2060 年我国能源总需求会达到 67 亿吨标准煤，非化石能源占比将达到 80% 以上。根据壳牌预测，2060 年电能总需求规模将达到目前水平的 4 倍，以 2020 年 7 万亿度为参照，届时电力需求将会达到 28 万亿度，其中 1/4 用于制氢，由此增加的制氢、输氢装置和装备需求不可估量。

据预测，到2060年氢能市场规模占终端能源消费比重将达到20%~25%，为3亿~4亿吨。不同机构预测的数字不同，中金公司预测到30%，壳牌预测到17%，其中最重要的差别在于交通领域，有的机构在测算过程中只将商用车作为氢能替代对象。随着技术发展，氢能也必然会进入乘用车领域。目前，我国每年新增汽车达3 000万辆，到2060年，我国汽车保有量预计将超过5亿辆，在碳中和背景下，未来氢能发展的空间很大。

从投资角度来看，氢能产业目前处于培育阶段、起步阶段，尚未达到产业规模化发展阶段，因此前期的氢能投资主要是战略投资，看重的是未来的空间、未来的市场和未来的前景。尽管目前已有6 000多家企业进入氢能产业，但是从技术研发、制造角度来看，技术的积淀并不丰厚，尤其是材料、部件、研发制造还处在初期阶段，因此现阶段布局氢能产业还是一个非常好的时机。近两年在达到市场化规模之前，如果市场预计已初步形成，将会发展到较好状态。在投资过程中，要充分发挥机构的比较优势，结合各自资源、技术、人才方面的优势，选择适当的技术方向和切入点推动产业的发展，为发展创造机遇。

构建新型电力系统支持能源低碳转型

汤广福[1]

能源转型发展战略

2015 年 11 月 30 日，在巴黎气候大会上，碳中和成为全球的政治共识。国家主席习近平于会上表示："2030 年单位国内生产总值二氧化碳排放比 2005 年下降 60%~65%，非化石能源占一次能源消费比重达到 20% 左右。"2017 年，《中国共产党第十九次全国代表大会报告》指出，要推进能源生产和消费革命，构建清洁低碳、安全高效的能源体系，进一步明确了新时代我国能源发展的方向。2020 年 9 月 22 日，习主席在第 75 届联合国大会上表示："中国二氧化碳排放力争于 2030 年前达到峰值，争取在 2060 年前实现碳中和。"在 2020 年 12 月 12 日的气候雄心峰会上，习主席宣布了更为具体的能源转型目标："到 2030 年中国单位 GDP 二氧化碳排放将比 2005 年下降 65% 以上，非化石能源消费占比达 25% 左右，森林蓄积量将比 2005 年增加 60 亿立方米，风电、太阳能发电装机达 12 亿千瓦以上。"为了实现可持续发展目标，中国的能源必须完成从高碳向低碳、从低效向高效、从污染到清洁的三个转型，在能源生产侧实施清洁替代，在能源消费侧实施电能替代。

2021 年，世界能源消费为 197.7 亿吨标准煤，其中化石能源约

---

① 汤广福，中国工程院院士、怀柔实验室主任，第二十届中央候补委员，电力系统电力电子技术专家。

占82%。同年，我国能源生产总量约46.6亿吨标准煤，能源消费总量52.4亿吨标准煤（其中清洁能源占16.6%），占世界总量的24.3%，成为世界上最大的能源生产国和消费国。早在2017年，我国就超过美国成为全球第一大石油进口国；到2018年，我国超过日本成为世界最大天然气进口国。2021年，我国原油对外依存度达72%，天然气对外依存度达46%。而且我国能源消费的需求还在不断增长，根据中国工程院研究报告预测，2035年我国能源生产总量将达47亿吨标准煤，消费总量达57亿吨标准煤。未来，我国石油和天然气的供需矛盾将日益突出，对外依存度长期以来处于高位且有进一步加剧的趋势。同时，油气进口通道安全强烈依赖地缘政治，受地区政治不稳定因素的影响，油气供应面临着严重威胁。综上所述，我国能源安全供给所面临的局势可谓日益严峻。

我国能源的绿色发展面临着巨大挑战。首先，我国用能结构清洁程度低，温室气体排放量大。排放出的二氧化碳中有90%是化石能源燃烧所带来的，而目前我国能源消费中的84%都来自化石能源。目前，我国已经是全球温室气体排放量最大的国家，2021年二氧化碳排放量为119亿吨，约占世界总量的30%，距离2030年达到碳排放峰值的目标，面临的减排压力非常大。考虑到二氧化碳减排的全技术链技术可行性，在终端更多地利用电、氢是必然选择，即电能消费的电气化和氢化，因为它们都可以方便地由可再生能源获得。其次，提升用能效率和节能减排潜力巨大。我国能源效率与电能在终端能源消费中的比例远低于发达国家水平，2021年我国电能占终端能源消费比重仅为27%。此外，我国单位GDP能耗虽不断下降，但仍为世界平均水平的1.5倍左右。

在国际上，为应对气候变化的挑战以及在碳中和竞争中占据领先优势，美国、日本等国均制定了相应的能源发展战略。美国自 20 世纪 70 年代两次石油危机后，就开始推进能源独立战略。2005 年，美国页岩油气革命取得成功，油气产量大幅增长。其中石油对外依存度降低到 20% 左右，天然气从 2017 年开始实现净出口，整体能源对外依存度从峰值 30.2%下降到 2019 年的 3.6%。美国能源独立战略取得重大突破，引发世界能源版图和政治、经济、军事等格局的变化。欧盟最早且一直坚持能源低碳发展战略。2011 年，欧盟公布了《2050 年能源路线图》，确定欧盟能源战略的总目标，即“2050 年可再生能源达到能源总消费量的 50%，在现有基础上降低温室气体排放至少 80%”。2018 年，在欧盟能源消费中油气占比达 61.7%，非化石能源占比 25.2%，煤炭占比 13.2%。德国、英国等推进“去煤化”“弃核化”，大力发展可再生能源，尤其是海上风电等。日本能源资源匮乏，能源自给率很低，化石能源对外依存度超过 97%，因此制定了“节能优先，发展能源新技术”的发展战略。日本“节能优先”计划的目标是到 2030 年单位 GDP 能耗降至 0.81 吨标准油 / 万美元。2018 年日本单位 GDP 能耗为 0.91 吨标准油 / 万美元，仅为世界平均水平的 57%。同时，日本大力发展氢能、储能等能源新技术，抢占技术制高点，以提高能源自给能力。

从能源发展的历史来看，人类社会已经完成了两次能源转型：第一次转型是煤炭取代薪柴成为主体能源；第二次转型是石油和天然气取代煤炭成为主体能源。从未来的发展趋势来看，人类将继续从“石油时代”和“天然气时代”向“可再生能源时代”转型。这是世界范围内的能源转型发展趋势，不可逆转，来势凶猛。

电力在能源结构中占有举足轻重的地位。从行业分布来看，碳排放最大的行业是电热生产行业，占比高达 41%。目前，欧美发达国家的发电结构已经从煤为主体，转为以天然气和可再生能源为主体。2017 年美国煤电占比仅为 30%，随着页岩气革命到来，油气发电占比逐步上升，2019 年达到 35%，成为第一大电源。风电和光伏发电也开始持续提升，2019 年占比约为 10.3%。英国的天然气和风光发电则分别为第一大和第二大电源。风光也已经成为德国的第二大电源，并且与第一大电源占比比较接近。在我国，煤电长期以来一直是发电的主体能源，其次是水电。虽然近年来火电的占比开始逐渐缩小，但是总量一直在增加。2021 年，我国火力发电量占比高达 68%，水电占比为 14.6%，风、光总占比仅为 11.7%。同时，具备快速灵活调节能力的燃油燃气发电总量不到 3.5%，远低于欧美发达国家水平。

中国工程院相关研究预测，到 2035 年我国能源生产总量将达到 47 亿吨标准煤，消费总量达 57 亿吨标准煤（见表 10.1），能源对外依存度约 19%。随着能源转型的不断深入，2035 年化石能源占能源消费总量将从 2018 年的 85.6% 下降到 77.2%。

2035 年，我国能源结构将以清洁能源为主，这一能源结构的巨大转变给我国电力系统提出新的要求。2021 年 3 月 15 日，习主席主持召开中央财经委员会第九次会议，研究实现碳达峰碳中和的基本思路和主要举措。会议指出，要构建清洁低碳、安全高效的能源体系，控制化石能源总量，着力提高利用效能，实现可再生替代行动，深化电力体制改革，构建以新能源为主体的新型电力系统。

表 10.1 我国 2035 年的能源发展战略目标

战略目标	指标	2019 年	2035 年	2060 年
清洁低碳安全高效	一次能源消费总量（亿吨标准煤）	48.6	57	55
	化石能源消费总量（亿吨标准煤）	41.4	28	11
	煤炭占一次能源消费比重	57.8%	45%	7%
	清洁能源装机占比	40%	73%	96%
	非化石能源占一次能源消费比重	15.3%	27%	80%
	电能占终端能源消费占比	26%	35%	66%
	石油对外依存度	72.5%	60%	0 ?
	天然气对外依存度	45%	35%	0 ?
	单位 GDP 能耗（吨标准煤 / 万元）	0.51	0.35	0.19

资料来源：中国工程院研究报告。

电力系统面临挑战

电力系统由发电、输电、变电、配电、用电等环节组成，是实现电能生产、传输、分配和消费的系统。整个系统结构层次多，节点规模巨大，同时存在电、磁、热、力等形式的大规模能量，且发电和用电功率以光速完成瞬态平衡，并以极短时间相互转换和动态作用。现代互联电力系统是目前为止规模最大、层次最复杂，具有强非线性和高维特性的人造工业系统。

我国电力系统经历了三个发展阶段。1978 年之前是小机组、低电压、省级网构成的电力系统；1979—2000 年，逐渐发展成大机组、高电压和区域网的电力系统；从 2001 年至今，我国大力发展大型发电机组、特高压输电和全国联网的电力系统。2017 年，全球第一条 800 千伏电压、1 000 万千瓦送电能力的特高压换流站建成。2010—

2019 年，我国电网规模增长近一倍，是目前世界上规模最大的电网，已经形成以特高压为骨干网架，各级电网协调发展的格局。2020 年，我国建成世界首个柔性直流电网工程——张北直流电网工程，实现 100% 可再生能源并网，首创风光储输多源互补电网模式，可满足北京冬奥会全部 26 个场馆的用电需求。

为实现清洁低碳、安全高效的能源发展要求，必须加大绿色清洁能源的供给和消费。在一次能源中，非化石能源的增长主要来自电力。水能、核能、风能、太阳能等清洁能源，都必须转化为电能才能加以利用，因此电力系统在能源转型中起到核心作用。

但是面对能源转型的重大需求，电力系统也面临着诸多挑战。第一，随着新能源发电占比增大，其波动性和随机性对电力系统的功率平衡、抗冲击能力提出了巨大挑战。电力系统的发电和用电功率需要实时平衡，而我国风电电量主要集中在春、冬两季，约占 60%；光伏电量主要集中在夏、秋两季，也约占 60%。从传统电力系统角度来看，由于新能源的巨大不确定性，其保证出力几乎为零。因此在调度运行中，新能源参与电力平衡是一项极具风险和挑战性的工作，只能用剩余电力空间消纳新能源，且其消纳能力取决于灵活电源的配置。我国部分地区（如青海省）的风电、光伏总装机量已经达到 60%，要做到实时平衡难度极大。而新能源发电设备抗扰性低，支撑性弱，将其大规模接入不仅降低系统的抗扰动能力，还使系统惯量降低、调频能力下降，导致频率变化加快、波动幅度加大、频率越限风险增加。同时，由于新能源机组无功支撑能力较常规电源弱，随着新能源占比迅速提高，系统动态无功储备及支撑能力急剧下降，电压稳定问题突出。

第二，能源结构转型给源—网—荷各层级带来新的变化，协调调度面临巨大挑战。在发电侧，高比例风能、太阳能等可再生能源发电具有强波动性和间歇性，且很难预测。在负荷侧，随机负荷增多导致负荷侧的整体不确定性增加，工业负荷中大量采用变频设备，以及高铁、电动汽车等电气化交通负荷的迅猛发展，强非线性负荷数量急剧增加。传统单一的“源随荷动”模式亟须变革，同时也增加了调度控制的难度。由于发电与负荷之间的电力传输和功率平衡需要通过电网来实现，随着发电侧、负荷侧不确定性的增强，在现有技术条件下，电力、电量平衡难度增大，电网脆弱性增强。我国能源与负荷逆向分布，即可再生能源资源主要集中在三北地区，负荷中心集中在中东部地区，需要大量的特高压交、直流线路远距离输送，对大电网运行调控和电网的灵活性、可控性提出巨大挑战。

第三，用户侧供需互动需求加大，为电力系统带来新的挑战。电能在交通、工业、商业、居民生活等领域得到更广泛应用，占终端能源消费比重持续提升，亟须提高用电能效。冷热电多种能源共存，分布式电源广泛接入，多源高效综合利用、大型电力用户用电能效管理的需求急剧增加。用户侧多种能源互联互通、开放共享，且供需互动，能源消费者同时也是能源生产者，能源消费模式更加多样化。电动汽车等大规模分散储能，具备“负荷 / 电源”角色灵活转换能力，对未来电网调节能力提升、电网服务模式改变带来了新的挑战。2030年，在无序充电情形下，国家电网公司峰值负荷将增加 1.53 亿千瓦，相当于区域峰值负荷的 13.1%，对现有用户侧配电网容量、供电设施提出更高的要求。

第四，我国现有电力系统的数字化支撑不足。先进的人工智能算法、大数据应用等技术与国外相比仍存在差距，大量的芯片、元器件仍然是“卡脖子”短板技术的长期攻关方向，包括传感器与电力设备融合应用技术、智能攻防对抗理论与方法、人工智能基础算法和部件等。

第五，电力系统亟须体制机制创新。随着电力体制改革进一步深入（9号文），售电公司和分布式电源大量出现，行业外公司采用创新方法开展跨界经营，对电力市场和电力体制机制创新带来巨大挑战。地方性电力企业、发电企业、水油热气等公用事业企业进入电力运营市场，分布式能源企业、工业园区等与客户直接交易，阿里巴巴、腾讯等综合服务平台提供商也在通过个性化电力金融平台购售电服务等。

电力系统柔性化

“加强调峰能力建设，提升系统灵活性”是解决新能源开发难题、提高新能源开发和利用效率的关键。目前，欧美很多发达国家的能源转型都以大量灵活电源（30%左右）作为基础支撑，而我国灵活电源的比例过低（抽蓄和燃气发电总占比不到3%）。因此必须大力发展灵活性电源，适度提高抽水蓄能、燃气发电的占比，同时提升火电机组的调节能力。2019年，以燃油、燃气为代表的灵活电源分别占美国和英国发电量的36%和40%，我国则只有3.5%。预计2030年，我国风光电装机规模将超过12亿千瓦，占比超过35%，因此必须适度地发展天然气发电，以提升电力系统的调峰能力。我国2030年天然气年产量预计超过3 800亿方，比目前新增2 000亿方，如果都用于发电可配套建设4亿千瓦机组，从而将气电装机的比例提升到14%

以上。同时，还需要解决燃气轮机的自主化、LNG 管道规划、气电选点和容量与电网的协调配置等配套问题。随着能源结构的转变，未来火电机组需要逐步由提供电力、电量的主体性电源向提供可靠电力、调峰调频能力的基础支撑性电源转变。灵活性改造可实现火电机组深度调峰（纯凝机组 20%~100%，热电机组 30%~100%）和快速调峰（4%/min），充分发挥火电在提高系统调峰能力和促进新能源消纳方面的重要作用。另外，可以研发并统筹建设一些专用的调峰机组，用于对局部高比例地区进行大幅度调峰，比如热电联产机组是指同时生产电力和热力产品（蒸汽、热水）的机组，为满足电网调峰需要，对于完全用于发电的纯凝机组进行深度调峰，同时对热电联产机组实施“以热定电”，即在满足热用户热负荷的情况下，将电负荷降至最低，让出空间以满足深度调峰要求。通过技术升级实现热电联产机组增加 20% 额定容量调峰能力、最小技术出力达到 40%~50% 额定容量的目标，为高比例新能源消纳创造条件。

能源转型的发展，要求电网也必须进行灵活性和可控性的提升。2012 年，欧盟制订了“跨欧洲能源基础设施建设”法案，基于柔性直流输电构建横跨欧洲和北非的“超级电网”来实现北欧水电、北海风电和北非太阳能的大规模、广域互联，实现可再生能源的大范围、高比例消纳。目前德国已经建设和规划了数十条柔性直流输电工程，通过大范围互补和电力交易等措施，实现在较低灵活调节电源（14.3%）占比下的新能源并网。构建交直流混联柔性电网，通过区域电网的互联互通，发挥相联电网的间接储能作用，可以实现资源优化利用，并减少系统总成本；通过大范围的风光互补，可以解决单一类型和地区新能源发电受季节和天气等因素制约的问题，从而提高供电的可靠性和资源的利用效率；通过柔性直流和直流电网的建设，实现交流电网和直流电网协同发展、优势互补，构建未来交直流复合电网，对多种能源形式发电实现时空互补和灵活调节，促进西部可再生能源高效开发利用。提升交流输电系统的灵活性，在输电和配电侧大范围采用灵活交流输电技术，通过电力电子装备与传统交流电网相结合，以增强交流电网调节和潮流优化能力，提供紧急功率和电压支援，支撑可再生能源接纳，并提升电网安全水平和运行效率。

展望未来，中国将建成大范围、广域互联的交直流电网。西北地区的输送端是新疆、甘肃、青海、宁夏和陕西电网，华北地区则是山西电网，华中地区是四川、重庆电网，华南地区是云南、贵州电网，北部与西部电网则是内蒙古电网和西藏电网。在西部与东部之间，交流电网将继续把西部生产的电向东部输送。与此同时，西部与东部将通过直流电网将本地生产的能源输入当地电网供其能源消费，西部主要是光伏和陆上风电，东部则主要是海上风电。而储能技术可以在高比例新能源电力系统中调节电能平衡、平抑波动，从而促进新能源的有效利用。

在能量存储方面，现阶段抽水蓄能仍然是大规模电能存储的最佳手段，压缩空气等储能技术正处于快速发展中，未来随着能量密度的大幅提升和成本下降，化学储能、氢能可能成为重要的手段。未来需要加快抽水蓄能电站、电化学储能、氢储能等大容量储能技术发展，通过集中式和分布式储能相结合，从源侧和荷侧统筹协调来增加电网调峰能力。目前的电力系统储能技术仍以抽水蓄能电站为主，并在一些地区的电力系统调峰调频中发挥了重要作用。2019 年底，我国抽水蓄能累计装机规模为 0.3 亿千瓦，占比达 96%。在未来一段时期内，为适应新能源发展，我国抽水蓄能容量将快速增长，预计 2030 年达到 1 亿千瓦，占比为 3.5%。但受地理条件的限制，后续增长将逐步变缓，预计 2050 年达到 1.6 亿千瓦。同时，加快发展压缩空气、氢储能等新型储能技术，实现大容量、高效率、长寿命、低成本储能，支撑新能源友好并网和消纳。电能制氢是拓展电能利用途径，应对新能源随机性和波动性的重要方式之一。目前德国已经开展了世界首个 400 兆瓦海上风电制氢站的建设，荷兰也规划了 1 000 兆瓦的项目。在新能源发电基地，配置适当规模的集中式储能电站，实现储能系统与新能源、电网的协调优化运行，而在小区、楼宇、家庭、工厂等用户侧，建设分布式储能设备，同时充分利用电动汽车有序充放电及充电桩的高效利用，参与电网灵活调节。

电力系统数字化

数字技术与物理系统的融合是构建新型电力系统的一个重要发展方向。电力系统的数字化是实现碳达峰碳中和目标的重要支撑。加强能源电力数字化发展，将为电力系统全景状态感知、高效通信传输、海量数据处理计算、复杂系统分析决策等方面赋予强大动能，助力新型电力系统构建。在感知能力方面，为海量感知数据的采集接入提供底层支撑，是信息的智能传感、分析计算、可靠通信与精准控制的基本物理实现；在通信传输能力方面，为未来能源互联网所产生的大量交互数字信息提供可靠安全的通信保障；在数据处理计算能力方面，为海量数据的处理、存储、分析及交互提供高速平台服务与可靠技术支撑；在分析决策能力方面，为能源物理系统提供全面映射、协同建模、智能优化、在线演进推算等多重功能支撑，有效推进新型电力系统的网源协调发展与调度优化水平，促进新能源并网消纳，提升能效与终端电气化水平，保障电力设备与电力网络安全，支撑电力 / 碳市场高效安全交易。

电力数字化将着重发展感知、通信传输、数据处理计算和决策四大能力。感知能力将向感、知、联功能一体化的智能系统方向发展。通信传输能力将向电力光纤通信、卫星通信、无线通信融合的方向发展。数据处理计算能力将向融合型图数据平台、高性能经济性并行集群、图智能计算等方向发展。决策能力将向强鲁棒[①]的人机协同混合增强、高泛化性迁移学习、具备可解释性的知识与数据融合等方向发展。与之对应的重点突破方向，具体而言，感知能力需要突破新型传感材料与器件，低功耗传感网、环境能量收集与电气绝缘一二次融合设计。通信传输能力需要突破“低时延、大带宽、高可靠、广覆盖”的通信网络技术、网络安全防御体系以及网络管理。计算能力需要突破融合型图数据库、高性能计算系统 、图智能计算技术。决策能力需要突破人机协同混合增强技术、高泛化性模型、知识与数据融合技术、广域多时间尺度数字孪生系统。

一是需要通过数字技术，加强数值预测调控能力，提升新能源消纳水平。对新能源发电功率的数值分析和预测，是提高新能源消纳水平的前提。我国气候条件复杂，准确预测非常困难，而且西部地区新能源占比大，火电、水电较少，灵活协调控制难度高。必须大力发展新能源数值天气预报、新能源与常规电源智能调控技术，提升新能

① 鲁棒是Robust的音译，英文是“健壮，强壮”的意思，这里具体指在异常和危险情况下系统生存的能力。

源消纳能力。只有提升大规模新能源并网的功率数值预测能力，才能实现可再生能源出力从“未知”到“可知”。通过研究资源—功率转化、智能化时空关联挖掘、预测结果优化等技术，可实现超短期 / 短期 / 中长期一体化的功率预测，日前预测精度达到 90%，日内预测精度达到 95%；研究跨区、跨流域的风光水火功率平衡高速、智能分析技术，可实现多种能源发电以及新能源出力之间的平衡，提升新能源与常规电源的智能化联合调度能力。

二是需要提升数字分析控制水平，加强电网灵活调节能力。电力系统呈现的“双高”特性明显，传统系统分析方法已经不适应。传统计划调度也不能适应新能源的高速发展，必须借助人工智能手段，实现智能化调度。源网荷储需要纵向贯通，实现源网荷储协调互动。通过研究含大量风机、光伏、直流、柔性交流输电系统（FACTS）等电力电子装备电网的高效计算方法，实现高精度仿真模拟。借助具有更高空间广度、时间尺度、仿真精度的建模工具，扩大电磁暂态仿真规模和涵盖范围，提升仿真计算效率。通过研究互联网 +、云计算、大数据及人工智能等数字技术与调度系统的融合，提升电网调控水平。研发分布式监控系统、云端模型数据中心及智能分析决策中心，构建新一代调度控制系统。通过大规模多层次智能调度，实现对多种能源形式发电和电网的时空互补和灵活调节。深化源网荷储友好互动技术应用，推动电源、电网、用户、储能系统之间的互动更加深入和广泛。实现系统实时平衡由传统的源随荷动变为源—网—荷—储互动，提升电网安全水平和运行效率。发展电力市场支撑数字技术，提升电力市场化程度以及运作水平，丰富交易品种、扩大交易规模，探索虚拟电厂等新业态、新业务、新模式下的电力市场机制。着力开发基于区块链的电力交易云平台、电力交易大数据平台、移动互联交易服务应用、人工智能式分析仿真等，支撑电力交易平台建设，并开发适应市场化交易的营销计量技术、调度与交易平台交互技术等，支撑电力市场交易，实现统筹省间交易与省内交易、统筹中长期交易与现货交易、统筹市场交易与电网运行的三统筹，实现提升清洁能源消纳水平、提升市场透明开放程度、提升市场风险控制能力的三提升。当多直流馈入电网发生连续换相失败和故障导致直流闭锁、受端电网有功大幅缺额和频率急剧下降时，根据直流损失功率的大小，精准控制分散性海量电力用户可中断负荷，实现电网与电源、负荷友好互动，达到电力供需瞬时平衡。5G 低时延、高可靠技术特性，可有效减少动作时延，快速恢复电网故障，因此需要大力发展 5G 技术的应用以提升大电网源网荷储互动能力。

三是需要促进多元用户供需互动，提升需求侧管理水平。为了适应能源转型，用户侧也必须进行智能化提升，提高需求侧管理水平，充分挖掘需求侧资源平衡电力供需，促进源网荷友好互动。2008 年，德国启动“E-Energy 以 ICT 为基础的未来能源系统”促进计划，开展能源互联网关键技术与商业模式的开发和应用。通过供电系统的数字联网保证稳定高效供电，并通过现代信息和通信技术优化整个能源供应和消费系统。提高电网和用户之间的供需互动，提升用户参与价值创造的热情。构建需求响应系统，支撑分布式能源和电网新业态发展。构建以电为中心，冷—热—电—气—储多能融合的综合能源服务系统，提供新型增值服务。开发新业态、新业务，增加广大电力用户的参与感、获得感。发展智慧交通整体能源供给方案，支撑有序充电、辅助调频、削峰填谷等新模式发展。研发 V2G（车—网）、V2V

（车—车）、V2I（车—路）、V2P（车—人）等互联互动技术。研制支撑有序充电的智能化平台和 APP 软件，通过电动汽车充电及分布式储能充电，聚合电量跨区消纳清洁能源，参与电网调频、调压和阻尼振荡等。基于“云边协同 + AI”架构，充分发挥 5G 技术优势，动态聚合电力需求侧分布式灵活资源，构建满足电力系统“快速 / 紧急调频、常态化调频、灵活调峰”等多时空尺度调控需求的虚拟灵活调节电源，参与电网实时调控、高频交易 。

四是需要加强数字与设备融合，提升设备智能化水平。要提升电网感知能力，必须大规模发展智能化、分布式的传感和量测终端。目前我国每年需要各种传感芯片数千万枚，但大部分高端核心芯片都依靠国外厂家提供，且很多新型传感和量测技术尚未大规模应用。数据终端存在监控覆盖不足、实时性不强，缺乏统一规划设计和标准，终端的智能化和双向交互水平较低等问题。研发高精度、高集成、低功耗、微型化的传感芯片，满足电力设备智能感知与信息采集的需求，适用于复杂工况（高 / 低温、强电磁、潮湿等），并将温湿度、电磁场、压力、声学等多参量微型传感器件及片上系统集于一体。研发终端嵌入式操作系统、边缘计算技术、物联代理装置，提高终端智能化水平、自然行为识别分析技术，工业级智能硬件，构建电力业务场景的人—机—物临场感知交互平台等，提升终端智能化水平。研究智能变电站、柔性变电站、智能换流站等技术，通过电力装备与数字化技术的结合，增强电网调节和潮流优化能力，提升电网安全水平和运行效率。最后，充分发挥 5G 大连接技术优势，将海量传感信息实时上送，实现电力设备设施运行状态、运行环境的实时感知、监视预警、分析诊断和评估预测，提升电力设备设施安全运行水平。

五是需要加强数字基础能力建设，提升电网信息化水平。为满足电网智能化控制水平提升的需要，必须开展基础性的通信、信息数字支撑技术研发和应用。充分发挥5G高速率、低时延、大连接技术优势，将其与业务深度融合适配，建设5G电力虚拟专网，大幅提升电网信息化水平。推进电力无线专网、5G通信等技术应用，提升网络覆盖能力，支持多业务并行处理，提升灵活性。研发软件定义接入、"电力线载波+无线"融合通信、无线近场通信等技术，提升用户体验。研发端到端连接管理、终端管理及高并发消息处理等关键技术，推进图计算及图数据库在物联网平台中的应用，实现业务互联互通，提供规范化公共服务。研发安全操作系统，实现"互联"的高效、可靠交互，保障电力物联网边界向发电侧、用户侧延伸。促进网络安全延伸覆盖至电力物联网终端设备和现场网络，提升安全态势分析和预测水平，提高网络安全智能防御和恢复能力。我国5G处于规模化部署和行业应用推进阶段，当前的成功案例多应用于工厂、港口等园区，面向新型电力系统广域、复杂场景应用极具挑战。加快开展应用适配性研究，研发系列化定制装备，解决5G网络确定性、安全性、覆盖、开放能力等问题，降低综合应用成本，突破应用瓶颈。

电力系统电力电子化

目前电力系统的发电、输电、变配电和用电各个领域都广泛采用了电力电子装置。据统计，有超过90%的终端电能利用都是通过电能变换来实现的，这些变换均需要使用电力电子技术。电力系统电子技术可以分为发电、输电、变配电和用电四大类（见图10.1）。电力电子技术的核心为电能的变换，核心设备为各种电力电子装置。未来电力电子装置在电力系统各环节的占比将大幅度提升。

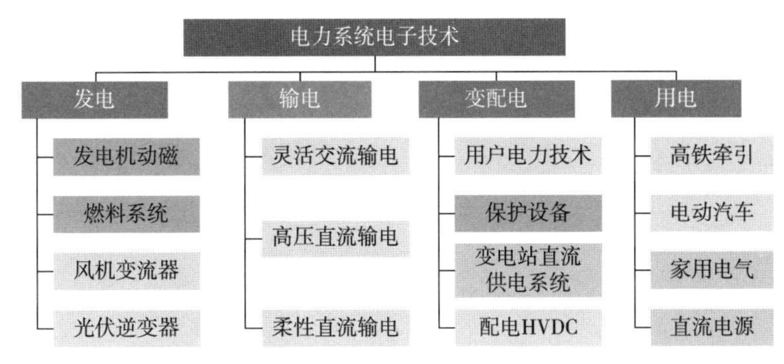

图 10.1 电力系统电子技术分类

资料来源：本文作者编绘。

从 2004 年起，我国已陆续完成多种类型 FACTS 装备的研制，并实现工程示范和大范围推广（代表性工程见表 10.2）。

表 10.2 我国研制的 FACTS 装备类别和数量一览

设备类型	代表性工程	工程合计
静止无功补偿器	2004 年，中国首套自主知识产权输电网用静止无功补偿装置（辽宁鞍山 SVC）	100 多套
	2006 年，中国首套基于全控器件的静止同步并联补偿器（上海黄渡 STATCOM）	
可控串联补偿器	2007 年，世界串补度最高、串补量最大 500kV 可控串补装置（黑龙江冯屯 TCSC）	3 套
	2004 年，世界首套混合复用固定和可控串补（甘肃成碧 TCSC）	
可控并联电抗器	2007 年，世界首套 500kV 磁控式可控并联电抗器装置（湖北荆州 CSR）	10 套
	2012 年，世界首套 750kV 阀控式可控并联电抗器装置（甘肃敦煌 CSR）	

续表

设备类型	代表性工程	工程合计
短路电流限制器	2010年，世界首套500千伏短路电流限制装置（浙江瓶窑FCL）	2套
同步串联补偿器	2018年，世界首套220千伏静止同步串联补偿器（天津石各庄）	1套
统一潮流控制器	2017年，世界首套500千伏统一潮流控制器（江苏苏南UPFC）	3套

我国能源与用电负荷呈逆向分布，能源基地距离负荷中心约800~3 000公里。实施大容量、远距离的“西电东送”，是我国长期的重大战略。以±800千伏特高压直流工程为例，核心设备的换流器容量可达10 000兆瓦，相当于北京市用电容量的一半。每个换流站包含4个阀厅，每个阀厅包含6个阀塔，即每个换流站共24个阀塔。每个阀塔都由百余支串联晶闸管及其辅助元件构成。目前已经建成30个高压直流输电工程，最高电压等级达±1 100千伏，换流器总容量超过2.79亿千瓦，相当于中国发电总装机容量的14.7%。同时，我国自主技术走出国门，改变了国际直流市场格局。我国成功中标巴西美丽山II期特高压直流工程，实现了换流阀装备从引进到出口的转变，提升我国在国际电工装备领域的国际地位和话语权。试验平台承担了西门子公司在德国生产的特高压换流阀的型式试验，是我国首次为国外换流阀产品提供试验服务。

柔性直流输电是继交流输电、常规直流输电后的一种新型直流输电方式，是目前世界上可控性最高、适应性最好的输电技术，为电网灵活控制水平的提升提供了一种有效的技术手段。我国已相继建成南汇、南澳、舟山、厦门、渝鄂等柔性直流工程，正在建设±800千伏乌东德多端混合直流和白鹤滩级联混合直流工程，工程换流器总容量达 0.424 亿千瓦，相当于中国发电总装机容量的 2.2%。在风电场并网、岛屿和城市供电、电网互联、巨型水电站电力送出等方面发挥了重要作用。2020 年 6 月，在张北投运了世界首个直流电网，实现了多种可再生能源经柔性直流电网接入，其直流电压 ±500 千伏，输电能力可达 300 万千瓦。基于该工程，在世界上首次实现 500 千伏柔性直流换流阀和直流断路器等关键设备的示范应用，也为未来大规模交流和直流混联电网的构建提供了借鉴。

综上所述，未来电力系统将向着清洁化、柔性化、数字化和电力电子化方向发展。与此同时，由于资源禀赋和所处发展阶段等，我国能源转型面临的挑战与欧美发达国家相比更加严峻，实现转型的途径也有所不同。因此，必须采取大量的变革性技术和举措，以支撑构建清洁低碳、安全高效的新型能源体系。

碳中和背景下的电化学储能高质量发展

张强[①]

随着能源结构的清洁化转型，能源存储的重要性逐步凸显。储能系统贯穿电力生产及消纳各环节，是构筑新型电力系统的基础。各类新技术不断更迭，共同促进储能行业可持续发展。多种储能技术路线并存，技术特点、应用场景日益多元化。电化学储能本身性能优势明显，是最具潜力的储能方案：一方面，电化学储能具有更优的响应速度和功率密度；另一方面，电化学储能对地理条件限制较低、初期投资成本较低，可缓解抽水储能等传统储能方式开发接近饱和的问题，可商业化推广，应用空间有望快速提升。

面向碳中和的能源存储新场景

现阶段，全球寻求进一步的高质量发展，却也面临着前三次工业革命带来的气候变化和全球变暖的挑战，控制二氧化碳排放成为全球共识。当前，我国高度依赖化石能源，寻找化石能源的替代不仅出于

---

① 张强，清华大学教授，博士生导师。曾获得国家自然科学基金杰出青年基金、教育部青年科学奖、中国青年科技奖。2017—2022 年连续六年被评为“全球高被引科学家”。长期从事能源化学与能源材料的研究。近年来，致力于将国家重大需求与基础研究相结合，面向能源存储和利用的重大需求，重点研究锂硫电池的原理和关键能源材料。提出了锂硫电池中的锂键化学、离子溶剂复合结构概念，并根据高能电池需求，研制出复合金属锂负极、碳硫复合正极等多种高性能能源材料，构筑了锂硫软包电池器件，在储能相关领域得到了应用。

对生态保护的责任，也出于对长期能源安全的考虑。因此，加速向非化石能源转型是必由之路。

2020 年 9 月 22 日，国家主席习近平在第 75 届联合国大会一般性辩论上宣布："中国将提高国家自主贡献力度，采取更加有力的政策和措施，二氧化碳排放力争于 2030 年前达到峰值，努力争取 2060 年前实现碳中和。"中国是全球碳排放大国，未来碳中和的主要途径需要考虑排放端和固碳端，具体实现包括化石能源清洁低碳化、低碳清洁能源规模化以及二氧化碳的处理和利用三个方面。当前主要的难度在于化石能源的低碳化和低碳能源规模化，即如何替代 95% 的可以不排放的二氧化碳。实现清洁能源的规模化利用是实现"双碳"目标的根本途径，电化学储能与之密切相关。

2022 年 8 月 18 日，科技部等九部门印发《科技支撑碳达峰碳中和实施方案（2022—2030 年）》。方案在储能技术方面提出了具体目标，包括研发压缩空气储能、飞轮储能、液态和固态锂离子电池储能、钠离子电池储能、液流电池储能等高效储能技术；研发梯级电站大型储能等新型储能应用技术以及相关储能安全技术。提出研究更低成本、更安全、更长寿命、更高能量效率、不受资源约束的前沿储能技术。在国家布局中，每一项储能技术以及技术创新的具体位置已被清楚呈现。可以畅想，在未来碳中和的愿景下，能源和电力结构的转型新场景将改变人类生产、生活和发展的理念与范式，具体而言包括：

第一，可再生能源配合储能系统削峰填谷。原有的电网结构下，用电侧上亿级用户的用电需求具有高度不确定性和随机性，而未来以可再生能源为主体的发电侧也存在"靠天吃饭"的不稳定性，供需两侧的稳定匹配和平衡只能依靠中间的"蓄水池"提供存货。并且，可再生能源具有间歇性，必须与储能系统配合。而且光伏风电等可再生能源与用电负荷并不匹配，也需要大量的储能承担削峰填谷的作用。因此，储能技术在新一轮的科技创新中被推到风口浪尖。在碳达峰碳中和的目标下，高比例可再生能源对电力系统调节能力提出了更高的要求。

第二，陆路交通能源融合。东部地区可再生资源严重缺乏，东部各省面临着各自的可再生能源发展的困境。受制于有限的土地资源，东部地区将如何在“双碳”战略下把握自身的发展定位和布局？一个可行的方案就是能源与交通共同调整的交通能源系统。以公路为例，充分利用公路交通的空间资源和光伏发电布置的灵活性。在服务区，为光伏发电提供广阔的电力消纳空间，即电动汽车供电。由于电负荷和发电量的不平衡，需要通过储能实现负荷与发电量的匹配。这种能源交通融合网的方案实现了“源—网—荷—储”协同联动，借用储能实现能量和功率的平移，形成一个由可再生能源发电、交通用电以及储能混合网组成的交通能源系统。

第三，家居场景。目前对于家庭来说主要依靠外部供电来驱动各种家用电器和新能源汽车。而未来可以通过储能、太阳能和新能源汽车协同实现每个家庭智慧家居的解决方案。储能本身会形成峰谷电价差，会涉及社会利润分配问题。欧美不少国家及地区由于高电价水平，催生了家用储能的需求以延缓和降低电价上涨带来的影响。随着分布式光伏的快速发展，光伏电力自发自用经济性提高，进一步推动用户侧储能市场增长。而中国目前虽然已具备储能技术，但由于电价过低，价格的剪刀差远无法覆盖储能的成本。所以中国由于基本国情的不同，在储能技术和产业定位上与西方主要发达国家也是不一样的。目前发电侧的光伏、风电成本基本可达到每度电 0.1 元，南方的储能侧抽水蓄能是 0.3~0.4 元的水平。但由于自然资源的分布原因，北方还需要考虑其他可行的储能方式。

第四，工业清洁能源转型。工业碳排放量与能效、清洁电力生产息息相关，中国工业领域终端能源消费结构目前仍以化石能源为主。因此，需要增加清洁电力比例，尤其在直流电的工业应用场景中。例如电解工业，使用绿电替代火电，通过技术将电解铝、电解钠、电解锂等所用的直流电与电网特高压的交流电实现交直流转变。储能系统可将应用端与供给端直连，避免交流电—直流电转换的损失。

第五，储能系统形成能源互联网。未来储能要实现规模化应用，需要对构筑储能系统的能源互联网进行科学管理。通过能量的互联，保证存储的能量随时随地以高效的形式提供给终端用户，这对于未来碳市场、碳定价和碳税的相关计量将起到关键的推动作用。能源互联网并不是一个虚幻的概念，而是从技术、理念和方法上逐渐成熟的一个过程。技术的支撑包括实现高比例可再生能源电网安全稳定运行的技术，如储能技术、输配技术、能源互联网技术等，以及终端用能电气化技术（工业、交通、建筑）等。

由此可见，无论是削峰填谷、调峰调频还是微电网等场景中，储能的价值都有所体现。以上几个面向碳中和的新场景催生了储能相关的新行业，而新行业的发展则需要相应技术的支撑。

能源存储技术布局

在全球碳中和背景下，储能系统能够解决光伏、风电等新能源消纳难题，成为推动能源结构转型的关键支撑技术。近年来，世界各国都在不断提升储能产业在其能源战略体系中的地位，组织开展储能领域重大战略研究，制定新型储能产业发展路线图。

美国是全球储能产业发展较早的国家，早期主要聚焦于技术研发，例如，“电池500”计划有效促进了新型储能技术研发和下一代电池关键性技术突破。2020年，美国能源部（DOE）发布“储能大挑战”计划，将政策重点从技术研发转移到产业链，提出到2030年，建立并维持美国在储能利用和出口方面的全球领导地位，拥有可靠的国内制造链和不依赖进口的关键材料供应链。

欧盟则在技术研发和规模化应用方面同时发力，“电池+2030”计划旨在召集欧洲顶尖的学术机构、研究所和工业领域的相关人士，在储能电池技术等方面进行长期的研究合作，为欧洲电池行业不断实现技术突破提供助力。

此外，亚太地区的韩国和日本也是全球储能行业的主要市场。日本长期依靠各大企业与高校研究所的深度合作实现锂电池的产业化发展。“RISING2”计划提出到2030年电池单体能量密度达到500瓦时/千克，技术方向体现了从液态电池到固态电池最终实现全固态电池的整体商业化应用。韩国在2021年公布了“K电池战略”（K-Battery Development Strategy）。在“K-battery，充电世界”的口号下，韩国计划打造成为全球公司合作的下一代电池研发和制造的领先基地，并在2027年实现全固态电池商业化。

从全球布局来看，中美欧日韩纷纷围绕新材料体系、能量密度、循环寿命提高和成本降低先后制定了面向未来的动力电池产业规划，以期掌握未来的主导权。电化学储能是应用范围最为广泛、发展潜力最大的储能技术。目前，全球储能技术的开发主要集中在电化学储能领域。中国应借鉴全球储能发展趋势，科学规划储能产业布局和目标，实现储能产业的持续性发展。

国家发展改革委、国家能源局出台的《关于加快推动新型储能发展的指导意见》（发改能源规〔2021〕1051 号）指出，到 2025 年，实现新型储能从商业化初期向规模化发展转变。新型储能技术创新能力将显著提高，核心技术装备自主可控水平大幅提升，在高安全、低成本、高可靠、长寿命等方面取得长足进步，标准体系基本完善，产业体系日趋完备，市场环境和商业模式基本成熟，装机规模达 3 000 万千瓦以上。新型储能在推动能源领域碳达峰碳中和过程中发挥显著作用。到 2030 年，实现新型储能全面市场化发展。新型储能核心技术装备自主可控，技术创新和产业水平稳居全球前列，标准体系、市场机制、商业模式成熟健全，与电力系统各环节深度融合发展，装机规模基本满足新型电力系统相应需求。新型储能成为能源领域碳达峰碳中和的关键支撑之一。由此可见，中国对于储能的定位有着长线的战略布局。

中国早在“十三五”规划中就制定了储能产业的相关布局，新型储能由研发示范向商业化初期过渡，实现了实质性进步，2021 年底新型储能累计装机超过 400 万千瓦。“十三五”期间，宁德时代作为储能的头部企业承接了“100MWh 级新型锂电池规模储能技术开发及应用”重点项目。此外，中国电池制造商如宁德时代、比亚迪等企业成为全球市场的领头羊，到 2021 年底中国动力电池产能在全球的占比超过 70%。这主要得益于电池原材料市场规模的稳步增长，包括电解液、隔膜、铝箔铜箔、磷酸铁锂、磷酸锂、石墨类碳材料等，形成了一条成熟的产业链。这些企业在全球市场的崛起，依靠的是改革开放40年以来中国从材料供应到化工行业、制造行业的全方位提升。

复盘“十三五”期间重点专项成果，可以肯定的是，在国家支持下，传统动力锂离子电池的性能得到显著提升，如高镍/硅碳体系电池、长寿命电池已取得突破性进展，下一代高能量密度电池也取得了长足进步。

未来，面向“十四五”时期的新型储能发展布局，除了继续着重于系统性储能技术创新和产业规模化之外，还提出了新型储能与电力系统融合发展的新方向。可以说“十四五”时期的储能是以电网为抓手进行布局，从新型电力系统的需求来倒推需要何种储能技术。与传统电网的“源随荷动”相比，新型电力系统将传统电力系统“发—输—变—配—用”的单向过程升级为“源—网—荷—储”一体化循环过程。在这一过程中，电源侧依靠高比例可再生能源主动支撑技术，电网侧需要实现特大型交直流混联电网的安全高效运行，负荷侧保证多元用户供需互动与能效提升。要想实现系统的有效互动，“源”“网”“荷”任何一侧都需要相应的储能技术做支撑，最终提高新能源发电消纳占比和用能效率。

储能技术有很多种，以时间特征划分为超长时间尺度储能技术（4小时以上）、中长时间尺度储能技术（30分钟到4小时）和短时高频储能技术（少于30分钟）。各类储能技术与其他配套技术在电源侧、电网侧、负荷侧协调配合，支撑构建新型电力系统。构建新型储能和智能电网技术体系成为我国能源存储技术的布局目标，“十四五”《储能与智能电网技术重点专项》的专家组制定了具体的指标，即在该领域达到国际领先地位。为加速中国能源转型，储能技术的布局将助力规模化储能向多目标迈进：高安全、长寿命、高功率、高效率、低成本、大规模、智能化、环境适应性、长时间尺度、可持续发展。

电化学储能技术现状及趋势分析

从广义上讲，储能即能量存储，指通过一种介质或设备把一种能量形式用同一种或者转换成另一种能量形式存储起来，并基于未来应用需要以特定能量形式释放出来的过程。考虑到发展前景，电化学储能技术在适用性、效率、寿命、充放电、重量和便携式方面更具优势。

1. 超长时间尺度储能技术

在“双碳”目标的指引下，新能源并网不断提速，“可再生能源＋长时储能”成为消纳可再生能源、替代传统火电厂的重要解决方案。超长时间尺度储能一般指持续放电时间不低于 4 小时，甚至可以实现跨季充放电循环的储能技术。

目前超长时间尺度储能技术主要采用抽水蓄能技术，储能时长 4~6 小时，服役寿命达到了 30 年，但地域、环境和资源会对其有所限制。多数在发展的储能技术成本在 1.5 元 / 瓦时以上，度电成本在 0.4 元以上，服役寿命达到 8~10 年。下一步的发展目标是度电成本低于 0.2 元，服役寿命大于 20 年，循环寿命大于 10 000 次，实现 GWh 级储能。

总体来看，抽水蓄能技术最为成熟，并且已经实现了产业化。中国南方各省区都在积极布局抽水蓄能建设，在原有技术基础上进一步改进性能。由于目前抽水蓄能的时长和容量规模仍无法满足未来新能源消纳和系统调峰问题，为进一步确保电力系统的稳定，需要继续推动大容量、中长时间尺度的储能技术示范，以及部署相关技术的研发。为了适应新型电力系统和新能源发电，满足能量跨天时移和削峰填谷的需求，研究可以取代抽水蓄能的时长大于 6 小时且不受地域、环境和资源限制的大规模、长寿命、低成本、安全可靠的储能技术。这些长时储能技术更加适配可再生能源的长期发展规划，具备更强的峰谷套利和市场盈利潜力。其中，压缩空气储能技术历经十余年建设，规模化不断提速，已实现从千瓦级到百兆瓦级的重大跨越。此外，还有一个长周期储能技术的思路，即通过催化剂将能源转化成化学品存储起来备用。在实际生产生活中，最好的长时储能形式就是煤、石油和天然气，这也是一个长周期储能的备用方案。

2. 中长时间尺度储能技术

中长时间尺度储能技术一般指持续放电时间在 30 分钟到 4 小时以内，具备调峰调频、紧急备用、保障输配电功能、降低网损等复合功能的技术。多元化的中长时间尺度储能技术可以进一步强化储能设施的调节作用，针对高比例可再生能源并网消纳和电力供应峰谷差加剧问题，以及大规模储能对于降低成本、减少资源依赖的需求，目前商业化的中长时储能技术不能完全满足新型储能和智能电网所要求的性能、成本和其他扩展目标。就技术现状而言，中长时储能的主流技术为锂离子电池储能，储能单体成本 0.8 元 / 瓦时，度电成本 0.3~0.6 元 / 千瓦时。该技术存在起火爆炸的风险，安全性亟待提高，在高低温环境中其能量效率明显降低，增加了运维和安装成本。锂电池储能场站的示范规模在100兆瓦时，储能时长普遍为2小时，对应输出功率一般为0.5C。其下一步发展目标是实现储能单体与系统的本质安全，循环寿命超过15 000次，度电成本降至0.2元/千瓦时。

未来电力发输环节中，针对规模储能调峰、新能源风光储配套等应用场景，研究时长在30分钟到4小时的安全、高效、长寿命、低成本的储能技术，重点包括本质安全的固态锂离子电池，低成本、无资源限制的钠离子电池等。具体来看，锂离子电池技术进步最快，性价比也接近可推广应用的程度，下一步技术发展的方向在于成本的进一步降低和安全性的提升。钠离子电池基本和锂电池氧化还原反应的机理相同，做锂离子电池的团队转行做钠离子电池没有太大障碍。当前钠离子电池由于技术不成熟，材料体系与整个供应生产链尚未匹配、定型，当前的度电成本高于锂离子电池。但是从技术战略来看，碳酸锂价格的不确定性可能会使锂离子电池的发展受到资源成本的限制，钠离子电池的市场优势即将显现。

3. 短时高频储能技术

除了要解决长期的电量平衡问题，未来电网也必须发展出短时的、秒级的、分钟级的储能系统。短时高频储能技术属于功率型储能，主要在于弥补短期功率上的不足。飞轮、超级电容器和高功率锂离子电池等技术在提升电力系统灵活性方面的优势明显，但其降低系统成本的价值尚未得到市场化和规模化的认可。就技术现状而言，短时高频储能技术的各个子任务主要处于基础研究阶段和初步示范阶段。下一步其发展目标是，针对电力发、输、配环节中涉及的调频、备用容量、可再生能源的并网和平滑出力、无功支持等高功率应用场景，研究秒级到30分钟时长以内，功率密度大于10千瓦 / 千克，系统功率成本降至2元 / 瓦的高效、长寿命、低成本、高功率、高频次的储能技术，具体包括高功率电池、超级电容器等。

总体来看，储能技术种类繁多，特点各异。在实际应用中要根据储能技术的特征进行综合比较来选择适当的技术或多种技术的配合。对于未来储能技术布局主要考虑针对应用场景和需求解决具体问题，而不是仅发展某类新型储能技术。因此，要对各类储能技术发展面临的挑战进行分析，从可持续发展的角度推动其多元发展。同时还要优化我国在发展储能所需基础支撑技术方面的布局，加快打造强大的人才队伍，形成完整的储能产业链和创新链。

在各储能类型中，电化学储能项目数量占比最大，是重点攻关方向。目前，全球储能技术的开发也主要集中在电化学储能领域。在大力发展电化学储能制造技术的同时，也要注意到我国在多种类型电化学储能技术的应用上刚刚起步，储能产业尚处于大规模应用的初期，各方面仍面临诸多挑战。

4. 锂电池行业关键能源材料的高质量发展

锂离子电池是当前电化学储能的技术主流，广泛应用于新能源汽车、手机、便捷式电脑和储电站等领域。作为最主要的便携式能源，锂电池的消费需求迅速增长，市场上不少资金也在不断涌入锂电池领域。下游需求的强劲和上游原材料的紧缺导致锂电池材料价格持续走高。锂电池主要原材料包括正极材料、负极材料、隔膜和电解液等，这些原材料受碳酸锂、钴、镍等关键原料的资源制约。从产业发展的角度来看，未来电池关键材料的技术突破和高质量发展将成为电池产能释放和商业化的瓶颈。目前，全球储能技术的开发也主要集中在电化学储能领域，尤其是原材料的替代技术等。中国锂电行业要想取得长足发展，也亟须突破资源的限制、解决原材料供需，以及技术发展不平衡的问题。

回顾储能电池的技术发展过程，技术的更新迭代建立在不断优化现有材料并寻找新材料组合的基础上。如图 11.1 所示，负极材料已从石墨类负极材料发展到纳米硅碳负极材料，未来可能出现锂复合负极材料。正极材料主要是对现有钴酸锂（$LiCoO_2$）、三元层状（NCM/NCA）、富锂锰基（Li-rich）、锰酸锂（$LiMn_2O_4$）、镍锰酸锂（$LiNi_{0.5}Mn_{1.5}O_4$）正极材料的进一步优化和升级。此外，电解液、隔膜、导电添加剂材料的选择需要基于与正极负极材料的界面兼容性以及材料本身的性能进行考虑。从应用场景的发展来看，由于应用的多样性导致性能指标要求的多样性，锂电池未来将呈现多种材料共同发展的局面。

从电池材料来看，对于材料的选择决定了锂离子电池的能量密度理论值，所以，高性能电极原材料的开发是锂离子电池领域的核心问题。除此之外，电池的大规模工程化应用还需要综合平衡能量密度、安全性、循环性等多方面电池性能的技术指标，技术设计方案需要充分理解背后的科学原理和方法，使原材料化学反应的能量实现最高效的释放和吸收。也就是说，原材料的性能升级和更新迭代还需要考虑界面兼容性和结构设计，才能最终实现电池高能量密度、高功率密度、长寿命、本质安全、低成本的技术目标。

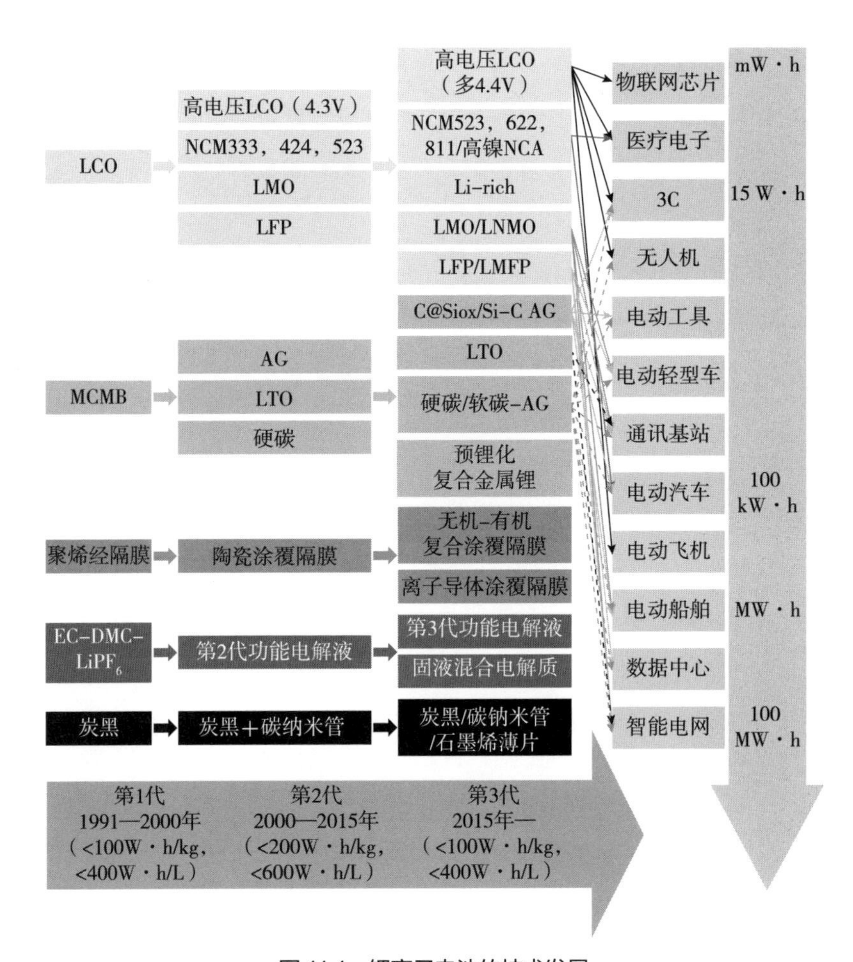

图 11.1 锂离子电池的技术发展

资料来源：李文俊，徐航宇，杨琪，李久铭，张振宇，王胜彬，彭佳悦，张斌，陈相雷，张臻，杨萌，赵言，耿瑶瑶，黄文师，丁泽鹏，张雷，田启友，俞会根，李泓．高能量密度锂电池开发策略［J］．储能科学与技术，2020，9：448.

传统锂离子电池是目前使用最广泛的储能设备，却受到能量密度等方面的限制，越来越难以满足未来社会的使用需求。开发锂硫电池等新一代具有高理论能量密度的电化学储能体系势在必行。然而，锂硫电池存在多相反应的不稳定性。现有的锂硫电池基本架构中，正极为硫碳复合材料，负极采用金属锂，电解液溶剂一般为醚类溶剂。从时间尺度来看，放电初期，硫正极转化为可溶于电解液的高阶多硫化锂。随着放电反应的进一步进行，多硫化锂的溶解度逐渐降低，反应逐渐由液相反应转变为固相反应。从空间尺度来看，整个化学反应在分子的尺度上完成吸附转化、颗粒尺度上完成传质沉积，最终完成跨电极的传质和副反应行为。因此，宏观电池和电极的构筑与设计需要基于时空两个维度对材料设计和化学反应过程进行底层调控。

目前我们的研究正在尝试将其间的科学原理和规律方法描述清楚。通过多年探索锂硫电池内在的原理机制，在材料设计策略方面取得了一系列进展。相比常见的电催化过程，锂硫电池正极侧的反应具有高度的复杂性，即化学反应与电化学反应高度耦合，均相反应与异相反应同时发生。“半固定”的催化剂设计策略不仅可以显著提升硫物种的反应动力学，而且优化了硫物种的相转变模式，从而实现高性能的锂硫电池实际器件的构筑。从高分子材料的分子设计角度出发，半固定型氧化还原介体策略在促进正极动力学效果的同时，其高分子的限域作用也避免了对于负极的腐蚀，从而使得全电池的性能进一步提高。基于先进能源材料的精准分子设计在以锂硫电池为代表的能源电化学系统中的巨大潜力，开发高性能催化剂是加速锂硫电池正极硫物种转化动力学的重要手段。

总结下来，关键能源材料高质量发展的逻辑在于：首先，从化学概念设计上依赖于长距离相互作用的构筑；其次，在材料的构筑上依赖于分子设计；最终，实现高比能锂硫电池的体系应用。具体来讲，电池活性物质在不同尺度的时间和空间差异性对于目标的优化，可通过长程作用构建的响应性设计进行兼顾，这是在化学概念上的再认识。

在此基础上，通过高分子链柔性和超分子结构弹性可有效在锂硫电池中引入长程作用，响应性调控物质的传质和分布，完成材料构筑的升级。而整体应用体系的设计体现了从“顾此失彼”到“兼而得之”的模式优化，在优化参数的调控模式下，根据材料特性和应用场景选择扩散系数、反应活性、溶解度、界面相互作用等适宜的目标参数，但只能解决单一尺度的问题。而响应多尺度环境的调控模式则可以根据时空环境调节反应传质性质，解决复杂锂硫电池多尺度的全局问题。

对技术逻辑和规律的把握可以促进原材料性能的优化升级。对需求的精准把握有利于实现产业层面供给侧与需求侧的精准匹配。近年来，具有更高能量密度和更好安全性的固态电池的蓬勃发展，极大地激发了供给侧的相关技术创新。为了进一步提高硫化物基全固态锂电池的电化学性能，改善固态复合正极的界面结构成为关键，包括界面问题、设计策略、制备方法等技术。集成界面设计策略为全固态电池的产业化奠定了基础，自支撑柔性复合固态电解质技术不断成熟，通过复合体高模量成分阻挡枝晶，提供负极保护，同时柔性成分提供良好界面接触。由于液体体系的锂离子电化学动力学理论不能直接应用在固体体系内，载流子转变与扩散动力学的进一步研究思路在于，通过载流子转变与锂沉积的相场模拟来确定锂传输载流子从锂原子到锂空位的转变机制。因此，固态电池中锂离子传输动力学的定量研究将极大地促进其实际应用。此外，干法固态电解质膜与复合电极制备技术相对于湿法过程具有缩短生产过程和降低能耗等优势，未来干法制膜技术与固态电解质的结合将推动全固态电池的发展。

我们团队在 20 年前开始做碳材料，发现了性能突出的导电剂材料。研究发现，新一代导电浆料相比于导电炭黑和聚团管浆料，其性能显著改善，即在相同的导电性能水平上，浆料用量降低了 20 倍，循环圈数也大大降低，功率密度实现明显提升。

5. 储能电池的两大技术痛点：快充技术与电池安全性

从功率型快充电池技术的发展现状来看，《新能源汽车产业发展规划（2021—2035 年）》提出了一系列要求：要开展正负极材料、电解液、隔膜的关键技术研究；加强电池的安全、成本和寿命的技术保证；加大对高功率的充电技术的研发。这些要求的解决策略是多方面的，可以是化学创新，即电池内部的材料和化学上的创新；也可以是物理创新，即在单体电池成型后把它在模组的角度上通过器件的匹配或者电池的设计来做到接近它的电池能力的上限。要在更大尺度上进行电子器件和充电协议优化，但实际上决定电池上限的是电池内部，也就是它在化学上的机理与创新。电池各方面性能表现上，最大的短板首先是快充技术，其次是电池安全，再次是充电桩数量，而后是续航里程，最后是模块成型工艺及管理。

众所周知，快充往往和析锂相关。如何在快充的过程中做到不析锂，或者在析锂发生时就能够精准地检测到，从而提供预警，这是当前锂离子电池发展中最受关注的问题。从技术领域来看，这需要在实现快充与结构一体化发展的同时，解决关键技术（参比 & 析锂预警）突破和工程化结构（快充、传感器）的适配。而这些技术的基础是理论框架下界面演变的科学问题，即如何理解快充的底层化学理论，以及如何解释析锂的物理化学规律和析锂的科学机制。市场和用户对于快充提出的理想目标是 10~15 分钟完成充电 80% 的容量，快充循环寿命大于 1 000 次。而当前最好的商用快充技术的充电功率只能达到目标值的 50%。基于对电池快充的底层化学理论的理解，快充技术的发展和突破需要研发新型电池界面化成工艺、探究电极表面包覆层的深层化学机制等。技术难点不仅仅在于单一材料或电解液的创新，而是探究如何开发电解质系统，提升离子传导和迁移的能力。

以锂离子电池中目前应用最广泛和最不可或缺的石墨负极的实验为例。现在商用的很多快充技术对负极的处理多采用硬碳或者包覆层，如果在石墨的表面包一层纳米级的硬碳，倍率性能和交换密度都将显著提升。通过测量可以发现，在增加了包覆层之后，提升了锂离子在 X–Y 轴面的扩散速率，改善了界面处的离子扩散系数，从而抑制了快充下的析锂。

从溶剂化结构和界面间的关系提出一种弱溶剂化作用的策略。通过引入介电常数低的溶剂作为弱溶剂化溶剂取代现在商用电池中的碳酸酯，使得溶剂和锂离子之间的作用力大大削弱。这种弱溶剂化电解液可使电池具有高电压窗口、快速充电以及高能量密度循环的特征。

即使电池快充性能非常好，其在长循环的快充中电池内部也存在析锂的危险性。如果在低温、快充和电池过充的条件下出现析锂现象，石墨上出现锂沉积物会降低电池的热失控温度，从而使电池的危险性提高。基于这一技术难点，目前的解决思路是在软包电芯循环测试中，采用传感器来实时监测电池析锂的发生和安全上限电池的使用情况，及时进行预警，避免安全事故的发生。

从长远来看，电化学储能还存在着一定的发展空间。从金属材料的资源限制角度来看，未来需要找到其他可以替代匮乏且昂贵的钴资源的原材料，未来无钴电极是一个重要研发方向。类似的，还需要考虑到金属资源的不可再生，有机电极材料由于含有丰富的碳、氢、氧等元素，具有可再生、绿色环保、低成本等优点，有机电极材料正在释放其实际应用潜力。此外，从提升电池安全性的角度来看，绿色电解液、水系电池和高安全电池都是未来研究的重点方向。近两三年来，从可持续发展的角度研究电池关键材料的回收、循环利用等是市场需求较大的一个产业方向。总体来说，按照布局在碳达峰之后实现产业化，储能技术的发展需要做好更长远的准备。但在碳达峰之前，关键性任务就是完成主要的设施化准备、技术的集成和系统的匹配。

技术的发展离不开人才队伍的建设，国家层面也提出了建设“世界人才中心和创新高地”。在这一语境下，我们积极从事和推进储能电池的科学研究工作，希望通过更好的电池让中国在能源研究领域占据领先地位。可再生能源的安全和高效存储是实现可持续发展目标的关键，中国研究人员都在努力提高基础科学和工程能力，以建立清洁、安全和负担得起的能源技术。如何通过自主创新找到一条以新能源为主体的可持续发展道路，成为我们当前的时代使命。

加快储能技术与产业的发展，对于构建清洁低碳、安全高效的现代能源体系，推进我国能源领域供给侧改革、能源生产和利用方式变革，具有重要作用。储能相关技术的研究和应用，还将带动从材料制备、器件研发、装备研制到系统集成的全产业链发展，成为提升产业发展水平、推动经济社会发展的新动能。乘势而上，奋发有为，担当作为，勇攀高峰，抓住历史机遇，通过科技创新，不断拓展储能科技的战略空间，努力推动储能高质量发展。现在，我国经济社会发展和民生改善比过去任何时候都更加需要科学技术解决方案，都更加需要增强创新这个第一动力。碳达峰碳中和事关中华民族永续发展和构建人类命运共同体，我们每个人都要牢记自己的使命！

促进能源低碳转型的电力市场机制改革

何勇健[①]

自2020年9月22日以来，国家主席习近平先后50余次在国内外重要场合就碳达峰碳中和发表重要讲话。对“双碳”要求不断深化、细化，为做好能源转型和电力市场改革提供了重要的政策依据。当前，谈及电力市场机制改革，必然围绕能源转型和市场化两个关键词。不同类型的改革需要匹配不同的机制，而不同的机制设计也会影响转型的效果。

全球能源转型宏观形势分析

俄乌冲突以来，全球能源供需失衡、价格飙升且高位运行，全球能源格局面临重构。2022年3月7日，布伦特原油期货价格最高触

---

① 何勇健，国家电力投资集团战略规划部主任，战略研究院院长、中国电力发展促进会副会长，曾在国家计委、国家发展改革委、国家能源领导小组办公室和国家能源局工作，曾任国家能源局规划司副司长和国家能源局信息中心主任。1995—2006年，在国家计委和国家发展改革委工作，主要从事价格宏观调控、价格改革方案编制、能源和供水价格及市场管理工作，曾参与历年全国电力、石油、天然气和供水价格有关政策制定及调定价方案实施工作，作为主要起草者参与制定了火电标杆电价、电力脱硫脱硝等环保电价政策以及可再生能源补贴电价附加政策并组织实施。2006—2008年，在国家能源领导小组办公室工作，主要负责《能源法》起草的组织协调和能源体制改革研究工作，并参与研究拟定国家能源战略规划。2008—2019年，在国家能源局工作，2011年起担任国家能源局规划司副司长，主要从事能源战略规划、价格管理、节能减排、统计预测及形势分析、电力市场改革及监管、信息化和大数据建设等工作。

及 139.13 美元 / 桶（约 939 元 / 桶），创下 2008 年以来新高。6 月 8 日，全球天然气期货价格高达 9.5 美元 /MMBtu（约 2.16 元 / 立方米），创下 14 年以来最高点。7 月 20 日，法国以 589 欧元 / 兆瓦时（4.64 元 / 千瓦时）的电价创下欧洲电价的最高纪录。

欧盟的低碳转型发展一直走在全球前列，碳配额交易和碳税两大政策工具的使用和发展也相对成熟。有关机构预测，2022 年、2023 年、2024 年欧盟碳价格将分别达到 88.36 欧元 / 吨、97.66 欧元 / 吨、101.96 欧元 / 吨。2022 年 6 月 22 日，欧洲议会通过《碳边境调节机制法案修正案》，从 2027 年开始逐步征收碳关税，征收行业扩大到有机化学品、塑料、氢和氨，征收范围扩大到间接排放，即制造商使用的电力产生的碳排放也将被征税，到 2032 年完全取消欧盟相关行业获得的免费碳排放配额。可见，欧盟能源转型的步伐并未放缓，反而在不断加大。中国是欧盟第一大贸易伙伴和最大商品进口来源国，也是欧盟进口商品隐含碳排放的最大来源国，欧盟的政策将对中国企业产生极大影响。

全球碳交易市场将对企业经营产生极大影响，以特斯拉卖碳盈利为例，在过去五年里，特斯拉出售的碳排放额度为公司带来了 33 亿美元的收入。2020 年，特斯拉通过出售碳排放额度赚取 16 亿美元，远超其 7.21 亿美元的净利润。高碳模式意味着企业面临巨大的成本负担，这也致使欧洲陷入了煤电困局。以德国为例，煤电成本中碳排放占 30% 以上，煤电成为除燃油发电外最不经济的发电方式，处于电力调度最末端（见图 12.1）。

2021 年全球可再生能源累计装机约 30.64 亿千瓦，发电量达到 8.3 万亿千瓦时，同比增长超过 8%，实现 20 世纪 70 年代以来的最快增长。预计2022年全球新增可再生能源装机将达3.2亿千瓦，发电量或将满足德国全部电力的需求。其中光伏新增1.9亿千瓦，占比约60%；陆上风电新增0.8亿千瓦，占比约25%。到2030年，可再生能源将成为全球最大的电力来源。

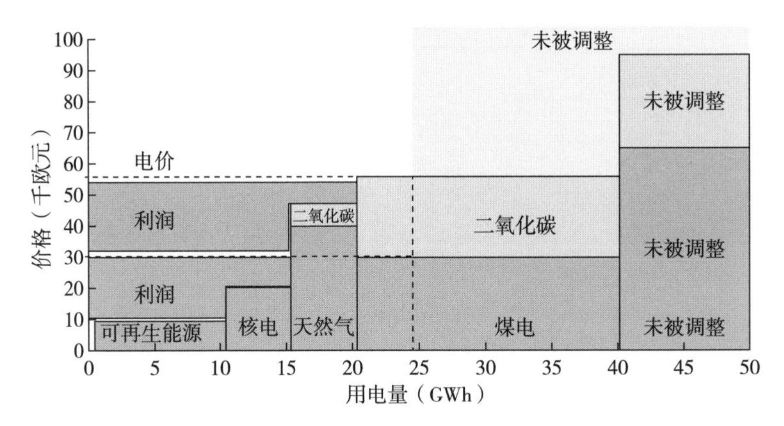

图12.1　欧洲引入碳价格后的优先调度顺序

资料来源：美国环保协会《电力行业参与欧盟碳排放交易体系经验与教训》。

俄乌冲突促使欧洲甚至全球范围内严重依赖能源进口的国家加快找寻替代能源的步伐，加速能源结构转型。因此，新能源成为各国竞相角逐、加大投入的重点领域，也成为新一轮能源技术革命和产业革命的主战场。2022年上半年，海外光伏市场实现量价齐升，中国光伏组件出口量达78.6吉瓦，同比增长74.3%，光伏产品出口总额达259亿美元，同比增长113.1%。德国《可再生能源法》（EEG）立法修正案草案提出，实现100%的可再生能源发电的目标将从2040年提前到2035年。2022年上半年，德国可再生能源占比49%，其中陆上风电占比21%、太阳能12%、生物质能8%、海上风电4%、水电3%（见图12.2）。

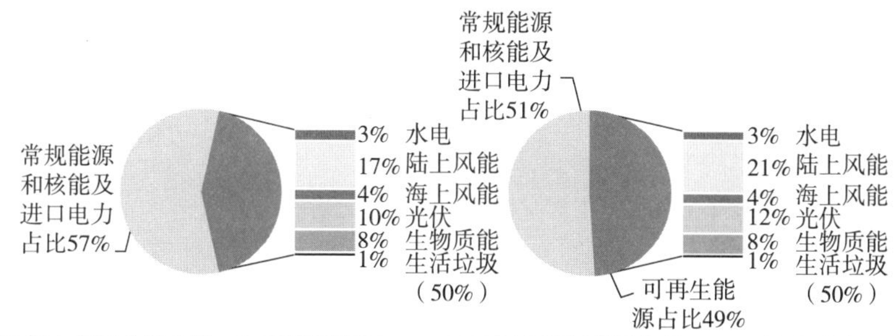

图 12.2　2021—2022 年德国可再生能源占比情况

资料来源：德国公用事业行业协会（BDEW）和德国太阳能和氢研究中心（ZSW），2022 年 6 月。

从历史的发展规律来看，三次工业革命的底层逻辑都是由能源来推动（见图 12.3）。在新能源领域，中国的产业技术、商业模式等已经形成了自己的新赛道，完全具备赶超甚至领先的潜力和势头。基于对全球能源转型的宏观形势分析，中国目前对于“资源禀赋”的内涵也有了新的认识和理解。过去普遍认为中国因“富煤、缺油、少气”而被定位为“资源贫乏”的国家，但从发展新能源的角度来看，我国风光资源无限。风电光伏装机量、储能、新能源汽车和特高压输电等细分领域也都处于全球领先地位。在国内大市场的建设发展下，中国完全可以依靠新能源和内循环的路径来化解油气资源的对外依赖困局。

过去中国是以“大基地、大电网、大输送”为特征的大电力体系，而未来分布式能源，加上储能和微网可能是能源发展的主要方向。各微电网通过与大电网互联互通，互为备用支撑，更能满足能源大容量、远距离输送需求。近年来，世界新增发电装机容量的 30% 为分布式电源，2022 年上半年我国分布式光伏新增并网容量 1 965

万千瓦，占新增光伏容量的64%。我国中东部长三角、珠三角和环渤海地区作为国内的经济中心，也将是未来的能源电力需求中心。尽管西电东送还在继续扩大，但从西北和东北输送的外来电力只占中东部的30%。而中东部土地等自然资源匮乏，除了海上风电，未来只能依靠就地分布式能源的解决方案来满足剩余70%的能源需求。所以中东部是未来分布式能源的主战场，分布式能源发展的大趋势实际上也是由传统大电网系统自身的边界条件倒逼出来的。从发达国家经验来看，风光等新能源上网电量占比40%为传统电网消纳新能源的极限，特高压输送电量中风光电占比极限为50%，因此传统电网难以满足新能源大规模发展的需要。

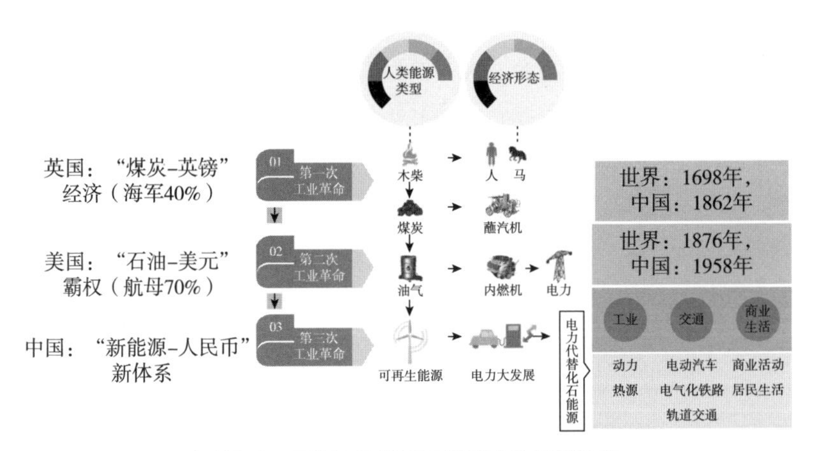

图12.3　三次工业革命及其对应的经济形态

资料来源：国际能源署、国家电网及北京大学等相关公开数据。

在我国碳中和的承诺下，2060年减排措施的减碳量贡献预计为：风电、光伏、水电、核电和储能将贡献近60%的减碳量；氢能作为二次能源的解决方案预计将贡献15%；火电和CCUS将贡献约

10%；DSM，即行为变化、能效、可避免的需求等需求侧管理，贡献约10%；碳汇作为托底贡献约5%。在这一碳中和过程中还需要巨大的技术模式转型和体制机制变革，否则这些目标将无法实现。

从不同行业的碳中和时间点来看，电力行业将率先实现碳中和，为其他行业碳中和赋能。目前，欧盟和美国等主要经济体均计划在2050年实现碳中和，全球电力行业计划在2035年实现碳中和，交通和工业领域分别计划在2045年、2050年实现碳中和。

重点行业零碳转型需要科技创新与跨行业协同合作来推动。首先要实现电力行业本身的零碳，依靠风光等可再生能源做到能源供给的零碳。但对于各用能行业来说，非能源、非电力的需求部分还需要工艺流程再造，使用非碳的原材料替代现在含碳的原材料，实现全行业全工艺流程的零碳。也就是说，重点行业不能坐等通过绿电来解决排碳问题，绿电与用电负荷的匹配是非常大的技术难题，碳中和必然伴随着这些行业材料应用、工艺流程和商业模式的全面重构，需要各产业与能源行业深度协同创新，根据不同的工艺特点做不同的精细化解决方案。

在分析电力体制改革之前，有必要了解和分析各行业低碳转型的路径、措施方案和技术特点，具体的转型逻辑决定了需要何种体制机制支撑，二者紧密相关，同时又互相具有反作用。钢铁行业，需要通过突破电炉炼钢、氢气还原铁、生物质还原铁、电解法炼钢等新技术，配合碳捕集大幅降低碳排放量；化工行业需要通过绿色化工和CCUS技术将二氧化碳和氢气制成甲醇或者合成液氨，然后制成烯烃等产品，实现零碳排放；水泥行业要通过零碳能源供热、矿物代替石灰石等技术进行深度脱碳；电解铝行业要积极推进零碳电力、惰性阳极技术，进一步降低二氧化碳排放；信息行业要开发部署先进技术提高算法效率，改进计算等耗能水平，降低 IT 设备能耗；5G 技术与能源、制造业、交通运输等重点排放行业实现深度融合；交通行业要大力发展电动汽车、氢燃料电池汽车，通过以电代油、以氢代油加速脱碳进程。

不同行业有不同的特点，新型电力系统既要考虑将各行业原来煤炭产生的电变成绿电，同时也要去除与碳有关的工艺流程中各环节的碳，才能真正做到零碳解决方案和技术路线。图 12.4 是碳中和场景下新型电力系统示意图，其基本逻辑是将能源电气化和绿电作为实现“双碳”目标的核心路线和解决方案。具体来说，能源转型要求非化石能源占比逐步提高，要解决的核心问题是需要一个什么样的新型能源和电力供应系统来逐步增加非碳能源。并且，由于风、光等绿电资源时空分布不平衡，需要一套什么样的基础设施来保证电力的稳定输出。另外，关于建设新型电力系统，到底需要哪些核心技术作为支撑。

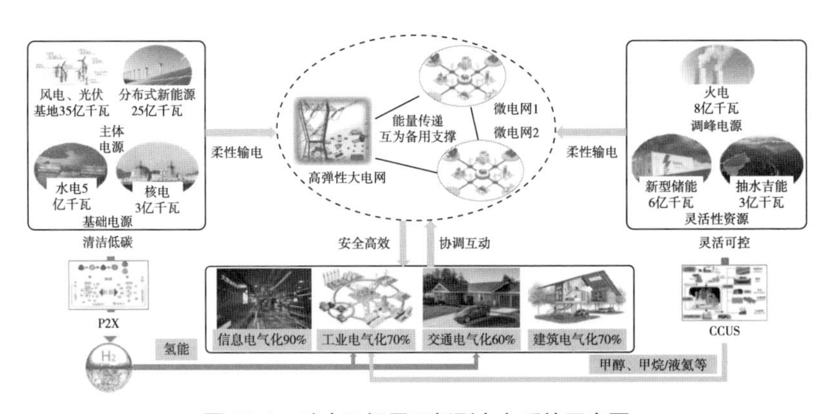

图 12.4　碳中和场景下新型电力系统示意图

资料来源：根据中国工程院、中电联、国家电网等相关公开数据预测及绘制。

我国电力体制机制改革方向

电力体制改革的总体方向对于发挥市场配置资源起决定性作用。具体来说，深化能源和相关领域改革，发挥市场机制作用，形成有效激励约束机制。这主要包括四个方面的内容：第一，加快建设全国统一的能源市场；第二，深入推进能源价格机制改革；第三，推进电网体制改革；第四，全面推进电力市场化改革。目前，市场化电力体制改革已具备两大重要的政策支撑，并为之提供了更加明确的方向依据和政策激励。

首先，中共中央和国务院在 2022 年 3 月发布了《关于加快建设全国统一大市场的意见》，加快建设全国统一大市场是为了促进内循环，打破地方保护和市场分割，打通制约经济循环的关键堵点，促进生产和消费领域全要素在更大范围内畅通流动。建设全国统一大市场是构建新发展格局的基础支撑和内在要求。其中与能源系统相关的，包括电力市场、煤炭市场、油气市场和碳市场，都是国内统一大市场的重要组成部分和应用市场。

其次，2021 年 12 月 10 日的中央经济工作会议明确新增可再生能源和原料用能不纳入能源消费总量控制。这是近期推动能源绿色消费最有力的政策，关键是要尽快制定相关的实施细则，确保政策落地。进一步完善能源消费双控政策，加强与其他政策体系的衔接，创造条件尽早实现能耗“双控”向碳排放总量和强度“双控”转变，推动高耗能产业绿色低碳转型，深入推进能源绿色消费。这为发展绿电带来极大的政策利好，工业企业扩产扩能将不再受到国家指标的限制。

从全国电力市场改革进展情况来看，2021年，全国市场化交易电量3.7万亿千瓦时，同比增长17.2%，占全社会用电量的44.6%，是2015年市场化交易电量的近7倍，年均增长约40%；预计2022年将超过5万亿千瓦时。2021年新能源参与电力交易比例约25%，呈逐年扩大趋势。中长期交易和辅助服务市场基本覆盖，首批8个省现货试点已进入结算试运行阶段，第二批6个省现货试点也已启动建设。以省级电力市场为基础、以跨省跨区市场为突破、以全国统一电力市场为方向的电力市场建设初见雏形。

全国统一电力市场的阶段性目标已基本明确，总体上是一个循序渐进的过程，但总趋势是全部市场化。第一阶段，即到2025年，初步建成全国统一电力市场体系，国家市场与省/区域市场协同运行，实现电力中长期交易、现货市场和辅助服务市场一体化设计、联合运营。第二阶段，即到2030年，全国统一电力市场体系基本建成，适应新型电力系统要求，国家市场与省/区域市场联合运行。其主要内容包括持续推动电力中长期市场建设、积极稳妥推进电力现货市场建设、持续完善电力辅助服务市场、培育多元竞争的市场主体，包括用户侧可调负荷资源、储能、分布式能源、新能源汽车等。

未来电力市场的改革需要围绕解决整个电力行业现存的痛点和难点问题来展开，总体归咎于电力市场的规则不完善、电力的调价受到政府干预、央企和国企因为自身利益博弈而不是遵循市场规律，导致交易价格的不合理。具体改革需要化解的矛盾可以归纳如下：

第一，各地电力市场缺乏顶层设计、统一规则和市场思维，各省电力市场规则五花八门，区域和全国无法统一，中长期交易与电力现货衔接不够，跨省跨区交易存在省间壁垒。

第二，市场煤与计划电的价格传导机制未打通，市场电与计划电交织在一起，现货市场信号发生了畸变，火电的容量价值尚未体现，辅助服务市场有待完善。目前电力紧张不是缺电力装机，而是缺煤炭。

第三，输配电价成本核算不清晰，市场化要素不明确，新能源存在空间、时间不平衡，电力资源配置存在错配，还未建立输电权交易市场。

第四，市场竞争不充分限制了公平性，地方政府与电网存在利益捆绑，电网竞争性、垄断性行业尚未分离，电网综合能源服务向发电企业冲击。

第五，分布式发电“隔墙售电”还存在“玻璃门”“旋转门”，用户侧参与电力市场积极性不足，交易主体主要是报量不报价，尚未有效激发用户侧资源活力。

第六，新能源的绿色价值与可再生能源配额、绿色电力证书、碳市场等衔接不足，新能源绿色价值尚未体现，电链与碳链的价值尚未打通。

未来分布式能源的新业态要实现规模化发展，一个可能的改革方向就是放开配电网及售电业务，由社会主体自主经营。从发达国家的经验来看也是一样的道理，“自己发电，自己消纳”，这样可以真正化解传统大电网的产销堵点问题。此外，在当前的电力市场中，绿电（新能源发电）与火电相比不具备竞争优势。无论是中长期交易还是现货交易，电力市场体现的都是供需平衡的时空价值，而新能源由于发电的不稳定性和随机性在电力市场竞争中天然处于弱势地位。发展绿证市场、碳市场的根本逻辑在于通过奖惩手段约束火电、鼓励新能源发电。而中国的碳市场由于还处于起步阶段，远未形成对新能源相应的激励机制，未来亟待通过市场化改革建立一个可以真正体现绿电价值的新型市场。

基于以上电力市场存在的六个方面的痛点问题，电力市场的体制机制在宏观体系框架的角度下应如何统筹和设计？电力市场改革涉及存量和增量的统筹优化，需要科学的规划设计补齐电网的短板，通过市场提供准确的价格信号，避免造成新的不平衡。总体来说，在体制上是大有可为的，需把握四个方面的原则。首先，坚定电力市场化改革方向不动摇，核心问题是正确处理政府和市场关系，要与政府机构改革、国有企业改革做好衔接，以问题导向、目标导向全面推进电力改革。其次，统筹国家经济市场改革大盘子，做好电力体制改革顶层设计，特别考虑电力的特殊性和电力技术革命性变化，制定科学合理、可操作电力体制改革方案。同时，认真研究推动电力改革的科学方法，坚持先立后破，处理好电力供需和运行安全矛盾，优化全国资源配置；明确改革责任主体，坚持顶层设计与基层试验相结合。最后，建立能源科技创新的体制机制，打通数据要素，做好电源与电网统筹规划，做好规划与市场的衔接，做好电力市场监管。

具体而言，要做到以下几点。第一，要构建多层次统一的电力市场体系。要正确把握政府公平和市场效率的关系，实现有为政府和有效市场相结合，政府制定市场竞争的边界，市场促进效率提升和成本降低。同时，中央和地方合理分工，中央研究制定统一的电力市场规则，地方政府应在统一的电力市场规则下建设各自的电力市场，构建多层次统一的电力市场体系。从产品和市场的角度来看，电力作为一种同质化、标准化产品，具有即发即用、以销定产的交易特点，电源不同，成本、出力曲线不同。相应的电力市场有两个：一个是计划电市场，量价由政府决定；另一个是市场电，量价由供需决定。通过电力市场的改革，由过去计划电为主、市场电为辅且市场电浮动大大受限的市场，发展到现在市场电为主，计划电为辅且市场电浮动上下限扩大。而未来，需要进一步改革实现市场电继续扩容，市场结构多元化，计划电仅少量存在。

第二，完善煤炭、电力价格传导机制，推动煤电与新能源联营。要坚持远近结合、先立后破，尊重市场规律，加强政府调控，建立有利于可持续发展的长效机制，统筹做好煤炭清洁高效利用。推动煤炭和新能源优化组合，促进煤电和可再生能源协同发展，充分调动地方和企业积极性，推动煤电联营和煤电与可再生能源联营。煤炭价格和电力价格的平衡问题一直以来都是电力市场改革的重点内容，煤炭价格上涨与电力价格的限价之间存在巨大价差，大大影响煤电厂发电的积极性。将煤炭、煤电与新能源三者结合起来形成一个利益共同体来参与市场，可以化解电力市场目前的多重矛盾。

第三，完善火电与储能电价机制。新能源和化石能源电量市场交易要分离，新能源要体现绿证效益，煤电要与碳市场衔接。严禁新能源强制配置储能，建立科学合理的分时电价和容量电价，以市场推动产业发展。碳达峰之前火电是重要的资源，存量资产要充分发挥价值，建立火电的“容量电价 + 电量电价”两部制电价。具体来说，现货市场的电价一方面需要覆盖基本的备用容量，另一方面要体现市场实时的交易电量。由于火电、储能和新能源发电特性的不同，建立不同的价格补偿机制可以最大化发挥各自的优势。虽然国家层面已经出台相应措施合理控制煤炭价格的涨幅，但未来火电面临的问题在于自身功能的根本性变化导致其经济性和收益性无法实现。未来煤电仅仅作为备用电力来源，需要设置“容量价格”作为基本的费用保障，建立起火电的补偿机制，从根本上避免“拉闸限电”现象的出现。类似的，未来新能源体现零碳价值也需要依靠“绿证价格 + 电量电价”来保障收益的实现。储能的作用在于削峰填谷，弥补火电和新能源发电的缺陷，分时段的价差即峰谷差可以实现经济效益。而单单依靠峰谷电价还不够，储能也需要一个“容量电价”作为基础保证，故采用“容量电价 + 分时电价”机制。

第四，加强市场公平竞争，打破区域交易壁垒。由于电力市场存在一个突出的用电特征即尖峰特性，省与省之间的强互补性可以弥补高峰用电的硬缺口，大大减少新装机等系统供电成本。推动输配分离，清晰核算独立的输电价与配电价，同时推进电力交易中心独立。打破跨省跨区交易壁垒，放开电力用户交易主体，建立中长期、现货、跨期、跨品种、跨区交易。建立跨省跨区输电权交易市场，输电通道容量要披露，实行市场化竞争输电权，保证资源的公平竞争和优化配置。

第五，鼓励用户侧资源积极参与电网互动。未来电网架构由配电网与大电网协调互动组成，充分激励用户侧灵活性资源参与市场互动，改变用户参与市场报量不报价的方式。完善电力价格机制，发挥市场配置资源的决定性作用，进一步拉大峰谷电价差，加快辅助服务市场建设。具体来说，通过电力市场化改革，市场决定峰谷差范围，更高的峰值电价有助于减少系统供电成本和加快电力市场建设。随着现货市场持续推进，无论是发电侧还是用户侧都开始申报带价格曲线，创造商业模式。峰谷电价差加以辅助服务，使电力的时间和空间价值得以更加准确和敏感地转移，再加上对用电侧的实时跟踪等技术突破和商业模式创新，最终实现新能源储能产业规模化发展。

第六，促进电碳耦合，提升绿色价值。不断推动碳交易、配额制与电力市场化协调发展，促进电碳耦合。通过可再生能源电力配额的要求创造出对于新能源电量的强制需求，国家核证自愿减排量（CCER）和绿色电力证书体现风电等新能源电量清洁属性的市场价值，全国统一电力市场推进全国绿色电力统筹配置。目前中国的碳交易市场在自发自愿而非强制性购买原则下，无法发挥市场的真正作用，导致交易价格和体量都过低。未来市场的解决方案就在于绿证和配额制，这是连接碳交易市场与电力市场的纽带。

第七，突破分布式“隔墙售电”体制障碍。突破分布式发电项目与电力交易机构间“隔墙售电”的体制障碍，需要完善分布式发电市场化交易机制，理顺利益分配方式，合理测算核定“过网费”，创新分布式能源商业运营模式，提供良好的市场环境，促进分布式能源就近消纳。

第八，推动中长期PPA合同①替代新能源标杆电价。推动中长期PPA合同替代新能源标杆电价，使用中长期购买协议的方式稳定价格，防止新能源电价未来出现断崖式下跌。针对新能源的出力特性推出不同行业签署中长期PPA合约的合同范本，进一步完善辅助服务市场，丰富系统调节的手段，增强新能源发电企业履行中长期合同的能力。这一措施在西方国家应用比较多，未来国内可能也会有类似的制度安排。

---

① PPA合同是指介于电力供应方（光伏项目开发商）与电力购买方（电力公司）之间的法律合同。

总体来看，我国电力体制机制改革首先在体制机制上要创造自由公平竞争的条件，发、输、配、售、用各个环节从“使命”和“能力”上均应成为新型电力系统的合格主体。其中国家电网自身的定位是重中之重，通过考核机制的改革更加凸显其社会责任属性而非盈利属性。其次，市场化价格机制应尽快成为发展主旋律，让灵活调节的价格信号成为“指挥棒”，引导市场主体主动创造和参与系统解决方案。再次，培植新能源良性发展的政策沃土，解决市场的失灵问题。新能源对生态环境友好的正外部性通过碳市场、配额及绿证等使零碳价值充分“变现”。最后，让科技创新和技术进步成为构建新型电力系统的强大助推器。大力推进“揭榜挂帅”机制，打造新能源产业链的原创技术“策源地”，鼓励更多企业勇做先进零碳产业链、供应链的“链长”。

电力市场改革应对建议举措

1. 建议举措一：产业投资

集中与分散并举发展新能源产业。目前国家正在大力发展清洁能源基地，包括沙漠光伏基地等大规划。由于西部地区土地资源是有限的，下一步将主要发展分布式光伏的新业态开发，包括整县（市、区）屋顶分布式光伏、居民住宅屋顶光伏、光伏建筑一体化（BIPV）。未来的巨大商机就在于农村千家万户的房屋住宅，我们做过相关的估算，农村每一户安装 8 000 瓦的光伏和储能，总投资约 4 万元 / 户，按照峰谷电价差 0.8 元的保守估计，4~5 年收回投资成本，未来 15 年每户每年可实现净收入约 4 000 元。

紧抓绿能零碳交通发展机遇。交通行业碳排放占全国的10%，降低交通行业的化石能源消费是我国实现碳中和目标、保障国家能源安全的必要条件。近年，我国新能源汽车发展速度高于预期，“十四五”期间将进入爆发式增长阶段。交通领域电能替代是融合储能、新能源、新能源车、新型电力系统等具备核心竞争力领域先发优势的综合性产业，未来将成为先导性产业。发展绿能零碳交通产业，入口比终端重要，掌握了入口，就掌握了用户。

拓展绿电转化场景。绿电转化通过电—氢—电、电—氢—化学品、绿氢冶金、共享储能、氢储能等途径实现绿电转化拓展应用，是构建新型电力系统、实现“双碳”目标的重要路径。在政策、技术和上下游产业链环境的支持下，绿电转化已具备大规模发展条件。首先，“1 + N”政策支持体系形成。“1”是《氢能产业发展中长期规划（2021—2035 年）》，“N”包括氢能规范管理政策、氢能基础设施建设运营管理政策、关键核心技术装备创新支持政策、氢能产业多元应用试点示范支持政策、国家标准体系建设政策。未来的战略定位已明确，氢能是未来国家能源体系的重要组成部分，是用能终端实现绿色低碳转型的重要载体；氢能产业是战略性新兴产业和未来产业重点发展方向。技术支持方面，绿电到绿氢环节的电解水制氢技术，国内碱性电解水技术成熟，PEM 制氢技术取得突破。上下游环境成熟度方面，氢制甲醇、合成氨、高级油脂均属于化工行业成熟技术；绿氢合成绿色油气技术正在开展中试研究。风光电成本仍持续下降，陆上风电 LCOE 预计将降至 22 美元、固定式光伏 LCOE 预计将降至 18 美元。新能源外送无法发挥成本绝对优势，特高压输电线路年输送能力不足。电能替代与绿电有利于高耗能行业进一步降低碳排放，就地实现绿电转化，使用绿电替代含碳电力。

构建分布式智能电网系统，在自平衡与自调度的基础上实现分布式能源的就地消纳与源网荷储的智能互动，是构建新型电力系统的重要方式。以“去中心化”为逻辑起点重构电力系统形态，通过“储能+新能源+微电网”、数字化技术手段，搭建并联通多个虚拟电厂和能源利用中心，既可以实现与大电网互为补充备用，“熨平”系统波动，也可填补技术手段与消纳需求的鸿沟，带来新能源发展革命性的突破。这种路径或将成为未来构建新型电力系统的主流方式。分布式智能电网是未来满足中东部电力供应的重要手段，将深刻影响电力系统形态。从经济性和资源利用角度看，将优先考虑分布式发电就地平衡方式，以满足中东部新增电力需求。

能源、工业的碳排放生产活动主要发生在各种类型的工业园区，针对能源和生产流程的绿色化改造应用场景广阔，工业园区成为落实我国精准减排、贯彻落实“双碳”战略目标的关键落脚点。工业园区用能占我国工业用能的70%，园区碳排放占全国碳排放总量的31%，自深圳蛇口开始，目前我国各类园区共有1.5万个。谁能够更深入、更透彻地研究用户的用能特性，并且能够用更低的成本和更少的碳排放满足用能需求，能够提供系统性的绿色能源解决方案，谁就能在未来赢得用户。

在碳中和过程中，多能互补、余热利用、光热利用、地热利用等不同的热源技术将在清洁供暖中充分发挥价值。未来南方清洁供暖需求有待市场挖掘。

国家政策方面，土地、空间管理趋势越来越严格，将进一步限制单一分布式能源发展（尤其是中东部），亟须加强土地政策创新利用，挖掘荒漠化土地资源潜力，必将促进能源发展嵌入到建筑、生态中融合发展。例如，探索“新能源＋生态”发展新路径，大跨距支架＋沙柳等中草药、柔性支架＋灌木牧草；超低能耗建筑、近零能耗建筑，光伏建筑一体化（BIPV）、居民住宅屋顶光伏等。

2. 建议举措二：大力开展气候投融资

“双碳”目标下低碳经济的发展加速了我国传统金融向碳金融的转型，我国碳金融产品和服务正迈入发展“快车道”。通过创新碳金融工具，利用市场化手段将温室气体排放的环境外部性内部化，使得排放主体承担通过市场交易形成的价格，以此来承担其碳排放的社会成本，是我国实现碳中和目标的重要工具。截至目前，国家电投首个参与国家气候投融资试点累计为集团公司控排企业完成碳配额抵押融资 7 000 万元，平均降低企业融资成本 0.5%；同时正在创新开发碳排放权信托及碳排放权债券产品。如推广至全集团，预估可增加碳配额抵押融资 144 亿元（如按全集团 3 亿吨算）。

2022 年 7 月 15 日，由国家电投基金公司所属清能基金牵头的铝电公司能源基础设施投资绿色资产支持专项计划（类 REITs）成功发行，期限 15 年，发行利率 3.2%，创全市场类 REITs 历史最低纪录，为集团公司引入权益资金 6.31 亿元，是集团公司成功发行的全国首单光伏基础设施类 REITs，成功打通了光伏资产对接资本市场的路径。根据该计划，原始权益人依据《合伙协议》享有 LP2 有限合伙份额，获得绿色评估机构 G–1 等级认证。底层基础资产包括宁夏银川红墩子一、二期光伏电站项目，吴忠太阳山光伏电站项目。每年绿色价值可以实现二氧化碳减排量 10.91 万吨；替代化石能源量 4.24 万吨；二氧化硫减排量 22.40 吨；氮氧化物减排量 25.06 吨；烟尘减排量 4.48 吨。

国务院常务会议确定了政策性、开发性金融工具支持重大项目建设举措。人民银行将支持国家开发银行、中国农业发展银行分别设立政策性开发性金融工具，规模共 3 000 亿元，用于补充投资包括新型基础设施在内的重大项目资本金。2022 年 6 月 29 日召开的国务院常务会议决定，运用政策性、开发性金融工具，通过发行金融债券等筹资 3 000 亿元，用于补充包括新型基础设施在内的重大项目资本金，但不超过全部资本金的 50%，或为专项债项目资本金搭桥。这被视为增量政策工具，因可以用于项目资本金，该工具也被市场称为“软贷款”。同年 7 月 29 日召开的国务院常务会议指出，以市场化方式用好政策性开发性金融工具，支持的项目要符合“十四五”等规划，既利当前又惠长远，主要投向交通、能源、物流、农业农村等基础设施和新型基础设施，不得用于土地储备和弥补地方财政收支缺口等。项目要条件成熟、有效益、能尽快发挥作用，竞争性产业要完全靠市场化发展。

2021 年 12 月，国电投基金公司以最高等级（Gm-1）标准获得中诚信的认证，成为国内首家获得绿色主体认证的基金管理公司。同时发起规模为 95 亿元的电投清能一期碳中和股权投资基金成为国内首支经绿色认证的绿色低碳产业投资基金，并已完成全部投放。根据中诚信的评估，基金公司在管资产的绿色投向占比达到 99.5%，在管项目每年可实现节能约 47.24 万吨标准煤，可协同二氧化碳减排量约 12.08 万吨，以绿色投资助力低碳发展。

2022 年上半年，国电投产融运用金融工具投资收购优质新能源资产，落地绿色能源领域首单非标集合类产品。为整个能源基础设施行业收并购资产提供全新解决方案，为分布式智能电网发展产融结合奠定基础，具有良好的推广性和可复制性。

3. 建议举措三：科技创新

碳中和要靠科技创新，目前的技术绝大多数缺乏想象力，未来会涌现大量的优质创业公司。从图 12.5 可以看到，现在 54% 的技术（包括零碳、低碳和负碳技术）还在中试 / 工程示范阶段，31% 的技术还处于概念 / 研发阶段，而仅有 15% 的技术进入商业应用阶段。从减排贡献来看，投产应用的 15% 的技术已经贡献了 34% 的减碳效果，所以说未来在技术创新方面是大有可为的。新型电力系统面临的最大难题是大规模解决时空分布不均衡问题，技术方向在于满足电力长周期储能和调峰调频的要求。

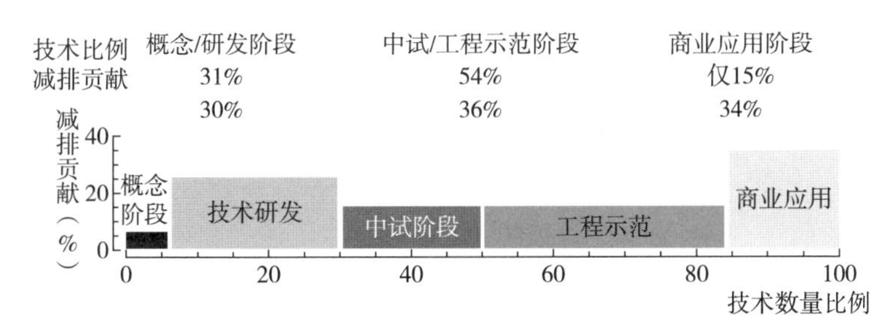

图 12.5 技术比例与减排贡献

资料来源：中国 21 世纪议程管理中心等公开资料。

4. 关键新技术一：“源—网—荷—储”双向互动技术

“源网荷储”多方资源难以高效协同互动，“源随荷动”转变为“源荷互动”，需要通过数字化技术实现灵活调控和聚合效应，达到分层协同自治，“源网荷储”多方资源的智能友好、协同互动、简化和支撑调控的目的。同时，模式创新和政策驱动是关键，包括电力现货市场、绿证与碳市场、辅助服务市场、容量市场等机制。

5. 关键新技术二：长周期储能技术

抽水蓄能是电网系统中最大规模的长时储能技术；锂离子电池是新型储能技术中短时储能主要技术；长时储能（包括氢能）配套大型风光项目将大概率替换化石能源成为基础负载发电厂，对零碳电力系统中后期建设的影响深远。美国能源部宣布发起“长时储能攻关”计划，目的是在未来十年内实现将电网规模、长时储能成本降低90%的新目标。“长时储能攻关”计划将考虑所有类型的储能技术，包括电化学储能、机械储能、储热、化学储能，以及可满足电网灵活性所需的持续时间和成本目标的任何储能技术组合。

6. 关键新技术三：数字化技术

以云大物移智链等数字技术为核心驱动力，以数据为关键生产要素，以新型电力系统与新一代信息网络为基础，通过数字技术与电力业务、管理深度融合，不断提高数字化、网络化、智能化水平。

能源电力的转型发展是一个螺旋上升、循环往复的过程。尽管目前无法对“双碳”目标于能源电力领域带来的冲击和巨变给出准确结论，但仍可从细微处觉察，新业态已初露峥嵘，新技术更显锋芒，这些都将成为能源电力低碳变革和经济绿色复苏的开端。“双碳”及能源事业遵循科学可持续发展理念：各美其美，美人之美。美美与共，天下大同。

第三部分

交通、城建、工业、农业与土地

面向交通能源融合发展的固态电池技术

李泓[①]

在新能源领域，以固态电池的研发为基础，交通、能源的融合在未来有着较为广阔的发展空间。整体而言，人类的生产生活均涉及电池使用，市场规模达到十万亿级以上。目前我国世界级的龙头企业主要有比亚迪、宁德时代两家公司。往前追溯，1999 年索尼公司率先实现锂离子电池的商业化，在过去 32 年的不断发展中，年均增长率为 2%~3%。锂离子电池的高速增长催生了丰富的产业生态。

消费电子类行业不断升级，要求电池不断提高体积能量密度，其市场规模达千亿量级，其中包括手机、笔记本、VR 眼镜等领域。

在高端医疗电子装备领域，目前医疗电子装备国产化率较低，特别是植入式医疗电子设备。大部分医疗电子装备用到的电池在海外生产，市场存在空白。

工业制造则涉及电动工具市场，如电动叉车、工业机器人等，整个市场发展成熟。在交通领域，目前我国电动汽车市场处于领先地位，到 2030 年电动汽车电池市场预估产值 10 万亿，市场规模庞大。即使在新冠疫情大流行期间，电动汽车的出口量也保持在较高水平，

---

① 李泓，中国科学院物理研究所研究员。主要研究方向为高能量密度锂离子电池、固态锂电池、电池失效分析、固态离子学。提出和发展了高容量纳米硅碳负极材料，基于原位固态化技术的混合固液电解质高能量密度锂离子电池等。发表了 400 余篇学术论文，授权 70 余项发明专利，H 因子 105。现任科技部和工信部“十四五”储能和智能电网重点专项总体组组长。国际固态离子学会、国际锂电池会议、国际储能联盟科学执委会成员。

使得中国汽车企业有机会追赶国际上市场领先的企业，由此带动了交通领域其他方面的发展，例如电动轮船，在低碳环保领域属于新兴市场。

在航空航天领域，我国丰富的稀土资源有助于推动高功率稀土永磁电机的发展；在高功率电力电子设备方面，目前已在 SiC 晶圆及其他方面有所突破；我国在动力电池领域市场规模和产业链成熟度处于世界领先地位。中国商飞集团、航天科技集团、航天科工集团也提出发展电动航空器的规划，这些都需要发展高性能动力电池。而空间站、星空探索属于高端市场，尽管市场小，但技术挑战大。

轨道交通领域对安全性的要求很高，现有多数锂离子电池的安全水平无法满足高铁的要求。根据高铁的运行速度，一旦着火，1 分钟内就可能在全车发生燃烧，而现有针对整车的动力电池安全要求是 5 分钟内逃生。因此，未来还需要发展更加安全的动力电池解决方案和更高的能量密度。

以新能源为主体的新型电力系统中，储能起到关键的作用，而锂离子电池是电化学储能的主要技术。目前我国 72% 的石油、天然气资源依赖于进口，未来希望能够逐渐降低对这两种能源的依赖程度。我国是太阳能、风能第一大国家，但是高比例的新能源发电入网存在挑战，需要大规模、长时间的储能来参与新能源的消纳，电网的调峰、调频等。将西北地区获得的高质量电能输送到超高压电上，从而部分解决清洁能源落地问题。此外，海上风电也是“十四五”国家发改委重点支持的方向，也需要规模储能加以配合，目前在江苏、浙江、福建等地区均有发展。现有的储能设施中 80% 是抽水蓄能，抽水蓄能的建设受地理条件和生态保护的一定限制。国家正在积极发展新型储能，国家发展改革委的文件也在大力支持新型储能。目前，94% 的新型储能是磷酸铁锂电池，按照未来的总体规划，2030 年后，新型储能的市场规模将达到万亿元以上。

现代农业也是庞大的应用市场，规模在 5 000 亿元左右。农业现代化致力于实现耕、种、播、收全流程的电动化和无人化。将配套使用北斗导航，通过自动充换电完成电力补充。相对于交通无人化，农业无人化实现不需要考虑复杂的路况，更容易发展，其核心是需要开发出技术经济性有竞争力的产品。

我国制定的未来 15 年能源中长期科技规划中，新增加了储能和氢能的内容。首先，煤炭作为能源的压舱石，依然排在第一位，其方向是化石能源的清洁化。其次，要推动清洁能源占比超 25%~50%，并最终占据主导地位。再次，要推动新旧能源综合化，将清洁能源、传统化石能源有机结合起来，例如智能电网、储能的联合，配合大规模的节能解决方案。目前，在交通领域使用的动力电池，70% 由中国大陆生产。此外，电池在多个领域都逐步成为支撑技术，属于重要的战略性新兴产业。在电网系统中，电池是构建以新能源为主体的新型电力系统的重要组成部分。根据中央财经会议精神，储能系统要解决包括南网、国网和蒙西电网在内的发电侧、电网侧负荷侧的问题，形成“源网荷储”一体化发展的布局。

国际方面，欧洲在 2020 年制定了 2030 年电池创新路线规划，并出台法规明确到 2030 年 90% 的电池要在欧洲本土生产；美国在早先批准的法案中详细规划了 2023—2025 年逐步提高电池生产比例的方案，要求所有电池生产的原材料 50% 以上来自美国本土；日本发明了锂离子电池，长期以来将二次电池和半导体放在国家战略的地位，但近些年日本所占市场份额逐步降低，日本近期公布的方案显示，其将斥巨资强化电池的发展，力争重回 2011 年以前的领先地位；韩国制定了 2030 年发展计划，加大对 LG、三星、SDI、SKI 等电池企业的投资支持力度，试图形成全体系的电池发展战略和世界领先的格局。

电池有诸多技术指标，能量密度是其中一个核心指标，单位质量和单位体积的能量密度越高，电池供电的时间越长。图 13.1 展示了过去 30 年锂离子电池能量密度的变化，可见提升电池能量密度并非易事，过去 30 年电池能量密度增速逐步放缓。电池技术的进步一方面要优化电池材料，另一方面要通过工艺的提升使得单位体积中装入更多材料，增大质量和体积能量密度。美国、日本计划到 2030 年达到 500 瓦时 / 千克的水平，对应需要材料体系创新、电池设计创新等新的解决方案。除能量密度外，电池的安全性也非常重要，再次是循环寿命、日历寿命、功率密度、自放电率、成本。

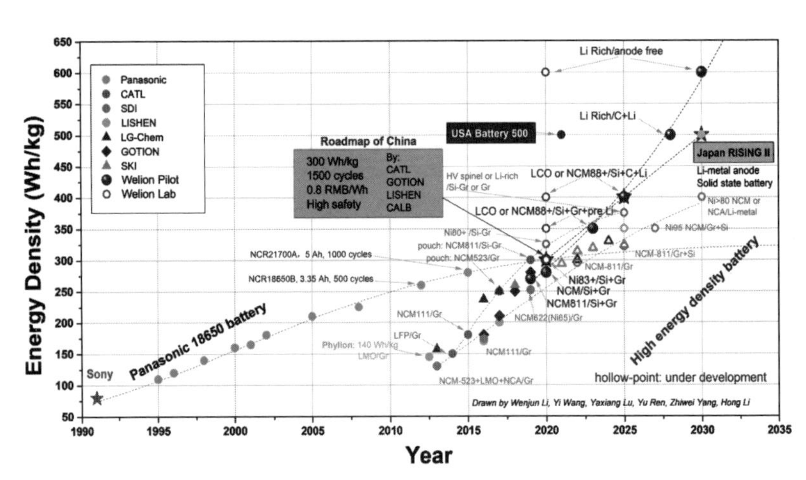

图 13.1　锂离子电池能量密度变化

资料来源：H. Li et al，Energy Storage Materials 23（2019）：144–153.

电池在极端温度下使用性能急剧下降问题还未解决，在我国北方地区，冬天续航里程急剧缩水，甚至低至40%，而在吐鲁番市，7月份地表温度达到60℃，电动汽车系统自保护启动，电动汽车无法正常工作。在实际使用中，期望的电池工作温度区间在–40~70℃，但现有的锂离子电池体系主要是–20~55℃。

下游电动汽车的整车厂一直在严格控制动力电池的成本，上游原材料碳酸锂从2018年的每吨3.5万元上涨到现在的最高每吨53万~55万元，原料成本处于上行位。这对中游电池企业的盈利形成挑战。目前做得最好的企业宁德时代，其产值3 000多亿，利润300亿。而上游的天齐锂业、赣锋锂业的净利润超过了200亿。

电池的材料组合为满足不同需求主要分为三大类组合：一类是消费类，追求高体积能量密度，使用钴酸锂做正极，配套人造石墨或硅碳负极；另外两类是动力电池，一类是高能量密度，另一类是快充高功率，使用三元、磷酸铁锂或锰酸锂做正极，配套人造石墨或硅碳负极。出于安全性考虑，国家能源局征求意见稿规定不允许在储能领域使用三元或高温钠硫电池，故目前使用磷酸铁锂配套人造石墨负极作为储能电池的材料体系，配套辅助材料如电解液、隔膜、碳纳米管、石墨烯、各类粘贴剂、封装材料。其中，粘贴剂是功能添加剂，加入电池电极中以提高安全性。封装材料包括铜铝箔、铝塑膜、铝壳等。生产电芯外缠绕绑带的材料构成了较为庞大的产业链，2021年我国注册企业达到2.5万家，涉及原材料、中间体的前体材料、电池材料，领域非常广泛。除了电池材料外，还要注意到电池的生产装备，既有成套装备的供应商，也有单一装备的供应商。生产出电芯后将多个电芯组合成一个模组，再将多个模组组合成电池包，最后将电池包组成电池簇，集合成集装箱，构成一个储能系统集成。

电池所涉及的领域从超小型人体植入电池，到巨型储能电站。整个领域全流程都涉及测试、检测分析、失效分析。电池领域的标准化也同样重要，由国家组织制定标准。其间，资源回收利用问题须着重考虑，特别是锂、钴、镍、铜。动力电池需要发展梯次利用，随后需要针对受损部位补充、再生，最后将元素锂、镍、钴、铜等提取和回收，由此构成了一个产业链。由于锂资源非常稀缺，2021 年新注册的锂电回收公司达到 1 万家，属于发展潜力巨大的赛道。电池的所有领域均涉及数字化制造，需使用软件控制制造流程以有效提升制造水平，工业软件行业应运而生。具体而言，通过使用传感器控制生产过程的一致性，用本地化计算和云端控制工厂实现智能化。

电池包括软包、铝壳、圆柱三大类，长期以来无法达成统一。三星、LG、孚能、微宏动力、捷威主要发展软包，宁德时代、中航、比亚迪主要发展方形铝壳，特斯拉、松下、亿纬锂能、欣旺达等发展圆柱。交通领域的电池在材料、体积、技术上与储能应用有相近之处，所以包括宁德时代、比亚迪在内的企业可以在做动力电池的同时做储能，一般动力汽车充满电一次可行驶 600~1 000 公里，而上下班单程仅有 20~30 公里，有大量闲置里程。如果晚上充电 0.4 元 / 度，白天反馈给电网 1.8~2 元 / 度，构成 V（汽车）2G（电网）网络，峰谷差价获利空间较大，同时部分解决电网调峰问题。如果电池寿命 3 000 次充放，能够支撑 100 万公里里程，平时行驶使用 20 万公里，还有 80 万公里可供售出，通过 V2G，理论上电动汽车的运行成本将大大下降，可与燃料电池驱动的乘用车、商用车形成有力竞争。储能领域对于电网的质量调控要求较高，当电动汽车保有量上升至 8 000 万辆时，所使用电量将占每年发电量的 1/3。因此，企业在生产、制造等环节的碳足迹计算便显得尤为重要，能耗、碳排放均需要考察。

目前行业较多使用的是液态锂电池，图 13.2 呈现出液态锂离子电池面临的问题和相应的改进方案。其中一个重要问题是安全性，液态锂电池使用较易燃烧的电解液，一旦汽车开始燃烧，尝试将其扑灭是十分困难的。液态要求温度不能超过 55℃，在夏天的自然环境中，温度已经达到 30~40℃，地表温度达到 50~60℃，液态快充释放大量热量，对安全性、寿命产生明显影响。

液态锂离子电芯问题

1. SEI膜持续生长和反应
2. 析锂与死锂
3. 内短路
4. 正极过渡金属溶解
5. 正极析氧
6. 体积变化大
7. 膨胀力大且不均匀
8. 电解液高电压被氧化
9. 电解液耗干
10. 胀气
11. 高低温性能衰减
12. 铝箔腐蚀
13. 铜箔氧化
14. 热失控

1. 游离金属要求在ppb级
2. 化成工艺复杂
3. 张力控制要求高
4. 极片对齐度要求高

液态锂离子电芯改进方案

1. 正极材料掺杂、无序、单晶化、包覆、复合
2. 负极材料纳米化、微结构、包覆、复合
3. 底涂与多层极片结构
4. 界面热复合技术
5. 负极与正极预锂化技术
6. SEI/CEI、高电压、高温、低温、阻燃电解液
7. 超薄、耐高温、高强度隔膜基膜
8. 固态电解质复合多层涂层隔膜
9. 单臂碳管/石墨烯复合导电浆料
10. 固态电解质纳米添加剂
11. 超弹性高稳定性粘接剂
12. MPCC/LCCA复合集流体
13. 自修复安全保护材料
14. 高过流极耳极柱
15. 无极耳电芯设计
16. 刀片、4680等大容量电芯
17. 自加热和液冷热管理设计
18. 植入式智能传感器
19. 智能BMS管理

图 13.2 液态锂电池的问题和改进方案

资料来源：本文作者绘制。

液态锂电池的日历寿命问题同样值得关注。受泄露、腐蚀等问题影响，液态锂电池 25 年的日历寿命很难保证，因此需要开发新的技术，满足宽工作温区的要求。解决问题的关键在于开发新型材料，或

将不同材料进行组合，形成新的解决方案和材料生产工艺。目前宁德时代倡导全领域极致制造，在各个制造环节达到极高良率，并简化生产工艺，在现有 700 米长、3 000 多个监控点的生产线上实现极简制造。在控制成本方面，要求改变体系、减少贵重元素使用，例如无钴正极锂电池的出现便解决了镍钴电池成本较高的问题。

资源可持续性问题需要重视，依照现有的全球竞争格局判断，在 80% 的锂需要进口的情况下，我国无法保证锂资源能够顺利支持未来 10~15 年的发展。由于具有本质安全、能量密度高、集成效率高、耐受温度高、环境适应性宽等优点，以不易燃烧的固态电池替代液态锂电池成为一个可能的方向。固态电池的循环次数高、日历寿命长，全寿命周期度电成本较低，在制造过程中通过引入新工艺降低生产制造成本，未来成本将进一步下降。全球固态电池领域竞争激烈，日本政府推动发展 Solid-EV 项目，韩国 LG、三星、SK 也已进入行业，美国部分初创企业强调高能量密度金属锂负极，但是金属锂负极的体积易膨胀、安全性低、循环寿命短，且难以量产。加拿大公司在生产制造聚合物固态电解质材料。欧洲大众汽车、奔驰、宝马公司也支持固态电池初创公司的发展。我国产业链较为发达，更倾向于开发一种能够量产的技术，因此选择了固液电解质混合的电芯技术，既增加固态电池能量密度，又提升液态电池安全性，代表公司包括北京卫蓝新能源、清陶、浙江锋锂、辉能等。

在国家层面重视固态电池并构建固态电池研发体系的国家是日本，其在 2008 年发布了《未来电池路线图》，针对固态电池的安全性问题，提出发展全固态电池的解决方案。该项目核心在于推动形成以日本为主导的技术方案，形成国际化标准，超越中国和韩国。方案要求全固态电池达到 800 瓦 / 升，15 年寿命，具有一定的功率输出能力，在 2025 年可以使用高电压的富锂正极，负极使用硅或锂，正极使用石墨。2020 年韩国三星公司在国际顶级期刊上报道了硫化物全固态电池，该电池能够在 60℃循环近 800 次，能量密度达到 400 瓦时 / 千克，即 900 瓦时 / 升。但是使用后期有容量跳水的现象，负极使用银和碳，成本相对较高，目前硫化物电解质成本也非常高。美国目前行业内的公司有 Solid Power、QuantumScape 等。

目前在世界范围内，全固态电池的发展存在较多问题，材料体系尚未定型，也未形成供应链，全固态电池的规模化生产设备、电源管理、能量管理、全流程标准化都未建立。按照正常的产业化发展速度，在材料达到千吨级后，进一步达到 GW 级电池量产还需 3 年时间。2022 年三井金属、浦项制铁分别提出生产 10 吨、24 吨的生产目标，这是目前全球最大规模的硫化电解质中试生产计划，如果能够按计划完成，一切顺利，2027 年将有望实现大规模量产。

在研发得到固态电池后，纳米硅、微米硅也有可能用于制造负极，成本将大大降低。我国初创公司暂时未公布量产时间表，仅宣布到 2025 年或 2030 年实现量产，可行性较低。

电池按照电解质分为三大类：没有任何固态电解质的液态电解质电池、不含任何液体的全固态电池，以及同时含有固态电解质和液态电解质的固液混合电池。行业中常将固液混合电池称为半固态或准固态电池，或固态电池。

下面介绍一下中国科学院物理研究所在电池方面的开发历史。

1976 年，中国科学院陈立泉院士创办的团队生产固态电池，之后在 1992—1993 年赴日访问时发现索尼已实现液态电池商业化，回国后迅速将整个团队方向转向液态电解质锂离子电池。2003 年，黄学杰老师负责创办了苏州星恒电源有限公司，即现在的星恒电源公司，目前在自行车动力电池方面，市场占有率达到 43% 左右。

2016 年，日本东芝公布了一个固液混合解决方案，但所用的磷酸铁锰锂正极的能量密度相对较低，钛酸锂负极价格高昂，技术经济性不突出。北京卫蓝新能源公司正在开发针对蔚来汽车 ET7 车型的 360 瓦时 / 千克混合固液电池，预计 2023 年上半年量产。该公司目前正在研究原位固态化的解决方案，满足充换电过程中电池的循环性、安全性等综合指标要求。解决方案需要研发正极材料、负极材料等一整套技术，纳米固态电解质以及膜材料技术都要更新。北京卫蓝新能源的湖州工厂产能 2GWh，配套服务蔚来汽车。淄博工厂主要生产用于大规模储能的磷酸铁锂混合固液电池，满足 6 000~8 000 次循环，计划在 2023 年 8 月开始量产，安全性测试方面满足 180~200℃的热箱测试。溧阳工厂成立于 2020 年，所生产的电池适用于家庭储能以及农林植保、地质探勘、电力巡检的工业无人机。溧阳工厂解决方案能量密度高、安全性高，在 270 瓦时 / 千克的无人机电芯上能够做到 3~7 倍率放电，拥有 1 000~2 000 次的循环寿命。此外，还有生产第三代纳米硅碳负极的天目先导电池材料科技有限公司，以及做储能领域科技产业服务的天目湖储能研究院，开发钠离子电池的中科海钠科技有限公司。

储能技术包括三大类：短时高频、中短时长、超长时间，图 13.3 展示了不同储能技术的分类。

短时高频 <0.5小时	中短时长 0.5~4小时		超长时间 ≥4小时
超导磁存储	铅酸电池	固态锂离子电池	液流电池
电介质电容器	锂离子电池	金属硫基电池	氢能存储
飞轮	钠硫电池	液流电池	压缩空气
超级电容器	钠氯化镍电池	钠离子电池	抽水蓄能
锂电容	镍氢电池	液态金属电池	储热储冷
高功率锂离子电池	储热储冷	水系离子电池	锂/钠离子电池

图 13.3　可持续发展的储能技术总结

资料来源：本文作者绘制。

短时高频指使用时间在 30 分钟以内，包括超导、电介质、飞轮、锂电容、超级电容和高功率锂电池。短时储能技术要求在秒、分钟的量级就完成一次储存，频次较高。目前使用较多的是超级电容器，达到 20 元 / 瓦时。高功率锂离子电池成本最低，为 2 元 / 瓦时。目前宁德时代在福建晋江生产的磷酸铁锂电池达到 108 兆瓦时，也能承担相应的调频服务，储能电量可以支撑福建省 60% 的调频市场调度。成本是市场和产业发展的决定性因素，尽管目前高功率锂电池成本占优，但是在未来还有可能被钠离子电池替代。钠离子电池目前在高功率、高低温、循环、安全性、成本方面均表现突出。

在中短时长领域，目前锂离子电池占据 94% 的市场份额，早期还有铅碳电池，由于寿命短、度电成本高、国家对铅的限制，发展受到一定的限制。高温钠硫安全性较差，目前国家能源局已明令禁止。钠氯化镍是超威公司从 GE 引进的技术，工作温度 250℃，曾在早期使用。为解决锂离子电池的安全性问题，目前在向固态锂离子电池方向发展。此外，中短时长领域还包括金属硫化物电池，价格低廉。液流电池目前发展迅速，但是度电成本相对较高，能量效率 70%，初始投资达到 3~4 元 / 瓦时，若降至 2 元 / 瓦时以下将具有竞争力。总之，固态锂离子电池、钠离子电池有望成为中短时长储能的核心解决方案，尤其是钠离子电池，因为没有资源压力，制造成本与锂电池相近，若循环次数达到 1 万次，度电成本将在 0.1 元以下，配套风光电 0.1~0.2 元的成本，在替代化石能源方面将具有竞争力。

超长时间储能有较大需求，在内蒙古靠近蒙古的部分地区有大量戈壁沙漠，布局了大量光伏设备，输电、用电需要配备 14 小时的储能，并支撑接入 800 千伏电网。此外，在新疆地区，若是遇到连续雨雪天气，风电、光伏都不能使用，以清洁能源作为主要能源将产生较大挑战。目前储能较多采用抽水蓄能，国家发展改革委在不断推动“十四五”抽水蓄能建设，但是抽水蓄能要求有上下大面积水位，地理要求上方有山、下方有水，这类地区一般都在西南、华东地区，建设难度较大。除抽水蓄能，储能领域其他技术还包括熔盐储热、压缩空气。目前中储国能公司在压缩空气领域发展迅速，核心团队由中国工程院物理研究所人员构成，效率达到 60%，已开展了大量示范。另外还有氢能存储，氢作为燃料电池，动力驱动是一种应用，同时也是制备合成氨、甲醇、二甲醚等燃料的关键原料。作为能源，通过太阳能、风电电解水制氢，氢的存储可以不限时间。作为国家战略储备，将电解氢罐装储存，需要时再作为燃料电池反向使用，或者用于制备便于运输的燃料，例如氢可以与二氧化碳反应生成甲基碳酸酯、二甲基、甲醇等燃料。整套氢能产生和利用系统需要解决经济性的挑战，需要进一步的开发。

因此，储能领域目前还是以固态锂离子、钠离子等 4 小时以内的主要应用场景为主，能够同时满足本质安全、较低全生命周期成本、资源可持续、低碳、高效率运维管理的要求。例如，瑞士目前在研发将水泥吊起放下的重力储能技术，但是上方所需空间、平面移动损耗问题不易估量，技术经济性需要全面评价。“十四五”期间，发电站成本在 1.6 元 / 瓦时，每个站成本大约十几亿，按照电网公司需求计算，至少提供 TWh 级别的储能才能解决全国储能应用问题，市场较为庞大，但也需要时间推动技术成熟，并形成一个最终的解决方案。

图 13.4 列出了固态锂离子电池产业链。产业链中，每个材料都有一至多家企业生产，每个工序都有设备，应用场景也很丰富，包括测试、制造、数字化、梯次利用、回收、标准化以及碳足迹计算等。行业希望通过引入新的技术建立一大批“专精特新”企业，每家企业都有各自的专业化产品，通过精细管理和精益制作，研发、工程、管理、市场、运营资本协调发展，力争成为行业隐形冠军，成为供应链上特定方向的龙头企业，具有定义行业标准的能力。这类企业将拥有强大的生命力和竞争力，具有不可替代性，能够持续创造高价值。全链条整合是企业发展的最理想状态，如宁德时代已从产业链上游布局至产业链下游，是效率较高的解决方案。即使生产动力电池无法盈利，也可能通过投资上游企业、下游应用获取利润，整体经营上的风险最低。固态电池的发展同样如此，需要在未来十年形成完整的布局。

孵化企业方面，目前有八家企业处于发展中，苏锂公司生产正极，注册地在溧阳，中试基地在宜兴。天目先导公司生产负极，目前纳米硅碳在国内的产量排名第一，属于行业龙头。江苏蓝固公司生产无机固态电解质，于 2021 年创办，目前估值 16 个亿。三合科技公司由北京卫蓝、天目先导、恩捷合资设立，生产固态电解质土层隔膜，用于解决高能量密度电池的安全性、倍率问题，预计明年实现 2 亿平方米的量产。针对在湖州的生产工厂，北京卫蓝与天齐锂业成立了一家合资公司，支持溧泉科技、复阳固态、宝宸科技等将发展关联技术支持电池技术发展。

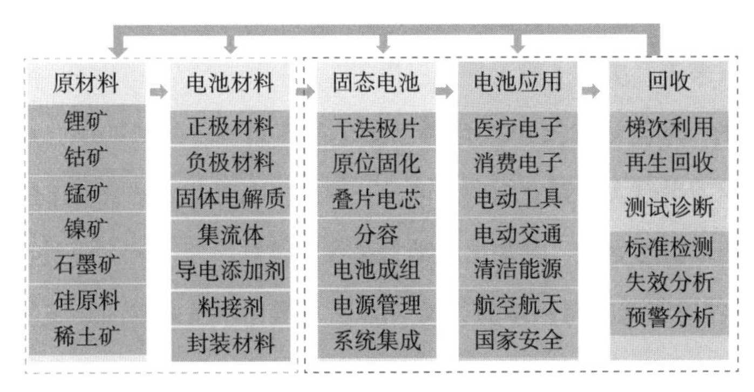

图 13.4 固态锂离子电池产业链

资料来源：本文作者绘制。

黏合剂领域全球领先的企业是日本瑞翁、BASF 等，价格高昂，国内的龙头企业则是研一、璞泰来企业茵地乐、上海三瑞等。目前产品中使用单壁碳管，1 吨单壁碳管 3 000 万元，1 吨浆料 50 万元，而浆料中单壁碳管的含量仅有 1%~2%，加入导电添加剂可以提高能量密度正负极的循环性，全球仅有一家俄罗斯企业在生产，国内上市公司天奈预计 2023 年实现量产。石墨烯也处于测试阶段，尝试替代碳黑，用于集流体底涂、导电添加剂、电芯外散热带和加热带。投资复合集流体的金额较大，常见的制作材料是铜箔铝箔，而新的技术称为金属镀层的集流体（MPCC），将铜和铝镀在聚合物衬体上，对于高能量密度电芯而言不易断带、强度更大，目前有一家初创公司叫安迈特，在北京市房山区注册，已经完成第一批样品。高能量密度材料容易裂开，电芯出现裂纹引发安全性问题，自修复材料可以帮助修复破损。此外还有干法电极促进装备革新，目前溧泉科技、宝宸公司正在研发。原位固态化、系统集成也有企业在布局。数字软件方向目前有储慧智能公司，已完成 A 轮融资。传感方面，通过在电池模组、电芯中加装温度压力传感器，提升包括监控电池起火在内的感知能力，目前北京理工大学团队已实现电芯方形铝壳、软包、圆柱的植入传感器的无线信号传输解决方案，今后和 BMS 电池系统[①]联动，显著提高安全性。电池在冒烟前 10 分钟会泄露氢气，此时安装在模组中的氢气传感器会提前预警、防止着火。其余的还有各种智能化的软件，用于控制企业生产，控制电池生产后一整套全流程、数字化管控，预计 2023 年完成全部布局。

受资源限制，镍和钴价格将愈发高昂，在此情况下，应用这两种金属生产高能量密度电池，满足电动飞机、长续航电动汽车、移动机器人、长途电动重卡、轮船的使用。在主流乘用车 600 公里里程的需求下，应大力发展磷酸铁锂、锰酸锂电池，配套新一代负极，并加入快充技术。储能对体积能量密度、质量能量密度要求较低，可以用钠离子电池全面替代。为提高安全性，电池将从固液混合向全固态发展。在完成全固态布局后，需从安全性、技术经济性角度判断竞争力。尽管目前液态电池也可通过冷却系统降低事故率，但是未来科学中全固态电池是最安全的。

交通领域强调电池的能量密度和快充能力，需要超长日历寿命和高能量效率，以及低成本、长循环寿命、全产业链运营、良好环境适应和智能化，是整体的能源载体，预计在 3~5 年构建完成新一代产业链，形成新的竞争格局和产业格局。

---

① BMS电池系统又称电池保姆或电池管家，主要为了实现智能化管理、维护各个电池单元，防止电池过充电、过放电，延长电池使用寿命，监控电池状态。

以城市为主体的“双碳”战略

仇保兴[1]

要想实现“双碳”目标，从城市的角度制定方案，一定要描绘好路线图。这一路线图有五大特征：第一，安全韧性至关重要，能够抗冲击，才不会带来危及生命的后果，所以安全是第一位的，没有安全，一切归零。第二，成本要保持下降趋势，要依靠技术进步来推动成本的下降，比如在过去十年，太阳能、光能、风能成本的持续下降。在2008年全球金融危机期间，我国光伏产业出口骤降，为此我提出启动屋顶太阳能计划，财政部立刻响应，每瓦补贴13.5元，令整个太阳能行业重新恢复生机。两年后，国家能源局、国家发改委在科技部启动金太阳工程（见图14.1）。近十年可再生能源成本变化，光伏发电成本由50元/瓦下降至2元/瓦，风能成本也下降了40%，技术的发展伴随着成本的下降，给予中国未来发展的希望。第三是灰色系统与绿色系统的兼容性。如纯粹煤发电逐渐向掺加氨、甲醇或其他清洁能源的过渡，在此过程中，煤的占比越来越低，逐步实现灰色系统向绿色系统的转换。第四，要保持产品进口替代性。能源独立是

① 仇保兴，住房和城乡建设部原副部长，国务院推进政府职能转变和“放管服”改革协调小组专家组副组长、国际水协会（IWA）中国委员会主席、中国城市科学研究会理事长、国家气候变化专家委员会委员（第三届）、国际欧亚科学院院士，十二届全国政协环资委副主任、国务院原参事，毕业于复旦大学、同济大学，分别获经济学、城市规划学博士学位。曾作为访问学者赴哈佛大学参与有关项目研究。在任国家建设部副部长期间分管建筑科技、城市规划、建设工作13年，同期兼任国务院汶川地震灾后重建协调小组副组长，国家水体污染治理重大专项第一行政责任人，首都规划委员会委员和中新苏州工业园及天津生态城理事。

一个国家自主安全独立最重要的判断依据，目前欧盟能源局面愈发复杂，原因在于欧盟多国无法实现能源独立。第五是市场主体动员性。以城市作为“双碳”主体，可引发市民和企业等社会和市场主体主动减碳。我国原有的能源分类是计划经济最坚固的堡垒，集三大主体于一身，利益已经绑定，任何能源改革都无法推进。此前可再生能源体系在讨论过程中爆发了有史以来最激烈的争论，参与讨论的院士只有一位来自新能源领域，其余全部来自煤化工行业。新能源的路线图、施工图要让市场主体发挥主导作用。改革开放 40 年来，我国两类主体发挥了重要作用，一类是民营企业，另一类是城市政府。我国的城市政府是投资型、经营型，西方城市政府则是消费型，事实证明我国城市的双轮驱动模式使得发展更加平稳。

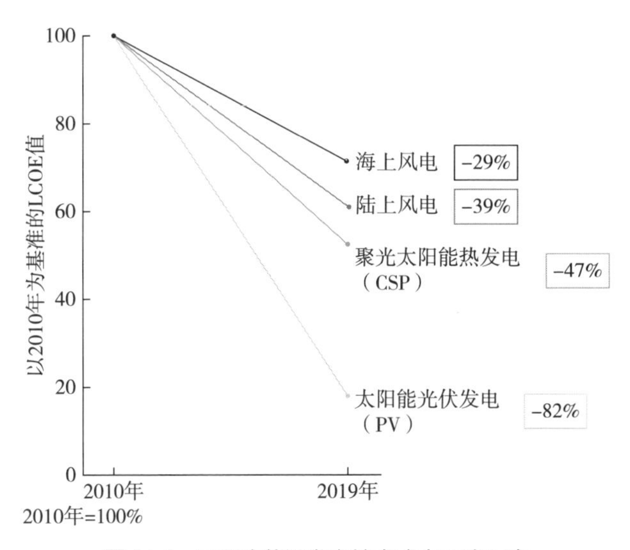

图 14.1　可再生能源发电技术成本下降程度

资料来源：国际可再生能源署 . *Renewable Power Generation Costs in 2019.*

为什么要实施以城市为主体的碳达峰碳中和？理由有四：第一，

75% 的温室气体由城市排放，排放的主体必须作为减排主体，并以此为标准制定相关政策。目前的一些路线图，没有充分考虑这个原则的重要性。第二，我国城市管辖体系与西方不同。以杭州为例，杭州市城市建城区面积达 1 000 平方公里，共有 1 000 万人口，管辖范围 1.5 万平方公里。我国的城市政府管辖范围一般是建城区的 15~20 倍，下辖县、区、乡、镇、村服从调动，对区域人口统一管理。而美国波士顿人口只有 60 万，管辖范围 100 平方公里，周围的剑桥镇与波士顿平起平坐，互不存在管辖关系。因此，我国的能源消费、碳汇均可以在较大范围内进行布局，这一点西方城市无法完成。第三，我国改革开放 40 年来经济快速增长的原因在于双轮驱动，市长、书记在干中学，借鉴其他城市成功经验、引进优秀投资项目，各种矛盾得到消减。未来应构建 GDP 增长和减碳的双轨激励机制，目前长三角已制定碳达峰碳中和的时间表，其中已涌现出你追我赶的态势。第四，以城市为主体谋划碳中和，制定实施方案和路线图，形成从下而上“生成”的碳中和体系与从上而下“构成”的行业碳中和体系互补协同，这样互补的结果是一种高度韧性的体系，具有很强的抗干扰性，简洁且不妨碍主体能动性和积极性的顶层设计，再搭配充分发挥企业家创造力、组织力、经营力的宽松政策。因此，各大城市切忌等待中央的路线图，应根据各自的资源禀赋、创新能力、对“双碳”的领悟程度等制定各自的路线图，从而上下配合，完成工作。

实施以城市为主体的“双碳”战略，还面临着国际标准评定被动的障碍。西方国家早在 20 年前便提出碳中和概念，长期以来国际标准由西方主导制定。受历史技术、经济、环境条件局限性影响，过往的技术标准现在已不合时宜。以C40城市集团[①]制定的《城市温室气体核算国际标准》（简称GPC）为例，其将能源系统划分为固定源和移动源两部分，固定源标准异常庞杂，移动源包括汽车、手机等。该标准也缺乏对供给侧、消费侧的责任划分，企业责任与市民行为减碳的划分等。国际标准是最高的评判线，有待重新制定，以降低我国在“双碳”战略、碳汇国际交易方面的国际标准障碍。

城市的减碳体系有五大模块。第一个模块是建筑；第二个模块是交通，具体分为城市内部交通和城市外部交通；第三个模块是废弃物处理与市政；第四个模块是工业，我国工业模块总量占比较大，但不同城市存在差异；第五个模块是碳汇和农业，同样，不同城市之间差异较大。这五个模块中，建筑、交通、废弃物处理与市政，这三个模块是具有共性的，各个城市之间可以进行参照对比，进而开展人均的碳排放公平竞争。

无论采用何种技术或何种政策措施，或者采用碳价机制，相应的收益率和不确定性均有不同。如果用碳定价的机制，其收益率比较好，不确定性最小；但如果采取强制命令手段，不确定性非常大，且收益很低。按照现有的技术，采取西方流行的CCUS技术，效益非常差，不确定性也很大。二氧化碳一般从电厂的烟囱收集，所排气体中二氧化碳占比小于10%，收集成本很高，再经过冷冻、管道输送至油田，注入油田的洞中压出油气，尽管这一过程可用水压出油气进行

---

① C40城市集团，是一个致力于应对气候变化的国际城市联合组织，包括中国、美国、加拿大、英国、法国、德国、日本、韩国、澳大利亚等各国城市成员。该集团于2005年在前任伦敦市长肯・利文斯顿的提议下成立，围绕着《克林顿气候倡议》（CCI）来实行减排计划，以CCI来推动C40城市的减排行动和可持续发展。

替代，但全流程所消耗的能源可能比封存的二氧化碳还要多。美国最大的一家 CCUS 公司在去年倒闭，因为公司的封存成本为 1 吨几百美元，交易却只有 50 美元。

然而，通过海洋生物进行的 CCUS 的前景却很乐观，海底贝壳的主要成分是碳酸钙，在形成过程中不需要能源，一旦形成就可以在陆地、海底存储上万年。碳封存只需 100 年便可以形成碳汇，贝壳、海岛都是钙物质与二氧化碳结合的产物。因此，自然碳封存吸收的碳最多、消耗最少，是生物质研究的未来。目前我国利用命令手段强制拉闸限电，所带来的收益极低，风险极大。若是使用碳汇、碳交易的碳价格机制，不确定性较小，收益也相对可观。绿币是创造的一套货币系统，在完成减碳行为后获得绿币，可用于所颁发城市内超市、咖啡厅等场景的消费。光电、风电、氢能，尤其是绿氢技术，收益率是非常高的，确定性也比较好。当然还有核聚变技术，一旦技术成熟将一剑封喉，但距离现在还比较遥远。80%~90% 的技术和政策都可以再创造，通过城市的竞争和学习可以把技术、政策根据当地的情况和资源禀赋，竞争性开展运营。这样一来，城市之间的竞争能够提升新技术和新变革措施的合理性和投资效益，防止被锁死于错误路线。

此外，城市碳中和最大的两个难点：一个是工业文明思路锁定，目前的统计基于供给侧出发，生产者制定政策、设立统计标准，也是典型的工业文明思路；另一个是工业文明的产物推动形成了空前的利益集团，较难攻克。当前是信息技术一日千里、迅猛发展的时代，城市碳中和可以通过数字技术的创新应用，使减碳做到“三可”，即可检测、可公布、可回溯，将空间、减碳量、手段记录在案，发展前景广阔。

碳汇是大自然的馈赠，人类要想改变并大规模提升碳汇，人力所能起到的作用非常有限。《自然》杂志的一篇文章显示，中国碳汇可能占总排放量比重的40%，该模型本身没有问题，但结论不成立。2021年9月22日中共中央、国务院发布的《关于完整准确全面贯彻新发展理念做好碳达峰碳中和工作的意见》的文件提出要求，截至2030年，我国的森林蓄积量要实现从2025年的180亿立方米增加到190亿立方米的目标，平均每年碳蓄积量1.8吨，可以吸收约3.6亿吨二氧化碳，而每年碳排放达106亿吨，碳汇占比40%的数字并不准确。若是可以通过种树大量减碳，那么地球自身就可以完成碳修正。

此外，植物分为碳三、碳四植物两种，碳四植物数量较少，如玉米、高粱等，具有双倍的锁碳能力，将太阳能转换为碳氢化合物的效率为1%，若是转换效率达到20%，那么这些植物根本无法生长。大自然亿万年的演化证明，效益低才是植物能够存在的原因。最近有这样一则报道，几位院士通过基因改良获得了一种名叫超级芦竹的植物，据介绍，超级芦竹可在荒地、滩涂地、沼泽地、盐碱地等PH3.5~9的土壤环境中生长。种植一次可连续收割15~20年，干生物量达每年5~10吨/亩，约为玉米秸秆的7倍，水稻秸秆的15倍以上。不少植物学家认为这种超级芦竹还具有超强的碳汇能力，是森林的25~40倍。

因此，很多权威专家宣称：我国只要拿出约11亿亩土地种上超级芦竹，就可以满足全国50%以上的可再生能源的需求。照此说法，岂不是只要在足够多的土地上种上这种植物就能一劳永逸地解决我国碳中和难题了？但事实上，在年降雨量小于1 000毫米的地方是不可能种植这类高耗水作物并使之存活的。按照植物固碳所需水量比例计算，每千克生物量固碳需要100~300千克水，植物吸收的99.5%的水分都会自然蒸发“浪费”，只有 0.1%~1% 的水量能被植物吸收转化为固碳植物纤维素。事实上，植物固碳用水的效率都明显低于 1%，不同种类植物差别不大，包括超级芦竹。

可以想象，如按照每亩超级芦竹能生产 5 吨干物质计算，则每年需要的用水量为 500 吨，如蒸发系数为 2.5，则每亩种植的超级芦竹至少需要 1 250 吨水。由此可见，在我国大面积推行超级芦竹的种植，不长途调水灌溉是不可能实现的。年降水量满足 1 000 毫米以上只有少数地方能满足，而且用地与传统粮食作物高度重叠，如采用长途调水需要大量的能源和占用耕地。我国能够满足超级芦笋种植，而且不用长距离调水的地方仅有江南的小部分区域可以满足条件，但这些地方也基本是高产粮田。碳中和没有捷径可走，试图通过种植某种人工改良的超级植物来低成本地实现某省或全国性减碳显然是不可能的。从可再生能源的可开发总量来看，我国陆上风能可开发量理论值为 3 000 亿吉焦以上，陆上光伏发电理论值更高达百万亿吉焦（比 2060 年我国预计用电量 1 000 亿吉焦还要多出上千倍）。由此可见，以城市为主体大力发展太阳能光伏、陆上或海上风电，再结合有效的储能才能替代传统化石能源，形成可行的碳中和路线图，而生物质能源只能是一种区域性、补充性可再生能源。

我们需要转换思路，人类目前必需的蛋白质多从牛肉、羊肉、鸡肉中获取，但若同等含量的蛋白质从核桃等植物中获取，从而替代肉类，尽管味道、蛋白质质量不同，碳排放量将下降 200 倍。因此主张建设城市公园，在公园中种植能够生产蛋白质的树，用于替代一部分粮食，城市将更加安全。

交通的碳减排对实现“双碳”目标也至关重要。当前氢能源蓬勃而起，国家发改委也在布局氢能源试点城市。若是将煤化工、天然气转换获取的“灰氢”用于交通，从全生命周期看其碳排放比汽油、柴油还高 20%，但若是利用可再生能源获取的绿氢，碳排放将下降到原来的二十分之一。因此，统计获取氢能的途径变得十分重要，这样的“出生证明”通过数字技术就可以追溯、防伪装。

此外，现在更倾向于建设紧凑型城市，单位平方公里建成区每多容纳 1 万人，集约土地的效应将越明显。对交通工具的评判同样如此：一是占地面积越小，越绿色越好；二是碳排放越少越好；三是 PM2.5 氮氧化合物排放越少越好。在诸多交通方式中，步行优先，自行车、电动自行车居其次，绿电电动车再次，最后是公交车、轻轨、摩托车。然而，目前交通部门禁摩的动力较小、禁电动自行车的动力较大，因为摩托车牌照价格高昂，而电动自行车牌照没有利润。

同时，即使电动车所用电是通过烧油、烧煤获得的，电动车依然比燃油车低 20% 的碳排放，我国 PM2.5 排放近几年持续下降，一个重要原因就是大量电动车取代了燃油车。目前氢能源在试点城市的发展体现出三大痛点。第一，储氢成本高，需要使用特殊的材料，一般的钢铁会导致氢脆，储氢成本远远高于产氢成本。第二，安全隐患大，氢气若是在地下室泄露，整栋楼都会发生爆炸。若是在炼油厂泄露，安全将没有保障。这是由于氢气在密度 4%~70% 都是非常容易点燃爆炸的，而且氢气的燃爆启动能力非常小，小到绣花针掉在地上便能引发爆炸。美国 85% 的住宅独门独院，车在开放式停车点停放，使用氢能源没问题，但在紧凑式发展、以密集型住宅区为主的国内大规模使用则存在巨大安全隐患。第三，加氢站面积、投资大，绿氢最好的使用办法是就地转化为甲醇和氨。两种办法各有利弊，转化为甲醇的效率比氨高，储存成本、能量密度、点燃温度与汽油相近，常温下有利于储存，缺点是含有 15% 的碳，而且有可能被用来做假酒。转化为氨的毒性可以预防，可用于化工原料、军工产品原料、炸药原料、粮食生产原料，用途广泛，缺点是液化温度零下 30 多度还要保持液态，而且点燃温度高达 200~400℃。日本煤电厂坚信氨可以代替部分煤，氨、煤混烧安全性远高于氢、煤混烧，转换比例从 20% 逐步提升至 70%，且灰色系统向绿色系统的转换可逆。

建筑是重点碳排放单位，根据国际能源署数据，建筑全生命周期碳排放占全社会碳排放 38%，而我国的数据是 48%，产生差异的原因是国际能源署计算的是全世界建筑。世界上 60% 以上的建筑材料使用木材，而木材建材是碳中和材料。而中国建筑 80% 以上使用钢筋混凝土，一旦使用钢筋混凝土，建材碳排放便达到 60%，运行碳排放却只有 30% 左右。此外，建材生产运输过程的碳排放占全社会碳排放 18%。而我国目前的统计方法将水泥、钢筋生产记录在生产端，弊端是生产端不愿减碳，减碳会增加负担、减少利润。若将水泥、钢筋生产记录在建筑上，将涉及三个主体。一是必须设计低碳建筑，水泥节省用量 60%，使用高强度长寿命水泥，将周期从 50 年拉长至 150 年，并利用钢材代替水泥，因为钢材是不锈的，可以使用 300 年，摊到每年成本进一步降低。二是业主，若建筑是可以产生碳交易的低碳建筑，将有充足的减碳动力。三是城市，若建筑降低碳排放，并将节约的能源指标通过碳交易转移至城市，将对城市产生极大的促进作用。

第一，从建筑分块角度来看，我国建筑总面积在 2019 年是 640 亿平方米，公共建筑面积是 134 亿平方米，而目前建筑总面积是 800 亿平方米。公共建筑的特点是单位面积运行碳排放高，达到每年 48

千克煤。第二，北方153亿平方米的建筑面积碳排放量占比超过20%，主要是由于北方供暖造成的，排放量为每年36千克碳。当时波兰加入欧盟，由于欧盟有碳限制而波兰较为贫穷，于是在供暖方面将过去的按照面积收费变为按照热能使用收费，由此居民降低供暖温度、提升门窗密封性，从而减碳30%。若将此方法用于中国，5.5亿吨二氧化碳可减2亿吨，相当于生命碳汇的量。

我国城市住宅的单位碳排放量最低，为16千克二氧化碳，总量是美国的1/3，人均是美国的1/5，因为我国使用分体空调，尽管美观性较差，但实惠性高，而美国使用集中空调。同时，我国利用阳台晾晒衣服，而国外使用烘干机，美国一个国家就拥有6 000万台烘干机。

绿色建筑是一个国际广泛采用的减碳建筑形式，我国绿色建筑标准在15年前从国外引进，之后共修改了三次。绿色建筑是通向节能、省地建筑最好的途径，最具规范性、标准性、可操作性、国际比较性。绿色建筑的标准有两条：第一是全生命周期减碳，减少能源使用、节地节水；第二是气候适应性建筑，恒温、恒氧、恒湿、恒二氧化碳含量的建筑属于高碳建筑。而中国的建筑在两、三个季度均可开窗，能量可以自由流动。比较有发展前景的建筑称为正能建筑，墙体表面、屋顶加装太阳能，产生的能量比消耗的能量多，而且比德国创造的被动房消耗要低。被动房将保温板加厚，安装三层玻璃，每层之间充入气体，单个窗户价值上万，建筑成本较高。目前钙钛矿集成电池能量转换效率已经超过50%，未来半透明钙钛矿光伏电池开发成功后，所有玻璃、墙面、窗户均能发电。正能建筑的发展将在极大程度上推进碳中和进程。

储能具有紧迫性，因为风力发电超过20倍波动，光伏一天超过

100倍波动，季节性相差20倍，对此装机容量与储能需配比10：1，目前日本、德国储能已接近这个水平。而我国抽水蓄能进度缓慢，原因在于抽水蓄能建站难度较大，对应的生态红线需要改变，村庄拆建成本较高，运输材料所需修建的盘山公路受到林业部门反对，所有流程共需15年时间，每年成本提高20%。因此，我国的抽水蓄能在“十三五”期间没有完成任务，“十四五”也可能有50%的任务无法完成。尽管如此，抽水蓄能的成本仍比化学储能的成本低5~10倍。抽水蓄能一旦建好，理论寿命可达到100年，效率超过75%，且没有任何安全隐患，相比而言，化学储能效率逐渐降低，危险性较大。

我国未来十年可以实施以下两个方案：一是抽水蓄能；二是电动车储能。在抽水蓄能方面，我国9万座已建成的水电站可以改成抽水蓄能，土坝需改建成混凝土坝，在雨季可以将水电站的使用权力交还给水利部门，缓解改建资金的压力。电动车储能方面，化学储能比锂电池成本高十几倍，锂电池非常安全。电动车又可作为虚拟电厂的基础构件，与消费侧的电梯重力势能、生物质电能、屋顶光能结合在一起，将多余的电卖给电网，在电力不足时向电网购电。电网峰谷时电动车储电，到峰值时以1.5~2元/度的价格卖给电网，帮助主电网进行调解。由于电动车80%的时间长期停放，只要解决双向充电问题，一台电动车可以储70~100度电，按照国家发展规划，2030—2035年我国将保有1亿辆电动车，市场空间极大。

此外，建筑还有自主功能，通过在屋顶加装玻璃房，与内部鱼、菜共生结合，一年能够生产20吨鱼，40吨净菜。产量高是因为有计算机控制的LED照明技术，通过选择光线光谱刺激生长，植物由原来的平均每天7小时生长上升至每天20小时生长，收割期缩短，亩产最高达 50 倍。若是遇到疫情，这类建筑将满足自给自足的需求。

同时，建筑需建立负面清单，建筑不能低密度发展，不能按建筑面积计价供热，不能滥用四联供[①]。高层建筑和玻璃建筑，实际能耗也非常大。玻璃建筑如果建在哈尔滨是有可能节能的，但是如果建在上海，夏天很热，空调的能耗要比一般建筑大 3 倍，如果建在广州则要大 5 倍。

城市与大自然是不一样的，大自然生产、消费、降解三者是平衡的。城市的降解能力很弱，但是生产能力和消费能力很强。因此，要推广城市矿山概念，将一切能够利用的材料利用好，延长材料使用寿命、尽可能百分之百循环利用。以钢材为例，如果钢材是耐厚钢，50~100 年后只锈了表面一层，那么这类钢材百分百可以回收。一年生产 12 亿吨钢，十年便达到 120 亿吨，相比而言，一次世界大战才用了 100 亿吨钢，因此钢材循环利用便显得尤为重要。

在市政方面，可以采用分散式的污水处理厂，例如集装箱式污水处理厂。一个集装箱每天可以处理 50 吨污水，规模大的可以处理 300 吨，而且是就近收集污水，就地处理，就地循环利用，大大降低了碳排放，节省了许多管道投资。这种污水处理设施第一步的处理效果为一级 B，这类尾水不脱磷也不除氮，可直接作为绿化用水，还可以省去化肥。如将这类尾水再脱磷除氮处理后能达到一级 A，再通过第二个集装箱式反渗透处理后出来的水就可达纯净水标准，这类水可以直接接入自来水管网，并且水质比远距离调水更好，碳排放更少，这样不仅实现了水的内部循环，而且也增强了城市的供水系统韧性。

① 四联供指通过系统实现供热、供冷，以及生活热水、纯净饮用水的供应。

另一个节水办法是户内中水回用。户内中水集成系统是通过特定模块将洗脸盆、洗衣机、淋浴产生的废水自动收集储存在一个装置内自动进行过滤消毒，消毒后就成为抽水马桶、拖布池的用水。这套系统可以杜绝部分居民由于不放心其他楼层居民的健康状况，而不愿意使用中水的顾虑，因为这类户内中水回用设施用的是自己一家人的废水。有人曾做过简单的计算，如京津冀及周边几千万户居民都用上这套户内中水，每年可节约南水北调对北京的实际供水量（每年约 6.5 亿吨），前者的碳排放显然要比从 1 000 多公里外调水要低得多。

此外，高级别的海绵城市工程与低级别的海绵城市工程产生的减碳效益是完全不一样的，城市网络每一个节点都采用不同的技术和措施，由此产生的节水、节能和减碳的效益也都有差别，有时越是开发强度高的“大挖大建”项目的综合节能降碳效益反而越不好。

低碳城市设计建设是否成功，有时取决于细节上是否科学合理。我在著名生态城市瑞典马尔默生态城考察时，观察到马路旁边的细节，一般的降雨可以由街道地砖缝隙下排吸收，稍微大点的雨量可以流经路旁的小型湿地园由植被土壤吸收下渗，大雨时则借助该湿地园植物的下渗净化作用，使污染物较高的初期污水进入河流前被小型湿地净化，这就避免了像我国很多城市的黑臭河道治理，每到下大雨的时候，前期的治理工作就都白做了，原因就是受到雨洪引发的初期地表水中大量化学需氧量的干扰使其重新变成黑臭河道。由于马尔默市街道边这些利用小型湿地园下渗的细节，使其雨洪中杂质得到缓冲吸收，降低了对自然水系的干扰。这种投资很少、见效很快、景观宜人、可灵活安排的小项目很值得在我国推广。

合理布局城市绿地会产生间接且巨大的综合减碳作用。80% 以上的城市内部绿化通过减缓热岛效应产生间接的减碳效果。例如，行道树木和小型园林中的乔木能够通过水蒸发和遮阳效应起到明显的环境降温作用，在北京夏季二者的温差可以达到 8℃。在具体设计中，首先，城市设计中需要网格化设计和布局绿地系统；其次，根据地方气候特点，需要结合社区空间结构见缝插针地多种植遮阳效果好而占地小的高大乔木；再次，社区微改造中的微园林设计要采用花草灌乔多层合理搭配的布局；最后，城市设计中可建议采用立体园林建筑等富含立体绿化的建筑新模式。

需要强调的是，立体园林建筑已成为一种建筑新模式，这种建筑可以使每户人家拥有 20~50 平方米的菜地花园。只要利用好这些阳台菜园，就能起到四大综合减碳效果：一是减少热岛效应，使夏天的空调有效减少，可以节省 30%~55% 的能源消耗；二是相较于一般建筑，立体园林建筑可使社区绿化率达到 150% ；三是可充分利用多余的中水和雨水在阳台园地实现水循环利用；四是对厨余垃圾进行简易处理后，这些原本需集中运输处理的厨余垃圾可作为花草菜的肥料实现就地处理利用。

总体来说，以城市为主体实现碳中和目标可以分为三个阶段。第一个阶段是人均碳达峰阶段，可以通过采用绿色技术实现；第二个阶段是电力系统的碳中和阶段，主要采用与新能源相关的技术实现；而到了决胜期，即第三阶段，要通过交通、建筑、产业实现碳中和。每一个城市都按这样的三步走，整体上就可以实现国家的碳中和目标。

全球碳中和背景下的制造业与农业的绿色转型

张永生[①]

制造业绿色转型

尽管传统工业化模式对人类文明的促进作用前所未有，但其局限性也日益凸显，出现发展不可持续的问题。当前在全球碳中和方面达成的共识，实际上是由于在传统工业时代建立的发展模式遭遇了不可持续的危机。全球气候变化与碳中和的背后，实际上是发展范式转变的问题，该问题的出现意味着传统工业时代的落幕和一个新的绿色发展时代的开始。

工业革命以后，人类社会从传统的农业时代转向工业时代，形成了以物质财富的生产和消费为中心的发展方式，整个世界彻底被工业化的逻辑改造，从发展内容到发展组织方式均发生了深刻转变，在大大提高物质生产力的同时，也带来了前所未有的危机。

在农业时代，由于生产力非常低下，人们形成了勤俭、节约的思

---

① 张永生，中国社会科学院生态文明研究所所长、研究员，经济学博士。先后就读于武汉大学、中国人民大学。曾在澳大利亚蒙纳士大学从事博士后研究，在联合国大学发展经济学研究院（UNU-WIDER）、亚利桑那州立大学作过访问研究员。曾任国务院发展研究中心（DRC）绿色发展基础领域首席专家，发展部副部长、研究员（2005）。中国环境与发展国际合作委员会特邀顾问。享受国务院政府特殊津贴的专家。主要从事生态文明、发展经济学、绿色发展、资源与环境经济学、分工与专业化理论、中国经济等方面的研究。近年来，他在生态文明的视角下，对经济学的一些基本问题进行系统性反思，尤其对传统工业时代形成的发展经济学进行反思和拓展，并揭示其新的理论与政策含义。本文根据作者的授课记录整理而成。

维。随着工业时代生产力的大幅提高，两个突出的障碍也随之而来：其一是农业时代的节俭消费习惯无法为工业时代大幅提高的生产力提供大规模的市场需求；其二是人类物质消费存在生理限制，比如吃饭与穿衣不是无限的。为了克服这两个障碍，必须改变人的偏好和社会消费心理，这是从农业时代向工业时代转变的前提条件。将消费作为一种心理需求，可以改变人和商品的关系。比如，出于炫耀目的购买钢琴、用奢侈品消费定义所谓成功人士，等等。现代经济正是建立在这种消费主义基础之上的。我举一个例子，可以说明这种消费主义是如何改变商业模式的。比如，在加州的利弗莫尔市的一个消防站，有一个灯泡已经被使用了 115 年，至今依然在使用。因为那个时候的产品设计没有寿命的概念，产品没有设计寿命的结果就是无法带来更多的消费和利润。后来设计寿命和一次性用品的概念被提出，其背后逻辑就是消费主义。我们可以发现，如今有很多产品，比如手机软件会被设计成使用时间越久运行得越慢，手机软件的运行速度过慢，逼着用户购买更新换代的产品，以此人为创造各种需求。所以，现代经济就是建立在消费主义的基础之上的，慢慢偏离了提高人类福祉的发展初心。

工业化就是一个通过分工不断深化、提高生产力的过程。例如，汽车诞生之初，没有现在这么高水平的分工体系，汽车的价格高昂，具有奢侈品的概念。后来，随着汽车市场的扩大和汽车生产的分工水平的提高，在最开始阶段，有些零部件被分化出来，用更专业的设备集中生产，这样成本就会有所降低。这些零部件成本的下降带动了整车生产成本的下降，使得汽车价格下降。汽车降价进而扩大了汽车的消费市场，又为更多的零部件分工创造了条件。于是，又循环往复进一步细化汽车生产过程中的分工，以降低成本、扩大市场，令汽车的价格越来越低，汽车的生产与消费的规模也越来越大。

在企业分工组织和全球分工体系中，出现过各种各样的分工组织，企业也开始在生产中大量采用生产外包方式。在传统工业时代，工业产品的价值集中在产品的物理功能上。比如，现在的电动车概念可能是对传统的汽车概念的重新定义。未来的汽车不再只是简单的交通工具，还能满足我们的多种需求，就像当初手机只能打电话，现在却具备很多功能一样。相应的，商业模式也会发生变化。比如，汽车行业有可能不像过去那样主要靠卖汽车赚钱，而是以汽车为载体，靠提供新的服务来赚钱。这样，汽车可能会卖得非常便宜，更多的是靠后续新的价值创造来实现盈利。也就是说，价值创造的方向和组织模式，都会发生很大变化。

在全球碳中和的背景下，中国制造业主要面临三个方面的约束条件：其一是要保证 GDP 继续快速增长；其二是要保持制造业比重的基本稳定；其三是要达成碳中和与生态环保的目标。

按照现在的经济增长速度，虽然中国 GDP 增速相较过去已大大降低，但由于基数已经十分庞大，未来中国 GDP 绝对量的扩张会远超前 40 年，预估到 2028 年或 2030 年，中国的 GDP 将超过美国。2020 年中国的 GDP 是 100 万亿元，按 5% 的增长速度估算，2035 年可能会在此基础上倍增，2050 年再翻 1 倍。这种扩张的规模，将远超人们的普遍预期。中国政府提出，要保持制造业比重的基本稳定，这意味着制造业绝对量会大幅上涨。如果按照这个比重来看，在大部分国家制造业比重都呈现“倒 U 型”变化轨迹，以出口为主要导向的德国和韩国会有不同变化轨迹的时候，中国的制造业增加值到 2035 年将实现再翻倍。目前，以制造业为主的工业，是中国碳排放的主要来源，全国 70% 的碳排放集中在工业。制造业、GDP 扩张的同时，要兼顾“双碳”目标的实现是一个极大的挑战。新能源供应的缺口，现在看来还是比较大的。

中国制造业比重未来可能的变化趋势，不一定会遵循发达国家的“倒 U 型”变化轨迹。中国制造业比重大概在 1980 年占比最高，之后一直慢慢下降，但在全球，还是占有 28% 的比重，比美国高出很多，是日本、德国的 4~5 倍。在全球产业分工的背景下，一个国家在全球分工体系中所处的位置，决定其制造业的比重。在消费端，不论一个国家在全球分工体系中处于什么位置，其对制造产品的消费占其国内消费的比重，都是相对稳定的。那些制造业生产比重较低的国家，就会通过从国外进口制造品进行消费。一个国家制造产品生产与消费的占比差异的背后，体现着商业的利益追求。发达国家把制造业转移到发展中国家，但消费端对制造品的支出占比却没有明显的变化。企业总是寻找最优的组织方式，哪些分工链条放在企业内部进行组织生产，哪些分工链条放在企业外部用贸易的方式来组织生产，都是由利润最大化原则决定的。现在，就制造品的消费和全球局势而言，大部分国家的绝对量都在稳步上升，这个趋势到一定阶段上升期就会放缓；在生产端，各个国家制造业在 GDP 中的比重变化趋势则各不相同。

未来中国的制造业到底能在全球分工中扮演什么样的角色，目前尚不能做出很准确的判断。中国在新能源、新能源汽车领域已经呈现出全球领先的趋势，但未来中国制造业对海外市场的满足形式，究竟是以国内制造加上出口为主，还是以海外投资直接生产为主，还面临着很多商业模式上的不确定性。

中国的制造业现在面临着很大的历史机遇，正从过去大量牺牲环境和资源的世界工厂向绿色制造转型。在过去，环境的约束条件相对宽松，中国“两高一资”产品的出口占很大比重，但现在却越来越多地向高端产品转型。碳中和倡议的提出意味着在全球范围都要建立起新的环境约束方式，发展中国家不再像过去那样是污染的天堂，很多产业在全球的布局也会进行重新调整。

中国绿色技术在不少领域已经处于非常领先的地位，如新能源装备、智能电动汽车、机器人、5G、互联网经济等领域。中国企业的国际竞争力提升显著。目前，投资新能源汽车、互联网企业的，很多是有国际竞争力的民营企业，他们不再遵循传统工业化模式下的企业思维。在传统工业时代，商业模式相对简单，生产什么就卖什么。由于物质产品便于交易，更容易商业化，整体经济越来越朝物质化的方向发展。很多物质以外的其他需求，由于难以进行市场化，很难通过商业化得到满足。如此一来，工业化就建立在物质产品的大生产和大消费基础上，通过消费主义和过度消费维持其运转。

从现在互联网的发展来看，互联网改变了传统工业化价值创造的内容和方式，创造的价值方向令人眼花缭乱，迂回而复杂。譬如，一个网红可以不生产具体的有形产品，主要提供一种新的体验，通过满足大家的好奇心，用迂回的商业模式实现回报，互联网的商业模式很难用传统的企业思维去理解。未来制造业的发展，同样需要走出传统的思维模式与商业模式。绿色转型将提供大量的非物质价值，通过互联网思维和商业模式，满足更多传统工业化模式下未满足的市场需求。

然而，在中国制造业绿色转型中，净零碳是必要条件，但并非充分条件。比如，如果仅从单一的减排维度考虑，忽视生态环境、资源消耗等维度的问题，则即使百分之百实现零碳目标，也不一定意味着可持续的问题能得到解决。如果不彻底转变发展范式，在一些情形下，百分之百零碳甚至有可能加剧不可持续的危机。

未来政策上会实施最严格的碳定价、环境规制，将企业的社会成本纳入企业的成本中，推动制造业的绿色转型。传统的经济模式看起来很有效率，主要是由于其产生的社会成本、隐性成本、长期成本等没有充分纳入企业的成本。一旦将这些成本计入，传统经济模式的效率就会非常低。未来创造价值的方向也会发生转变，不再过度依赖物质资源投入，而是更加依赖知识和提供服务来提高产品的附加值。如果不转变价值创造的方向，还是在传统工业化模式下提高生产效率，消费就会无限扩张，对自然资源的攫取程度会越来越高，碳排放规模也会越来越大。我国应该改变过去向廉价的世界工厂发展的方向，以税收、环境规制、出口配额等方式，严格控制“两高一资”产品的生产和出口，推动制造业转向绿色发展的方向。

需要澄清的是，传统工业化模式主体是制造业，对传统工业化的弊端进行批判或者揭露，并非主张不要工业化，或者要将产业空心化，而是倡导要使整个制造业在价值创造的方向有一个方向性的变化。这种转型不再局限于满足市场化的物质需求这一部分，满足非物质的需求，也能够成为经济增长的重要来源。正如 18 岁以后身高不再长了，但头脑、体验还在不断地成长，工业时代形成的以物质内容为主的增长模式，就像满足人长个子的需求一样，但 18 岁以后需要新的成长内容和新的商业模式。这种转变并非简单的过程，需要进行系统性转变，不是“吃胖再减肥”那样来创造需求的方向，而是要提供健康食品和新的生活方式。也就是说，要从工业时代的发展模式转变到生态文明的发展模式。

农业绿色转型

农业绿色转型必须跳出既有思维定式，深入思考：农业生产什么？如何生产？人类食物结构从过去的植物性模式日益演变为动物性产品为主，背后驱动的因素是什么？当前关于经济发展的底层逻辑思维在制造业上的体现就是不断扩张，农业也是按照工业化的逻辑在进行改造，按照资本逻辑在运行，由此引发了大量问题。

农业是温室气体排放的大户，大约占全国排放份额的1/4。因此，仅依靠工业减排是不够的，必须深刻改变农业的发展方式，改变农业工业化的生产与消费模式。

土地成为主要碳排放源的根本原因，就是农业在采用工业化逻辑进行改造，严重依赖化肥、农药，导致了大量的土地污染和地下水污染。化肥的使用也产生了大量的温室气体排放，使农业成为化学农业。工业化的农业体现为单一种植，跟工厂生产产品一样，进行非常专业化的生产。然而，整个生态系统是多样化、相互依赖的，不能用单一农业去进行改造。比如，把一片原始森林改造成单一的林种，很容易导致单一林种的生态崩溃，而大片农业的单一种植模式，也很容易被病虫害侵袭。

目前，基于自然的碳中和解决方案已受到广泛重视。我们通过农业、森林和土地保护，以及恢复和改善土地的管理来减少温室气体排放，并吸收碳排放。据相关部门估测，如果扩大林业用地、草地、湿地，减少毁林和农业占地，中国大概存在37%的减排潜力。

在采取这一举措前，我们必须回答为何生态环境会退化这个问题。当前，在世界范围内，约77%的土地都是用于生产动物性制品，通过土地利用进行减排，潜力确实非常大，但治标不治本。如果不改变人类的行为方式、生产方式和消费方式，人类行为对土地的冲击就会非常大，必须回到发展范式转变的思路方向上。

比如，食物需求对应着农业结构。若食物结构改变，农业结构也会发生相应的改变，反之亦然。但在资本力量的作用下，对食物的需求很大程度是由供给决定的，因为商业的力量会改变人的偏好和食物消费习惯。标准经济学家不接受这一观点，他们认为偏好是事先给定的，但市场营销专业就是研究如何使用营销手段改变消费偏好的。

从农业时代到工业时代，一个前提条件就是要改变节俭的消费习惯。当以植物性饮食为主的传统饮食模式转变为以动物制品、加工食品为主的现代饮食时，50% 以上的粮食被用于生产动物饲料，70% 的农业土地资源被直接或间接用于生产动物产品，大量畜牧业生产产生温室气体排放，农业种植需求的增加又使大量的森林遭到破坏，温室气体排放进一步增加，气候变化又反过来冲击农业，形成恶性循环。

随着经济的不断发展，以美国等发达国家为代表的所谓现代饮食结构，使得很多人都患上了富贵病。相关学术研究指出，癌症的发生率大概只有 5%~10% 与基因相关，90%~95% 的癌症是与人的生活习惯相关的。美国人均动物性制品占有率明显高于中国和全球平均水平，而美国的癌症发生率（经过年龄标准化）是中国的 4 倍左右，是印度的 18 倍左右。美国几乎是所有发达国家中癌症发生率最高的国家，美国当代人的预期寿命比父辈更低。现代病、慢性疾病、富贵病都与生活方式、饮食结构相关。印度癌症发生率低，与其饮食结构还没有“现代化”有很大关系。由于现代饮食结构、高发病率，健康医疗的成本高，美国健康医疗费用约占总 GDP 的 18%，中国则大概是 6% 左右。医疗行业也是工业化逻辑表现最突出的行业。比如，如果一种药品的疗效太好，在一些商家眼里就不被认为是好商品，只有那些吃了药品能将病治好、但停了药又复发的药品，才被认为是好商品，因为它会创造源源不断的市场需求。因此，这种商业化的逻辑带来了很多问题，这就是经济增长称为“把你吃胖再帮你减肥；把你吃病再帮你治病”的恶性循环。

生活习惯改变的背后，是商业力量把人类卷入一个大的经济增长机器系统中。不当的饮食结构对应着不当的健康状况，不当的农业结构又对应着环境问题，形成食物、环境和健康间的恶性循环。环境“先污染、后治理”的发展路径，与这样的经济增长逻辑同根同源。

推动这一逻辑运行的，不是某个特定的企业，而是整个经济系统分工协作的结果。对某一企业而言，分工经济要求多多益善。假定一开始，我们既做面包，又酿酒，那么这两个生产力都不会很高。随后，我们各自独立去专门生产面包或酿酒，生产力就会明显提高，这样我们就都可以吃到更多的面包，喝到更多的酒。如果分工只是为了满足正常消费，那么生产到一定程度就能得到满足。但是，如果生产是为了赚更多的钱，商业化的力量就会往面包里添加各种东西，让你觉得很好吃，出现过度消费的情况。

例如，粮食安全方面存在以下三个标准：第一个是市场需求标准。如果以满足市场的需求为标准，就永远存在粮食安全问题，因为商业力量会不断创造新的粮食需求。第二个是营养健康标准。按照世界卫生组织的标准和标准膳食结构的标准，现在的粮食问题已经不再是问题。第三个是妈妈的标准。妈妈认为健康的食品不一定就是健康的，因为她会被商业力量误导，她掌握的关于食品健康的知识，很多可能似是而非。

不同的食物结构带来的环境后果完全不一样。比如动物性食品的过度消费和过量消耗食品结构，意味着会排放更多的温室气体，更多的森林会被毁坏并用于饲料的生产。参照相关统计数据，每 1 000 卡路里热量的牛肉、虾、羊肉产生的温室气体排放远高于植物性食品，单位排放最高的牛肉是大米温室气体排放的 30 倍。顶尖医学期刊《柳叶刀》曾做过一个测度，那些符合营养标准、最优的食品结构、最优的农业结构的食物与当前实际的情况大相径庭，以动物性食品为主的过度消费将污染自然环境，给人体健康带来不利影响，且将不断走向恶性循环，最终导致发展不可持续的结果。

现代农业看似大幅提高了生产力，生产同样的食物所需要的土地面积大幅下降，粮食的产量也大幅上升，但是却存在巨大的隐性成本，包括化学农业的补贴、对社区的危害、对文化环境的破坏，等等。我们一般认为，美国的生态环境良好，但实际情况并非完全如此。美国是化学农业的鼻祖，很多污染产业也转移到发展中国家。其实，任何一个西方国家都没有实现人与自然的和谐共生，其生态环境退化、巨大的历史碳排放存量都是不争的事实。

现代农业产量获得大幅提高实际存在诸多误区。误区一：工业化农业提高粮食产量，以养活不断增加的人口；误区二：工业生产的食物更安全、健康、有营养；误区三：工业化农业可提供廉价且可负担的食物；误区四：工业化农业更有效，其产量比传统农业高得多；误区五：工业化农业给人类带来更多的选择；误区六：工业化农业保护环境和野生动物；误区七：如果工业化农业有问题，可以用生物技术来解决。

发展经济学对“发展”的定义就是工业化、城镇化，而农业、农村成为劳动力、粮食和原材料的来源，同时为工业提供产品市场。自然、环境、文化在工业化模式中没有应有的地位。这就意味着，需要重新思考农业的概念、发展的概念和现代化的概念。在绿色发展模式下，不仅需要将有形的物质资源转化为财富，还要将无形的生态环境文化等资源转化为财富。这种无形的资源具有非竞争性的技术特性，生产力的含义也不一样，需要商业模式的创新。这种非竞争性的资源，一次性投入就会收获无限的产出，并且该资源会越用越多，文化累积会随之变多。比如，北京 798 老工业遗址若按照工业化的标准，应该彻底拆除厂房设施，但是将其改造成艺术区后，相关文化便产生了新价值，文化不仅可以为很多人共享，还会越来越多。

从美好生活、现代化的定义来看，过去美好生活的概念被商业化、物质化所扭曲，很多非物质、精神上的需求未得到满足。这是物资丰裕、生活现代化后却反而不幸福的重要原因。过去，实现现代化就是赶英超美，用不同的道路、技术和模式去实现现代化，而现在出现了不可持续的问题，需要重新定义现代化的概念，发展方向也会发生大的变化。同样，农业现代化的方向也将发生很大变化，具体体现为农业的内容、生产方式的变化。

农业绿色转型需要改变农业的内容。“印第安三姐妹”是一个典型例子，这个例子可以用来说明从传统生态农业转变到现代农业产生的一系列问题。“印第安三姐妹”是指三种作物，分别为高秆的玉米、攀附玉米上的豆类和地面的瓜类，高秆的玉米为豆类提供支撑，瓜类的阔叶有保湿的作用，其藤茎上面的根刺防止小动物入侵。三类作物形成了完美共生的体系，豆类能够固氮，提供作物营养而不需要使用化肥，提供的食品正好对应了人类所需的碳水化合物、脂肪、蛋白、纤维的总量及其相互之间的比例。在空间利用上，“印第安三姐妹”是单块的土地实现三种产出，而现代农业则要把这三姐妹强行分开，改成单一农业，通过农药、化肥提高产量，也对品种进行改良，带来了很多负面后果。

现代农业被工业化的逻辑改造成单一农业，容易使病虫害流行，需要使用大量化肥、农药，令现代农业成为一种化学农业，而具有生物多样性的生态农业可以大幅减少化肥、农药的使用，因为农业的遗传多样性可以有效防治病虫害，再通过技术进步，进一步减少化肥的使用。

转向生态绿色农业也需要改变具体的生产形式。按照这种生态协同的农业生产方法，会出现新的专业化分工，有的专门收割玉米，有的专门收割豆类。更重要的是，用互联网方式可以提供个性化的服务。依托互联网能够对田间进行实时检测，解决粮食生产中的信息不对称问题，也可以通过互联网来实现个性化的定制生产，为农产品生产提供多元化的附加产值。工业生产是在自用流水化的方式生产单一产品，所有的产品都一样且功能有限，而个性化的生产可以注入很多非物质的价值，或者通过不同的商业模式实现价值，成为高附加值的产品及服务。

生态农业转型并非困难重重，有许多鲜活的案例与经验可以参考。我们在乡村进行的绿色发展试验结果表明，化学农业可以大规模地转化为生态农业，完全不使用农药化肥，产量就会得到进一步的提高，价值也会大幅提升。关于乡村的定义，也不是单一的农村，仅强调将农村人口转移到城镇。

乡村实际上拥有很多体验的功能、美学的功能，可以发展健康产业、教育产业、会展产业，等等。比如，台湾云门舞集将农田当作艺术表演的实景舞台；杭州的猪圈咖啡，将猪圈改造成咖啡馆，别有一番体验；一些废弃的窖藏可以改造成博物馆、文化中心；日本奈良通过景观设计，将乡村打造得格外迷人；安徽六安使用农业废弃物制作艺术品，拥有独特的艺术价值。大工业式的流水线生产同质的产品，把个性化的文化、人文价值全部过滤掉了，价值会大幅降低，也变得非常廉价，真正有品位的生活可能并不是这样。

所以，需要重新定义乡村的概念。如果依照传统的发展模式，会破坏当地的生态环境，带来大量社会问题，其所谓的经济发展通过“消灭”农村来实现，毁掉了生态与文化。一些房地产公司开发的一站式文化体验，是一种没有生命力的伪文化体验，真正有生命力的文化体验是感受当地真实的生活方式。网红李子柒在视频网站 YouTube 上拥有众多粉丝，其受欢迎的根源是她提供了一种非常新奇的文化体验，并将文化转化为财富。

传统商业模式与企业社会角色都需要做出改变

仅仅依靠政府和道德水平的提升不足以改变传统的发展方式，要想实现碳中和目标和发展方式的转变，必须彻底转变现有的商业模式。从前面身体成长的比喻来看，18 岁后不再需要长身体，而是需要汲取更多知识，注重能力培养和精神滋养，不能再出现吃胖、吃病，然后再减肥、治病的情况，也不能遵循“先污染、后治理”的模式。经济需求的巨大结构变化，需要商业模式发生相应的彻底改变。在全球碳中和共识与行动、数字化革命的时代背景下，需要理解这种转变背后的巨大机遇，改变商业模式。

商业模式的转变总体包含四个方向：一是要使创造价值的内容与方向发生改变；二是要改变实现价值的方式，即适应新商业模式的企业组织形式；三是要改变市场结构，从流水线的同质化生产、陌生人市场回归到人格化的市场，进行个性化消费；四是改变企业治理结构，从无约束条件的股东利益最大化转变为设置约束条件的股东利益最大化，或者是从股东利益最大化转变为利益相关者利益兼顾平衡的治理结构，引入生态环境利益为代表的社会责任理念。

众所周知，由于政府的规制未落实，一些商业的成功并不等同于社会的福祉，这些就需要对政府和市场的职能进行创新定义。因此，商业转型既蕴含着巨大的机遇，也承担着很大的风险。如果对未来的发展方向缺乏认知，可能会稀里糊涂地进入一些灰色地带，政府的规制可能会给一些无视环境等社会责任的企业带来巨大的风险。中国的发展战略过去是以 GDP 为中心的，只要市场有需求，企业就可以开展相关业务，而现在是以人民福祉为中心的，需要做出战略性转型。这背后有着非常深层的考虑，并且体现出了中国的传统文化、哲学基础和西方的哲学基础的本质区别。

在市场上，人们想当然地以为偏好、喜好是自己独立意志的体现。实际上，人们的很多偏好都被商业力量进行了系统性改造，而发展范式的转变则需要个人偏好向发展初心回归。我们在 2021 年进行的一项基于互联网的大规模调查发现，中国人的认知正在发生深刻的改变，民众对美好生活、消费的选择、环境和发展的认知已经发生了很大变化，只是很多人对这种变化浑然不觉，包括企业家、政府，他们还是按照过去的商业逻辑开展运作。

该调查带来了一些重要的发现：第一，关于什么是美好生活的理解，收入只排第七位。第一位是医疗、教育、住房和安全，第二位是基本的生活保障，第三位是身体健康，第四位是生态环境，第五位是家庭，第六位社会收入差距小。人类的需求是全面的，正向着更加非物质的方向转变。西方消费文化强调物质，什么都用钱来衡量，但很多主要的东西，是无法用钱来购买的。第二，消费观的改变。有75% 被调查的人认为，如果消费减少 10% 不会影响生活品质，甚至认为生活质量会改善，生活更充实。第三，对企业社会责任认知的改变。两个企业生产同一无差别的产品，但一家企业对环境、对员工不友好，90% 的人选择不购买该企业的产品，而是选择购买对环境更友好的企业的产品。实际上，良好的企业行为本身就是在创造价值，因为消费者对自己的身份有一种认知，购买消费的产品是否符合消费者的认知和价值观，是消费者购买决策的重要决定因素。第四，关于就业，如果一家企业收入较高，但对环境和员工不够友好，而另一家企业薪酬虽明显较低，但其对环境很友好，企业文化优良，调查发现85% 的人在就业时会选择后者。

以上调查涉及的很多选择，在标准经济学中都很难解释。当工业革命后建立的这种发展方式因为不可持续而必须进行根本转变的时候，相应的经济学理论也需要发生变化，发展观念也要随之改变。当认识到这一微观基础发生根本性变化时，商业模式的改变就在所难免。但是，如果政府的体制机制、硬件设施和市场条件不到位，就很难满足这些潜在需求，经济发展就会处于扭曲的状态，GDP 看似增长，但是人们不幸福，或者在一种低福祉状态下，就背离了发展的初心。

总之，碳中和代表着划时代的变化，中国现代化也进入到实现第二个百年奋斗目标的阶段，这两个目标和全球现在的变化趋势恰好吻合。对国家来说，这是幸事，对企业家来说，也意味着非常大的机遇，这需要更多富有远见的企业家，从纷繁复杂的商业表象里发现未来发展的本质趋势。

碳中和愿景下碳捕集、利用与封存（CCUS）的定位和技术进展

魏伟[①]

碳中和愿景下 CCUS 的定位和作用

中国于 2010 年开始大面积推动新能源发展，那时在哥本哈根进行的各国谈判已经产生了一些问题。2009 年，中国首次主办碳收集领导人论坛[②]，后来，中国从 2018 年开始重视 CCUS。在此期间，2011 年，科技部出台了第一版 CCUS 路线图，并在 2019 年更新了第二版。2014 年，科技部又牵头出版《中国二氧化碳应用技术评估报告》，并于近期出版《中国 CCUS 国家评估报告》。

---

① 魏伟，现任中国科学院上海高等研究院副院长、研究员、博士生导师。中组部公布的国家“万人计划”科技创新领军人才，入选科技部 2014 年“中青年科技创新领军人才”。主要从事温室气体战略以及二氧化碳捕集、利用与封存领域的研究。目前已授权或申请国际发明专利 3 项、国家发明专利 80 余项，在国内外重要学杂志上发表高水平论文 400 余篇。发表论文期刊包括 *Nature, Nature Chemistry, Nature Geoscience, Joule, Environmental Science & Technology, Angew. Chem. Int. Ed.* 等。

② 碳收集领导人论坛（CSLF）是一个促进成员国及国际社会在CCUS领域开展交流与合作的部长级多边机制，成立于 2003 年。其宗旨是推动开发用于二氧化碳的分离、捕获、运输和长期安全存储且具有更好成本效益的技术；使有关技术在国际上得到广泛利用；确定并解决与碳捕获和储存相关的广泛问题，包括营造适当的技术、政治和监管环境以利于开发此类技术。CSLF 成员包括澳大利亚、巴西、加拿大、中国、哥伦比亚、丹麦、法国、德国、希腊、印度、意大利、日本、韩国、墨西哥、荷兰、新西兰、挪威、波兰、俄罗斯、沙特、南非、阿联酋、英国、美国等国家以及欧盟委员会。迄今为止，CSLF 已认证了 36 个二氧化碳捕集和封存项目。

2020年10月，科技部组建了由13位专家组成的领导小组，围绕“双碳”科技创新提供支撑并设立“双碳”重点专项。其后，欧盟碳边境调节机制将于2023年开始试行，预计2025年，我国较难减排的八个行业的产品也要被纳入该调节机制的实施范围，这对企业、产业链、供应链而言是非常大的挑战。2021年11月，科技部牵头梳理中国“双碳”领域重点领域、关键技术、重要贡献、现阶段成熟度和评价，并出版《重点领域的技术优先序》一书。2022年3月，科技部讨论中国牵引一个大约上千亿规模的重大专项的可能性。此外，首批《“双碳”领域科技创新指南》也将于近期公布，并计划在未来牵头打造一个大规模的投资计划。欧美和日本等各国均有类似项目，美国已投资2万亿美元；欧盟则投资2万亿欧元于实行绿色新政；日本为新增长战略投资2万亿日元。

随着我国对“双碳”的认知逐渐达成一致，政府愈加重视气候投资，大致划分了十个投资领域。2021年，科技部公布了由70多位专家共同编写的《中国碳中和技术路线图》，希望对各个省市、行业有所指导，但是后来发现各个行业资源禀赋不同，产业差较大。应对方法是从社会发展的角度来看，将技术路线划分成“5+1”个领域。其中“5”指的是：一是零碳电力；二是非电能源；三是燃料、原料与过程替代；四是集成耦合和优化，致力于打破壁垒，将新能源、工业、资源禀赋结合在一起，部署形成大的园区；五是用CCUS、碳汇、负排放技术进行串联。最后的“1”指的是削减非二氧化碳的温室气体的技术。

碳汇由自然生态系统碳汇与工业碳汇（即CCUS）组成。目前，自然生态系统碳汇约有10余亿吨，到了2060年可能达到15亿吨，而排放量则是20亿~30亿吨。为实现碳中和目标，我们必须依靠CCUS技术的发展以及它与其他产业的结合。值得注意的是，碳达峰指的是二氧化碳的排放碳达峰，而碳中和则指的是二氧化碳在内的温室气体实现中和。

CCUS是把生产过程中排放的二氧化碳进行捕获提纯，继而投入新的生产过程中进行循环再利用或封存的一种技术。在碳捕集部分，传统的CCUS技术是捕集化石燃料电厂发电和工业过程中产生的二氧化碳，后来增加了生物质利用过程技术和直接空气捕集技术。接着是二氧化碳的运输，有罐车运输、管道运输和船舶运输等三种主要方式。最后分为二氧化碳利用与二氧化碳封存两种方向：二氧化碳利用包括地质利用、化工利用和生物利用；二氧化碳封存包括陆地封存和海洋封存。在“双碳”目标提出之前，CCUS是托底保障的技术，理论潜力是每年完成4万亿吨，中国的技术潜力可能是每年完成1万亿吨，相比而言，大气中的二氧化碳含量才1.5万亿吨。“双碳”目标提出后，由于中国的供应体系与国外存在巨大差异，工业体系、排放源、排放类型均有所不同，故有必要重新梳理CCUS技术路线图作为重新定义和定位CCUS的指导。

CCUS技术有五大作用，它是实现化石能源零排放利用的唯一选择和保持电力灵活性的主要手段，钢铁、化工等难减排行业的必要方案，非化石能源的主要手段，以及实现碳中和的托底保障。

尽管未来化石能源的占比会下降，但是化石能源还是不得不用。目前我国大约50亿吨二氧化碳由火电排出，另外50亿吨由工业体系排出。但是，即使到2060年实现了碳中和，保底的火电占比还是要占总量的5%~20%。1吨煤排放2.6吨二氧化碳，综合考虑碳汇对碳的吸收，届时还会有10亿~15亿吨的二氧化碳排出，若想实现火电向低碳、零碳的转型，CCUS可能是唯一的手段。我国因应用CCUS所产生的经济效益也较为可观，将钢铁、化工、有色金属、水泥等难减排行业串联在一起。人类社会发展和生活生产长久以来都以碳为主，即使到21世纪末实现了纯净零排放目标，完全摒弃化石能源的可能性也是微乎其微的。在此情况下，有两种碳可以使用，一是低价的生物质、可再生能源的碳，二是大气中的二氧化碳，这部分比地球上任何其他碳源都要多，控制在1.5度时约为2万亿吨，控制在2度时不超过2.5万亿吨，全球每年供应的碳原料接近100亿吨，最后由CCUS提供托底保障。中国碳中和的碳是包含二氧化碳在内的所有温室气体，其他非二氧化碳温室气体的减排很难，50%的碳可以顺利减排，但另外50%的减排价格高得难以承受，CCUS可以很好地解决这一问题。

由于不同模型的评价边际、包含技术不同，过去我国二氧化碳评估报告只评价24项技术，在2021年，国家CCUS评估报告评价了60多项技术，目前已达到上百项技术。综合考虑全球300亿吨的二氧化碳排放量，以及未来化石能源使用率降低的情况，运用CCUS技术，在2050年减排40亿~50亿吨二氧化碳相对是合理的。CCUS自20世纪70年代开始兴起和发展，以美国为例，尽管在特朗普执政时期存在短暂停滞，美国政府始终致力于对CCUS的研究，2017年，美国国会下设能源委员会（也称能源秘书处），由几位院士合作起草了《美国CCUS技术路线图》，投资规模约为100亿美元，分10年时间进行投资小试、中试和示范项目。在中国，CCUS合理的贡献规模在10亿~15亿吨。

CCUS 在国内外的现状

截至 2021 年 9 月，全球共有 135 个 CCUS 项目，一部分正在运行，另一部分正在修建，整体的碳捕集、减排能力约为 4 000 万吨。国家能源集团在“十二五”期间开始在包头部署 10 万吨级别的风神项目，目前已关停。我国的 CCUS 行业从 2010 年开始发展，经过十年左右的努力，目前我国已有 35 个示范项目，但规模较小，减排规模达到每年 200 万吨，规模和技术与国外差距较大。

CCUS 是系列技术，包括捕集和利用，利用中又包括化学利用、生物利用、地质利用和封存。CCUS 的第一部分是捕集，烟道气是最大的碳排放源，占排放总量的 80%，火电厂排出的二氧化碳浓度在 15% 左右，而若想将 CCUS 利用起来，浓度需达到 90% 以上，甚至 99% 以上。捕集过程就是浓缩过程，在燃烧后的空气中捕集，捕集方法包括液体吸收法、固体吸附法、膜分离法。

液体吸收法的化学原理很简单，在吸收塔中将空气加热至 120℃左右托浮出来，与二氧化碳吸收液反应生成碳酸铵类溶液，再加热分解。目前一代吸收法捕集 1 吨二氧化碳的成本约为 40~60 美元，全流程总成本约为 100 美元。国外目前的投资规模约 4 000 万吨，已大面积实现工业化、产业化。我国的碳捕集项目发展缓慢，第一批示范项目中，曹妃甸华能达到了 3 000 吨的水平，2021 年最大的项目是国能集团的锦界电厂，达到了 15 万吨水平。能耗也是一个重要指标，国际上的能耗为 2.4~2.5 吉焦，对应成本约为 50 美元，我国以前的成本很高，现在已基本与国际持平。未来二代吸收法利用离子液体吸收剂等相变吸收剂，成本将会更低，2021 年，华能完成了 1 000 吨的中试，成本降至 2.3 吉焦。一般而言，成本每下降 20%，技术上便迎来划时代的变革。

固体吸附法原理比较容易理解，就是将吸收进去的液体变为固体。固体吸附法避免了很多液体吸收法的缺点。比如液体吸收法需要建设 6 米内径、6 米高的解析塔，而固体吸附法就不存在这个问题，固体在内部循环可以直接大气化。一方面，相关行业目前正在研究各种吸附材料，希望下一代吸附剂技术达到 2.1 吉焦以内，达到 1.5 吉焦，甚至 1 吉焦；另一方面，国外提出的“跳跃式”技术目前只能在国内的实验室里实现。

膜分离方法对于我国而言意义重大，化工的二氧化碳排放普遍带有压力，可以利用有机膜或无机膜过滤。中国科学院大连化学物理研究所（简称：大连化物所）于 2020 年在海南建立了 5 万平方米的试点，但里面的材料还需进一步改进。化工过程的杂质较多，对有机膜的影响较大。而无机膜利用压力驱动，稳定性较强，前景较为广阔。

富氧燃烧方面，过去火电领域使用空气作为氧化剂使煤燃烧，空气中大部分是氮气，若将空气变成富氧或纯氧，排除气体将不再含有氮气。我国从 1997 年开始对富氧燃烧领域进行部署，华东科技大学的技术目前能够在 200~350 兆瓦的火电厂使用，未来将在百万兆瓦的火电厂进行尝试。此外，目前的技术在常压下使用，未来可能会在 250 个大气压使用，在这种情况下，可以降低发电能耗，获得更高浓度的二氧化碳。

目前，我国对直接空气捕获技术（DAC）的反对声较大，普遍认为对二氧化碳浓度为 15% 的火电厂、二氧化碳浓度为 5% 的天然气燃烧的碳排放进行收集意义不大。但是碳中和提出后，其在国际上发展较快，国际能源署出台的 DAC 技术评估报告认为，到 2050 年全球直接空气捕获技术贡献度大约在 10 亿吨。加拿大碳工程公司今年 7 月底融资 9 亿美元，建成 4 000 吨的碳捕集，未来规划达 3 亿吨左右。上海交通大学完成了百万级的演示，直接空气捕获技术在中国也能行得通。

碳的利用包括化学利用、生物利用、地质利用等多种途径，原理很简单，将碳和氧同时利用起来，底层的能耗比较高。但碳达峰碳中和开始后情况有所转变，从以前的控能向控碳转变，利用所涉及的技术可以合成上千种化学品，故技术类型有很多。

一是还原性转化技术，如二氧化碳与甲烷重整制备合成气，裂解炼制一氧化碳制甲醇、烯烃、汽油、柴油，以及二氧化碳光电催化转化。国际上的著名案例冰岛已实现 4 000 吨水平，国内也有很多类似案例。2017 年，六安工厂合成 16 万吨尾气，1 小时后 1 万方尾气又返回，整个过程二氧化碳实现减排 30%，原理是排出的二氧化碳、甲烷循环回来变成合成气，以前的合成气都是煤气化获得的，从而替代部分煤的燃烧。另一个案例是大连化物所在甘肃实行的液体阳光项目，将太阳能发电、电解水和二氧化碳建在一起，成本较高。2020 年年底在海南做了 5 000 吨的二氧化碳加氢合成甲醇的项目，经济效益较为显著。尽管目前中国有些合成甲醇案例是可用的，但在未来场景中需要计算成本，在上海电解水制氢没有意义，1 方氢要消耗 5 度电，1 吨甲醇消耗 2 000 方氢，目前内蒙古、山西生产的甲醇运到上海，每吨只有 3 000 元，而且目前电解槽最大生产 2 000 方氢，但规模化生产甲醇至少需要 10 万 ~20 万吨。此外，光能催化也很有意义，控碳转变过程中可再生能源逐渐增加，二氧化碳作为未来的碳源可以在常温常压下合成甲醇，学术界、科研界对此非常重视。上海目前在做百吨级的二氧化碳合成气碳能科技，一年消耗30吨的煤，将煤气化制合成气，目前在做10万吨的工业测试，煤价格为500元/吨，电价格为0.5元/度，利用二氧化碳、水制合成气，与耗煤制合成气成本类似。目前，煤价比较高，电价不再降低，在这个过程中采用新技术非常有优势。

二是使用非还原性转化技术合成碳酸酯类，包括碳酸酯聚合物材料和异氰酸酯。国外拜尔的科思创公司聚焦于二氧化碳聚氨酯，但中国在这部分发展速度快、水平高。中国科学院长春应用化学研究所利用二氧化碳合成碳酸二甲酯，目前产能为一年60万吨左右。

三是矿化利用，中国在这方面更有优势，钢渣、磷矿石、钾长石、路面养护、混凝土，尤其是将水泥、钢铁等行业结合在一起，很具发展潜力。四川大学将二氧化碳矿化利用，清华大学使用工业废渣，浙江大学在河南做混凝土养护、钢渣矿化。国外方面，南洋理工大学将二氧化碳、矿石合成碳酸盐，生产填海材料的同时降低二氧化碳。未来的技术有望将捕集、转化合为一体。宝武集团过去使用纯氢冶炼，目前利用二氧化碳和氢合成甲烷冶炼，在2022年实现了百万级的规模，效率得到了很大提升，这就是将捕集和转化放在一个反应器实现的。

四是生物利用，主要分为几类。一是微藻，主要是螺旋藻，海外发展得比较早，国内将其发扬光大。严格来讲，受限于规模太小，不应将螺旋藻纳入二氧化碳CCUS系列。但值得注意的是，国外将螺旋藻用于改良沙漠和土壤。2013年在上海，2014年在崇明岛，我们开始利用微藻做盐碱地的土壤改良，该方法降低了50%的化肥使用量，水稻产量提高10%，氮比例含量提高10%，效益明显。类似的方法同样用于内蒙古 2 000 万亩土地的改良，商业模式也很好，前三年将土地免费给农民使用，农民使用意愿较高。

另一种生物利用是利用人工光合作用将二氧化碳合成葡萄糖、淀粉、蛋白等人类所需物质。2021 年，中国科学院天津工业生物技术研究所将二氧化碳合成人工淀粉的步骤从 60 步缩短至 11 步，尽管一年只能提供 1 000 多吨的二氧化碳减排，但是对我国在拥有 14 亿人口且土地有限的情况下仍然具有重大意义。

五是地质利用，将二氧化碳留在地下，把矿产、油、气、水、热取出来供地面上使用。美国较多与驱油结合在一起，有 1 600 万 ~ 2 000 万吨的油是用这种技术生产的。我国也在不断尝试，但是规模较小，中石化仅有万吨级，未来发展较为乐观，胜利油田中石化的百万吨规划目前已经开工，2030 年，全国规划达到 1 200 万吨。该技术对中国来讲比较有意义，中国在资源方面只有页岩气比美国多，美国页岩气储量约 21 万方，中国公布的则是 29 万 ~31 万方。但美国多平原，页岩气大约在地下 2 000 米，2011 年，经过页岩气革命每年可产 6 000 亿方页岩气。中国尽管储量巨大，地质板块决定了页岩气在地下 2 000~3 000 米。此外，美国水利资源丰富，而中国受制于水资源缺乏，页岩气开采发展缓慢。面对 2030 年 2 000 亿 ~4 000 亿方的开采计划，利用二氧化碳替代水成为一种可能。

封存概念较容易理解，就是将二氧化碳注入地下防止溢出。目前来讲，二氧化碳注入地面的难度不大，关键在于保证安全性，即封闭机制。国际上已做过许多讨论，美国已出台相关法案，欧洲则给予高额补助，反观中国几乎没有任何支持。我们唯一的尝试在包头，目前 10 万吨还未封存，未来有待科技部部署并解决其安全性问题。

CCUS 技术的展望和建议

我国要尽快形成全流程、百万吨级的 CCUS 行业规模，将行业串联起来，大幅度降低成本，特别是在钢铁、水泥、化工等行业中应用场景丰富，易于产生经济效益。在未来的部署中，要颠覆技术创新；在控碳转变过程中，投资将在 CCUS 行业中发挥很大作用。

目前我国在行业中的交流上，话语权和边界不清晰，缺乏标准体系。美国、欧盟发展迅速，其中的一个原因是拥有国家主导的 CCUS 国家机构。我国尽管科研机构、人员最多，但却没有国家领衔的机构。2021 年，我国明确提出科技创新目标后，在 2022 年有望建立国家 CCUS 基础创新中心，通过整体评价完善对技术的全面认识，利用四全平台和六维分析，引导进入碳交易市场，构建未来的工业体系。

短期内 CCUS 的发展关键在于科研人员的颠覆性技术突破，对于中长期而言，CCUS 将成为中国系统性实现碳中和的重要因素。我国要在未来更加重视碳足迹，从供应链的上下游评价中国未来产业形态。一个产品从生产到消亡，整个过程在社会体系中的碳排放水平，只有用碳足迹才能评价，而非碳核算。碳核算是指生产过程中的二氧化碳排放统计，若产品的使用过程也纳入高碳范畴，对中国乃至全球来讲贡献也十分有限。因此，基于供应链体系要对企业尤其是跨国企业进行产品碳足迹评估的原则，选择对于中国社会体系而言最佳的甲醇、乙醇等产品制备方式十分重要。2021 年，上海亨斯迈公司完成了碳足迹评价，该公司是一家跨国企业，评价过程综合考虑了欧盟碳边境调节机制等因素，在冷库、保温、建筑上实现节能减排。交通领域的航用、船用运输体系同样需要产品系列的碳足迹评价，将每件产品若干组成材料的碳足迹加总进行判定。欧盟碳边境调节机制的实行将导致我国每年损失 200 亿元，若美国跟进将影响更大。从另一个角度来讲，生产不同产品中的碳分配，即碳额度的分配，也是我国工业体系未来碳核算的重点。

现阶段我国碳足迹评价共有 14 个重点领域，包括减排潜力、技术成熟度、经济效益、社会效益等，如煤电行业已评价了近 2 000 项技术。可再生能源行业需要评价发展规模的需求和潜力，目前基础经济性能需求达 1 300 多亿千瓦，而风力发电贡献不到 100 亿千瓦。未来的发展需要明确部署规模和产业形态，分别判断需要发展和限制的行业。现阶段可以对钢铁进行限产，十年后将废钢循环利用，产量便可以限定在一定规模内。化工行业不能限定规模，只要有先进制造产业，化工就会逐渐增加，包括电解铝、有色金属等。建筑行业对 CCUS 的需求也很强烈。以智能为特征的信息技术在所有行业都发挥作用，第三次能源革命与第四次工业革命叠加在一起，智能信息技术带来的减碳量将占全世界减碳量的 20% 左右。

第四部分

◆

零碳金融、『双碳』科创与绿色消费

“范式转变”：构建中国式的零碳金融体系

朱民

实现碳达峰碳中和是中国经济发展的“范式转变”，也必然推动中国金融的“范式转变”，向中国式的零碳金融全面转型。零碳金融包括全新的零碳投融资体系：第一，为前所未有的规模大、期限长、风险高的碳中和转型提供高达185万亿元人民币的投融资；第二，管理高达382万亿元人民币存量金融资产，并承担在碳估值变动过程中的金融重构的风险，重塑国家、产业、企业和居民资产负债表；第三，为碳中和科技创新提供前所未有的大规模的高风险投融资；第四，设计旨在帮助高碳产业适应碳中和政策环境的金融产品，支持高碳产业结构转型；第五，金融机构直接参加国际零碳金融标准设立、零碳金融市场建设的前沿竞争与合作；第六，金融机构逐步转型成为全新的净零碳排放金融机构。这是中国金融践行新发展理念，“换道超车”走向世界前列的历史机遇，也是中国金融贡献世界零碳新金融体系的责任和担当①。

零碳金融：金融业的“范式转变”

零碳金融的概念经历了从环境金融到气候金融，再到绿色金融、转型金融等一系列演变。早在20世纪60年代，由于环境污染而兴起

① 朱民，Nicholas Stern，Joseph E. Stiglitz，刘世锦，张永生，李俊峰，Cameron Hepburn. 拥抱绿色发展新范式：中国碳中和政策框架研究［J］. 世界经济，2023，46（03）：3–30.

的环境保护运动催生了环境金融。环境金融主要关注污染对自然环境和居民健康的伤害，为环境修复提供资金，并对银行的环境责任从可追溯性出发，提出明确的行动准则。环境金融通过金融决策过程对环境产生影响，被认为是维护自然生态的关键[①]，业界也将环境经济范式应用于投融资活动中，利用金融衍生品、价格和交易等市场机制来解决环境问题[②③④]。20世纪90年代以来，可持续发展理念进一步发展，延伸出可持续金融。联合国在1987年提出可持续发展理念后，又提出了更广泛的可持续金融要求。可持续金融要求投资决策时需要考虑经济活动的环境（E）、社会（S）和治理（G）因素，引导更多长期投资[⑤]。可持续金融可对应ESG三个维度下的环境金融、影响力金融和利益相关方金融，与联合国2015年提出的2030年可持续发展目标（SDGs）一致[⑥]。可持续金融主要对应环境金融，涵盖支持气候变化的减缓、适应以及其他环境目标，如保护生物多样性、污染防控和循环经济。可持续金融重在服务SDGs框架下的长期金融需求，处

---

① White M A. Environmental finance: Value and risk in an age of ecology [J]. Business strategy and the environment, 1996, 5 (03): 198–206.

② Sandor R L. Good derivatives: A story of financial and environmental innovation [M]. New York: John Wiley & Sons, 2012.

③ Sandor R L. How I Saw It: Analysis and Commentary on Environmental Finance (1999–2005) [M]. Singapore: World Scientific Publishing Company, 2017.

④ Tao H, Zhang S, Xue R, Cao W, Tian JF, Shan YL. Environmental finance: an interdisciplinary review [J]. Technological Forecasting and Social Change, 2022, 179: 121639.

⑤ UNEP FI. UNEP statement by financial institutions on the environment & sustainable development [J]. 1997.

⑥ Nicholls A. Sustainable Finance: A Primer and Recent Developments [J]. Asian Development Outlook, 2021: 1–51.

理风险以及外部因素等，如市场失灵，从而提高金融市场的稳定性和效率[①]。

随着应对气候变化的紧迫性提升，全球气候治理框架也对金融参与提出特别要求，气候金融应运而生——2015 年，《巴黎协定》推动世界对气候金融、绿色金融的广泛关注。气候金融以《联合国气候变化框架公约》《京都议定书》《巴黎协定》为主导，强调发达国家对发展中国家的金融支持。《巴黎协定》提出气候金融应以 1.5℃温控目标为指导，促使资金流向与低温室气体排放和气候韧性发展路径相一致[②]。狭义上，气候金融也被认为是发达国家提供的“气候特别净资助”[③]，即哥本哈根会议设定的到 2020 年发达经济体每年向发展中国家提供 1 000 亿美元气候融资。近年来，气候金融的内涵不断外延，从应对气候物理风险的减缓和适应，到应对转型风险的韧性、补偿损失和损害以提供复原力，在更广泛的概念上也提出要与 SDGs 保持一致[④]。

绿色金融旨在支持经济低碳绿色转型，在《巴黎协定》后开始受到更多关注。绿色金融与环境金融涵盖的范畴相近[⑤]，但由于不同国家环保政策的重点不同，其定义在国际、国家和市场层面并不统一。绿色金融强调利用投融资活动产生环境效益，主要将资金投向绿色行

---

① G20. Sustainable Finance Synthesis Report [R]. 2018.

② United Nations (UN) . Paris Agreement [R]. 2015.

③ Carty, Tracy, C Le, Armelle. Climate finance shadow report 2018: Assessing progress towards the $100 billion commitment [J]. 2018.

④ UN Framework Convention on Climate Change (UNFCCC). Report of the Standing Committee on Finance (SCF): Work on definitions of climate finance [R]. 2022.

⑤ UNEP. Definitions and concepts: Background note[J]. Inquiry Working Paper, 2016, 16: 13.

业及项目以改善生态，支持环境可持续发展[①②]。发展绿色金融的思路是将环境外部性内部化，目标仍围绕减污降碳、提高资源效率等，内容涉及所有金融机构和金融资产公共资金和私人资本，以及金融体系对环境风险的有效管理。

在向实现2030年可持续发展目标的过渡转型中，世界意识到绿色金融未能覆盖高存量的高碳经济主体转型的金融需求，提出了转型金融。转型金融主要指对于“棕色产业”和碳密集产业低碳转型的金融支持[③]，其主要原则是避免碳锁定和成熟绿色替代品的缺失，避免出现重大的融资缺口和社会经济风险。转型金融是对绿色金融侧重将资源配置集中在绿色项目的补充，也是可持续金融的重要内容。目前，转型金融仍处于早期发展阶段，各国都在积极制定转型金融框架[④⑤]。

整体而言，以上金融理念对支持碳中和转型存在很大差距。从长期视角看，上述金融概念演变和发展的逻辑主线是金融支持减少环境破坏，尤其是气候变化对可持续发展的影响。二者概念之间有共性，但在金融服务侧重点和发展框架上各有差异。在碳中和目标下，现有围绕“气候变化”和“绿色环保”的金融发展远不能覆盖转型的规模、期限和风险管理需求。减少碳排放的资金承诺和落实大幅落后于

① G20. Green Finance Synthesis Report [R]. 2016.

② Organization of Economic Development and Cooperation (OECD). Transition Finance [J]. 2019.

③ Organization of Economic Development and Cooperation (OECD). Transition Finance [J]. 2019.

④ UN Framework Convention on Climate Change (UNFCCC). Report of the Standing Committee on Finance (SCF): Work on definitions of climate finance [R]. 2022.

⑤ G20. Sustainable Finance Report [R]. 2022.

实现《巴黎协定》温控目标所要求的水平，存在巨大的排放差距和金融差距[①②③④]。气候政策倡议组织（CPI）报告显示，全球气候金融到2030年必须至少增加到2019—2020年水平的6.9倍，达到每年4.35万亿美元，才能实现气候目标[⑤]。巨大差距的根源，一方面，在于全球应对气候变化有效合作协议的达成和实施困难重重，亟须全球气候治理框架和各国政策的切实完善；另一方面，则是以获得“环境效益”为主的金融与实现1.5℃温控目标所要求的“净零排放”并不一致，现行金融系统框架和结构中尚未纳入“净零排放”因素，制约了金融发挥推动实现碳中和的核心作用[⑥]。

2021年的格拉斯哥全球气候峰会（COP26）成为引领金融范式转变的新转折点，金融支持净零经济转型的目标达成共识。会议对零碳金融标准制定、私人资本投融资活动、国际零碳债券市场发展、金融机构零碳联盟等提出了初步设想和倡议。新金融范式的使命在于努力促进净零排放目标的实现，气候金融、可持续金融、绿色金融和转型金融的内在涵义都延伸至金融支持与《巴黎协定》温控目标一致的

---

① UN Environment Programme (UNEP). Adaptation Gap Report 2022: Too Little, Too Slow–Climate adaptation failure puts world at risk [J]. Nairobi: UNEP, 2022.

② UN Environment Programme (UNEP). Emissions Gap Report 2022: The Closing Window–Climate crisis calls for rapid transformation of societies. UN, Nairobi [J]. 2022.

③ International Monetary Fund (IMF). Macro-fiscal implications of adaptation to climate change [M]. International Monetary Fund, 2022.

④ Rockefeller Foundation (RF) & Boston Consulting Group (BCG). What Gets Measured Gets Financed: Climate Finance Funding Flows and Opportunities [J]. 2022.

⑤ Climate Policy Initiative (CPI). Global Landscape of Climate Finance 2021 [J]. 2021.

⑥ Robins N. The Road to Net-Zero Finance: A report prepared by the Advisory Group on Finance for the UK's Climate Change Committee [J]. Climate Change Committee, London, UK, 2020.

“净零”转型[①②③]，这在广度和深度上已经超越了已有环境金融或绿色金融等单个金融理念自身的定义和内涵，要求综合各概念的共性。碳中和目标极大地丰富了金融支持气候变化和可持续发展的定义和内涵，产生金融领域“范式转变”。这种新金融范式可称为零碳金融[④⑤]。

零碳金融在发展逻辑、目标、框架和实施等方面具有高度支持净零经济转型的特征。在内涵层面，一是零碳金融在概念维度上具有统一性，覆盖绿色金融和环境金融的环保、可持续金融的生态资源保护和可持续发展、气候金融的气候风险冲击和内生化金融定价、转型金融的碳密集存量金融资产转向低碳的风险管理，以及碳金融的碳相关产品交易和市场规则。二是零碳金融在时间维度上贯穿碳中和转型的达峰、低碳到零碳的全过程，支持不同阶段大规模的投融资新模式，综合长期和短期、高风险和低风险、组合主产品和衍生产品，并关联多维市场。三是零碳金融在风险管理上超越最小化气候风险，围绕“净零”核心目标，走向“成本收益＋社会福祉”模式，涉及市场原则下公共资金、金融机构资金和私有资金的新型风险管理模式创新。四是零碳金融原则和框架是未来 40 年全球金融竞争和合作的重要方

---

① Carney M. Clean and Green Finance, Finance & Development［J］. 2021.

② Climate Policy Initiative (CPI). Framework for Sustainable Finance Integrity［J］. 2021.

③ Roberts R, Elkington J. Innovation and Transformation: What it will take to finance net zero. UNEP-FI & EIT Climate-KIC, Aligning finance for the Net-Zero economy: New ideas from leading thinkers Series［J］. 2021.

④ 朱民，潘柳，张娓婉.财政支持金融：构建全球领先的中国零碳金融系统［J］.财政研究，2022（02）：18–28.

⑤ Zhu M, Pan L, Zheng CY. Constructing a Chinese-Style Zero-Carbon Financial System: Theoretical Considerations and Policy Recommendations［J］. Social Sciences in China, 2023, 44 (01): 181–204.

向，金融机构将在深刻理解这一点的基础上直接参与新的国际零碳金融标准设立和零碳金融市场建设，吸引外资和促进资本流动，助力碳中和目标[①]。

零碳金融的核心是把转型风险和社会生态的收益放到金融风险模式里，集中以实现净零为关键目标，在实际操作中需要有统计和参数，开发相应模型。融资的挑战在于为支持碳中和的零碳转型要求低成本融资，但碳中和的高风险和复杂性决定了零碳融资的高成本，因此，零碳金融要在融资实际的高成本与要求的低成本之间权衡。反过来看，零碳金融高成本要求碳中和本身产出高回报，且金融机构能够识别该回报。为解决该问题，要改变风险管理框架。零碳金融需要平衡整个社会的收益、金融风险和支持碳中和的成本，涉及一系列资本和技术的变化，以及财政、货币等其他体系的变化。

在中国，零碳金融体现了新发展理念，是中国金融“换道超车”的历史机遇。零碳金融是与中国2060年之前实现碳中和目标相一致的投融资活动和金融体系，聚焦支持实体经济的零碳转型，支持以经济增长和社会福祉为目标的可持续经济增长，是贯彻中国“创新、协调、绿色、开放、共享”新发展理念的综合体现。具体而言，在创新方面，零碳金融强调助力低碳零碳技术及其商业模式创新，匹配产业结构零碳转型，解决绿色发展的动力问题；在协调方面，零碳金融以系统性、全域性碳中和变革中的不均衡为出发点，内在要求协调产业、区域、生产、生活的资源配置和结构调整，解决绿色发展的不平

---

① Zhu M, Pan L, Zheng CY. Constructing a Chinese-Style Zero-Carbon Financial System: Theoretical Considerations and Policy Recommendations[J]. Social Sciences in China, 2023, 44 (01): 181–204.

衡问题；在开放方面，零碳金融以高水平的金融开放为路径，支持促进绿色低碳发展的双向资本、人才、技术和信息流动，解决绿色发展的内外联动问题；在共享方面，零碳金融助力实现平衡的转型，把生态优势转化为发展优势，使绿水青山产生巨大效益，全球共享绿色发展成果，解决绿色发展的社会公平正义问题。

中国在绿色金融实践中积累了丰富的经验，构建了初具规模的绿色金融政策和市场体系。在全球实现碳达峰碳中和进程和绿色金融发展转型中，中国金融正和国际金融业处于构建零碳金融的同一起跑线上。中国金融应充分利用现有的绿色金融实践经验、市场规模和生态基础，努力发挥中国特色制度优势，先行构建领先的零碳金融理念和体系，牢牢把握“换道超车”走向世界前列的历史机遇。同时，这也是中国金融为全球新金融和可持续发展所贡献的世界责任。

金融先行，投资未来

面向“双碳”发展目标，需要金融先行，投资未来。但在具体落实方面还存在巨大的未知，即规模未知、速度未知、流量未知、技术未知、结构未知，所以零碳金融发展的空间很大，但实际操作中需要十分谨慎。

零碳金融的第一任务是为碳中和转型融资。碳中和融资具有规模巨大、期限长、风险高、波动大等特点，金融业将面临巨大的挑战，需要考虑诸多现实问题，例如融资金从何而来、如何管理风险等。金融业的风险模式将会改变，例如银行无法单独承担碳中和科技投资的风险，因此需要和风险投资（VC）合作。清华大学气候变化与可持续发展研究院预测，到 2050 年我国碳中和投资将达到 174 万亿元人民币[①]，也有其他机构测算这一数据为283万亿元、487万亿元等[②③]。不管具体金额如何，总之规模巨大。研究预计国家“十四五”规划重点将带来绿色投资约 44.6 万亿元，其中 16.5 万亿元用于传统企业的数字化和绿色改造，重在推动制造业的绿色转型，而突破点在新能源、基础信息以及分布式电力系统等[④]。国家发展改革委的策略偏重于企业和产业改造，但对金融业而言，最大的挑战在于金融既要支持企业和产业碳中和转型的产业投融资，又要支持企业和产业转型的科技创新的投融资。金融业在碳中和科创领域的投融资经验不足，目前主要在风电、太阳能发电和电动汽车等领域活跃。这些领域固定资产比较多，银行依旧采用抵押放贷的方式，但对于碳中和科技创新、人工智能、物联网、数据中心等领域的贷款或发债仍然很难。现在数据已可做资产抵押，这是很大的变化，但数据资产抵押物的估值波动很大。由于缺乏固定资产，科技公司如大数据公司、物联网公司或碳中和科技创新公司的银行贷款和发债融资都困难重重。这就需要通过风险投资融资，但风险投资规模过去几年一直在下跌，融资普遍不足，和碳中和发展的趋势不一致，是一个亟待发展的领域。考虑风险和回报因素，零碳金融需要创新，例如可以考虑风险投资和传统银行的贷款结合，再加上财政承担一部分责任。

---

① 项目综合报告编写组.《中国长期低碳发展战略与转型路径研究》综合报告［J］. 中国人口·资源与环境，2020，30（11）：1–25.

② 周小川. 碳中和经济学［M］. 北京：中信出版集团，2021.

③ 中国金融学会绿色金融专业委员会课题组. 碳中和愿景下的绿色金融路线图［J］. 中国金融，2021（20）：12–14.

④ 能源基金会. 邹骥：可再生能源投资——经济增长中的重要加速引擎［J］. 2022.

零碳金融的第二个任务是金融业平稳从石化能源和高碳产业中撤出。金融进入低碳零碳新领域和撤出高碳领域两件事必须平衡，且要受到相应的监督，不然很难评判金融业是否真的起到推动碳中和的作用。撤出高碳产业是对成本与风险的一次平衡，只要撤出就会产生波动，所以撤出的主要目的是管理金融风险，管理产生不良资产带来的企业和金融业的波动。

存量金融市场转型是很重要的问题。《自然》一项研究表明，按照 2050 年前将全球平均气温升幅控制在 2℃的目标，全球 35% 的石油储备、52% 的天然气储备、88% 的煤炭储备都会成为搁浅资本，都会贬值[①]。此前以资产抵押得以大规模扩张的上游企业，将从根本上改变经营模式，所以金融市场也将发生很大的变化。清华团队研究表明，碳价上升以后，新能源价格下降，国内煤电公司的违约率会从现在的 3% 上升到 20% 以上[②]，而煤电是银行贷款大户，会引发银行的债务危机。四大国有商业银行对煤、钢、水泥、化工、有色金属等五大类高碳产业的总贷款占四大银行对公贷款的 53.7%[③]。如果上述产业的“棕色资产”的价格剧烈变动，就会使金融业面临巨大的挑战。这里所讲的逻辑很清楚，即只要“棕色资产”价格变动了，整个金融系统的风险就会增加或降低。随着碳中和的发展进程和科技发展，“棕色资产”价格必然会变动。金融业要有充分的预案，预案何时变动，

---

① McGlade C, Ekins P. The geographical distribution of fossil fuels unused when limiting global warming to 2 C［J］. Nature, 2015, 517 (7533): 187–190.

② 马骏，孙天印. 气候转型风险和物理风险的分析方法和应用——以煤电和按揭贷款为例［J］. 清华金融评论，2020（09）：31–35.

③ 朱民，亓艳，宗喆 . 构建全球领先的碳中和转型金融（上）［J］. 中国金融，2021（24）：31–33.

国内先变动还是国际先变动，都很重要。要理解高碳资产价格变动并不是国内市场决定的，而是全球市场的共同变动。比如，在美上市的中国公司一旦进行绿色披露，公司估值会立刻发生变化，也势必带动国内公司估值跟着一起变。

零碳金融的第三个任务是管理金融资产因为零碳估值变化产生的金融风险，即重新定义资产价格，重塑国家、企业和居民的资产负债表，并在进程中管理碳中和转型的金融风险。我国现有 385 万亿元金融资产，这些金融资产的估值在零碳标准下也会发生变化。我参加了国际会计准则理事会（IFRS）成立的一个“名人小组”，我们的任务就是推动成立一个和现有国际会计准则理事会并行的国际可持续发展会计准则理事会（ISSB）。这个新的理事会在推动建立一套新的可持续会计准则，并准备在 3~5 年内实施。一旦实施新准则，对资产的含碳量会有新的估值标准，企业现有的资产负债表、现金流、结构收益水平等都会改变，企业的估值也会相应发生变化。中国的居民金融资产里面的股票价格也会在碳中和转型中因为碳资产估值变化而出现波动。在碳中和的过程中，居民金融资产也会发生变化，包括理财产品等，都会因为碳价的变化和绿色资产价格变化有所变动。在这个过程中，金融业要考虑如何化解金融的转型风险和波动风险，需要构建新的零碳金融的风险管理体系。这个体系既以市场为基础，又在政府的监管框架之下，还要和国际市场连接起来。

构建零碳金融宏观调控体系

国际、国内的相关实践表明，构建零碳金融体系需要政策先行。

基于国际经验和教训，中国构建零碳金融的政策覆盖面将更广、更深，体制机制上具备统筹、协调各方力量与资源的优势，在绿色金融系统性政策制定与实施中积淀的实践经验也将成为有利的基础条件。

基于绿色金融、气候投融资的监管框架以及两者融合发展的趋势，中国可以先行创造性地构建零碳金融宏观管理框架，给予金融机构、金融市场、投资者和企业明确的信号和政策指引，推动零碳金融体系的建立。

1. 财政支持零碳金融发展壮大

财政支持金融、财政和货币政策协同是构建中国零碳金融体系的重要基石。在绿色金融政策框架下，中央与地方财政已运用税收减免、担保与补贴、公共投资、政府采购等工具在支持节能环保投融资方面取得了积极成效，在构建绿色金融体系中发挥了重要作用。面向碳中和，政府需要进一步发挥财政对金融资源配置的激励作用，制定支持零碳金融的战略与政策体系，引导与稳定长期的市场投资预期，形成财政支持的长效机制；利用预算、税收、贴息等工具激励金融机构开展多元化的零碳金融产品及服务创新，支持零碳标准体系、数字化平台、统计和评价考核制度、碳排放披露制度等基础设施建设；进一步发挥财政在零碳金融风险分担中的重要作用，建立国家零碳发展基金、支持零碳政债发行、创新融资担保机制等。

中国各个地方政府在这方面付出了诸多努力，多年来出台了各种各样的政策框架，详细政策框架见表 17.1。我们考察了全国 7 个地区的地方碳中和实验区，发现地方政府投入了很多资金支持碳中和。除了中央的支持政策之外，地方政府也出台了许多专项基金、利息补贴、债券补贴和重置风险补贴等政策，投入很多资源。但相关财政政策太过碎片化，需要企业多方自行找寻机会，寻找不同政策支持的基础点。财政资源要进一步在碳中和目标下统一，不那么分散，让企业能直接看得见、用得着。同时，财政投资要第一个进入、最后一个退出。财政承担碳中和转型的战略风险，也是国际上的基本经验。

表 17.1 财政部出台的支持绿色发展和碳中和的政策与工具

绿色金融产品和服务	试点区	具体措施内容
提供财政专项资金	浙江省湖州市、衢州市	明确 2018—2021 年，每年分别安排绿色金融改革创新试验区建设专项资金 10 亿元和 5 亿元
	甘肃省	安排 10 亿元财政专项资金，通过贷款贴息、风险补偿、费用补贴、创新奖励等措施，引导金融资源向绿色产业、绿色项目集聚
设置金融机构发展相关奖励	浙江省湖州市	奖励新增融资规模超过一定数值的金融机构 100 万~200 万元。按照其实现的地方贡献额，自开业或迁入当年起前三年 100%、后两年 50% 予以奖励
	广州市	对新设立或迁入花都区的法人金融机构，前三年按照其对花都区地方经济发展贡献的 100% 给予奖励，后两年按其对花都区地方经济发展贡献的 70% 给予奖励
设置绿色贷款贴息补助	浙江省湖州市	按照贷款同期基准利率的 12% 给予贴息，最高可享受 50 万元补贴。工业绿色贷款贴息补助最高可达 500 万元
设置绿色贷款贴息补助	广州市	对注册地在花都区的企业以商业贷款方式获得绿色贷款的，按其贷款金额的 1% 给予补贴，每家企业每年最高补贴 100 万元。对注册地在花都区外、广东省内的企业按其贷款金额的 0.5% 给予补贴，每家企业每年最高补贴 50 万元

续表

绿色金融产品和服务	试点区	具体措施内容
对绿色债券发放补贴	浙江省湖州市	按照贴标绿色债券实际募集金额的1‰给予补助，每单债券补助不超过50万元
	广州市	对在花都区发行绿色债券的机构或企业按其实际发行债券金额的1%给予补贴，每家机构或企业每年最高补贴100万元
设置风险补偿	浙江省衢州市	最高按照净损失的5%给予风险补偿，单家金融机构补偿金额每年不超过200万元
	广州市	对面向花都区企业开展绿色信贷、绿色债券等绿色金融业务的本区金融机构，按其损失金额的20%给予风险补偿，最高100万元
	江西省赣江新区	创新畜禽洁养贷、惠农信贷通等多种方式，通过政府平台进行风险分担

2. 构建与碳中和一致的结构性货币政策

在碳中和转型中，产出、消费、投资、生产率、贸易等变量将受到经济结构转型的影响，也将对物价水平、货币政策空间施加不确定性影响。货币政策需要将碳中和带来的结构性影响纳入考量，开创结构性货币政策，更好地引导大规模、长周期、成本可负担与风险可控的金融资本支持碳中和转型。央行可在宏观货币、金融稳定、市场操作和压力测试等政策及相关工具中，建立与碳中和转型相适应的结构性预测模型，纳入气候变化参数、碳中和转型政策、能源价格以及对消费和投资的结构性影响，并通过“零碳专项再贷款”“碳中和专项贷款流动性窗口”“零碳QE”等非中性货币政策来纠正市场失灵，使金融资源更多地向绿色零碳领域配置。

货币政策面临很大的挑战，压力也会很大。举例来说，以后央行收抵押资产会要求是绿色资产，目前欧央行的抵押资产中58%是非绿色的棕色资产，其实是在鼓励传统产业，招致很多批评。以后货币政策会发生很大变化，其整个框架会随碳中和金融风险而调整，从而更好地支持碳中和。在支持碳中和与风险控制两者间应如何平衡值得探索，有巨大的创新空间。中国央行已经在支持碳中和转型方面做出了很多努力。人民银行出台了不少结构性政策，例如《构建绿色金融体系的指导意见》《非金融贷款融资业务的指导》《绿色证券的评估和金融机构做绿色业务的鼓励和激励机制》等，都在推动金融机构进行绿色投资。去年煤炭波动后，人民银行推出一个 2 000 亿元人民币的清洁能源基金，指导窗口的贷款利率较低。最近，人民银行进一步推出了针对碳中和的结构性货币政策，明确支持减少排污，发展零碳产业，推动制造业低碳转型，支持碳中和，等等①。

3. 金融监管从巴塞尔 III 走向巴塞尔 –ESG 的新资本监管框架

金融体系的零碳转型要求资本监管框架更多纳入气候风险因子。气候风险驱动因素对银行的影响可以通过信用、市场、流动性、操作、声誉等风险加以识别。为减小或避免气候相关财务风险对零碳金融体系的冲击，中国可以先行创新资本监管框架，由巴塞尔 III 向巴塞尔 –ESG 方向演进升级，譬如对高碳资产与低碳资产类别的资本金、风险权重进行调整；按碳标准计提逆周期银行缓冲资本，允许金融机构将碳排放权纳入信贷抵押品的范围；鼓励金融机构开展气候变化相关的压力测试。

零碳金融的监管改变同样涉及支持和风险两个概念。面对碳中和

① 朱民，彭道菊 . 创新内含碳中和目标的结构性货币政策［J］. 金融研究，2022（06）：1–15.

转型，监管比以往更难，既要支持碳中和转型，也要控制管理转型风险。监管的一个挑战是防止发生棕色资产坍塌式的变化。因为金融市场是全球连通的，如果国内市场不做改变，一旦世界其他主要市场对某一类资产给出了新的定价、新的标准或者新的要求，原来的资产就会产生巨大估值变化风险或者遭遇坍塌式的降价。推动零碳金融监管有多个重要机制：第一，行政处罚。政府通过监督、核查和考核等方式对减排进行监管。第二，价格机制。通过 ETS（碳排放交易系统）市场价格和碳税来抑制碳排放，碳税和碳价格直接改变了商品价格，企业也根据价格调整生产行为。以水泥行业为例，预测碳定价会使水泥的价格翻一番，而中国作为世界上的水泥生产大国，将面临巨大挑战。第三，金融披露。国际市场已对零碳披露设有披露时间表，披露先从自愿披露开始逐渐走向强制披露，披露的详细度也会随着碳中和进展发生变化。上述监管政策都立足国际维度，处罚、碳定价和披露都会是国际性的，毕竟世界任何一个市场的决定都会影响其他市场的资产估值。碳中和监管的国际层面、国家层面和企业层面都会越来越趋同。

中国央行正在重塑与碳中和一致的风险管理体系，今后绿色资产的风险系数会降低，非绿色资产的风险系列会变高，即绿色资产占用的资本金会下降。这些变化将从根本上改革《巴塞尔协议》的三大支柱，即关于最低资本金要考虑高碳资产和绿色资产的不同权重、在外部监管支柱下要做气候变化的压力测试、在市场约束支柱下做相应的披露。银保监会推出八大高碳产业的新风险管理模式。新监管要求的推出，也是在激励市场基础继续推进，不断平衡。监管一旦发生改变，整个金融体系也会变化。

4. 建立气候相关的财务信息披露制度

碳中和转型的财务信息披露是零碳金融市场高效运行的基础性条件。首先，政府与监管机构要为金融机构、投资主体、企业等开展气候相关信息披露提供可操作的指引、有效的政策激励与约束，在权衡成本、收益和风险的基础上，设计符合中国实际的披露内容、披露框架及其实现落地的可行路径。其次，大幅提高 ESG 数据和零碳金融的标准化、透明化和主流化，使信息披露框架能够被更快、更广泛地应用，并对框架的完善形成有效反馈。最后，强化披露制度的配套措施，如实施自愿披露的激励政策或实施强制披露的法律法规；对披露信息的真实性、完整性、可验证性形成一套工具与制度；发挥行业组织与市场力量，推动行业公约、财务准则、评级与征信、披露渠道等信息披露基础设施建设。

中国的绿色产业指引已经接近欧洲标准，并仍在不断完善和发展。中国也是较早要求做环境披露的国家之一。国际上 TCFD 已被广泛接受，即从企业治理、企业战略、风险管理以及指标和目标这四个维度进行披露[①]。中国央行已经出台了一批碳中和相关的披露标准，并和欧盟谈判与合作，和欧盟的披露标准也很接近。

创新零碳金融市场生态

历经 20 余年，中国绿色金融市场已成为绿色资产规模突出、标准体系与环境披露制度日趋完善、多样性绿色金融产品及服务兼具的超大

① Task Force on Climate-related Financial Disclosures (TCFD). 2022 Status Report [J]. 2022.

市场体系。绿色信贷规模到2022年近22万亿元，但仅占总贷款的9.2%，如果到2050年绿色贷款预计占贷款的100%，贷款全面绿色化的发展空间巨大①。现有绿色信贷主要投放在清洁能源、节能环保和运输仓储等领域，银行贷款比较单一，缺少统一标准。零碳和低碳转型行业还未得到绿色信贷的主力支持，特别是碳中和科技企业得到的支持仍然不足。未来绿色信贷体系将进一步向产业绿色转型发展，银行未来整个产品都会发生变化，例如资产业务除了绿色信贷外，还会有碳排放权质押贷款、零碳经营贷款、绿色信用卡、绿色住房贷款、新能源汽车贷款、零碳节能贷款、零碳消费贷款等。再例如，银行的负债业务和中间业务也会发生变化，前者出现零碳投资债券、零碳项目收益、零碳结构性存款、零碳储蓄卡，后者出现零碳理财产品、零碳私行服务、零碳交易顾问。在迈向碳中和目标的过程中，银行自身在战略转型、未来规划和内部机制建设上都需要大力改革，向碳中和目标发展。

我国绿色债券规模居全球第二位，但目前只有约三分之二符合国际绿色债券标准，不符合的原因有二：一是中国绿色债券的标准与国际标准有所差别；二是中国绿色债券有一部分被用于运营资本而不符合国际规定。但中国绿色债券发展很快，2021年，我国绿色债券发行增幅位于世界第一位。目前多个主管部门也出台一系列指引，这些文件间虽需衔接，但初步政策框架已具雏形。债券市场支持的目录已经很清楚，包括环保节能产业、清洁生产产业、清洁能源产业、生态环境产业、基础设施绿色升级以及绿色服务。传统绿色债券支持的是污染防治，现在支持

---

① 中华人民共和国中央人民政府. 我国绿色贷款余额占比约10% 绿色债券余额超2.5万亿元［EB/OL］.（2023-03-31）. https://www.gov.cn/yaowen/2023-03/31/content_5749402.htm.

绿色城市和水电较多，最近扩展到电动车，发展空间很大。债券市场的挑战是债券市场监管的“六龙治水”，即财政部、国家发展改革委、人民银行、证监会、银行间交易市场等各管一摊，比较分散。

就绿色债券的发行主体而言，企业发债占了一半以上，发债主体有非金融机构、金融机构及地方政府。细究发债主体的所有制，大部分是国有企业，民企占比特别低。未来发行绿色债券时，要鼓励民企发债和零碳融资。民企是碳中和转型的生力军，需要有针对性地支持民企发行绿债。从资金流向看，2022 年我国绿色债券市场募集到的资金 80% 以上投向了新能源、低碳交通和绿色低碳建筑，但整体产业零碳转型发债还是不够。绿色债券的另一个问题是期限太短，大部分绿债期限都是三年期以内的[①]。

在债券市场中，零碳 REITs 也有很大发展机会。REITs 以前是房地产类的收益型产品，波动小而且比较稳定，在国际上发展迅速。REITs 后来又逐渐扩展到仓库、零售和医疗等领域，凡有固定基础设施属性的都可以做 REITs，享受房地产资产长期的收益和回报。零碳 REITs 值得探索，因为碳中和是一个长期的过程并产生长期的回报，时间换空间是零碳金融里特别重要的概念，REITs 能从时间维度来换空间的比较好的产品，投资人和资产都很稳定，股东收益也比较稳定。绿色 REITs 在国际上已经兴起，美国已有超过 100 只房地产投资信托基金投资在绿色建筑，成为绿色 REITs。REITs 可以以碳排放为标准，也有以可持续发展为标准的。绿色 REITs 现在仍以绿色低碳建筑业为主，能源使用可再生能源，空调用热泵系统，符合绿色建筑标

---

① 中央财经大学绿色金融国际研究院 IIGF. 2022 年中国绿色债券年报［R］. 2023.

准，其回报都很好。

中国也在发展绿色REITs，如首钢绿能做了一个封闭式的REITs投资生物质能源和餐厨垃圾处理项目。还有一个案例是富国的某污水处理项目，此前污水处理企业很难被现金化，但在绿色的标准下由地方政府支持成立了专项基金，做成REITs，并请管理公司进行管理。污水处理具有固定资产并有持续的收益，故该绿色REITs发展顺利[①]。

碳交易市场也是零碳金融市场中的重要部分，全国碳排放权交易市场从2021年开始，价格形成机制需要探索，成交量小，而且实践点集中，各方面还需要发展。从机制看，配额是推算还是测算、配额免费还是拍卖发放、发放过程公开还是不公开等都是需要解决的问题。碳市场覆盖的范围也要扩大，增加电力行业之外的高排放企业。碳交易需要金融衍生产品市场支持，目前碳交易市场金融衍生产品发展不一，各个试点地区市场的金融产品不一样，试点市场试点标准不一样，需要政策支持。欧洲一直在推动成立全球碳市场，我们也要做好和世界接轨的准备。

在零碳金融发展中，金融规模和结构都会有很大的变化。全国融资结构从2018—2020年间的存量分布是信贷占50%，债权占31%。但绿色融资方面，2018—2020年间绿色信贷占90%，绿色债券占7%，股权融资只占3%。绿色贷款高达90%以上的融资结构存在期限错配等风险，难以满足碳中和灵活、长期资本融资的需要。绿色融资结构与零碳金融转型风险结构不匹配，银行无法承担那么多风险。预计未来理想的绿色融资结构应该是绿色贷款占40%，绿色债券占40%，股权融

---

① 上海证券交易所．富国首创水务封闭式基础设施证券投资基金2021年年度报告[R]．2022.

资占 20%。在融资结构变化的同时，零碳金融的规模也会大幅增长。

展望未来，金融支持碳中和将要求更加复合、多元的全新零碳金融市场生态。第一，中国银行体系在增加零碳贷款规模的同时，也需要构建新的零碳风险管理系统，处理存量规模巨大的高碳与棕色贷款资产，开发新型的零碳资产、负债和中间业务产品。银行要鼓励绿色零碳消费，赋能企业净零转型，推动一系列普惠化、个性化、定制化、非标化的绿色低碳金融产品及服务创新。第二，大力发展零碳资本市场。风险与监管约束下的新增绿色贷款空间有限，要积极发展零碳债券市场，开发零碳 ABS/ABN、零碳 REITs 等多样化的直接投融资工具，引入来源广泛的 ESG 投资主体为资本市场提供流动性，释放更大的零碳融资空间。零碳债券发行人将更多以非金融、非国有企业为主体，债券周期重点转向中长期，资金募集均衡覆盖多元产业部门，同时超大规模、高成长性市场也将吸引更大规模的国际资本投资。第三，零碳股权将为处于试验或探索阶段的零碳技术创新提供多层次、多元化的投资激励与风险分担，零碳技术的股权转化将成为金融机构、ESG 投资者竞相追逐的核心资产，使零碳股权融资的市场份额大幅提高。第四，碳期货成为碳金融市场的核心，广泛的市场主体参与碳价形成交易，碳价格成为政府与市场协同引导资本流向、配置金融资源的重要工具。

中国需要由市场主体构建透明、高效的复合型零碳金融市场生态体系，使市场具备更富效率的金融资源动员与配置能力。其一，明确零碳金融市场的整体框架及其“复合型”特征，不局限于零碳贷款、零碳债券为主的单一融资结构，市场主体能够运用多样化金融工具开展个性化、定制化的金融模式与业态创新，最终形成以“零碳信贷”机制为核心，融合“零碳标准化投资”与“零碳非标准化投资”机制于一体的零碳金融市场复合生态。其二，构建集碳交易、碳计量、碳认证、碳咨询等一体化的新型服务体系，扩大碳交易覆盖领域，吸引广泛的市场主体参与碳金融市场，为市场主体准确判断碳政策、碳价格、碳排放动态提供有力的信息支撑。其三，金融机构赋能碳中和转型、激励绿色低碳消费，融合运用信贷、债券、股权、碳金融等多样化金融工具，开展多样化的零碳金融服务创新，同时逐步实现自身资产组合的净零目标。其四，广泛覆盖衔接国内、国际各类金融细分市场，构建零碳金融市场交易的运行机制，包括交易主体、交易场所、交易产品、交易机制等。最后，金融向多样化碳中和场景的拓展延伸将带来金融与实体、金融细分行业间的加速融合，必然进一步推动现有分业经营制度的调整完善，也对穿透式监管提出更全面、更高的要求。

综上，发展零碳金融的核心是理解金融的“范式转变”。这种变化现在刚开始，将是一个规模巨大、覆盖一切、时间很长的过程。在碳中和转型中，金融一定先行，但也需要零碳金融的政策先行。从国际经验看，政策越往前越好，投资越往前越好。碳中和融资具有规模大、周期长和风险高的特点，金融的任务是平衡风险、创新和收益，平衡时间和空间的转换，平衡国际和国内的竞争、互动。碳中和转型是一件前所未有的、事关全人类的大事，零碳金融发展的长潮必将连绵不断，且长潮之上也一定会不时掀起滔天巨浪。

碳税的初步探索与中国碳定价方案选择

刘尚希[①]

无论从研究的角度还是发展的角度来看，绿色转型都是一场“范式转变”。所谓“范式转变”就是底层逻辑发生变化。金融的“范式转变”涉及资产估值标准的巨大改变，高碳资产估值在原有的体系是不变的，但在绿色体系下就会贬值，这就产生了风险。新范式出来后，风险的分配发生了巨大的变化，估值体系也被重新调整，资产的未来价值会发生巨大改变。影响范式的因素有很多，从国际上来看，主要由政府构建绿色碳市场，包括碳排放权市场和排污权市场等；另一种方式是碳税，但对碳税的作用仍有争议，有人认为其可以抑制碳排放，有人认为其激励碳排放。碳定价不仅仅是碳市场排放权交易的定价，政府设立碳税其实就是制定价格，但与碳交易中的碳定价不一样，政府提出强制性税率标准，并结合其他财政政策加以激励或配合，这些构成了隐性碳定价。现在 OECD 国家提出建立一个评估体系，针对国别进行碳评估，这就使得碳定价变成双边或者多边之间的矛盾。我国立场清楚，反对针对国别的碳评估。

---

① 刘尚希，经济学博士，研究员、博士生导师，中国财政科学研究院党委书记、院长，高端智库首席专家，国务院政府特殊津贴专家，国家文化名家暨“四个一批”人才。第十三届全国政协委员，国家监察委员会特约监察员，国务院深化医药卫生体制改革领导小组专家咨询委员会委员，高校哲学社会科学（马工程）专家委员会委员，首届海南自由贸易港建设专家咨询委员会委员，中共浙江省委高质量发展建设共同富裕示范区咨询委员会委员，中国经济五十人论坛、中国区域经济五十人论坛、中国金融四十人论坛成员。曾多次受邀参加中央领导同志主持的包括全国人大、国务院、全国政协的座谈会、研讨会和专题学习会等。

根据世界银行的研究，有五种形式的碳定价机制，包括碳税、碳排放交易市场、碳信用机制、基于结果的气候金融和内部碳定价机制。

《联合国发展中国家碳税手册》指出，碳税是针对碳排放或者碳排放的替代物强制、无偿征收的款项，既带有保护环境的目的，也能实现保护环境的效果。碳税作用的大小取决于碳税设计，尤其是税率设计。

ETS 市场是设定一个排放的限额，通过排放限额的方式来进行履约。ETS 市场有两种形式：一种是总量控制交易型；另一种是基本线和信用交易型。总量控制交易型是政府为某个特定经济领域设定排放总量限额，排放单位可以用于拍卖或者配额发放，受约束实体每排放 1 吨二氧化碳温室气体，需上缴一个排放单位。实体可自行选择将政府发放的配额用于抵消自身减排义务进行交易。而基准线和信用交易型是政府为受约束实体设立的排放基本线。

碳信用机制是减排企业自愿减排贡献的机制。它与碳排放权交易的区别在于，ETS 下的减排是强制义务。

基于结果的气候金融是气候金融的一种形式，投资方在受资方完成项目开展前对约定的气候目标进行付款，非履约类自愿型碳信用采购是基于结果的气候金融的一种实施形式。

内部碳定价机制，是指企业内部决策时把碳排放赋予财务价值，把它纳入财务决策模型进行考虑。

其中，碳税是很重要的一种定价形式。全球有 60 多项显性碳定价的政策，还有 3 种政策工具在推行。各国的碳税设计五花八门。以中国为例，其实有多个税种涉碳税，如环境税、燃油税、资源税等，但都没有被冠以碳税名称或视为碳税。

碳税和碳市场的研究包括国际和国内研究。其中一个方向的研究是探索把碳税与碳市场两种机制融合起来，理论上认为碳市场和碳税同时做效果会更好。碳税与碳交易作用的不确定性取决于边际减排成本与边际环境损害大小。评估碳税、碳交易政策实施效果要从成本、效率、一般均衡等不同角度进行比较分析。有人觉得实行碳税相对简单，但换一个角度，碳税的设计可能更复杂。

国内对碳税和碳市场的研究不是很多，中国财政科学研究院一直在跟踪该问题的研究。我国面临着经济发展和节能减排的双重压力，全国统一的碳市场建设已经启动，在合理的碳排放总量控制目标之下，如何更好地发挥碳交易的减排作用，并考虑将碳税作为补充机制的必要性、可能性，是理论界和实践部门正在思考的重要命题。

碳税的作用机制：基于碳税和碳交易的比较

碳交易和碳税在推动碳减排方面的作用机制不同。碳交易是数量导向机制，企业可以在已有的配额中选择交易其多余的份额或者购买碳排放额度，而价格机制决定了排放权在不同经济主体之间的分配。分析某民营企业的案例，企业投资几十亿，项目产品在市场上比较畅销，但因缺少能源消耗指标不能开工。可见，我国现在设置能源消耗的配额指标，跟碳排放权的配额指标是类似的，若只是简单分配会对企业造成很大影响。企业所在区域分到的配额多，其成本就相对低。碳税属于价格干预机制，通过相对价格的改变来引导经济主体的行为，达到降低排放数量的目的。理论上，碳税是成本的内部化，排放了碳，但未支付成本，政府通过碳税让排放者负担成本，并获得一定收入去支持新能源产业和绿色发展。本来碳排放没有价格，该成本由社会承担，但现在碳税为其定了价，就由企业自己承担，这种情况下企业的成本相应增加。

比较分析碳税与碳交易机制的优劣势，两种机制实施阻力不一样。碳税政策实施时面临的阻力较大，碳交易实施阻力相对小。比如在征税问题上，法治化比较健全的国家开征碳税比较麻烦。以美国为例，州政府开征碳税就要州全民投票，如提案不通过就无法征收。我国不存在这个问题，但社会如不接受也很麻烦。所以碳税实施的阻力比较大，会导致企业生产成本增加，使居民利益受到影响，往往较难达成社会共识。而且碳税收入分配也存在问题，会产生分配效应，可能加大实施过程中的政治风险。碳排放配额往往是免费发放，赋予企业较大的减排灵活性，实施阻力较小。举例来讲，若企业的减排技术水平比较高，指标用不完就可以卖给其他企业，如果指标不够就可以买其他企业的指标。

碳税和碳交易机制减排效果的确定性程度不一样。碳市场减排效果的确定性强于碳税，碳排放权交易有量化减排的目标，从一开始就有确定性。但碳税在降低二氧化碳排放量的目标上具有不确定性，从而不一定起到促减碳的作用。碳税的效果取决于该企业的行为和承受能力，当然还取决于减碳技术与产品需求的弹性关系。

碳税和碳交易机制有监管的成本差异。碳交易机制的监管成本比碳税监管成本高，尤其在发展中国家。碳交易市场有配额、价格、监测、核算、奖惩等多方面配套机制，也有复杂的网络式监管，一个环节出了问题结果就会落空，所以监测要到位，其成本就比较高。相比而言，碳税依托现有的征管体系，实现单向、线式、垂直的监管，所以实施成本比碳交易机制低。

碳税和碳交易机制还有灵活性的差异。碳排放交易价格与其他金融产品一样，可以根据经济景气程度、市场预期因素波动，也会形成市场的行情，为市场主体碳减排提供价格信号。而碳税没有这种行情，碳税是与政府交易，而非市场主体间的交易，无法随时调整，故灵活性有所不足。

碳税和碳交易机制从政府控制的角度来说，二者控制的变量不一样。碳税对各种排放都可以实行控制，但碳交易一般是对大排放源，如让大企业参与。如果对小企业做配额，再去监测，成本太高，且效果也不一定好。从政策实施难度看，碳税的难度比较大；从政策执行成本看，碳交易执行成本较高，碳税相对低；从企业执行的成本和合规性角度看，碳税对企业来说简单明了，但实施碳交易就要学习和了解交易机制以及如何交易，有一定的专业性。所以，其复杂性和不确定性会增加减排企业的管理成本。从政策稳定性来看，碳税比较稳定，而碳交易是定期调整。总的来看，这两种机制各有千秋，碳税和碳交易结合起来使用可能效果更好。

碳交易和碳税实施的难点和风险在于如何确定和分配碳排放权的配额。“祖父原则”是法律上的一个概念，碳排放也实行“祖父原则”，基于历史的排放水平来确定配额。相关企业往往倾向于高报历史排放水平以获得更多配额，而总的配额过多会导致碳价大幅度下降，市场机制受到影响，因此在碳交易试点中确定配额是比较难的问题。碳税税率与碳排放量之间的关联不明确，比如设定相应税率后，减排效果要等验证后才知道，而且碳税难以体现公平原则。同时，通过碳税进行微调存在效应滞后的现象，而且不同地区之间的效果也不一样。如果征收碳税，把成本以隐蔽的方式再返还给企业，就会影响减碳的效果。从各国碳税的实践来看，主张一国各地区之间实行同样的税率，但这会导致新问题：同样的税率对欠发达地区及含碳量比较高的地区而言成本变高了，会抑制这些地区的发展。

因碳税产生的减排成本是确定的，税率一旦确定，成本也就确定了。无论征税是否转嫁给消费者，成本都不能超过这一价格。碳税可以提供稳定、可预期的碳价，使企业能依据可靠的决策要素来规划对低碳技术的投资。碳税在减排量上有相当的不确定性，例如各国对减排的目标取向大不相同，有的国家目标是削减总体排放量，有的国家是实行弹性机制，将温室气体排放量与产出、税收、环境容量等建立联系和互动。碳税在降低二氧化碳排放量上具有相当的不确定性，企业很容易将碳税成本转嫁给消费者。为确保持续减排，政策制定者要定期审查税率，并审查税率是否与预期的排放目标相符。实施碳税以后，要对减排量进行评估，碳税的税率也要进行修订，并且每修订一次税率就要重新评估一次。降低不确定性的一种方法是在税收立法中考虑设置明确的税率定期调整机制，并提前告知企业。

从产业的竞争力、国际竞争力的角度来看两种机制，无论是碳税还是其他碳定价形式，都迫使国内生产商提高生产成本，其结果可能会在环境标准较高的国家或地区减少排放活动，但在监督制度较宽松的国家或地区增加减排活动，这被称为碳泄露。处理竞争劣势和潜在碳泄露，对于政府获得相关行业对减排政策的认可度非常重要。例如，包括欧盟在内的一些政府正在探索碳边境调整机制（CBAM）[①]，作为应对碳泄露和竞争力的工具。在一些情况下，碳税和碳交易完全可以并行存在，但把两者结合，操作会更加复杂。

碳税设计的关键要素是如何设计碳税以及如何征收碳税。

碳税的计税方法包括燃料法和直接排放法，这是两种基本的计算方法。燃料法是根据燃烧时产生、排放的燃料的体积或重量单位征税；直接排放法是对排放量进行监测。我们现有环境保护税就是以排放量多少进行计税、交税的。在操作复杂性上，两种方法也是不一样的，燃料法相对简单，直接排放法就比较复杂，因为要测排放量，税务部门征税就要依赖于环境部门提供的数据。接下来是税基，直接排放法下的税基是排放量，通常是二氧化碳，但它可以扩大到其他温室气体排放。就燃烧法而言，税基是产生二氧化碳的燃料燃烧时的排放量。在燃料法的情况下，应纳税的行为是燃烧量的进口、销售或消耗；在直接排放法的情况下，交税多少由排放量决定，所以监管重点就是排放量，技术部门要提供准确的数据。再次是税率，碳排放成本被设定为税率或价格，这可以通过立法来确定。在直接排放法的情况下，税率由立法规定；在燃烧法的情况下，碳税的计量依据被转化为

---

① 碳边境调节机制（CBAM），也被称作碳关税或碳边境调节，是指在实施国内严格气候政策的基础上，要求进口或出口的高碳产品缴纳或退还相应的税费或碳配额。2021 年 7 月，欧盟委员会推出碳边境调节机制，是“减碳 55”（“Fit for 55”）气候方案的一部分。这是一套旨在落实欧盟强化后的气候目标——到 2030 年碳排放量较 1990 年的水平减少 55%——的立法提案。推行 CBAM 主要是希望在国内和国外生产商之间建立公平的竞争环境，从而避免碳泄漏。欧洲的高碳价促使当地买家从其他碳排放限制较低的国家购买商品，从而将碳排放转移至欧洲以外的地区。CBAM 的推出充满争议，支持者认为 CBAM 可以减少碳泄漏风险，反对者认为 CBAM 是变相的贸易保护主义。

燃料的碳含量，因此税率将取决于因燃料类型和体积预先确定的可能排放量。关键性的税制要素，都是由法律来规定的。燃料法是世界上最主要的碳税征收方法，操作起来相对简单，技术上不太复杂，监管成本比较低，可以通过标准化的碳排放系数确定，根据每种燃料平均的含碳量，以体积和重量单位来表示其碳税的税率。另外，关于识别和监管的问题，在直接排放下，纳税人产生排放的设施也要识别和监管。在燃料法的情况下，主要是确认谁是纳税人。例如，瑞典是通过纳税人登记，限制了向多个纳税人征税，通常是石油公司或者大型工业的燃料消费者。

碳税设计的关键要素是税率的国际比较。这涉及温控目标，升温区间 2℃的目标，意味着减少多少碳排放才能使地球升温控制在 2℃以内。以此目标，按照 IMF 的预测，碳税税率应定在 75 美元/吨（二氧化碳）左右，现在全球平均是 2 美元/吨，从全球看，碳税税率差距比较大。升温的基准是在发展中国家工业化之前提出的，若是按照升温 2℃范围之内的温控目标，目前的碳税税率与对应的目标税率差距较大。现在气候在发生剧变，极端天气越来越多，全球气温在上升，现在的秋天有点像夏天刚过完的感觉，同时我国西北地区的植被绿化越来越好，雨线北移，也是气温变暖的一个佐证。历史学家研究表明，中国的气候现状类似于唐朝时期，当时北方很多地区都是森林而不是沙漠。2℃的气候目标是美国经济学家威廉·诺德豪斯（William D. Nordhaus）最早提出的，这位经济学家在 1977 年写了一篇文章，提出如果全球碳排放再不加抑制，全球的气温要升高 2℃。他这个说法经过科学家的论证以后，大家就逐渐接受了。但岛屿国家提出更加苛刻的 1.5℃目标就要求全球加大减排力度，意味着经济成本的上升。但该倡议未被完全接受，要做到温控 2℃已经很难，更别说 1.5℃了。当然，也有科学家怀疑全球气候变暖并非人类行为造成，而是地球大的周期变化。正如历史学家研究发现，唐朝时期天气温度比现在高，地球温度的变化有可能是 1 000 年一变甚至 2 000 年一变。尽管对气候变化问题存有争议，但 2010 年全球已经对温控 2℃的目标达成共识，由发达国家推动。人们认为是人类的活动造成了全球气温的升高，要实行绿色低碳减排。中美之间有很多分歧，但是在气候变化问题上有共识，可以开展合作。

碳税和碳交易的协调配合及相关国际做法

从效率角度出发，排放权交易体系更适合大的排放主体，而小的排放主体则更适合采取碳税方式进行规制。针对不同行业、不同排放源、不同规模的主体采取不同政策，既可确保碳定价机制覆盖所有的排放主体，又能避免同一主体负担过重。比如，阿里巴巴公司对居民碳减排以及居民之间的碳交易设计场景。现在主要探讨的碳交易是企业间的，阿里巴巴在考虑通过居民间的碳交易来促进减排，这是一个大胆的设想，将来也许可以朝该方向发展。碳税可以加诸居民，碳交易也可以。

但是，碳税和碳排放权交易并非不可同时加诸同一部门，起互相补充的作用。市场交易价格受多种因素影响，因此其价格可能出现剧烈波动，从而偏离政策初衷，削弱其减排功能，特别是当市场碳价长期低迷时，碳价对碳减排的引导作用将无法实现，也就意味着碳排放权交易体系失效。在这种情况下，可以引入碳税，将碳价固定在社会合理水平，避免碳价过低造成减排政策无效。当然，这些设计在理论上是成立的，但操作起来相当复杂。英国在 2014 年实施最低的碳价机制，法国在 2016 年也曾经表示在国内推行碳价下行的机制，2019 年荷兰政府也提议在电力和工业部门实施最低的碳价政策。从全球看，碳减排不是一条直线，而是曲折的非线性进程，表现在不同国家和地区可能会有反复，即使在发达国家也如此。我国实施碳减排时，要充分考虑出现反复的可能性。另一种价格机制互补形式是允许企业进行碳税或碳排放配额之间的交易。此外还有碳排放权交易市场的跨区域链接。在市场跨区域链接后，会出现跨市场的自愿交易，进而使不同碳市场的碳价实现对接和趋同，创造一个共同的市场和共同的碳价，减少因为不同碳市场、不同碳价引起的竞争性扭曲和碳泄露。

“双碳”目标下中国碳定价方案选择

OECD 提出以国别制定隐性碳定价评估方案时，我国在反对的同时也需要提出自己的方案。现在评价配额和碳税等碳定价在减排中的作用时，可以结合应对气候变化和实现“双碳”目标的政策实践，总结出不单纯依靠碳定价的中国模式，贡献中国智慧。我国还有很多引导碳减排的政策工具，比如绿色信贷、财政的支持鼓励政策。在税收方面，我国有环境保护税、资源税、成品油的消费税，都具有减碳的作用，也有节约资源的作用，目前都隐含在其他政策里，不一定非要独立出来实行碳定价才能减排。中国坚持《联合国气候变化框架公约》和《巴黎协定》在全球气候治理领域的核心框架作用，遵守 CBDR 原则，以及“自下而上”自主决定的制度安排。抵制发达国家以“应对气候变化”和“绿色发展”的名义实施 CBAM 等贸易保护主义，转移减排责任和减排成本的不公平行为。发达国家在筹资方面要承担更多责任，他们要帮助发展中国家减排，提高发展中国家减排的技术水平。

未来气候谈判将不断向 G20 传递压力，我国必须坚持在联合国站定 CBDR 一贯立场的基础上做好政策储备。此外，印度也提出自主减碳是主权的内容，发达国家不能干涉减排主权。

第一，反对建立针对国别的评估机制，倡议遵循《巴黎协定》国家自主贡献模式，要求各国如期按照规则透明地通报国家自主贡献，自行决定自主贡献范围和力度，并且仅对全球整体进展进行评估，不另外设计国别评估机制。

第二，深度参与 2025 年后关于气候资金新量化资金目标的制度设计。气候资金的问题是谈判的动力，也一直是国际气候谈判的重点内容，但目前状况与国际社会的期待有较大差距，包括发达国家出资意愿持续减弱、试图将发展中国家纳入出资体系、资金承诺有待落实、资金来源不明确、资金分配不平衡、与发展中国家需求存在巨大缺口等。对此，一方面，可以督促发达国家尽快建立履约尽责的约束机制；另一方面，倡导深度参与新量化资金目标磋商，持续关注出资主体新指标和定义，确保发展中国家不被纳入义务出资主体。

第三，做好国内应对政策储备。考虑到全球碳排放权交易市场的建立，可着手研究国内碳定价、碳底价机制，推动国内碳排放权交易市场与国际碳排放权交易市场的对接，将我国碳排放权交易市场打造成具有国际影响力的碳定价中心；重视全产业链条碳排放监测和核算工作，逐步建立符合国际标准的企业碳减排信息披露制度，尝试制定行业碳排放核算指南，建立逐步完备的碳排放监测报告与核查体系；同时，在部分发达国家实施碳边境调节机制的情况下，可与国际社会共同寻求发达国家对发展中国家的“税收豁免”，即发达国家对发展中国家单方面放弃在碳关税上的部分税收权利，更好地帮助发展中国家应对气候变化。

第四，倡导发达国家率先垂范。鉴于发达国家碳排放权交易市场建设现状，如美国国家层面尚未建立碳排放权交易市场，欧盟碳排放权交易市场多年一直处于低迷状态，近年碳价才出现上涨，倡议发达国家践行减排承诺，率先示范建立碳价下限机制。

第五，强调“自愿减排”，探索碳排放政策的“中国模式”。根据国情选择有效的碳减排政策手段，并合理确定符合本国实际情况和碳减排需要的碳价水平，构建真正有助于实现各国自主贡献目标的碳减排政策体系。可结合应对气候变化和实现“30—60”“双碳”目标的政策实践，总结不单纯依靠碳定价的“中国模式”，构建“双轮驱动”下的双控制度、“双碳”标准、财税、价格、金融、土地、政府采购等多种手段并举的绿色低碳政策体系，为其他发展中国家和排放大国的减排提供范本，提升中国在气候变化治理方面的话语权。

第六，加快完善减排相关税收政策，在我国基于“双碳”目标的进展，适时开征碳税。碳税作为显性碳定价的手段之一，通过与碳交易的协同配合，可以扩展政策调控范围并加大调控力度，从而更有效地发挥碳定价政策的效果。这也是 OECD 强调碳定价政策的优点之一。

综合来看，我国开征碳税需要回答以下几个问题：碳税是否属于我国“双碳”目标实现过程中的必要手段？在我国已经实施全国碳排放权交易市场并逐渐加大调控力度的前提下，是否需要碳交易与碳税两种手段并用？如何实现两者的协调？如何避免开征碳税和提高碳价对我国经济社会发展和能源安全等方面带来的影响？在有效解决上述问题的基础上，我国可根据实际情况合理决策碳税的开征时机、碳税的实现方式和制度设计等。

我国现在有各种发展成本，比如环境成本、人口老龄化成本、不确定性的风险成本，还有改革进入深水区，改革成本也上升了。成本全方位上升，风险会全部转移给企业、家庭、个人。怎样避免成本过多、过快地一起上升而妨碍国家可持续发展？要做出全面评估。要实现第二个百年奋斗目标，现在已经明确了是分两步走，即完成 2035 年发展目标和 2050 年发展目标，而实现碳中和的目标就要把它纳入这个目标。

碳税设计有两种方案：一是改造现有税种，如资源税、消费税；二是开征新税种、设定新税目。二者各有优缺点，如何选择尚需权衡。

最后，完善绿色税种，推动减污降碳协同。减碳是全人类的事，但减污是中国的事，就是解决污染物排放的问题，比如二氧化硫排放、空气污染、酸雨等。减碳的同时要降污，环境污染的问题是中国人首先要解决的问题，减污降碳要协同。现有的法律和相关税法必须进一步完善，才能实现减污与降碳的协同。强化政策的落实也很重要，还要考虑绿色税收政策与“绿色预算”“绿色财政”等一体化的问题，例如在绿色预算上，所有的财政收入和财政支出跟气候变化的关联。总体而言，我国的财政政策对减排的考虑还是不够充分的。

碳中和背景下的全国碳市场建设

张希良[①]

中国的碳达峰碳中和目标

2020年9月，国家主席习近平在第75届联合国大会一般性辩论上郑重宣示："中国将提高国家自主贡献力度，采取更加有力的政策和措施，二氧化碳排放力争于2030年前达到峰值，努力争取2060年前实现碳中和。"实现碳达峰碳中和，是以习近平同志为核心的党中央统筹国内、国际两个大局作出的重大战略决策，旨在解决资源环境约束突出问题，是实现中华民族永续发展的必然选择，是构建人类命运共同体的庄严承诺。这一决策彰显了我国积极应对气候变化、走绿色低碳发展道路的雄心和决心，极大提振了全球气候治理的信心。

碳达峰碳中和目标对我国经济和能源转型提出了新要求。本课题组采用能源经济模型加以分析，结果表明中国的碳排放和产业发展趋势将会发生结构性转变。水泥、钢铁、煤化工等高碳高耗能行业的

---

① 张希良，清华大学核能与新能源技术研究院教授，清华大学能源环境经济研究所所长，清华大学碳中和研究院气候治理与碳金融中心首席科学家，国家气候变化专家委员会委员。先后主持应对气候变化领域中的国家自然科学基金重大项目、国家重点研发计划项目和国家社科基金重大项目等项目。在*Nature Energy*、*Nature Climate Change*、《管理世界》等国内外学术期刊上发表论文200余篇。自2015年开始担任全国碳市场总体设计技术专家组负责人。曾担任联合国气候变化专门委员会第四次和第五次《气候变化评估报告》的主要作者（Lead Author）。2020年获得教育部第八届高等学校优秀科学研究成果奖（人文社会科学）一等奖、生态环境部气候变化领域首批"国家生态环境保护专业技术领军人才"称号。

“去产能”工作将进一步推进，制造业将从资源依赖转向技术依赖；与化石能源相关的行业，包括煤炭、石油、天然气等传统能源在未来40年中的增长较为有限。未来，随着人们收入水平的提高与生活水平的提升，内需将进一步扩大，居民消费将持续向以服务、休闲为主的消费模式转变，农产品和食品在我国消费中的比重将大幅下降，服务业消费比重将大幅提高。综上所述，我国产业结构将加快向服务业与低碳工业主导的结构转型。

化石能源消费量持续下降是实现碳中和目标的条件之一。因此，能源领域的低碳转型迫在眉睫。据统计，2020年中国的非化石能源占比为16%，而课题组测算，到2060年核电和可再生能源的比例将超过80%，这意味着我国的能源结构需要进行大幅调整。能源结构的变化是一个渐进的过程：在转型初期阶段，变化的速度较缓慢，但在2035年之后转型将加速，许多新技术将发挥重要作用。

科学技术是我国实现碳达峰碳中和目标的最后托底。2030年以前，化石能源内部结构优化等能效提升技术和手段的碳减排贡献率最高，非化石能源替代的贡献逐步提升。随着化石能源消费量的下降以及人工CCUS和碳移除技术的推广，化石能源内部结构优化的碳减排贡献逐渐降低。2036—2050年，人工CCUS和碳移除技术的贡献度将显著增加。2060年，人工CCUS和碳移除技术的贡献度将达到70%以上。不同技术贡献度的变化表明，2060年我国实现碳中和目标时，生产体系中能源的清洁绿色水平会大幅提高，但仍有少部分无法消除的碳排放需要采用人工CCUS和碳移除技术，因此这些技术手段的贡献最为显著。

在实现碳中和目标的不同阶段，我国碳减排的边际成本将不断上升。在 2035 年之前，我国的碳减排边际成本较低，但随着碳中和目标的逐步实现，碳减排边际成本也会逐渐增加。

中国碳排放控制政策

中国的碳中和转型需要政策创新来推动。过去几年，中国出台了一系列政策，以促进实现“双碳”目标。例如，《可再生能源法》《节能法》等法律法规，以及在五年规划中包含能耗下降、单位 GDP 碳排放下降和非化石能源占比等约束性指标的五年规划。“双碳”的“1 + N”政策体系已经构建，并持续完善。这些政策体系被称为“大政策”，其主要目的是指明方向和提出要求，但并不直接涉及企业、消费者和居民。因此，需要政策工具来实现“大政策”所指示的方向和要求。这些政策工具包括能效标准、节能补贴、竞争性可再生能源电力补贴等。

政策工具包括能效标准、节能补贴、竞争性可再生能源电力补贴等。以可再生能源电力补贴为例，我国过去实施的标杆电价为初期投资回报相对较低且周期较长的可再生能源项目提供了合理的回报，从而引导和鼓励企业投资，在我国可再生能源的发展中发挥了重要作用。此外，中国还实施了税收优惠和利率优惠等政策工具。然而，上述政策不足以完全支撑“双碳”目标的实现，实现碳达峰和碳中和需要有可持续性、可预期性且信息透明的制度支持。

碳市场是实现碳排放总量控制和碳中和目标的有效抓手。随着碳中和进程的推进，碳排放量逐渐减少，碳价呈现上升趋势。要实现碳排放下降的轨迹，需要有落实碳排放控制的制度设计。中国曾经将碳强度和能耗指标下放到地方政府作为行政考核目标，导致了限电等不良后果。碳市场的总量设定与配额分配制度可以将排放控制的责任分解到企业层面，通过对重点排放单位的管控实现地方和行业碳排放的有效控制，进而实现碳排放的持续下降。此外，碳交易形成的碳价能够在整个经济体中传导，既能够激励碳市场覆盖企业开展减排活动，也能够传导至商品市场中对消费者行为产生影响。

碳税和碳市场作为两种最为重要的基于市场的碳定价政策在全球范围内被广泛使用。两者最大的区别在于减排量和碳价的不确定性。碳税属于价格政策，由主管部门规定税率，由市场决定减排量；碳市场属于数量政策，由主管部门设置排放总量，碳价由市场决定。中国目前选择碳市场而非碳税，主要有以下三个方面的考虑：第一，碳税税率的合理设定。当前在中国引入较高的碳税存在较大政治阻力，而较低的碳税无法起到约束减排的作用，可能影响我国减排目标的实现；第二，减排的确定性。碳税存在较高的减排不确定性；第三，监管成本与政策可操作性。中国大部分碳排放来自八大高耗能行业，若能通过碳市场管控行业内大企业的碳排放，就能有效控制碳排放的管理成本。我国目前对征收碳税仍持开放态度，当高耗能行业的碳排放得到合理管控时，未来可考虑在其他行业实行与碳市场挂钩的碳税。

碳市场对中国的绿色低碳转型有重要价值，能够以低成本控制排放总量、推动经济转型，有效激励企业减排降碳，以及促进可再生能源和核能的开发利用。碳市场对可再生能源和核能的推动体现在多个方面：首先，碳市场将煤电行业的碳排放与碳配额挂钩，增加了煤电行业的发电成本，间接支持了可再生能源的发展，尤其是光伏与风电（当前价格已经低于煤电）；其次，未来的电力市场将通过市场化改革纳入绿电交易系统。国家电网和发改委已经开启了绿色电力的交易试点，例如钢厂可在绿电市场上购买相关证书，在核算钢厂排放时可凭证书抵销一部分碳排放。当前我国仍存在一些“弃风”和“弃光”现象，将来绿电市场如果形成规模，绿电采购意愿发生改变将进一步促进风光消纳，彼时碳市场和绿电市场的融合也会具有重大意义。

全国碳市场是节能减排政策的重要创新。过去在中央和地方层面主要利用行政手段强制淘汰落后产能，如发布了一系列能效标准，对节能项目实施投资补贴，对可再生能源项目实施价格补贴。需要指出的是，一方面，大范围实施财政补贴政策会加重中央和地方财政负担，长期来看不可持续；而行政手段实施的边际成本在不断提高，边际效果在不断递减。另一方面，企业排放数据监测、报告和核查制度的落实将使排放量更加确定，而有效的违约处罚将推动行业能效标准实施和排放量控制。届时企业必须完成履约要求，否则将面临高额的罚款。

2023 年 2 月，最高人民法院公布一则与碳市场有关的判例。2014 年，深圳某企业未按时上交配额，被深圳市发改委作出行政处罚决定书处之以罚款和扣减次年配额。该企业不服提起行政诉讼。经过基层人民法院一审败诉后，该企业继续上诉，经深圳市中级人民法院二审仍然败诉。最高人民法院将该案作为一起典型的判决案例在全国推广，从司法上支持了碳达峰碳中和，为其他法院的裁决提供了案例参考。这充分说明碳市场具有很强的执行力和惩罚力度。

中国是气候治理的参与者、贡献者和引领者，中国碳市场将成为全球最大的碳市场，为发展中国家碳市场建设和区域碳市场连接提供借鉴。

碳市场设计原理

中国碳排放权交易体系由配额交易市场（即强制性碳市场）和自愿减排市场共同构成。自愿减排市场的交易产品是非控排企业自愿节能减排后开发的节能指标，参与者通常为配额交易市场之外的企业。碳市场在减排政策中具有成本优势，如企业完成减排责任具有灵活性，可以通过交易实现买卖双方的双赢，提高市场整体效率，降低全社会的减排成本。以两个企业为例，配额交易市场里有企业 A 和企业 B，企业 A 的实际排放量高于配额量，在不采取措施的情况下将面临高额的违约处罚（例如，处罚是碳价的 3 倍）；企业 B 的实际排放量比配额量小，具有配额盈余。在这种情况下，企业 A 可以到市场上买企业 B 多余的配额，同时也可以在自愿减排市场上购买由森林碳汇、可再生能源、CCUS 等零碳负碳项目开发成的减排指标以抵销部分碳排放。通过市场机制，增加了我国减排的灵活性，降低了实现减排目标的经济成本，避免了“运动式”减碳。因此，碳市场是一种长效的、灵活的、动态的减排机制。

在碳市场框架下，主管部门设定碳排放配额总量，即企业碳排放的许可量，并将总量按一定方法分配给企业，从以下三个方面推动生产方式和生活方式的绿色低碳转型。第一，碳市场带来的履约成本随着企业的碳排放量增加而增加，推动碳市场管控的高排放行业实现产业结构和能源消费的绿色低碳化，促进高排放行业率先达峰。第二，企业的碳成本传导至商品市场，促使消费者选择价格更低的低碳产品，进而反馈至企业的生产决策中。第三，碳减排释放价格信号能够将资金引导至减排潜力大的行业企业，推动绿色低碳技术创新，推动零碳负碳技术创新突破和高排放行业的绿色低碳发展的转型。因此，碳价形成的碳减排的动态激励具有直接减排效应和溢出效应。

此外，构建全国碳市场抵消机制，能够起到促进零碳负碳项目发展、助力区域协调发展和生态保护补偿的作用。我国的 CCER 市场于 2013 年启动并于 2017 年暂停运行，其建设自愿减排市场的目的为鼓励具有发展潜力但市场化程度不够的新技术的发展，鼓励并允许森林碳汇、CCUS 技术等项目开发出的 CCER 通过抵销机制进入强制碳市场。值得一提的是，自愿减排市场不是为强制市场服务的，建立规范化的自愿减排市场不仅可以满足非控排企业实现碳中和的要求，也可以通过碳普惠机制广泛调动消费侧减排，满足个人的减排目标。

碳市场的经济原理较为成熟和直观，但其建设和运营涉及复杂的任务和环节。第一，需要确定碳市场的覆盖范围，包括覆盖行业范围、企业准入门槛及温室气体排放种类。第二，需要确定碳市场的总量上限，以及总量的下降趋势。第三，需要确定总量落实分配到企业的方法，即配额分配方法。第四，需要建立相应的硬件设施，确保企业排放数据报送系统、全国碳排放权注册登记系统与交易系统的完备性。第五，需要保障碳排放数据质量，完善数据的监测、报告和核查制度以保障碳市场相关数据的准确性和可靠性。第六，设计合理的抵销机制，通过抵销机制鼓励部分零碳负碳项目发展，并为控排企业提供额外的低成本履约途径。第七，需要明确配额期限问题，即配额的有效期和跨期存储问题。第八，政策的灵活性问题，配额供给需要有灵活调整的制度以避免配额过剩或过紧。第九，监管与履约问题。一方面，需要制定风险管理和交易规则，以避免市场操纵和洗钱等不当行为；另一方面，需要制定严格的惩罚措施，以督促企业缴纳与排放量相等的配额量。第十，利益相关者间的沟通和协调问题，碳市场的发展建设需要与利益相关方进行密切沟通且妥善协调。第十一，碳交易体系间的连接问题，如中国已建立的七个试点碳市场未来需要逐步与全国碳市场连接；同时，中国碳市场的设计要能够与欧盟、日本、韩国、美国加州等碳市场达成合作。第十二，碳市场的后评估问题，碳市场的建设是一个分阶段的复杂过程，需要在建设中进行评估和改进。

作为应对气候变化的政策工具，碳市场的建设和运行将对多个利益相关方产生较大影响，对碳市场运行表现可以从以下六个方面评价。

第一，法律法规基础。碳市场的良好运行需要法律法规体系的保障。我国目前碳市场方面的法律法规体系尚不完善，全国层面的碳市场相关立法尚有空缺。国务院审批的《碳排放权交易管理暂行条例》有望于2023年出台，以提升全国碳市场规范性文件的法律效力。

第二，碳市场数据质量。配额分配主要基于企业上报的温室气体排放数据、对应的核查数据及企业的生产经营情况。因此，高质量的排放数据是碳市场建设和运行的基石。目前中国碳市场的数据监测、报告和核查制度取得了积极进展，但未来仍要进一步加强数据过程管理、智能化管理、核查机构管理和专业队伍建设。

第三，碳价水平。碳市场的运行表现主要体现在是否形成合理的碳价水平，能否对经济转型、能源转型、技术创新提供足够的激励。全国碳市场第一个履约期的碳价水平符合科学预期，总体表现较为平稳。

第四，市场的参与度和活跃度。运行良好的碳市场一般具有较高的市场参与度和活跃度高，具有一定的配额流动性。在全国碳市场启动的初期，交易类型仅为现货交易，市场交易量较小，市场呈现以履约为目的的交易模式，未来将考虑进一步扩大交易主体和交易产品类型。

第五，市场秩序。运行良好的碳市场通常有稳定的市场秩序，能有效地监管和抑制市场力量的利润操纵行为。国际碳市场上曾发生过垄断、洗钱、偷税、漏税等事件，影响了碳市场的正常运行，造成了较大的损失。中国碳市场的建设要引以为戒，积极协调有关部门，合理分工监管职责，建立健全碳市场监管体系。值得一提的是，未来碳市场可能引入投资机构和金融衍生品，建议其金融属性由金融部门监管，减排属性和政策属性由生态环境部等相关部门监管，两者分工明确且相互配合。

第六，碳泄漏风险。碳市场中的碳泄漏是指严格的减排约束下，碳排放转移至约束较小的地区或行业。以欧盟为例，若提高其工业行业配额拍卖比例，将提升工业行业生产成本，导致行业竞争力下降和企业碳排放转移的风险，因此其设立了边境调节税以保障行业竞争力、应对碳泄漏风险并促进碳市场发展。气候变化是全球问题，在碳市场的建设中要避免潜在的碳泄漏问题。

碳市场建设的国际经验

中国碳市场在建设过程中充分借鉴了国际碳市场的先进经验。其中，欧盟碳市场和加州碳市场为发展较为成熟的碳市场，也是中国碳市场在建设过程中主要的参考对象。

欧盟碳市场采取分阶段建设的方法，管控了约 11 000 个实体。欧盟碳市场的覆盖行业不断扩大，第一阶段（2005—2007 年）覆盖发电厂和工业行业，第二阶段（2008—2012 年）纳入了航空业，第三阶段（2013—2020 年）扩大至化工、有色金属等行业，第四阶段（2013—2020 年）预计纳入航海业。在总量设定与配额分配制度上，欧盟碳市场在第一和第二阶段主要采取“自下而上”的总量设定和免费分配的方法；从第三阶段开始由欧盟委员会统一设置配额总量上限，并且采用逐年线性递减的方式逐渐减少配额总量，电力部门的配额几乎全部采取拍卖的方式发放，工业部门的配额分配也更加严格；预计在第四阶段，配额的免费发放量将进一步下降，工业部门的免费分配比例将逐步下降直至完全退出。

欧盟碳市场自正式运行以来，碳价总体呈现波动上升的趋势，早期较低迷，中间也曾经历过几次大的波动。欧盟碳市场的初始阶段碳价过低有三个主要原因：第一，配额过度发放，总量设定过于宽松；第二，欧盟碳市场于第一阶段末期宣布不允许配额存储的规定，即发放的配额只能在第一阶段使用，使得企业抛售配额，碳价迅速下跌；第三，配额总量与经济预期脱钩。以上原因使得欧盟碳市场积累了大量的过剩配额，碳价一度跌至个位数，这也表明配额总量、配额有效期和政策预期性将对碳价产生较大影响。

在第三阶段后，欧盟碳市场引入了市场稳定机制，并采取配额拍卖推迟的方式，有效地控制了配额供给量，推动碳价逐步回暖。此外，欧盟在 2020 年公布了新的气候目标，提出到 2030 年欧盟境内温室气体排放水平比 1990 年减少至少 55%，纳入碳市场的温室气体排放水平比 2005 年减少 63%。为了实现该目标，欧盟碳市场进一步收紧了配额总量和免费分配量，纳入碳市场的温室气体排放水平比2005年减少63%。欧盟充满雄心的气候目标和第四阶段碳市场改革成为推动碳价进一步上升的重要原因，2023年欧盟碳价维持在80欧元左右。

另一个可以借鉴的市场是美国加州碳市场，该市场于2013年启动，并与魁北克碳市场形成连接。加州被誉为全球“第六大经济体”，提出了比美国整体更严格的气候目标：到2020年恢复到1990年的温室气体排放水平，到2030年比1990年温室气体排放减少40%，到2045年实现碳中和。加州碳市场覆盖了二氧化碳、甲烷、氧化亚氮、氟化气体等多种温室气体，纳入门槛是25 000万吨二氧化碳当量，其纳入了工业行业、电力行业和燃料供应商。加州碳市场的总量设定呈现下降趋势，2021—2030年的年均调节因子由过去的3.1%上升到4%。配额的分配方式包括免费分配、委托拍卖和普通拍卖。工业行业采用免费分配的方法以降低碳泄漏的风险；电力公司和天然气供应商获得的配额需要参与委托拍卖，拍卖收入将返还给电力和天然气的用户。值得一提的是，加州碳市场在对待国企和民企方面也存在差异，电力行业的民企必须参与委托拍卖，而国企可以选择部分参与委托拍卖。为了稳定碳价，加州碳市场设定了不同的价格层级及上下限，其碳价也从最初的12美元上升至2023年约30美元。

中国碳市场的建设需要充分考虑国情，包括经济处于中高速增长阶段、煤炭发电占比高达50%、碳排放总量尚未达到峰值、70%的电力用于工业部门等特征。中国仍是发展中国家，其低碳转型的根本目的是提高经济的全要素生产力，不应给经济发展带来不良影响。同时，我国的碳市场面临着电力市场受政府管制的挑战，大部分的电力价格由政府部门决定而不是由市场确定。因此，相较于欧盟和加州碳市场具有成熟的电力市场和碳价传导机制，中国碳市场产生的碳价成本不能够向下传导至消费侧，开展配额拍卖将为已经处在亏损边缘的煤电企业带来沉重的经济负担，其尚不具备配额拍卖的条件。

中国碳市场的设计

中国碳市场设计的基本原则包括：第一，坚持把碳市场设计的一般性理论同中国实际情况相结合；第二，统筹全国碳市场建设近期与长远、效率与公平间的关系；第三，坚持碳市场建设与宏观经济政策相一致，考虑宏观经济调控的要求、供给侧结构性的改革等政策；第四，统筹好全国碳市场与电力市场化改革进程间的关系。

在覆盖范围方面，全国碳市场的第一和第二履约周期仅纳入了发电行业，门槛设定为每年排放 26 000 吨二氧化碳当量。全国碳市场未来将覆盖八大高耗能行业，管控大约 70% 的能源相关碳排放。与欧盟的碳市场不同，中国无法通过商品市场价格传导的方式分担减排责任，而是通过管控间接排放实现消费者的责任分摊。具体而言，在核算工业企业的碳排放时，通过覆盖间接排放，将责任落实到用电企业。这为未来绿色电力市场与碳市场的融合提供了可能性，工业企业可以通过在绿色电力市场购买绿证来抵销一部分间接排放。

在总量控制制度方面，全国碳市场选择了基于强度的总量而非绝对的总量控制。基于总量的碳市场要求所有排放企业在现有基础上实现绝对减排，虽然具有较高的减排效率，但对产品价格影响较大。此外，在配额分配上，有些行业在初期采取了简化的总量控制，通过行业整体的总量下降系数实现减排，但这对行业先进企业或设施不利，产生公平性问题。基于强度的碳市场能有效避免上述两个问题。基准法为每个纳入行业设定特定的排放基准，即行业碳排放强度的先进值，起到鼓励先进和淘汰落后的作用，有利于高效企业和设施的发展。同时，基准法的应用也存在挑战，与产品相关的排放基准需要根据大量数据和信息，在监管上也存在着复杂性。总体而言，采用免费分配的基准法更适用于中国现阶段的碳市场。

全国碳市场通过“自下而上”与“自上而下”相结合方法设定配额总量，把碳市场总量设定与行业碳排放基准确定有机结合起来。“自上而下”的总量设定与碳减排目标、碳市场的减排贡献、碳市场的覆盖范围、经济增长等存在内在关联。首先，国家设定碳减排目标，配额的供给量将与国家减排目标保持一致。例如，国家设定一段时间内的碳强度下降率目标，较高的下降率意味着较低的碳市场总量。其次，碳市场管控企业的排放量占国家排放量的比例越高，即碳市场覆盖范围越大，相应的配额总量理应越高。碳市场贡献率指对碳市场在实现国家减排目标中的期望贡献率，碳市场的期望贡献率越高意味着总量需要越快下降。以欧盟为例，2005—2021 年，欧盟整体碳排放下降约 30%，其中碳市场覆盖行业的贡献率约为 55%。此外，碳市场的总量设定与经济增长有关，在覆盖行业维持较高经济增长率的情况下，配额总量应适当增加。

“自下而上”的配额总量通过国家确定的行业基准值和不同地区不同行业的产出量得出。“自下而上”与“自上而下”两个方法计算得出的总量需要是一致的。行业基准由国家管理，其确定直接影响配额的分配量，也反映了碳市场在中国减排中的作用。因此，基准是碳市场设计的核心要素之一。

全国碳市场的配额分配采用基于基准线、企业生产水平和修正因子的基准法。行业基准确定的总体原则是“奖励先进，惩戒落后，循序渐进，先宽后严，目标导向，综合平衡”。

中国的碳市场建设经历了十年的发展。2011 年 11 月，国家发展改革委宣布在北京、天津、上海、重庆、湖北、广东和深圳开展碳排放交易试点工作。2013 年起，七个碳排放权交易试点省市相继开始运行碳交易市场。全国碳市场第一个履约期的良好表现初步验证了中国特色的碳市场制度的有效性，主要体现在总量与配额分配制度、排放数据监管制度和交易监管制度三大制度。中国碳市场的履约率较高，按照排放量来衡量，达到了 99% 的履约率。市场活跃度尚可，超过一半的企业参与了交易。最后，中国碳市场运行平稳，碳价格符合预期。

未来，中国碳市场将继续完善。第一，到 2025 年，碳市场的法律法规基础将进一步夯实，国务院的碳市场条例有望于 2023 年出台。第二，数据质量监管体系将进一步健全，数据监管能力也将进一步提高。随着大数据分析技术和区块链等信息技术的发展，其在碳市场数据管理上的应用将进一步保障数据质量。第三，全国碳市场的覆盖行业进一步扩大，实现“十四五”期间大部分高耗能行业纳入碳市场。第四，适时引入配额有偿分配机制，拍卖将成为市场稳定机制的一部分，通过地板价、天花板价和配额储备机制等手段实现对配额价格的调控。第五，交易主体类型进一步丰富，市场参与度逐渐提高。第六，重启自愿减排碳市场，加快顶层制度设计和配套技术规范制定，规范并统一项目资质认证、合规要求、方法标准与签发流程。

关于中期规划，到2030年，全国碳市场将进一步扩大碳市场覆盖范围，实现高耗能行业的全覆盖，完善体制机制建设。随着电力市场体制改革深化，电力行业采取有偿分配的方式并且比例逐渐提高。碳期货等金融衍生品将在风险可控的情况下引入市场交易。此外，试点碳市场将长期存在，并在一定程度上和全国碳市场融合发展。

关于远期规划，全国碳市场将逐渐向基于总量的碳市场转变，与欧盟、加州的碳市场实现对接，形成交易主体多元、交易产品多样、交易价格合理、法律法规健全、监管有力有效的全球碳市场。

碳达峰碳中和科技创新路径及若干思考

徐俊[①]

国家主席习近平代表中国政府于2020年9月22日在第75届联合国大会提出，中国将提高国家自主贡献力度，二氧化碳排放力争于2030年前达到峰值，努力争取2060年前实现碳中和，这一表态引起全球广泛关注。温室气体排放加剧会带来全球气候变暖，尤其是西欧地区的英国、法国等国对全球气候变化更敏感，其背后有经济原因、生存原因和政治原因。欧洲与北美洲处于同一纬度，受大西洋暖流的作用，西欧比大洋对岸的北美洲要暖和得多。一旦气候变暖达到一定程度，导致大西洋暖流消失，西欧的气候就会与北美洲一样变得冰天雪地，西欧国家对此很担心。此外，在现有国际规则下，欧美国家建立在碳基能源资源技术基础上的经济发展模式，与中国等新兴国家相比已没有更多竞争优势，前者想制定新的游戏规则，在新的发展模式下开展竞争。因此，气候变化成为关乎人类生存的大问题，发展绿色低碳经济，延缓阻滞全球气候变暖，成为欧美国家的一种政治正确，并和民主自由等一样，成为一种新的价值观。

碳达峰，就是所有生产生活活动排放的二氧化碳达到最高值，主要是能源使用达到顶峰。我国碳达峰的目标定为2030年实现，国内

---

① 徐俊，科技部社会发展司原副司长，曾任科技部“双碳”领导小组成员兼办公室副主任、中央政府驻澳门联络办公室经济部副部长。管理学博士，密歇根大学机械系和威廉戴维森研究所博士后。主要研究方向为：气候变化、“双碳”科技创新战略、区域可持续发展等，曾主持相关文件制定、陆续发表相关论文20多篇。

部分地区会早于这一时间点实现，如北京市已经实现碳达峰但未正式公布。碳中和指的是，无论采用人为还是自然方法消除排放的二氧化碳，也就是碳零排放的意思。

国际上，大部分国家的目标是在2050年实现碳中和，少数国家如奥地利、冰岛等预计更早，要在2040年就实现碳中和，而中国计划于2060年实现这一目标。印度于《联合国气候变化框架公约》第26次缔约方大会（COP26）期间提出2070年实现碳中和目标。美国从碳达峰到碳中和计划用时43年，欧盟则是71年，而中国只有短短的30年，尤其是在实现碳中和的同时还要继续推进工业化，实现城市化，提高人民生活水平。

实现工业化、城市化的同时实现碳中和，相当于鱼和熊掌兼得，可以说难乎其难。国务院副总理刘鹤曾经讲过，若在科技上没有非常之举，那么中国的碳中和根本实现不了。但无论多么艰难，也要继续推进。目前，我国二氧化碳的年排放量是110多亿吨，这是估算数据，无法得到非常精确的数字，也有研究说是112亿吨或113亿吨，数值大体相近。

碳达峰碳中和的实现路径

碳达峰碳中和的实现依赖新的科技革命，需要推动全产业链条的产业变革，否则难以实现目标。全产业链包括源头、工艺过程和末端，其中源头可分为低碳零碳能源替代和低碳零碳原材料替代两部分；工艺过程指工艺路线，包括能源系统深度脱碳和低碳零碳工业流程再造；末端包括CCUS和碳汇。

在源头方面，首先是能源。目前我国排放最多的是化石能源，如煤炭、石油、天然气等。中国是煤炭大国，能源主体是煤，二氧化碳排放量巨大，若能将目前的能源供给改为绿色能源为主，中国的二氧化碳排放达峰就可以实现。其次是原料，目前中国资源开采和矿产资源加工等都是高排放的过程，特别是钢铁、水泥、有色、建材等原料行业均是如此。若通过技术发展，用生物原材料替代传统的煤、石油、天然气作为原材料，能够大大降低二氧化碳的排放。同时，我国无论是矿产还是能源都依赖进口，尤其大部分依赖马六甲海峡海运路线，其成为中国能源安全的命门。俄罗斯能源可以自给自足，但中国不行。如果未来能解决能源源头的问题，只有很少部分依赖进口，我国的能源安全才能得到保障。

目前中国减碳工艺流程还有相当大的提升空间，诸如产品质量提升、能效提升、产业联合、原材料替代等，但无论能源如何绿色，或通过工艺过程减少碳排放，最后仍有部分二氧化碳一定会被排放出来。按照我国 2060 年实现碳中和的目标，届时还会有几十亿吨的二氧化碳排放，而运用 CCUS 是实现碳中和的最后方法和托底技术。

在增加碳汇方面，有很多方法，包括调整耕作方式，改进土壤、肥料管理和优化农林地比例等方法，可减少农业碳排放。其中，智慧造林潜力巨大，但也面临一些问题，比如成熟期后树不再吸收二氧化碳，且一部分的树腐烂还会释放一些二氧化碳，故造林的碳汇有限。此外，海洋碳汇虽有巨大潜力，但因未纳入国际碳核算体系且纳入国际碳核算体系难度较大，其被关注和讨论得很少。海洋碳汇还事关国际博弈，即使其对本国碳减排的贡献极大，也不被计为该国贡献。

重点科技领域分析

2021 年，我们组织国内数十位顶级专家组成团队，预测梳理自 2020 年开始的每个十年的二氧化碳排放量。图 20.1 就是 2020 年我国能源流向及能源相关碳排放总图。基于碳排放量预测，测算要消耗多少标煤，从而倒推要开展哪些技术研究，才能实现最后碳减排或碳中和的目标。

根据预测，如图 20.2 所示，到 2060 年，在能源实现低碳零碳替代，以及工业、交通、建筑等多个领域有效减碳降碳后，最终还会有 40 多亿吨二氧化碳的排放。届时，再通过 CCUS 或碳汇等解决剩余排放的问题，想方设法完成碳中和目标。

2020 年，我国提出碳达峰碳中和的“双碳”目标，面对我国“富煤、贫气、缺油、少铀”的资源禀赋现状，以“先破后立”的总体原则统筹煤电发展和风光资源开发，实现化石能源有序替代。2020 年，我国化石能源消耗 42 亿吨标煤，但到 2060 年将锐减到 13 亿吨标煤，降幅达三分之二以上。预计风能、太阳能等非化石能源发电量从 2020 年的 2.7 万亿千瓦时到 2060 年时激增为 16.4 万亿千瓦时，增幅巨大，但目标任务十分艰巨，必须发挥科技创新的引领作用。

要实现如此艰巨的“双碳”目标，必须以科技创新为支撑，在能源生产端、能源消费端和固碳端三端齐发力。在能源生产端，也就是发电端方面，要推动化石能源的节能降耗，推动可再生能源如太阳能、风能、海洋能、生物质能等与核能一起替代化石能源。在能源消费端，工业生产要再造流程和过程耦合以提高节能降耗的效率，交通建筑领域大幅提高电气化程度，并提升电消费中的绿电占比，配合氢

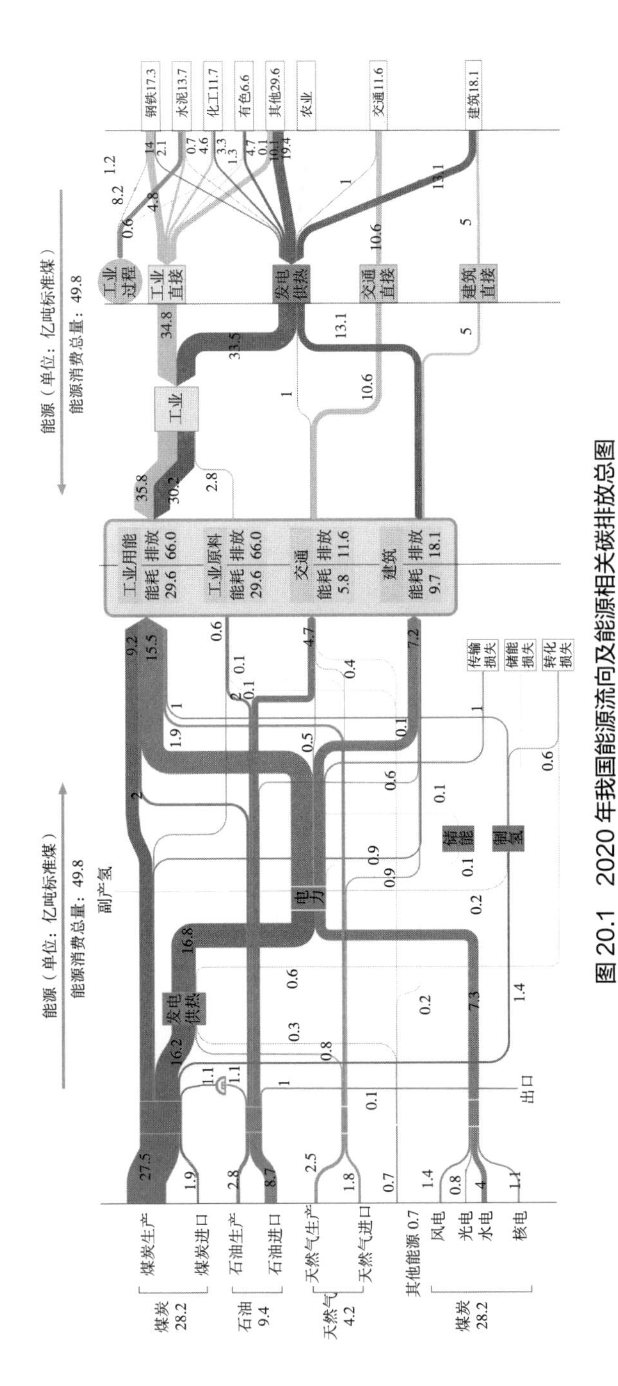

图 20.1　2020 年我国能源流向及能源相关碳排放总图

资料来源：科技部“双碳”科技专家组研究制作。

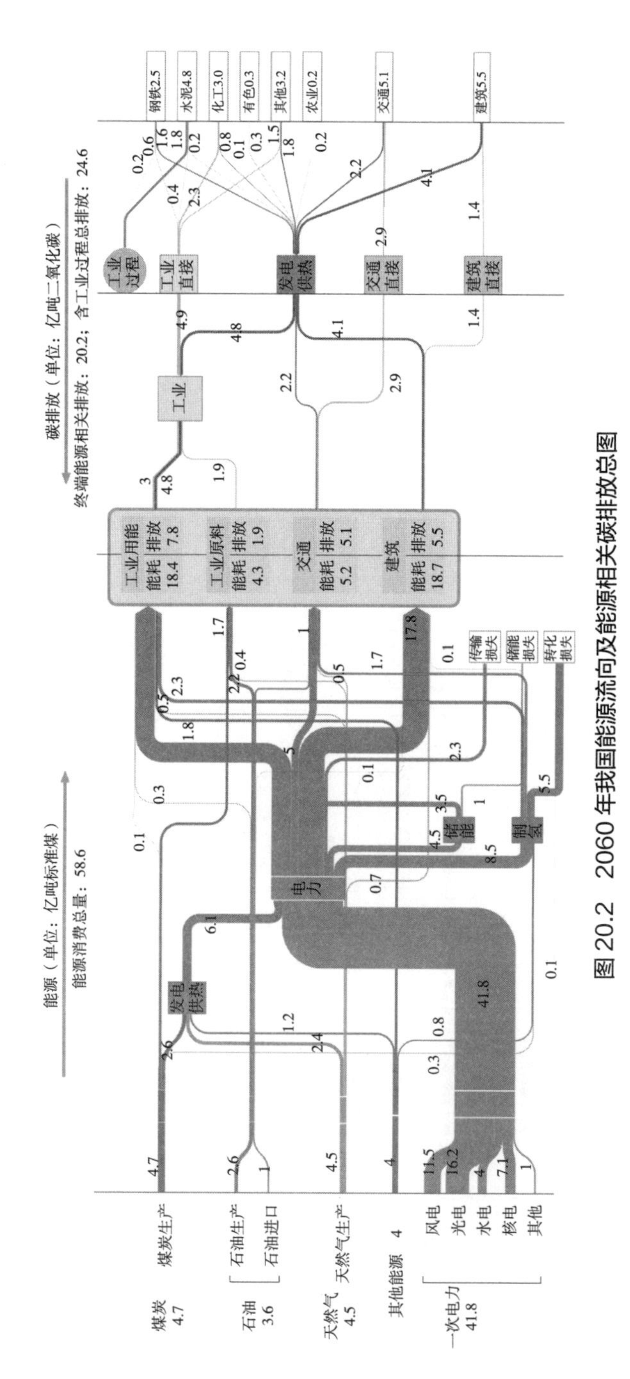

图 20.2　2060 年我国能源流向及能源相关碳排放总图

资料来源：科技部“双碳”科技专家组研究制作。

能和节能技术的运用，大幅降低碳排放量。在固碳端，一方面通过生态和生物手段固碳，另一方面则通过 CCUS 技术固碳，增加碳汇，以中和无论如何都要排出的二氧化碳，最终实现碳中和。其间，可以利用智能化技术建立智能化管理体系，在监测预警、风险评估、非二氧化碳的温室气体控制、减污降碳协同增效等领域发挥作用。

基于上述我国“双碳”重点领域总体架构设想，我们初步拟定了我国碳减排的 14 个重点领域，如图 20.3 所示。

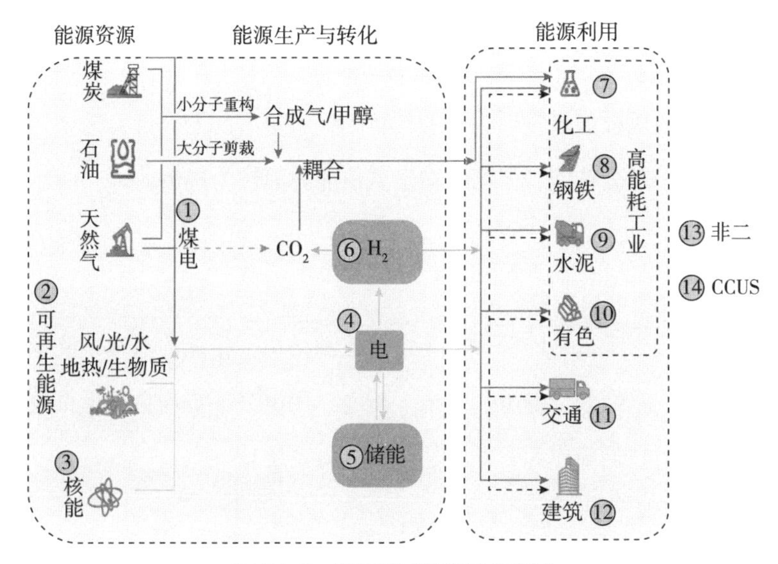

图 20.3 我国碳减排的重点领域

资料来源：科技部“双碳”科技专家组研究制作。

1. 煤电

中国是煤电大国且我国煤资源丰富，价格便宜，未来需要重点开发煤清洁利用的技术，这可以大幅减少进口国外的石油和天然气，减轻马六甲海峡对我国能源资源安全的制约与威胁。经历了 2021 年拉闸限电后，2022 年对“双碳”目标的考核不再考核用能量，而改为二氧化碳排放量。

2. 可再生能源

提高可再生能源在能源结构中的占比是未来碳达峰碳中和的重点内容，除了常见的光伏、风能、水电外，太阳热能、地热能、生物质能等也都是重要的可再生能源。所有可再生能源都是重点发展领域。

3. 核能

目前我国核能已发展到第五代技术，有很好的安全性，未来还会继续发展一部分核能，但国家在发展核能方面较为谨慎。

4. 电力

为适应未来以新能源发电为主的能源结构，传统的电力系统亟待变革。除发电端外，输电、变电、配电、用电等环节均会发生重大改变，需要科技创新作为支撑构建新型电力系统。

5. 储能

由于风光电在未来能源结构中占比大幅提升，成为主力电源，电力系统对灵活性资源的需求更为迫切，需要储能技术在未来新型电力系统中扮演不可或缺的角色，在新能源消纳、电力辅助服务和电网输配电服务等领域发挥重要作用。

6. 氢能

国际上将氢能作为重要的发展方向，如日本、德国将有关氢能的设备研制作为发展重点，掌握了能够“卡脖子”的技术关键，意味着今后其他国家想发展氢能需要购买其设备。我国也非常重视发展氢能，将氢能视为推动绿色经济发展，应对气候变化的重要抓手。

7. 化工、钢铁、水泥、有色四大高能耗工业

作为高能耗、高排放代表的化工、钢铁、水泥、有色等工业领域是节能减碳的重点领域。没有这几个领域的技术突破，我国的工业体系无法持续发展，更不可能降低对国外资源的依赖。

8. 交通与建筑

在交通和建筑方面，欧美部分国家的生活二氧化碳的排放量超过了工业二氧化碳排放量，尤其是美国，其在住宅、建筑、交通领域二氧化碳的排放都非常高。我国虽然现有生活二氧化碳排放量低于工业二氧化碳排放量，但随着生活水平提高，以交通和建筑为代表的生活二氧化碳排放量必然会增加。

9. 非二，即非二氧化碳的温室气体

气候变暖的原因是温室气体在空气中的存量不断增加，而二氧化碳是存量最高的温室气体，却不是唯一，还有甲烷（CH_4）、氧化亚氮（N_2O）、氢氟碳化物（HFCs）、全氟碳化物（PFCs）及六氟化硫（SF_6）等温室气体。我国将在2060年前实现碳中和，是包括所有温室气体在内的中和，而不仅仅是二氧化碳的中和。因此，其他非二温

室气体的减排中和也是重点领域。

10. CCUS 技术，即碳捕集、封存和利用技术

如前文所说，无论如何减排，最终还会有几十亿吨二氧化碳被排放，只有通过 CCUS 技术才能实现中和，因此 CCUS 也是重点领域。

重点领域低碳技术及其重要性分析

为有效分析每项低碳技术的重要程度，我们可以从碳减排潜力和技术可行性两个维度来评估。碳减排潜力具体指该项技术对二氧化碳减排有多大作用，而技术可行性是到未来特定年度该项技术能否被研发出来。减排潜力维度根据碳排放量级别分为 A、B、C、D 四级，排放 1 亿吨以上为 A 级，0.5 亿 ~1 亿吨为 B 级，1 000 万 ~5 000 万吨为 C 级，小于 1 000 万吨为 D 级。可行性维度则按照技术的成熟度分为 A、B、C、D 四级。A 级指进行工业示范和推广应用，比较成熟，可以推广应用。B 级指工业性实验，中试完成后进行工厂化前期试验，基本确认大规模应用是可行的，即将落地应用。C 级指关键技术突破，处于实验室小型试验和中期试验状态的技术。D 级指技术研究，属于实验室阶段的技术。

针对“双碳”重点领域，对相关低碳技术一一审视，纵坐标是可行性，横坐标是减排潜力，如图 20.4 所示，显而易见，落于右上角象限的技术值得广泛推广，因而更为重要。落于右下角象限的技术因为减排效果出众，需要重点攻关，也值得重视。用这一方法，对 2030 年、2040 年和 2060 年的重点领域技术进行了分析总结。

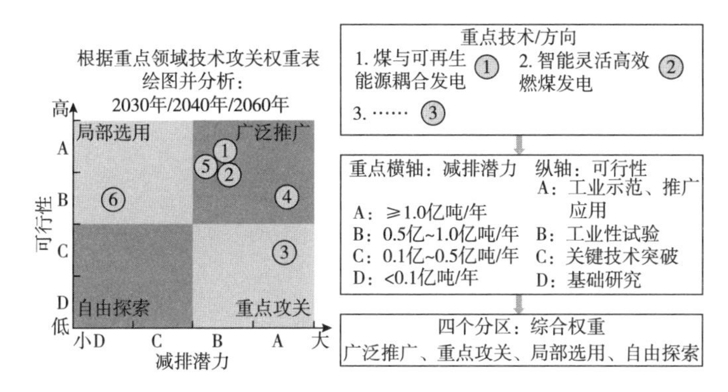

图 20.4 重点领域技术攻关权重表

资料来源：科技部“双碳”科技专家组研究制作。

1. 煤电行业碳减排重点技术 / 方向分析

煤电领域重点技术 / 方向有六个，即煤与可再生能源耦合发电、智能灵活高效燃煤发电、超高参数燃煤发电技术、新型高效燃煤发电技术、现有机组节能低碳改造、煤燃烧与转化耦合下的“煤电一体化”技术，如图 20.5 所示。通过分析可以看出，计划到 2030 年，优先加强煤与可再生能源耦合发电、灵活发电等技术推广应用，重点攻关新型高效燃煤发电等技术，待技术成熟后即广泛推广应用；至 2040 年，超高参数燃煤发电技术、新型高效燃煤发电技术逐渐成熟并发挥减碳作用；至 2060 年，实现绿电大规模供应，电网智能调峰技术成熟，煤电行业绿色低碳发展并保障整个电网用电安全。

2. 可再生能源重点技术 / 方向分析

可再生能源重点技术 / 方向有五个，即新型高效光伏电池、大功率风电机组、“风光热储”复合电源、生物质高值化转化技术、太阳能制液态燃料技术（液态阳光），如图 20.6 所示。计划到 2030 年，突破新型太阳能电池、超大功率海上光伏 / 风电等技术；到 2040 年，可再生能源利用技术取得更多突破和应用，风电、太阳能等发电规模进一步提升；到 2060 年，可再生能源利用技术实现完全自主，非化石能源消费比重达到 80% 以上。值得注意的是，生物质高值转化技术非常重要且已有产业化成果。生物质的来源主要是耕种作物和废弃物，如树的枝丫、作物的秸秆等，通过转化技术可将其转化为蛋白质和化学品等产品。此外，新型高效光伏电池，尤其是电池材料领域也值得重点关注，但该领域技术突破难度大，预计到 2060 年才有望解决。

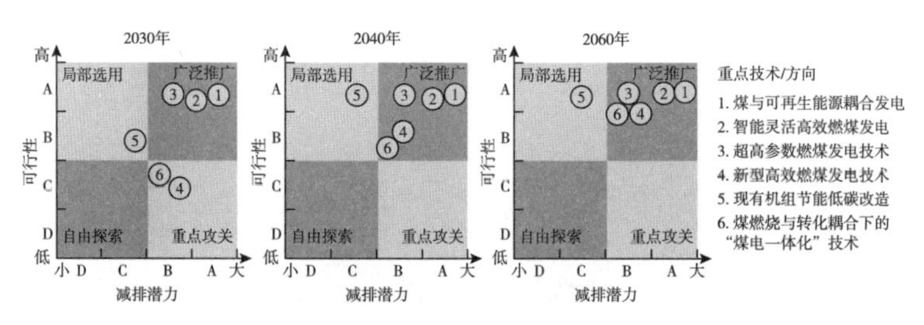

图 20.5 煤电行业碳减排重点技术 / 方向分析

资料来源：科技部“双碳”科技专家组研究制作。

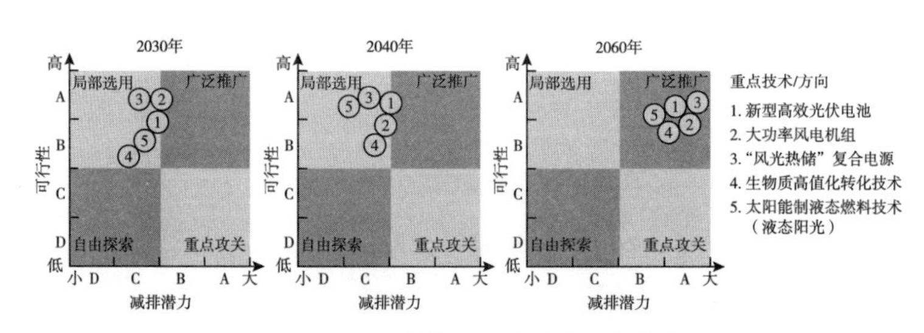

图 20.6 可再生能源重点技术 / 方向分析

资料来源：科技部“双碳”科技专家组研究制作。

3. 核能行业碳减排重点技术 / 方向分析

核能领域的重点技术 / 方向有第三代核电技术、快堆、高温与超高温气冷反应堆、小型模块化反应堆、钍基熔盐堆、受控核聚变，如图 20.7 所示。计划到 2030 年，优化自主第三代核电，实现核电安全高效、规模化发展，加强核燃料循环前后端能力建设；到 2040 年，自主第三代核电与快堆匹配发展，形成闭式核燃料循环；到 2060 年，建成以快堆为主的第四代核能系统，大幅提高铀资源利用率，重点攻关可控核聚变。

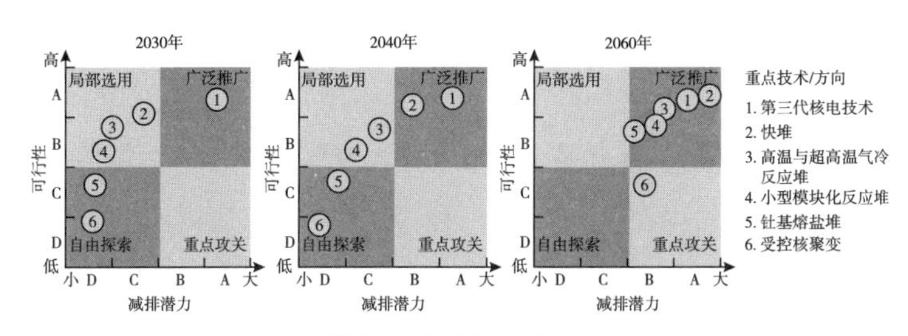

图 20.7　核能行业碳减排重点技术 / 方向分析

资料来源：科技部“双碳”科技专家组研究制作。

4. 电力系统领域碳减排重点技术 / 方向分析

电力系统领域碳减排重点技术 / 方向有新能源发电并网及主动支撑、电力系统仿真分析及安全高效运行技术、交直流混合配电网灵活规划运行技术、新型直流输电装备技术、大容量远海风电友好送出、源网荷储一体化和多能互补集成设计及运行技术，如图 20.8 所示。计划到 2030 年，加强新能源发电并网及主动支撑技术的推广应用，重点攻关远海风电送出技术和多能互补；到 2040 年，新能源发电并网比例进一步增大，电网对于新能源主动支撑及保障作用更加安全、灵活、可靠；到 2060 年，支撑建设大规模新能源和分布式电源友好并网，建成源网荷双向互动、智能高效的先进电网。

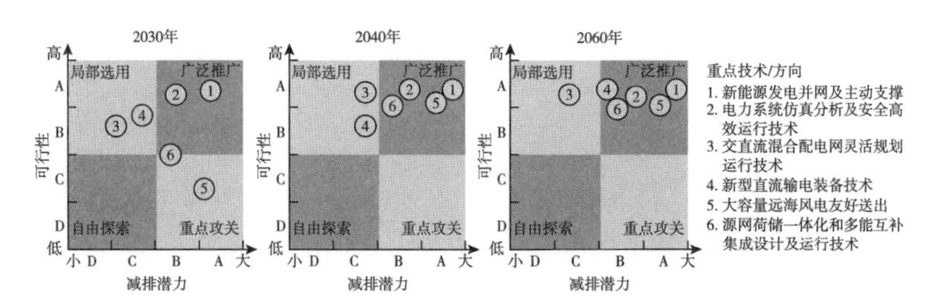

图 20.8 电力系统领域碳减重点技术 / 方向分析

资料来源：科技部“双碳”科技专家组研究制作。

5. 储能领域碳减排重点技术 / 方向分析

储能领域碳减排重点技术 / 方向有大规模高安全性、低成本、长寿命锂离子电池技术，大规模液流电池技术，大规模压缩空气储能技术，高安全长时电网储能电池技术，新一代高能量密度储能技术，跨季节储热技术，以及海水抽水蓄能技术，如图 20.9 所示。计划到 2030 年，大规模锂离子电池、液流电池、压缩空气储能可行性高，其间重点关注长时储能等技术；到 2040 年，长时电网储能电池为代表的新型电化学储能技术基本成熟，可再生能源加上储能将发挥重要的减碳作用；到 2060 年，多种储能技术大规模应用，为可再生能源为主体的电力结构提供支撑与保障。

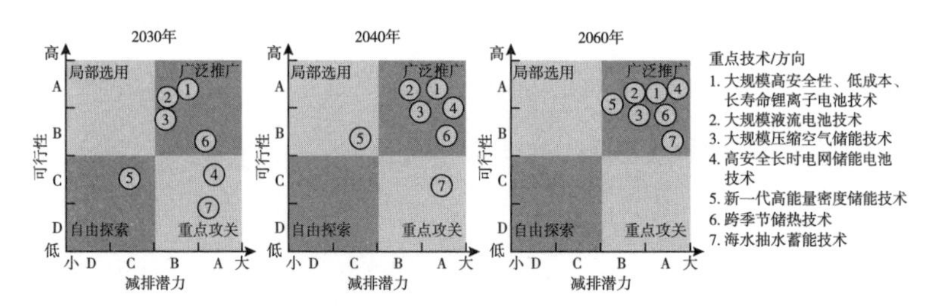

图 20.9 储能领域碳减排重点技术 / 方向分析

资料来源：科技部“双碳”科技专家组研究制作。

6. 氢能领域碳减排重点技术 / 方向分析

氢能碳减排重点技术 / 方向有五个，即绿色低碳氧气制备技术、氢气高效储存运输技术、高可靠性氢气加注技术、燃料电池设备及系统集成技术、氢安全防控及氢气品质保障技术，如图 20.10 所示。计划到 2030 年，清洁能源制氢及氢能储运技术取得较大进展，初步建立氢能供应体系；到 2040 年，制氢、储氢及氢能利用技术持续迭代升级，发挥显著减碳作用；到 2060 年，绿氢制备、储存和氢能利用技术大规模应用，带动能源行业绿色低碳发展。

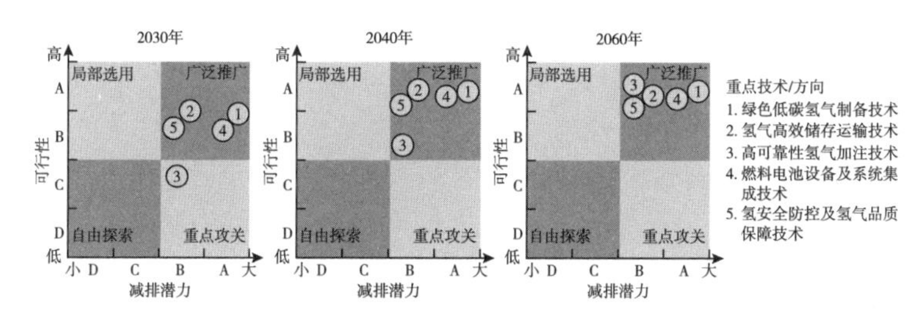

图 20.10 氢能领域碳减排重点技术 / 方向分析

资料来源：科技部“双碳”科技专家组研究制作。

7. 化工行业碳减排重点技术 / 方向分析

化工领域唯有实现原料替代才能大量减碳，化工是日常生活和工业生产中的必备品，其碳减排重点技术 / 方向是化石燃料替代、可再生能源驱动合成化学品、低碳含氧化合物合成、节能增效和过程强化、低碳烯烃、芳烃合成，如图 20.11 所示。计划到 2030 年，节能增效和过程强化具有较大的减排潜力，需重点关注低碳含氧化合物合成，烯烃、芳烃合成等技术；到 2040 年，绿氢和绿电替代技术逐步成熟，初步发挥减碳作用；到 2060 年，绿氢和绿电大规模供应，化石燃料替代技术成熟，是碳减排的主要手段。

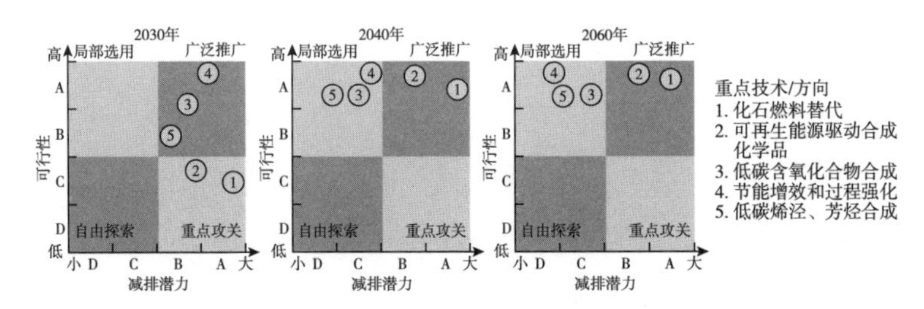

图 20.11 化工行业碳减排重点技术 / 方向分析

资料来源：科技部“双碳”科技专家组研究制作。

8. 钢铁行业碳减排重点技术 / 方向分析

钢铁的碳排放巨大，钢铁行业减碳重点技术 / 方向有废钢—电炉炼钢、高炉富氢碳循环、电沉积—电炉炼钢、氢直接还原—电炉炼钢、钢化联产、“高炉—转炉 + CCUS”，如图 20.12 所示。预计到 2030 年，废钢—电炉炼钢具有较大的减排潜力和可行性，重点关注氢冶金和电沉积等技术；到 2040 年，氢冶金和电沉积等技术进入工业示范阶段，行业占比开始增加，初步发挥减碳作用；到 2060 年，绿氢和绿电大规模供应，氢冶金和电沉积技术成熟，发挥减排优势，钢铁行业实现绿色低碳发展。目前钢化联产、“高炉—转炉 + CCUS”在技术突破上还有难度，国际上与中国就该领域技术发展尚保持联系沟通，没有受到恶意打压。

9. 水泥行业碳减排重点技术 / 方向分析

水泥的重要原料石灰石即碳酸钙，会挥发大量的二氧化碳，因此生产过程中不可能不排放二氧化碳。其减碳的重点技术 / 方向有含能废弃物与生物质替代燃煤技术、大掺量工业固废制备无/少熟料水泥、石灰石替代及熟料低钙化、光伏发电补偿等先进综合减碳集成技术、

全 / 富氧燃烧耦合碳捕集利用技术、低碳水泥高效制备低碳混凝土及其高耐久技术，如图 20.13 所示。预计到 2030 年，含能废弃物与生物质替代具有较大的减排潜力和可行性，重点关注全氧燃烧与低碳水泥；到 2040 年，石灰石替代及熟料低钙化技术进入工业示范阶段，行业占比增加，初步发挥减碳作用；到 2060 年，绿氢和绿电大规模供应，全氧燃烧与碳捕集技术成熟，发挥减排优势，水泥行业实现绿色低碳发展。

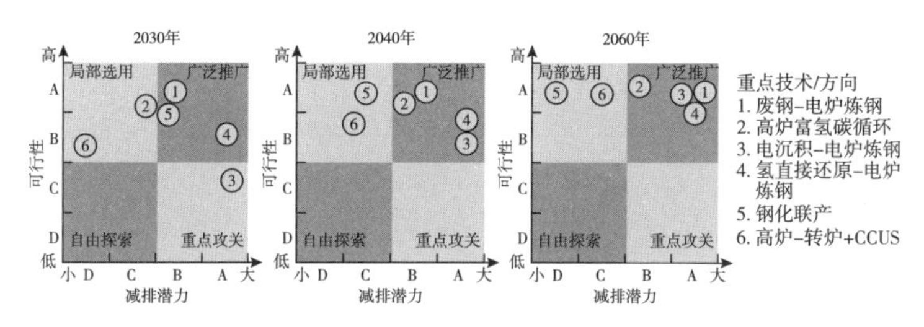

图 20.12　钢铁行业碳减排重点技术 / 方向分析

资料来源：科技部“双碳”科技专家组研究制作。

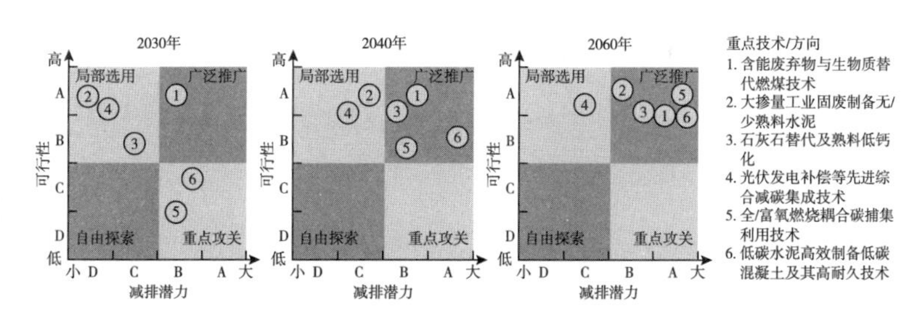

图 20.13　水泥行业碳减排重点技术 / 方向分析

资料来源：科技部“双碳”科技专家组研究制作。

10. 交通领域碳减排重点技术 / 方向分析

交通领域碳减排重点技术 / 方向有五个，即电动车辆船舶替代技术、氢能车辆船舶替代技术、载运工具能效提升技术、交通能源融合技术和智慧交通技术，如图 20.14 所示。预计到 2030 年，电动车辆船舶具有较大的减排潜力和可行性；到 2040 年，氢能技术、交通能源融合技术、智慧交通技术等展现出应用潜力；到 2060 年，氢能和绿电广泛应用，交通能源融合、智慧交通等技术推动交通领域全面绿色低碳发展。

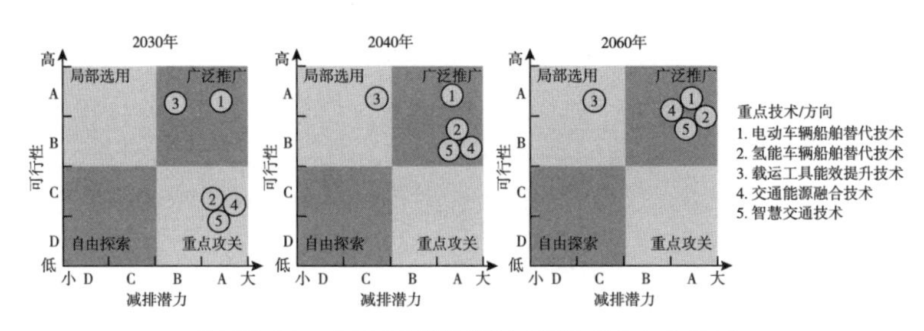

图 20.14　交通领域碳减排重点技术 / 方向分析

资料来源：科技部“双碳”科技专家组研究制作。

11. 建筑领域碳减排重点技术 / 方向分析

建筑领域碳减排重点技术 / 方向有五个，即北方地区低品位余热清洁供暖、光储直柔供配电技术、城镇生物质能源开发、高性能建筑材料、建筑蓄能与需求侧响应技术，如图 20.15 所示。预计到 2030 年，提质增效技术（高性能材料）具有较大的减排潜力和可行性；到 2040 年，建筑能源替代技术（余热回收、生物质、电气化）趋于成熟，成为主要减碳路径；到 2060 年，能源结构优化，建筑全面电气化，碳排放显著降低。

12. 非二减排重点技术 / 方向分析

在非二氧化碳温室气体排放领域，技术突破难度比较大，我们共梳理了九项重点技术，到2060年只有四项可以达到广泛推广的程度。其减排重点技术/方向有煤矿乏风瓦斯利用、含氟气体捕集销毁、氧化亚氮分解及抑制、含氟气体替代、垃圾填埋场非二利用、非二排放监测、低排放农畜养殖业、抑制 N_2O 废水处理、天然气/石油甲烷排放控制利用，如图20.16所示。预计到2030年，煤矿乏风瓦斯利用具有最大的减排潜力和可行性；到2040年，煤矿仍占减排首位，硝酸和己二酸行业氧化亚氮分解技术工业应用增加，减排潜力较大；到2060年，低排放含氟替代工艺及气体趋近完善，减排潜力最大。

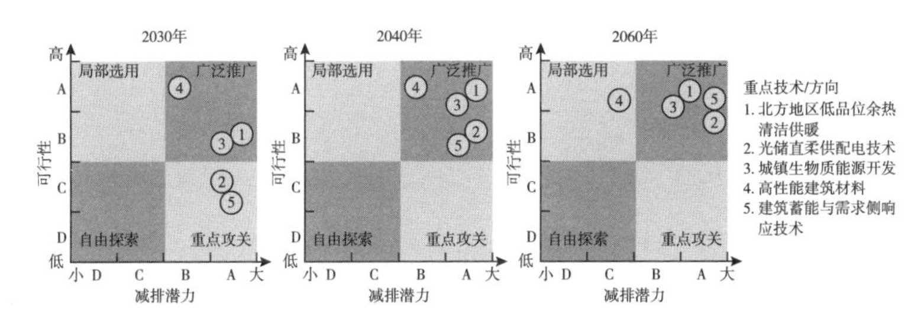

图20.15 建筑领域碳减排重点技术/方向分析

资料来源：科技部“双碳”科技专家组研究制作。

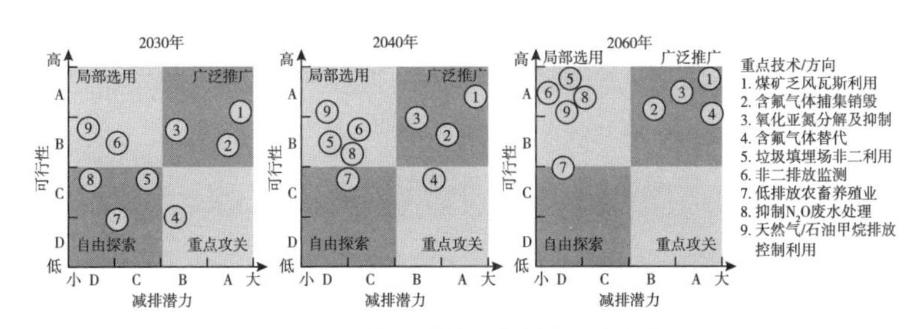

图20.16 非二减排重点技术/方向分析

资料来源：科技部“双碳”科技专家组研究制作。

13. CCUS重点技术/方向分析

在CCUS领域，二氧化碳的高质化利用很重要，全球都把该领域作为重点研究。国际上在该领域做了许多研究，但大部分处于实验室阶段。例如，2021 年热度较高的中国科学院天津工业生物技术研究所利用二氧化碳制淀粉技术也尚处于实验室阶段，离工业化还有很长一段路。将二氧化碳封存于地下也不易推进，受限于地方条件，我国在该领域与国外相比差距较大。CUSS 重点技术 / 方向有低成本碳捕集、CO_2 高值化利用、碳捕集利用一体化、CO_2 光电催化转化、CO_2 封存及监测、空气碳捕集与生物质能耦合 CCS，如图 20.17 所示。预计到 2030 年，低成本碳捕集显著提升 CCUS 经济性，大规模碳封存形成多个案例；到 2040 年，全流程 CCUS 和碳利用技术大范围推广，碳利用的间接减排能力大大发挥；到 2060 年，CCUS 技术体系全面推广，空气碳捕集与生物质能耦合 CCS 技术的负碳效应需求显著增加。

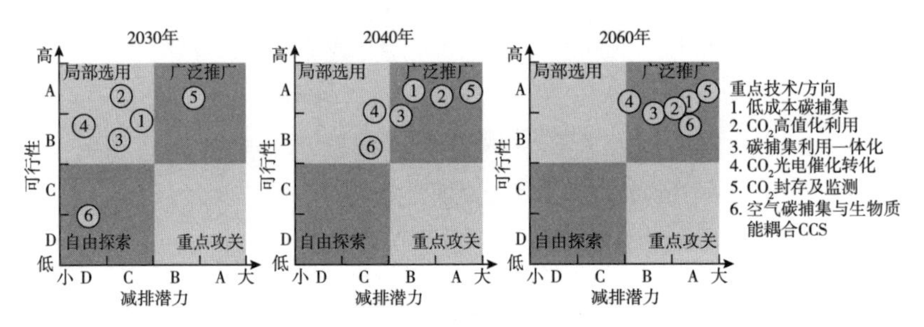

图 20.17　CCUS 重点技术 / 方向分析

资料来源：科技部“双碳”科技专家组研究制作。

基于上述重点领域技术或方向的分析，将之叠加，面向 2030 年、2040 年和 2060 年进行分析，可以看到在 2030 年，有 6 大板块，14 个重点领域，共 90 项技术 / 方向会有突破。

到 2030 年，制氢技术、高安全长时储能技术得到推广应用，为可再生能源规模化利用奠定基础，如图 20.18 所示。随着氢能、储能技术推广，建筑、交通行业电气化率显著提高，在“广泛推广”类技术中占比增大。在工业领域，减碳技术以能效提高和过程强化为主，完全替代可能性较小，更多集中在“局部选用阶段”。

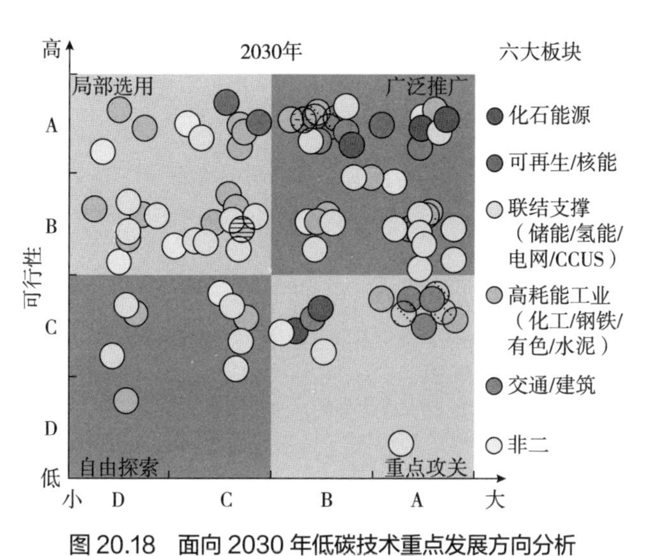

图 20.18 面向 2030 年低碳技术重点发展方向分析

资料来源：科技部“双碳”科技专家组研究制作。

至 2040 年，绿氢和绿电技术随着技术进步，逐渐显现经济性，将在减排过程中发挥显著作用，部分技术从重点攻关走向广泛推广，如图 20.19 所示。钢铁、水泥、化工等行业工艺变革性碳减排技术逐渐成熟，并得到推广应用。其中，电解铝技术突破的核心是用电环节，如果采用绿电可减少 97% 的二氧化碳排放。

到 2060 年，绿氢和绿电技术广泛应用，颠覆性技术得到广泛应用，各领域全面绿色低碳发展，如图 20.20 所示。届时，将充分发挥碳汇和 CCUS 固碳作用，对一部分二氧化碳进行利用，一部分进行封存，最终实现碳中和目标。

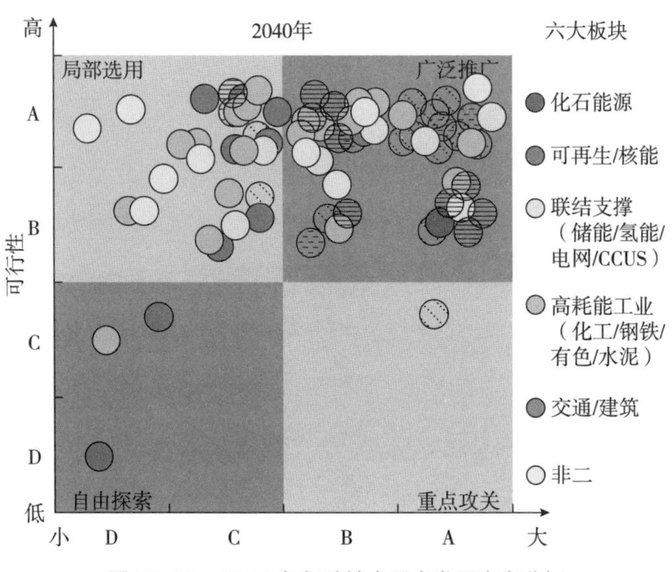

图 20.19　2040 年低碳技术重点发展方向分析

资料来源：科技部“双碳”科技专家组研究制作。

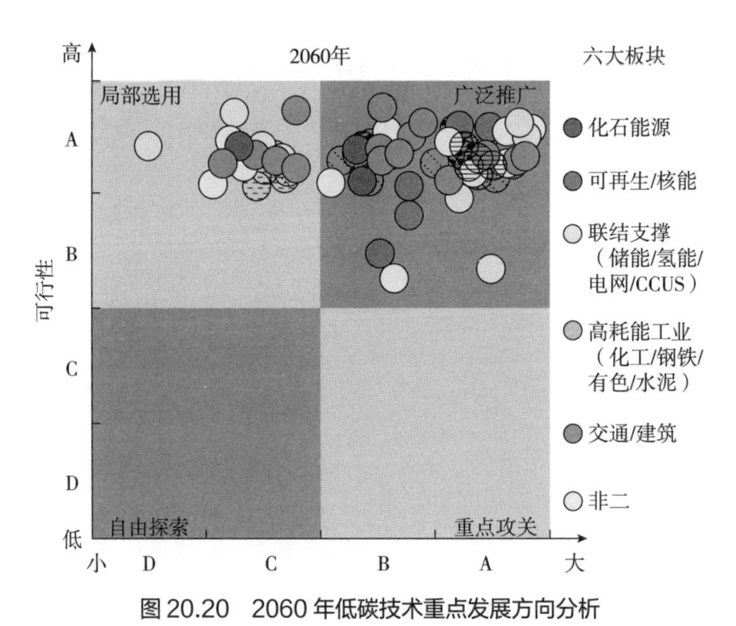

图 20.20　2060 年低碳技术重点发展方向分析

资料来源：科技部“双碳”科技专家组研究制作。

总而言之，在能源生产侧，构建新型电力系统需要煤电具有更强的灵活调节能力，逐步向支撑性和调节性电源转变，同时可再生能源与核能形成规模，广泛推广储能技术、新能源发电并网及主动支撑技术，实现“源网荷储”一体化多能互补与供需互动的新型智能电力系统构建。

能源消费侧，需要重点攻克在高耗能工业和建筑交通领域流程再造、“绿电”“绿氢”替代。氢作为无碳的能量和物质载体将发挥联系可再生能源与工业的纽带作用，绿氢制备和氢储输技术应当得到广泛推广。

关于“双碳”科创的几点思考

第一，要辩证看待气候变化及其结果。气候变化固然带来很多严重后果，但不可否认，气候变化也带来好处，比如对我国来说，西北、西部沙漠地区形成了湖泊，“面朝黄土背朝天”的陕北高原也开始变得郁郁葱葱。气候带北移是事实，如广东地区过去进入三月即非常潮湿，目前已有所改变。历史上，中国凡是气候偏暖时都是盛世，气候变冷时都是中原温带汉族被攻打的时候。春秋时期，河南安阳的气候比南方高 2℃。如今，二十四节气更符合长江流域的物候，不符合北方的物候。然而二十四节气是秦朝以前根据黄河流域的物候定出来的，说明两三千年前黄河流域的物候和现在长江流域是一样的。现在气候变暖，近一百多年我国国力逐步上升，正好与历史规律相符合。可见气候变暖对中国未必是坏事，但对欧洲未必是好事。

第二，要科学、全面、实事求是地看待碳排放。从历史上看，我国人均碳排放并不高，但当前人均碳排放水平不低，比较来看，美国的排放量排名第一，我国处于一般水平。中国是煤炭大国，需要对外购买石油、天然气等资源，然而一旦马六甲海峡被封锁，中国无法应对能源短缺，因此未来技术突破需要以我国为主。这里尤其要强调煤炭的地位，特别是清洁煤技术，2030 年前，煤炭还是我国的主体能源，是主要的燃料，因此要立足国情、控制总量、兜住底线，有序减量、替代。到 2030 年，煤炭将转变为基础能源，从燃料向原料转变。到 2050 年，煤炭是保障能源，主要作为原料，关键时应急调峰。到 2060 年，煤炭则是战略能源，应对突发事件为主，保障能源安全。

第三，碳达峰碳中和既有国际压力倒逼，也是我国自身发展的需要。习主席在不同场合多次讲到，中国积极应对气候变化既是国际压力，也是我们自身发展的需要，欧洲用气候变化制定了新的游戏规则，中国不参与就会失去话语权。俄乌冲突使得煤炭在国际上成为热门商品，未来煤炭的清洁化技术也是颠覆性的技术。从生态文明建设方面来看，如果碳中和可以顺利实现，与过去建立在化石能源基础上的工业文明不同，我国可以形成真正意义上的新型生态文明社会。

第四，此次“双碳”推动的能源革命，被视为第四次工业革命的重要内容，是中国赶超世界的重要机会。表 20.1 呈现了人类历史上数次工业革命的标志、与能源的关系和对世界格局的影响。此次“双碳”推动的能源革命，被视为第四次工业革命的重要内容，此外还有人工智能技术的突破。过去，中国未赶上前几次工业革命，若能抓住本次机会，未来在国际竞争中就不会落后许多，能够缩小差距甚至在某些方面赶超发达国家。如果能解决材料与能源面临的约束，不再依赖进口，对于提高中国的能源资源安全性也有极大帮助，这一点甚至比气候变化的影响更为重要。

表 20.1 纵观四次工业革命

项目	第一次工业革命	第二次工业革命	第三次工业革命	第四次工业革命
主要标志	联动式蒸汽机的发明	电机和内燃机的广泛使用	电子计算机、原子能、空间技术和生物工程的发明和应用	“去化石能源”为特征的系统性变革
与能源的关系	煤炭开始成为动力能源	石油快速发展成为主要能源	能源消费量飞速增长	非化石能源迅速发展
世界格局的影响	英国确立了“世界工厂”地位	主要资本主义国家进一步发展	美国、欧盟、日本迅速发展	能源革命和人工智能突破

第五，需要重点关注四个关系。首先，关注减排与增汇的关系，实现碳达峰碳中和目标应当从减排和增汇两方面共同努力，但增汇潜力有限，首要做好减排工作。其次，鼓励科学探索与遵循国际规则和标准的关系，鼓励支持“双碳”基础、前沿和颠覆性科技创新自由探索，但应遵循国际规则和标准，合理有效开展“双碳”科学探索。再次，关注短期效应与长期影响的关系，短期碳减排效应固然重要，但也应重视碳减排工程所带来的基于全生命周期的长期影响，如退役光伏、风电等设备消纳问题、生态环境影响问题等。最后，强化减缓与加强适应之间的关系，减缓温室气体排放在“双碳”工作中至关重要，同时也要关注并加强气候变化适应，如增强基础设施韧性等工作。

实现碳达峰碳中和可谓我国生态文明建设成效的试金石，是我国生态文明建设的应有之义。

数字技术助力碳中和之路

胡厚崑[1]

数字技术是实现碳中和的重要使能器

为应对气候变化，世界各国纷纷设立碳中和目标，中国也于2020年9月承诺了力争在2030年前实现碳达峰，2060年前实现碳中和的目标。中国是世界上最大的碳排放国，与欧美相比，要在30年的时间内从碳达峰走向碳中和，是富有挑战的，可谓“山高坡陡”。为了达成这一目标，我国在能源结构变革、低碳工业生产、消费侧电气化升级等方面都需要进行大量的技术创新和应用推广，数字技术作为关键使能技术，将发挥重大作用。

数字技术作为通用目的技术，具有很强的普适性，可获得性强、成本低，不局限于特定的行业和产品，在任何场景下都可以发挥作用，如同19世纪的蒸汽机和电力一样，在推动社会与经济发展的进程中起到关键作用。随着应用场景的不断丰富，数字技术将得到更快的发展，促进技术与商业模式创新不断更迭，持续推动各行各业蓬勃发展。

随着5G、AI、云计算、物联网、大数据及区块链等技术的成熟和大规模应用，数字技术不仅丰富和改变了人们的生活，也正在进入各行业的关键业务场景，与产业发展充分融合，在要素资源重组、经

---

① 胡厚崑，华为副董事长、轮值董事长，兼任华为数字能源有限公司董事长。

济结构重塑以及竞争格局重建等方面发挥着重要作用。

在能源领域，数字技术可加速能源结构的转型进程。比如，传统化石能源与数字技术结合，可提升生产效率，降低对环境的影响；光伏、风电等新能源融合数字技术，可加速提升经济性，推动规模应用。

在工业领域，数字技术可帮助传统行业降低能耗，实现精益生产。比如，利用物联网技术采集生产环节各设备的能耗信息，进行大数据分析，可实现能耗的可视、可控、可管。以水泥制造为例，水泥煅烧用煤是碳排放的重要来源之一，通过对煤的使用情况进行监控，可以有效提升煤的燃烧效率，降低煤炭用量。在精益生产方面，通过智能过程控制及智能装备的应用，可以提升生产操作精细化水平，减少由于操作不当导致的多余能耗物耗。以钢铁生产为例，数字技术融入炼铁、轧钢等各个工序，可以有效地优化工艺，提升钢材良品率，减少物料浪费。

在建筑领域，通过数字技术在设计、建设、运营等不同阶段的应用，可以降低全生命周期的综合能耗。比如，在建筑设计阶段，用建筑信息模型（BIM）系统进行建筑设计，相当于建立了建筑的数字孪生，可精准判断出建筑所需材料量，建筑内最优布线路线，并预测碳排放总量。在建筑运营阶段，利用数字化技术对楼宇或园区的电灯、空调、消防等设备和系统进行改造，可以更精准地进行碳排放管理。

在交通领域，数字技术可帮助提升交通网络的运输效率，减少碳排放，实现智慧交通。比如，在港口、矿山、机场等场景，通过数字技术的改造，可以实现少人、无人以及低能耗的运营。在汽车电动化方面，数字技术可以让电动车的能源管理更经济、更高效，通过智能化的充电模式，解决充电焦虑问题。

在碳管理方面，数字技术可以在碳排放数据的获取、传递、存储、统计等方面提升精准性和便捷性，帮助实现碳资产管理和碳排放追踪的数字化。比如，政府管理部门需要了解碳的构成、来源等数据，把握碳达峰碳中和的进度，而数字技术能帮助获取涉“碳”的各种信息，提高政府部门监督与管理的能力。

数字技术作为一种通用目的技术，正在全面助力碳中和的各个场景。首先，数字技术可以直接参与降碳的过程，如新能源的生产，以及直接实现碳排放活动的控制等。其次，作为关键使能工具，其在管理精细化、产业提质增效等方面也发挥强大的赋能作用，间接降碳。最后，数字产业自身作为新型战略性产业，在国民经济总量中的占比逐步提高，对于优化整体的产业结构，助力产业结构性降碳，也具有重大意义。

华为认为，数字化、低碳化是社会可持续发展的必由之路，加快形成低碳、绿色的生产与生活方式，比以往任何时候都更为重要。我们持续将绿色发展的理念融入日常业务战略、经营以及管理改进中，用数字技术助力各产业、各行业的低碳发展。

- 在数字能源领域，坚持“比特管理瓦特”，推动电力电子技术与数字技术融合创新，发展清洁能源与传统能源数字化，推动能源变革。
- 在低碳出行领域，发挥数字技术的优势，推动汽车电动化、智能化变革，打造智能、便捷、低碳的出行体验。
- 在信息通信技术（ICT）基础设施领域，不断投资创新节能技术，持续提升ICT设备能效，促进ICT产业自身低碳、绿色发展。

- 在行业数字化领域，践行“从碳足迹到碳手印”，让数字技术在更多的场景中使能千行百业降碳提效，绿色发展。

比特管理瓦特：数字技术驱动能源结构变革

能源生产及消费结构的优化是实现碳中和的重要路径。然而，由于能源基础设施的锁定效应，改变现有能源结构将是一个长期的过程，而数字技术在能源生产及消费领域的融合应用，能够加速能源结构变革的进程。能源产业自身脱碳的关键路径就是要逐步降低高比例的化石能源使用量，发展可再生能源，未来能源供应体系的发展将以电为中心，以可再生能源为主体。华为预测到2030年，可再生能源发电占比将从目前的20%增加到50%，在消费侧，电气化率将从20%提升到30%。在能源转型过程中，电力系统也将经历巨大的变革，未来将呈现“高比例可再生能源、高比例电力电子装备、高度数字化、高度智能化”的特征。

华为坚持用比特管理瓦特，发挥数字技术与电力电子技术的融合优势，聚焦围绕清洁发电及能源数字化，将数字技术、电力电子技术、热管理技术、储能管理技术等进行融合创新，打造有竞争力的产品与解决方案。以清洁发电为例，华为围绕光伏逆变器、优化器、储能等产品，支撑构建以新能源为主体的新型电力系统，助力新能源从增量主力发电走向整网存量主力发电。以能源数字化为例，华为通过数字技术与业务场景的融合，加速传统电厂、电网进行全面数字化升级和改造，实现智慧化转型。

1. 智能光伏

光伏作为最具发展潜力的新能源之一，在全球新能源装机增量中的占比超过一半，但未来发展仍面临挑战，比如光伏发电容易受到太阳照射角度、云遮挡等天气变化的影响，发电量不稳定，波动性大，给电网管理带来一定冲击，也给用户使用带来不便。另外，光伏电站往往占地面积大，光伏板数量多，日常维护管理耗时耗力。

逆变器作为光伏电站的关键设备，除了在逆变和并网中发挥重大作用外，还可以最大限度地提升光伏板的发电性能。华为一直致力于光伏逆变器的技术创新，利用数字技术的优势，助力光伏电站提升发电量，降低运维成本。

华为以组串式逆变器为主要技术路线，通过分布式架构设计，提高对光伏板矩阵的精准控制能力，特别是在地形复杂的电站环境，可充分发挥每块光伏板的能力，提升整体发电量。在组串式逆变器的设计中，华为通过“增硅减铁”的方案设计，引入大量的半导体和算法，降低了传统金属器件的用量，使逆变器设备的体积减小 40%，让电站设计和部署更简单。

此外，光伏电站为了实现更高的发电收益，会安装光伏板跟踪支架，通过调整支架角度适配太阳方位，以获取更好的光照效果。华为在逆变器中融入了 AI 算法，可以根据云遮挡、云层移动等情况，计算支架的最佳转动角度，即使在多雨和多云的天气，也可以捕捉更多的光照，最多可提升 1.5% 的发电量。

例如，在青海共和县的塔拉滩，华为助力国家电投集团黄河上游水电开发有限责任公司，建设了全球最大的 2.2GW 单体光伏电站，每年可生产近 50 亿度清洁电力，项目总占地面积达 56 平方公里，共 700 多万块光伏组件（见图 21.1）。通过一系列智能化和数字化手段精准管理每一串组件，提升电站发电量 2% 以上，提升运维效率 50% 以上，实现了更低的度电成本。这一项目还极大地改善了当地的生态环境，实现光伏板上发电，光伏板下牧羊，让荒漠变成绿洲。

图 21.1 青海共和光伏电站

资料来源：华为投资控股有限公司。

2. 输电线路智能巡检

数字技术在电网中的应用场景很多。以输电线路巡检为例，输电线路分布广，设备多，环境偏远，巡检人员需要跋山涉水，工作强度大，且存在登高、野外作业等风险，数字技术可以帮助巡检工作，从人工巡检逐步走向智能巡检。

为了让巡检工作更高效、更安全，华为联合行业伙伴，基于物联网和人工智能技术，打造了输电智能巡检系统。通过对视频、图像、温湿度和风偏等不同传感数据的融合，实时分析线路缺陷和异常，输电人员不需要到现场核查、拍照就可以采取处理措施。

例如，南方电网深圳供电局与华为携手，部署了输电智能巡检系统，对输电线路的5大典型隐患场景，7大本体缺陷进行识别，提升视频在线监测能力，实现了“以系统智能分析为主、人工判断为辅”的新模式。原来需要20天完成的人工巡检，现在只需2小时。数字技术正在推动电力行业的变革，让科技之光照亮万家灯火。

智慧交通：数字技术助力交通领域电动化和智能化

据世界银行统计，交通运输消耗了全球石油消费总量的64%，是最大的空气污染和碳排放源之一。目前全球正在加速构建安全、绿色、有韧性、可持续的交通体系，包括推广绿色低碳交通，加强绿色基础设施建设，普及新型交通装备，倡导绿色出行等。

华为预测，到2030年全球电动车的保有量超过1.5亿辆，充电桩的保有量超过1亿台，每年销售的新车中有20%以上都将配置自动驾驶功能。未来的交通网将是一个绿色低碳的智能交通网，而交通工具尤其是乘用车将大量电气化，交通运输体系会进一步智能化。华为重点围绕交通工具电动化、交通系统智能化以及交通能源网电气化构筑产品与解决方案：

- 交通工具电动化：华为不造车，聚焦ICT技术，帮助车企造好车，成为智能网联汽车的增量部件供应商，提供的产品包括：智能驾驶、智能座舱、智能网联、智能电动、智能车云等。
- 交通系统智能化：华为针对高速公路、机场、港口等交通场景，提供智慧化解决方案，通过数字技术对交通的调度和管理进行改造，提高效率，降低能耗，让旅程更便捷，让物流更高效。

· 交通能源网电气化：未来交通能源补给以电力为主，充电网络是重要支撑。华为提供从充电模块、超快充充电桩，到智能充电网络等全栈级充电基础设施解决方案，助力打造新型城市交通能源网基础设施。

1. 动力电池安全保护

当前，电动汽车正逐渐成为人们日常生活的一部分，除了充电焦虑、续航焦虑外，还有动力电池的安全焦虑。电池在实际使用中存在着火、冒烟和漏液等潜在安全问题，这不仅降低了消费者使用电动汽车的安全感，也严重阻碍了电动汽车的规模化应用。

热失控是动力电池安全性的攻坚重点，电池热失控是一个机、电、热、化学综合作用的过程，如何正确评估电池内部的状态，做好电池的热管理，是动力电池安全运行的关键。华为在数字化和电化学方面有着深厚的积累，协同运用“端 + 云 + AI”的能力，开发了 AI BMS 电池管理系统，为车企提供动力部件可视化安全管理平台。通过数据采集、云端处理，以及 AI 预警分析等手段，实时掌握电池的健康状态，对异常风险可以做到提前 24 小时预警，让车主更安心。

2. 智慧机场

机场作为航空运输和城市的重要基础设施，是综合交通运输体系的重要组成部分。随着旅客出行需求的日益增加，机场保障资源紧缺，机场运营管理也面临很大挑战。首先，安全风险增加，缺乏对人、航空器、车辆、行李等机场安全要素的全闭环管理。其次，资源管理难，如机位、值机口、行李转盘等资源紧张，利用效率低。以廊桥为例，遇到航班延误、提前到达、改期等情况，机场难以进行动态调配，导致在廊桥空闲的情况下，飞机还要停靠在远机位，使旅客不得不乘坐摆渡车，登机体验不佳。

华为智慧机场解决方案，融合AI、视频云、大数据等新技术，围绕机场“运控、安防、服务”三大业务领域，打造场景化解决方案，畅通旅客流和航班流，大幅提升旅客出行体验和运营效率，支撑机场数字化转型建设。

以深圳机场为例，华为助力打造了机场数字化转型底座，结合机场特有约束条件和复杂场景，构筑了“运行一张图，安防一张网，服务一条线”的新模式，使深圳机场成为理念创新、技术先进、持续领先的数字化最佳体验机场。

- 运行一张图：基于机场数字平台，融合来自空管、机场和航司等30多个子系统的机场、航班和旅客数据，构建“运行一张图”解决方案。通过AI替代人工分配机位，效率大幅提升，如1 000+航班机位的批量分配，过去要4小时完成，现在只要1分钟。
- 安防一张网：部署了大量视频监控终端，安全防范从抽检升级到动态实时。
- 服务一条线：旅客将生物特征授权给机场后，大大简化机场检查程序，提升出行体验。旅客从进入机场到登机口，最快仅需 15 分钟，坐摆渡车的次数也大大减少。

从能耗到能效：建设绿色 ICT 基础设施

华为预测，到 2030 年全球联接总量将突破 2 000 亿。企业网络接入、家庭宽带接入、个人无线接入速率将突破万兆，迎来万兆连接的时代。人类将进入尧字节的数据时代，通用算力将增长 10 倍，人工智能算力将增长 500 倍。与此同时，随着 XR、裸眼 3D、电子皮肤等技术的成熟，“数字视觉、数字触觉、数字嗅觉”将通过下一代网络带来身临其境、天涯若比邻的颠覆式体验。但这也会使 ICT 基础设施的能耗大幅增长。

华为坚持从能耗到能效的理念，从关注绝对能耗，到关注单位能耗所创造的价值，打造绿色 ICT 基础设施。在联接领域，通过简化网络架构，提升转发效率，走向全光、极简和智能，在网络运营层面实现能效的可视、可管。在算力领域，“鲲鹏 + 昇腾”作为算力底座，把云、计算、存储、网络等整合在一起，走向全栈一体化，实现更高的算力利用率和能效比。在 ICT 能源领域，围绕通信基站、数据中心场景，在架构、供电、温控以及管理等方面持续进行创新和优化，打造绿色、极简、智能、安全的 ICT 能源底座。

1. 性能节能双优天线

作为移动通信系统的触角，基站天线在保证通信质量方面起着极为关键的作用，如何提升覆盖、做大容量、降低比特能耗，是我们持续创新的方向。Massive MIMO 是一种大规模天线技术，在提升 5G

网络覆盖、用户体验和系统容量方面优势明显。基于 Massive MIMO 的持续创新，华为 MetaAAU 产品引入了超大规模天线阵列技术，在不增加发射功率的情况下，同时提升上下行覆盖，改善用户体验，实现网络性能和绿色节能双提升。

相比传统方案，MetaAAU 可以同时提升小区 30% 上行覆盖和 30% 下行覆盖，边缘用户平均体验可提升 25%。在小区边缘覆盖指标不变的情况下，基站可配置更低的发射功率，从而降低基站能耗，相比传统 AAU，能耗降低约 30%。

2. 绿色 ICT 能源

截至 2022 年底，全国移动通信基站总数超过 1 000 万，为了助力运营商降碳减排，华为通过极简设计、最大化利用可再生能源、引入 AI 技术等手段，不断提升通信基站的能效。过去基站的形态以室内站为主，需要配套大功率空调。现在通过将室内站改造成室外站，室外站改造成杆站，大幅降低温控能耗。比如采用一体化户外机柜，将站点从室内转向室外，减少站点能耗约 30%。

随着数字经济的发展，数据中心作为城市新型基础设施，数量不断增加，耗电量逐步加大，数据中心的节能降耗也迫在眉睫。华为通过全液冷、AI 管理、预制模块、集群计算等创新技术，不断提升数据中心能效。比如，华为贵安数据中心，有 100 万台服务器规模，综合使用了全液冷、iCooling 智能温控方案、自然冷源等，节能减排效果显著，年均能源利用效率（PUE）最高可降低到 1.12，在满负荷运行的情况下，预计每年可节省 10.1 亿度电（见图 21.2）。

图 21.2　华为贵安数据中心

资料来源：华为投资控股有限公司。

碳足迹到碳手印：数字技术赋能千行百业能效提升

正所谓“万事万物皆有迹可循”。“碳足迹”是指服务或产品在全生命周期直接与间接产生的温室气体排放总量，排放量越大，碳足迹越大。“碳手印”是指通过应用 ICT 等数字技术，使能其他行业减少碳排放，这种使能效应被称为碳手印。例如，云桌面替代传统 PC，功耗可降低 64%，5 000 套云桌面每年可节约 160 万度电；机场协同决策系统可以减少飞机滑行等待时间，如果中国每架航班减少 1 分钟等待时间，每年可减少燃油消耗 4 400 吨。

华为持续坚持技术创新，联合伙伴在政府与公共事业、交通、工业、能源、金融、医疗等多个行业打造场景化解决方案，赋能客户数字化转型，助力行业绿色低碳发展。

1. 智慧煤矿

煤矿是中国能源供应保障的压舱石，在当前发展中面临着安全生产保障难、生产效率低、生产装备落后等诸多挑战。煤矿企业致力于通过数字技术助力企业转型升级来破解这些难题。

以国家能源集团神东煤炭为例，华为把5G、人工智能等技术带到煤矿，围绕煤矿作业的全链条、全业务场景，打造了包括矿鸿物联操作系统、AI智能分析、5G井下远控等数字化产品与解决方案。

在井工矿，基于5G高带宽、低时延的特性，对综采面100+路高清相机的画面拼接和智能分析，矿工在井上的办公室就可以远程控制井下的掘进机。另外，通过人工智能技术对皮带运输进行异常分析、状态巡检，可以减少20%的工作量，异物识别准度达到95%。在露天矿，通过矿用卡车的无人驾驶方案，实现了卡车的平稳驾驶以及智能化调度，显著减少轮胎磨损和燃油消耗，使煤矿生产更高效、更安全、更绿色。

2. 玻璃智造

在玻璃制造行业，为了满足企业高质量发展的需要，亟须通过数字化技术来解决设备可靠性、精益生产、节能降耗等问题，以提升企业运营管理效率。

以信义玻璃为例，现有生产运营和管理机制面临很大挑战。在生产方面，天然气是玻璃生产的主要燃料，消耗高，碳排放和成本压力大。在设备方面，自动化连续生产要求高，设备一旦发生故障，整条生产线将停产。在运营方面，生产和管理数据都是手工录入，管理效率低。

华为帮助信义玻璃建立了数据使能平台，构建了统一的智能数据湖，打破数据孤岛，促进了全业务流程高效协同，生产经营情况可一屏全览，驱动快速决策。以窑炉工艺优化为例，通过对窑炉温度、天然气进气量、泡界线趋势等相关参数的获取，对多个窑炉进行对比分析，帮助工艺专家对能耗较高的窑炉进行参数优化，每年节省燃料费用上亿元。

释放数字生产力，加速数字技术产业融合创新，助力碳中和

绿色发展正成为全球共识，我们要清楚地认识到碳达峰碳中和是一项长期、广泛、系统的工程，不可能一蹴而就，要有全局视角，统筹处理好商业价值与社会价值、发展与减排、安全与效率、短期与长期等多种关系。

企业作为社会经济活动中的重要单元，更需要全面深入地理解碳减排目标，充分研究整体宏观形势对产业链的影响，将碳中和的理念和相关技术融入业务场景，通过不断加强技术创新，改进生产工艺及流程等方式，实现企业的转型升级和绿色发展，提升自身的竞争力。如此，既能实现自身商业价值，也能承担更大的社会责任。

数字技术是实现碳中和的使能器，为各行业、各企业转型升级和绿色发展提供关键动能。数字技术融入生产业务流，可以提升生产效率、用能效率；数字技术融入运营管理流，可以提升卓越运营的策略和管理能力，从而增强企业的绿色发展能力。

深度推进数字技术与经济生产活动的融合，释放数字化生产力，是转变经济发展方式、发展低碳经济，实现碳达峰碳中和的重要途径。我们建议大家积极拥抱数字化，提升数字技术与低碳技术的融合创新水平，拓展更多数字技术助力碳中和的应用场景，并积极推广应用，共同加速全社会的低碳发展。

绿色消费趋势下的机遇与挑战

苏日娜[①]

波士顿咨询公司（BCG）在2022年针对全球消费者开展了一项可持续行为调研，收到全球2万多份问卷，覆盖美国、德国、法国、日本、意大利等发达国家，也覆盖中国、印度和巴西为代表的发展中国家，涉及快速消费品、零售、休闲旅游、服饰、数字新媒体产业（TMT）、电子设备（PC/平板电脑）、建筑材料、奢侈品、公用事业（电力）、汽车/出行等14大消费品类。具体就三个方面展开调查：第一，消费者对可持续性的关注程度，分为意识、行动、支付意愿三个由浅入深的程度；第二，购买可持续消费品的主要障碍；第三，如何促进消费者行动。此次调研的中国专题研究揭示了关于中国消费者可持续行为三大洞察。

中国消费者可持续理念与行动领先全球

可持续发展最早由欧盟提出，且普遍认为西方主导绿色发展相关的内容，因此当本调查结果显示中国消费者在可持续消费理念与行动上均领先全球时，令人颇感意外。消费者研究的消费漏斗取决于消

---

① 苏日娜，波士顿咨询公司董事总经理兼全球合伙人，BCG大中华区能源行业负责人，BCG大中华区气候与可持续发展课题核心领导。长期深耕工业品基础设施以及能源领域，在中国以及中东和东南亚地区拥有超过十年的工作经验，是波士顿咨询《中国绿色消费人群洞察研究》的联名作者之一。

费者是否能够意识到消费决策与气候变化的关系。调查结果显示，在消费认知层面，80% 的人认为购买行为与将来全球气候有直接相关性；在消费决策层面，60% 左右的消费者在真正购买时愿意把可持续理念贯彻到购买行为。在实际购买过程中，持续践行理念（非心血来潮购买行为）的占 20%；在支付溢价层面，25% 的消费者愿意支付绿色溢价（数据在全球不同国家存在差异），中国消费者在上述指标的表现均高于全球平均水平。

在中国，2021 年开始的自上而下的大规模宣传，使消费者的绿色消费意识大幅提升人们对低碳、低碳出行、极简消费等意识的认知与宏观宣传环境直接相关，这是中国的特点。日本对气候变化的认知度比中国更加急迫，与荷兰相似，并且已经度过了消费意识反映在责任上的时期。在中国，人们普遍认为收入高、受教育程度高的人更关注零碳领域与绿色消费，BCG 与天猫合作的大数据人群的分析也验证了该结论：在东部受教育水平相对高、人均生活水平相对高的地区，绿色理念的渗透率高于西部地区。调研结果同样显示，绿色消费的概念已深入人心，在中国东部、中部和西部的渗透率都很高，说明绿色消费在中国已非新潮概念。

政策、企业和消费者三方相辅相成的推动，共同促进可持续理念和行为的改变。第一，在政策层面，政府从十年前已开始不断向大众进行绿色消费的宣传。第二，在企业层面，企业开展了很多消费者教育，如零碳工厂、产品回收等内容。第三，在消费者层面，中国消费者主力都是相对年轻一代的消费者，乐于接受新理念的灌输。三者当中难以分辨谁是驱动者，准确来讲，三者之间是互相牵制、互相影响和互相推动的关系。对比中国与欧洲，中国的政策导向更强，而在欧洲，消费者导向性更强，进而推动政府的政策实施。

具体而言，中国从十年前开始，相关政策明显提到绿色消费的以倡议偏多，而后自 2008 年颁布限塑令，2015 年十八届五中全会提出绿色发展理念，政策的推动进入加速期。到 2020 年 9 月提出碳达峰碳中和目标，再到 2021 年“双碳”目标写入“十四五”规划目标，政策的推动进入爆发期。2022 年 1 月国家发展改革委等七部门印发《促进绿色消费实施方案》，在此期间企业纷纷采取碳盘查，以及将 ESG 升级为企业年度 KPI，而百度、抖音等平台上“绿色”“可持续”等关键词的引用与搜索数量迅猛增长。

在企业层面，产业链下游的领先企业在消费者教育上攻坚克难，消除消费者认知上的八大门槛，即认知不够、接触不多、价格过高、不够方便、质量不高、信任不足、心理门槛和不予考虑。金典携手《人民日报》推出碳中和故事片，深度绑定中国首款“零碳牛奶”，普及“低碳有机生活”的理念，推动消费者认知提升。华润万家在超市内专设绿色环保商品专区，并挂有醒目标识牌，增强接触渠道。许多绿色产品采用本地化的供应链，而农业、种植业、食品等行业的绿色产品与有机密不可分，有机、无农药的产品成本较高导致最终的价格过高。盒马与蔬菜基地达成直采合作，降低种植管理成本，为顾客提供平价有机蔬菜。喜茶率先推出原创“PLA 可降解吸管”，相较纸吸管，PLA 吸管更耐搅拌且浸泡无软塌，提升消费者使用便利度。爱慕摒弃存在风险的化学合成类或金属类助剂，采用天然植物中提取的高分子，安全性更高，提供质量更好的产品。安踏将可追溯元素加入再生涤纶纺纱中，确保纱线、面料、成衣有迹可查，环保标准流程准确完备。上海本土咖啡品牌 Manner 为自带杯来门店购买咖啡的消费者减5元，鼓励消费者跨越心理门槛，迈出环保第一步。华住集团部分酒店试点“绿色住”，鼓励消费者选择环保的住店方式（例如无须续住清扫）并减免部分房费，将绿色消费这一此前在住酒店决策时从未考虑过的因素纳入决策考虑。

在诸多障碍中，消费者对于零碳产品无法进行评判，因此企业做零碳产品时面临的最大问题是如何把零碳信息传递给消费者，并转化成零碳标签或者优势。为此，企业要付出高昂成本。以伊利为例，其通过专业认证机构在绿色证明、可再生能源、最低能耗等方面为其进行了许多认证工作后，才可以证明伊利每生产1克牛奶排出的二氧化碳如何被中和。

尽管消费者无法辨别产品究竟是不是零碳，但在客户体验中注入绿色是将绿色与品牌建立链接的方法。比如，伊利这种消费品企业的产品分布于商超或线上，难以看出相似商品的区别，所以其通过建立碳中和工厂并传播碳中和工厂来提升消费者对其绿色的认知。再比如，麦当劳将其零售门店建设成为与消费者交互的界面，传播绿色理念。还有诸如苹果等具有庞大供应链的企业，愿意花5%~10%的溢价让上下游产业链意识到绿色溢价的价值，自然也是苹果绿色属性的最好宣传。

中国新一代消费者更重视美好的自然环境，一项名为《新十年新十行新生活中国居民消费调研报告》的调研表明，中国新一代消费者对于美好生活的主要诉求已经由以衣食住行为代表的物质层面延伸到精神层面，更好的自然环境已成为美好生活不可或缺的组成部分。与此同时，“健康C位”消费主题崛起，健康话题达到空前热度，成为高频话题且观看量暴涨。更多大众消费者看重可持续理念，话题热度上升。中青年肩负家庭重任，健康意识最强，对天然、有机、健康需求逐渐上升。健康诉求已渗入日常饮食，抖音“植物蛋白”观看量2020年增长了200%。消费者积极响应政策和企业的导向，比如在超市购物时，多自备购物袋，响应政府的限塑令。酒店业不主动提供“六小件”后，消费者主动养成出行习惯，自带全套洗漱用品。

中国消费者在绿色消费话题上心智愈发成熟

BCG的此项研究表明，相对于其他市场，中国消费者认为可持续商品的特点是不含有害成分、本地生产、有机低碳、使用可持续包装，而且在部分品类上，中国消费者对可持续的追求不只是“避害”，而且“向善”。“向善”更侧重于能源、环境、生态等大爱，而非自身利益。因此，中国消费者展现出了更加积极的态度。中国消费者购买可持续商品的最大障碍来源于产品可得性，而非价格，且接受可持续理念更多是出于精神需求，而非实用主义，表明其追求更深层次的意义。

中国消费者在可持续话题上的成熟心智得益于众多受新一代消费者看重的关键意见领袖（KOL）的宣传推广。绿色已成为一种新风尚，在KOL引领下进一步兴起，形成潮流。各大社交平台博主普及环保理念，记录环保日常，形成示范；积极推荐减塑好物，引领低塑生活；推荐可持续品牌，引领生活方式；推荐极简主义，记录低欲望生活。

在BCG与天猫合作开展的“绿色消费人群”调研中发现，根据“吃穿用住行”五大场景的绿色生活方式定义，天猫绿色人群渗透率已达到16%，这一比例远超想象。进一步分析这些绿色消费人群，发现女性占比61%；25~39岁的年轻人占比达51%。都市白领和Z世代[①]是绿色人群中的主力人群。高购买力群体中56%的人关注绿色消费，中购买力、低购买力群体中关注绿色消费的人群占比分别为43%和12%。绿色消费人群中居住在一、二线城市的达50%，三、四、五线及以下地区的占比分别是23%、11%和17%。

绿色人群选购绿色货品时更关注具有特定绿色环保健康属性的原材料，如可再生、可降解、全麦、有机、新能源。“绿色”一词最早在绿色食品、绿色蔬菜中被使用泛化，因此在当前阶段，中国消费者不太认可被继续宣传为“绿色”的产品。

根据不同的品类分析，假设纵轴是品类市场需求[②]，代表绿色货品在全量货品的占比，横轴是绿色消费需求，即绿色产品的成交量跟总货品，如图22.1所示，吃、穿、用、住、行各品类均有绿色消费需求，尤其在食品、美妆个护、手机数码等领域有较大增长潜力。

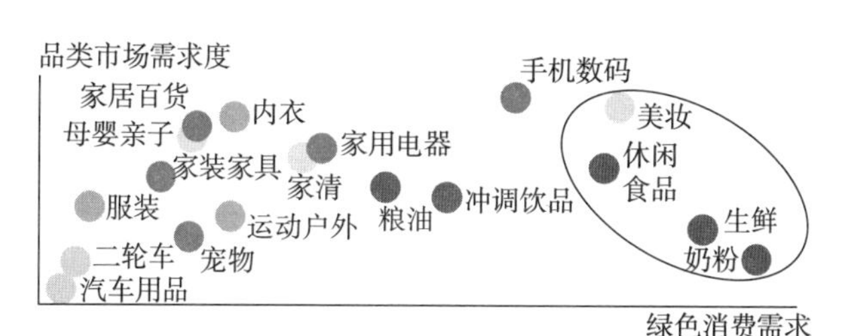

图22.1　各品类绿色消费需求分析

资料来源：淘宝数据，BCG分析。

① Z世代指1995—2009年出生的人，是伴随着互联网和智能设备发展成长的一代人。

② 品类市场需求＝绿色货品数/全量货品数；绿色消费需求＝绿色货品年成交件数/绿色货品数。

绿色人群比普通人群每年在绿色货品上多支出53%，高频消费品类可增加绿色货品供给，丰富品类，提升复购；低频消费品类可利用绿色人群更高的支付意愿提升溢价空间。

消费者对政策与企业的影响未来将进一步强化，企业需把握好消费者心态加速期，争取先发优势。企业不仅要关心“绿色人群”，也要关注更广阔的主流人群，做好消费者洞察。企业要挖掘可持续话题上的机会点，如布局绿色品类与产品、设计品牌/产品定位、精准定位营销渠道、开展投融资等，抓住发展机遇。

绿色消费带来消费品市场的新机遇

2020年，全球可持续投资总额约35万亿美元，可持续投资在全球总资产管理规模中占比超三成。中国的可持续投资占全球可持续投资总额的20%，约合7万亿美元。在中国，绿色消费趋势下的植物奶、人造肉、零糖低卡、环保包装产品等领域企业，受到资本市场的追捧。星期零以大豆蛋白为原料制作与真肉媲美的人造肉，避免畜牧养殖碳排放和耕地占用，目前与棒约翰、桂满陇、喜茶等20余家头部企业推出植物肉产品。小罐茶独创环保铝制小罐，包装物料完全自主研发并申请专利，并对胶囊展开回收计划。拇指白小T打造经典百搭基本款，利用“黑科技”提升产品耐用性、抗损坏，机洗百次不变形，减少消费者的穿衣碳足迹。

同时，绿色消费趋势也给相关的生产、包装、使用、循环利用环节带来新的投资机会。采用分布式能源，携手上游打造可持续供应链。分布式能源全球市场约500亿美元，预计将保持约9%的增长，利润率约 5%~15%。采用合成生物，实现物质加工与合成的绿色生产。合成生物制造产品平均节能减排 30% ~50%，未来将达到 50% ~70%；预计 2025 年，全球合成生物学与生物制造的经济影响将达到 1 000 亿美元。采用可循环、易回收、可降解的产品包装。可降解塑料全球市场 2 500 亿美元，预计每年保持 6% 的增长，拥有约 15% 利润率。城市固体废弃物回收和循环利用，废品管理和回收全球市场约 3 000 亿美元，将保持 6% 的增长，利润率约 15%。

对消费品企业而言，在“绿色消费”领域提早布局，将享受 5~15 年的先发优势，在制度规范前创造大量价值。具体而言，布局绿色消费，企业可以获得多个价值创造的抓手。一，为可持续消费支付的溢价高达 10% 以上，推动消费决策；二，约 67% 的千禧一代[①]在选择工作时考虑可持续性，提升对人才的吸引力；三，约 60% 的减排措施能协助企业降低营运成本；四，可持续基金市值的下行偏差比传统基金低 20%，可有效管理并降低监管风险；五，全球资金的三分之一投资于可持续资产，降低资金成本，拓宽融资渠道；六，约 50% 的零售产品来自增长的可持续性，推动市场拓展，进入新业务领域；七，可持续性指数（SI）较高的零售商，可获得 11% 的估值溢价，推高市场估值。消费企业有 5 种途径实现“绿色”：一，开发可再生的包装和产品，降低整个生命周期的碳足迹；二，提升原料和供应商的可持续性，践行可持续采购，携手上游供应商打造可持续供应链；三，优化生产过程中的资源利用率，最大程度降低运营环节的碳排放、用水量及废弃物产生量；四，优化运输网络，尽可能降低整个

① 千禧一代是指出生于20世纪且20世纪末未成年，在跨入21世纪以后达到成年年龄的一代人。

供应链上产生的运输碳足迹；五，采取循环经济模式，逐步根除垃圾填埋，减少资源开采。

推广绿色消费面临的挑战

在推广绿色消费过程中，企业往往面临三大挑战。

第一个挑战关于消费意愿，即如何让消费者更加有意愿地进行绿色消费。H&M 在全球启动“旧衣回收计划”，扩大绿色消费社会影响力。耐克回收废旧球鞋以用于环保球场建造，并生产和推广了回收材料制造的新鞋；与苹果联合发布智能手表，推广绿色健康的生活方式。阿迪达斯、李宁等领先企业提供以可持续发展为主题的线下体验活动，促进消费者绿色消费意愿的提升。可见，要提升消费者的绿色消费意愿往往需要品牌与消费者有大量的交互界面才能做到。

第二个挑战是如何推动上游实现零碳供应链。以苹果为例，2017年苹果在北美、日本、东南亚等地区采购绿色电力，并要求所有供应链企业实现百分之百采购绿电；在包装上进行低碳改造，精简包装等。同时，投入资金对供应商进行培训，助力其建立节能体系，帮助供应商对接有影响力的投资机构，解决能效升级中的资金问题，最终重塑供应链体系。宝马、华为也在供应链上采取类似措施，打造零碳供应链。

此外，星巴克、雀巢等消费企业，在早期已将可持续发展概念植入供应链环节，如在供应链透明化、供应链可持续发展、农民收益、咖啡采摘环节、农业的保守主义等方面实践着公平采购、绿色种植等。在包装方面，其供应链通过可回收包装、环保性材料的使用和设计贯彻可持续发展原则。此外，优化物流仓储的运输用车，同时满足时效和碳排放要求，这也是一个系统工程。针对原料、运输、包装、回收以及最重要的工厂等各个环节设计实施低碳解决方案，提高生产效率的同时降低能耗。

从投资角度看，则应更多关注新兴的技术以及可控成本新兴技术的应用，如工厂改造的绿色应用，原材料、颠覆性技术的影响，如合成生物学技术在化工企业、纤维企业的影响，这是真正的绿色投资。

第三个挑战是如何推动绿色消费标准获得认可。绿色消费缺乏标准。标准应由谁制定？通过政府制定比较难，最终一定要通过龙头企业来制定这些标准。龙头企业与供应链企业合作可重新树立标准，继苹果之后，三星也在做同样的事情。有了标准的制定，消费者的买单意愿才会提高，才能真正达到减碳的实际效果，否则只能停留在宣传语上。

本调研是在2021年进行的，此后再做研究，结果可能会不一样。对于大多数人来说，绿色并非百分之百的消费决定因素，但是在经济低迷的时候，绿色会被另外定义。在进行消费者回访时发现，减少消费也是绿色消费，因此，未来的绿色消费应该是倡导节约型的消费行为。

第五部分

国际合作与竞争

全球视野：碳中和的国际合作与竞争

朱民

实现碳中和是全人类的共同利益和目标，因此从本质上来说，碳中和是全球的共同事业。只要地球上还有国家继续排放二氧化碳，全人类都会受到气候变化的影响，据此，实现碳中和需要世界各国共同的一致行动。全球视野是思考、观察和推进碳中和转型的重要维度。碳中和源于国际发起和推动，过程需要国际协调，其终点也一定归于国际碳中和政策和治理的构建。碳中和涉及大量的基础科学研究和发明、关键科技创新和重大技术变化等；碳中和需要制定全球趋同和一致的气候变化和绿色未来的标准，包括产业目录、技术标准、金融披露等；碳中和需要全球合作投融资体制改革支持零碳金融资本流动，支持更多金融资金流入碳中和领域，特别是发展中国家的碳中和转型；碳中和需要协调各国碳中和政策制定和落实。总之，国际维度是研究和思考碳中和不可或缺的重要维度。

因此，碳中和一定是在国际合作和竞争中发展前行的。展望未来，碳中和是国际合作最主要的窗口和最重大的历史机遇，近年来的地缘政治恶化只会短期影响碳中和发展和国际合作的波动，不会改变碳中和国际合作的根本趋势。在碳中和合作中的各国利益竞争也会逐渐加强，包括制度和标准制定、科技创新、新型产业发展、贸易和资本流动等。碳中和的国际合作和竞争是未来国际社会最主要的发展大潮和活动，国际新秩序也会在碳中和转型中极其宽广、深刻和结构性的“范式转变”中诞生。

国际共识形成和碳中和国际治理

国际关注气候变化始于 1992 年联合国气候变化会议，之后 1995 年签署《联合国气候变化框架公约》，1997 年签署首个初步框架协议《京都协议书》，都是碳中和起源的重要节点。此后，直到 2007 年才把十年前的协议做成了路线图，即《巴厘岛线路图》。巴厘岛会议谈清楚基本的概念，达成初步的协议。但 2009 年哥本哈根会议失败，没能达成协议。2010 年《坎昆协议》和 2010 年《德班平台》两次会议规模较小，只有近 50 个国家参加，也未取得很大的成功，都在努力达成协议，却未能在整体框架达成协议。直到 2012 年在多哈达成《京都议定书多哈修正案》，才把《京都协议书》落实[①]。

2015 年巴黎气候变化大会是国际关于气候变化共识的重要里程碑，近 200 个缔约方在巴黎达成了全球共识的《巴黎协定》。该协定将气候变化目标量化，提出了面向 21 世纪中叶的气温目标，即比工业革命时期上升 2℃和 1.5℃的目标。《巴黎协定》提出七个基础框架：一是减缓，包含自主贡献特征、登记等；二是市场，包括合作方法和机制等；三是适应；四是资金；五是技术；六是能力建设；七是透明度。这七个基础框架形成了七个主要的机制，即国家自主贡献机制、可持续发展机制[②]、技术开发和转让机制、增强行动和资助的透明度的框架、应对气候变化的全球总结模式、敦促执行和遵守协议的机制、资金机制与零碳金融。这七个基本原则和机制构成了全球气候治理的基本框架，

---

① United Nations Climate Change. History of the Convention［EB/OL］. https://unfccc.int/process/the-convention/history-of-the-convention.

② United Nations (UN). Paris Agreement［R］. 2015.

《巴黎协定》也标志着全球气候治理机制进一步演化为碳中和全球治理机制。但五年后再看，落实情况并不乐观：一是自主贡献和监督落实不匹配；二是资金与技术很少落实，发达国家承诺了每年 1 000 亿美元的资金一直没有落实，发达国家对发展中国家的能力建设也未落实。

2021 年格拉斯哥会议最终完成了《巴黎协定》实施细则，提出《格拉斯哥气候协议》，成功地解决了各国在减排分配方面的冲突，通过建立“承诺和审查”体系，消除国际气候合作的一个最关键的障碍，以国家自主贡献代替总体减排目标，开启“自下而上”的气候国际治理模式。2021 年的《格拉斯哥气候协议》更加细化：第一，把气候变化从碳排放扩展到广义温室气体排放，将甲烷等也包括在排放目标中；第二，同意了南非提出的国际公正转型，有了补偿概念；第三，确立碳排放交易新规则，即减排信用额度归属地由出售国决定，避免减排重复计算，为清洁发展机制下的碳信用设立过渡期，避免碳价冲击。会议也提出一个国家可通过资助另一个国家的温室气体减排项目来实现其排放目标①。会议提出推动全球碳交易市场，一旦全球碳交易市场形成，那就是国际规则，“不再是一国自己做主了”，而且碳交易市场不完全由经济利益主导，政治和国际利益也包括其中。但在具体碳资产框架上，会议也有争议，例如是否做全球统一的 ETS，拜登政府对此就持否定意见。《格拉斯哥气候协议》把《巴黎协定》的七个基础框架的“国际性”向前推了一大步，推动全球往前走，也使得参与规则制定特别重要。

2021 年达成的《格拉斯哥气候协议》对金融做了诸多安排，大

① UNFCCC. Glasgow Climate Pact [R]. 2021.

力推动全球化的零碳金融发展，450 多家金融机构承诺拨出超过 130 万亿美元用于实现经济的脱碳转型。会议基本形成气候投融资概念，尽管这一概念还很模糊，如何运行与实施还未知，但给了企业和商界空间去开放竞争。政治层面尚未解决的资金不够、分配不均、最脆弱国家和最穷国家还未得到气候变化融资等问题都会由市场机制和企业参与解决。

全球碳中和转型也面临巨大的风险，波动不可避免，因此须提前布局全球碳中和转型风险管理，需要有全球的国际机构来管理这一转型风险，形成全球的监督机制，通过约束国家行为进而约束市场和企业的行为。IMF 于 1944 年成立，任务是维护全球金融稳定，包括资本流动、汇率安排，一国国际收支平衡等金融风险，IMF 维护全球金融稳定的一个重要工具是“第四条款督察”，每年派出 IMF 的团队到成员国对该国宏观经济稳定观察、检查和监督，一年两次，每年出具一份“宏观经济督察报告”，并向全球公布。在全球碳中和转型中，IMF 现在开始做气候变化相关金融风险督察，将气候变化风险放入其所做的宏观模型中进行考察和分析。IMF 同时在其专项“金融稳定报告”中引入气候变化风险，进行金融稳定评估。一旦宏观和金融督察框架运行起来，国际治理的监督就落到了实处。

碳中和规则和贸易国际合作与竞争

在宏观的国际治理机制框架和压力下，碳中和国际合作和竞争开始了，主要在规则、标准、贸易、金融和科技这五个领域。国际合作和竞争既包括国家之间的战略和规则合作和竞争、不同市场之间的合作和竞争，也包括企业间的合作和竞争。碳中和是一个创新和发展的过程，产品和规则都在动态演变发展中，所以也包括一个更高的维度，即企业和国际规则的合作和竞争。

欧盟和中国都定义了各自的绿色分类，墨西哥、英国、格鲁吉亚、南非和孟加拉国等国将欧盟的分类方案视为基准，计划采用当中的若干标准和指标。2021 年 11 月，中欧共同牵头通过可持续金融国际平台（IPSF）发布《可持续金融共同分类目录》（Common Ground Taxonomy），旨在提供一套中欧共同的分类标准，提高现有各种分类标准的兼容性和互操作性，并为其他地区提供参考[①]。

另外，还有产业标准和国际标准。产业标准由科学碳目标倡议组织[②]（SBTi）制定，率先起草基于科学目标的企业和行业净零标准——SBTi 净零排放标准，成为世界上首个可信的企业净零排放框架。在建筑、化学、水泥、信息通信技术、油气、电力、钢、交通、铝、航空、服装鞋类、金融机构等 13 个行业分类中，已率先完成服装鞋类、航空、金融机构、信息通信技术和电力 5 个重要行业的科学减碳目标指导的制定[③]。英国标准协会（BSI）主导制定“我们的2050世界”（Our 2050 World）公开协作计划，将制定国际标准支持全球公司、组织和城市等非国家行为者推进实现净零碳排放目标的进程，要求签署者在制定新标准或修订现有标准时纳入关键的气候素。该计划由 BSI 带领，参与方包括国际标准化组织（ISO）、OECD、“奔向净零”

① IPSF. 共同分类目录报告——减缓气候变化［R］. 2022.

② 科学碳目标倡议组织，由碳排放披露项目（CDP）、联合国全球契约组织（UNGC）、世界资源研究所（WRI）和世界自然基金会（WWF）联合组建。

③ Science Based Targets: https://sciencebasedtargets.org/.

倡议、科学减碳倡议组织和联合国气候变化框架公约[①]。

碳中和贸易的合作与竞争正在展开。全球贸易额45万亿美元，占全球GDP的40%，目前全球尚未形成跨国间衡量碳排放量的协调一致的标准和方法论，并且没有统一的认证体系。WTO在推动建立全球统一的碳排放衡量和认证体系，但进展极为缓慢，目前尚无国家与WTO就此合作落实实质性建设。但是欧洲一些国家已经推出欧盟碳边境调节机制，即试图在贸易领域建立新的规则。由于目前很多发展中国家出口较多高碳产品，碳边境调节机制将改变目前的全球贸易结构、流向和贸易总量。碳中和引发对锂、镍等稀有金属需求的大幅上升需求，这些稀有金属会成为未来的“主要大宗商品”，因而稀有金属的国际合作和竞争也会进一步加强。石油在中东，锂在阿根廷、智利、玻利维亚和澳大利亚等地区，如今已经开始出现增加上述稀有金属出口关税和资源国有化的现象，新的稀有金属贸易合作竞争格局正在形成。

国际零碳金融的合作与竞争

金融在碳中和转型过程中发挥着核心作用。格拉斯哥气候变化大会中，金融是一个主要议题，会议对零碳金融标准制定、私人资本投融资活动、国际零碳债券市场发展、金融机构零碳联盟等提出了初步设想和倡议。零碳金融已成为碳中和国际合作和竞争的最主要领域和前沿阵地，国际竞争也已经开始。国际合作和竞争主要围绕零碳金融

① our 2050 world: https://our2050.world/.

标准制定、零碳金融资金流动，以及金融监管机构和金融机构之间的交流、合作和开放等方面展开。

在政府公共部门层面，各国央行、财政部、金融监管机构和发展金融机构（DFI）的国际合作不断加强。共同探讨全球金融体系中货币政策、财政政策以及政策银行等在零碳经济转型中面临的现实挑战和作用，支持落实《巴黎协定》和可持续发展目标。2017 年，八个发起国机构组建 NGFS，如今已扩展到 121 家成员机构，成为最具国际影响力的央行绿色金融合作平台之一①。2019 年成立的财政部长气候行动联盟（CFMCA），成员国从 60 家增加到 80 家，提出六条赫尔辛基原则，协调各国财政政策与《巴黎协定》一致、调动私人部门资金参与气候融资②。国际发展金融俱乐部（IDFC）和多边开发银行集团（MDB）2017 年发布联合声明，共同引导 DFI 发挥扩大投融资支持实现净零的关键作用③。

在碳中和转型中，金融先行，而在金融中，披露先行。这是特别重要和基础的国际合作与竞争。披露会根据资产的碳含量改变资产定价，因此，改变企业、个人甚至国家的资产负债表，是特别重要和敏感的基础工作。金融稳定委员会（FSB）于 2015 年成立 TCFD，开启全球首个由非政府机构主导的信息披露框架与规则制定行动，至

---

① Network for Greening the Financial System (NGFS): https://www.ngfs.net/en.

② Joint IDFC-MDB Statement: Together Major Development Finance Institutions Align Financial Flows with the Paris Agreement: https://www.idfc.org/wp-content/uploads/2019/11/one-planet-summit-joint-idfc-mdb-statement.pdf.

③ CBI. Implementing Alignment with the Paris Agreement: Recommendations for the Members of the International Development Finance Club［J］. Climate Policy Initiative & I4CE, 2019.

2022 年 11 月已获得来自 101 个国家的 4 000 家机构支持，广泛地推动了《巴黎协定》一致的信息披露行动[①]。IFRS 也由此成立了一个 6 人的名人小组，推进成立一个和现行国际会计披露准则并行的可持续会计披露准则董事会。我也是这个小组的成员之一，参与讨论，时时感受到在披露准则领域的各国之间、发达国家和发展中国家之间的合作与竞争。现在这个新的理事会——ISSB 已经成立，并开始制定一个更通用、更全面的国际准则来取代 TCFD，建立一个全球统一的金融披露标准。

在企业私人部门层面，国际倡议正快速而广泛地推动金融机构、实体经济、投资者等非政府主体以公私合作或联盟形式转向净零行动。2019 年联合国气候行动峰会上提出"奔向净零"竞赛（Race to Zero），开启了全球碳排放净零运动新篇章[②]。截至 2022 年 9 月，非国家实体参与成员已达 11 309 家，包括 8 307 家企业，595 家金融机构，成为目前全球最大规模的零碳承诺联盟。2021 年在格拉斯哥会议上成立了 GFANZ，整合已有的净零银行、净零保险、净零资产管理等 7 个联盟，成员来自六大洲 50 多个国家，包括 550 多家主要私营金融机构和主要金融服务提供商，管理超过 130 万亿美元资产，在全球资产占比约 40%[③]。联盟承诺其成员管理的资产将科学实现净零碳排放，重塑全球金融体系为零碳经济融资，最终推动全球经济实现净零排放。还有其他零碳金融相关倡议，如提供资产分类方式和数据

---

① Task Force on Climate-related Financial Disclosures (TCFD): https://www.fsb-tcfd.org/.

② United Nations Climate Change. Race To Zero Campaign [EB/OL]. https://unfccc.int/climate-action/race-to-zero-campaign.

③ Glasgow Financial Alliance for Net Zero (GFANZ): https://www.gfanzero.com/.

资源用于量化融资排放的碳会计财务伙伴关系（PCAF），气候变化机构投资者组织（IIGCC）为全球投资机构开发净零投资框架的巴黎一致投资倡议（PAII），气候变化投资人联合倡议的“气候行动 100+”（Climate Action 100+）等，从行动承诺、融资排放披露、情景分析、目标设定、实施行动和报告等方面提出一致性原则和框架①，也反映了业界对零碳投融资、标准、规则、指引、实施等的巨大需求。

投资金融机构推进可持续发展原则——ESG，越来越多的投资机构开始讨论和落实 ESG，这逐渐成为全球投资界的共识。新成立的“气候行动 100+”从投资人角度设置全球净零企业基准，截至 2022 年 6 月，其签署了 700 多家投资者，总资产管理规模达 68 万亿美元，要求占全球工业碳排放量 80% 的 166 家上市公司公布其实现 2050 净零排放的计划，并每年按净零排放企业基准从短期、中长期排放目标，气候治理和 TCFD 报告等关键方面对公司进行评估。通过金融行动，推动和倒逼企业迈向碳中和②。

在全球零碳金融合作日益广泛时，各国和各金融机构也意识到零碳金融的“范式转变”将产生巨大的制度改革、市场变革和经济利益，是新的世界金融业发展的前沿和制高点，也是金融业未来长期繁荣的重要发展机遇。在新模式的探讨中，各国都把确保本国利益和金融机构利益放在首要位置，先期占领碳中和转型的前沿。零碳金融国际竞争主要体现在国家战略和市场发展的规则制定方面。在国家战略支持上，从国家高度为碳中和目标提供前瞻的制度保障是国际竞争的重要前提。英国政府 2019 年发布绿色金融战略，重申英国在绿色金

① SBTI. Financial Sector Science-Based Targets Guidance［R］. 2022.

② Climate Action 100+: https://www.climateaction100.org/.

融国际领导者的承诺，2020年发布绿色工业革命十点计划，提出推动英国经济的零碳转型，2021年发布绿色金融行动路线图和绿色融资框架，并将持续更新绿色金融战略以配合2050年的实体部门转型路径[①]。美国自拜登政府上台后也发力推出绿色和可持续发展金融法规，2019年提出绿色新政，2021年提出用“全政府方式”应对气候变化的策略，2022年推出的《降低通胀法案》（IRA）标志着美国大步跨入清洁能源竞赛，提出未来10年的可再生能源生产消费补贴、清洁能源转型投资和税收抵免，以前所未有的金融规模支持降低温室气体排放，显示了其加入净零转型竞争的雄心[②]。欧盟在2018年发布了《欧盟可持续金融行动计划》，2021年发布可持续金融战略，扩展可持续金融标准和标签，支持向可持续发展和分阶段过渡提供资金[③]。

欧美国家通过积极牵头组建公私联合或民间联盟，深化关系网络，努力在财务信息披露、标准制定、行业规划等领域成为全球净零转型的引领者。欧盟在全球气候和可持续发展金融规则制定竞争中处于领先地位，针对绿色分类标准、绿色金融产品标准、信息披露、金融市场监管等主要方面制定了方案。墨西哥、英国等国将欧盟的《可持续金融分类方案》视为基准，而中欧联合发布的《可持续金融共同分类目录》提高现有各种分类标准的兼容性和互操作性，可为其他地

① GOV. UK. Green finance strategy [EB/OL]. https://www.gov.uk/government/publications/green-finance-strategy.

② The White House. Inflation Reduction Act Guidebook [EB/OL]. https://www.whitehouse.gov/cleanenergy/inflation-reduction-act-guidebook/.

③ European Commission. Overview of sustainable finance [EB/OL]. https://finance.ec.europa.eu/sustainable-finance/overview-sustainable-finance_en.

区提供参考。英国的绿色金融行动路线图主要聚焦信息披露领域，目标是将英国打造成为全球可持续相关披露标准的领导者，力争保持在全球净零转型的前列。

从企业和市场行为来看，迅速增加的各类联盟和倡议主要由不同的国际组织或西方民间机构发起，以企业主动承诺的形式加入，其约束力较弱，还没有形成可普遍接受的框架以及对承诺实施进展的衡量，但发起方的先发优势可以获得有利的规制话语权。TCFD 支持 IFRS 制定全球可持续信息披露标准的原则，其工作组成员多来自美国、日本等国家及欧盟的大型金融机构，更多地代表了发达国家的诉求。2015 年世界资源研究所、世界自然基金会等联合发起的 SBTi，旨在为全球包括金融行业在内的企业设定科学减碳目标和零碳转型路径提供指导，在国际上已受到部分认可，如国际资本市场协会（ICMA）报告推荐可选择 SBTi 作为信息披露的依据之一，TCFD 报告中也提到 SBTi 提供了符合有效披露的有用信息[①]。

欧盟的碳中和国际合作与竞争战略

欧盟在推动碳中和转型中走在前沿，强调国家和法律的规范作用和市场的积极功能。欧洲的目标是 2050 年实现碳中和，特别是在电力、工业、交通、建筑、农业等方面，欧洲在 1990 年就实现了碳达峰，就开始逐渐制定相应的碳中和规则，通过各种立法，例如《欧洲绿色新政》《欧盟工业政策》《欧盟气候法案》《公平转型机制》等

① ICMA. 气候转型金融手册［S］. 2020.
TCFD. 关于披露与气候相关的指标、目标和转型计划［R］. 2021.

法律和细致的规章制度来推动碳中和①。在全球碳中和合作和竞争中，欧洲利用其历史、文化、政治、体系优势主导碳中和规则制定，并推广其法律和规则至全世界形成全球标准。

欧洲利用现有政治和制度框架，系统性地全面综合制定碳中和战略。政府制定战略和框架，框架内各个经济主体开始行动，市场机制和政策机制相互配合。欧洲制定了 Fit for 55，计划在 2030 年实现碳排放减少 55% 以上就是一个综合战略②。规划要求保证社会公正和公平的过渡，保持欧洲工业创新与竞争力，确保公平的竞争环境。在经济领域，欧洲也提出一系列政策，主要是资源和循环经济，循环经济可以节省 25% 左右的碳排放。在工业领域，欧洲要把预算的 25% 用于气候变化，通过交通、就业、福利保障、城市规划等方方面面来推动碳中和。

欧盟的长期战略有七条战略路线。第一，提高能源效率，欧盟研究表明，提高能源效率可以减少碳排放的 22%~28%。循环经济和提高能源效率其实是降低碳排放最重要的工具和渠道，提高能源效率是涓涓细水，而不是靠大规模的投资，例如建筑能源效率提升对欧洲而言特别重要。第二，清洁能源。第三，交通，不仅涉及汽车，还有水陆和航运。第四，循环经济，欧洲老工业基础好，能够做好循环经济。第五，互联网和基础设施建设。第六，利用生物经济创造碳汇。第七，碳捕捉技术，全世界都很重视碳捕捉，欧洲尽可能利用原有产业体系，

---

① European Council Council of the European Union. Climate neutrality [EB/OL]. https://www.consilium.europa.eu/en/topics/climate-neutrality/.

② European Commission. Fit for 55 [EB/OL]. https://www.consilium.europa.eu/en/policies/green-deal/fit-for-55-the-eu-plan-for-a-green-transition/.

提升效率，减少排放，并从微观企业做起，没有大规模的投资。

欧洲重视碳中和科技发展。英国布局海上风电、氢能、核电、汽车、碳捕捉等，并在储能方面迅速发展。丹麦的优势是碳捕获与绿色燃料。德国重点推进氢行动计划，氢产业走在全世界前沿，氢是其国家计划，德国正在构建全新的氢能产业链，并希望能供应全球。法国现在重点支持工业脱碳。在产业分工上，德国是终端设备制造工业大国，法国是初始材料工业大国。

美国碳中和国际合作与竞争战略

美国与欧盟的战略很不一样，欧盟相信国家、规则和金融，美国则相信科技、市场和政策推动。拜登政府上台后就在加大政府作用，实施碳中和产业政策，提出用举国之力来推动碳中和。拜登将气候变化视为国家安全的核心优先事项，提出绿色国家安全战略，以 2050 年碳中和为目标推进国内低碳经济转型，对外以气候外交为抓手强化全球领导力和影响力，具体目标是让电力、制造、交通、汽车、建筑五个行业实现零碳，重点推动储能、可再生能源制氢、零碳建筑、下一代核能、电动汽车、碳捕捉等技术创新。

2022 年 8 月 16 日，美国《通胀削减法案》正式签署生效，并计划 2023 年开始执行，能源安全和气候变化是该法案的核心领域，其实是实现碳中和的产业政策[①]。例如光伏产业，十年前美国的本土光伏产品占美国国内市场的比重是 62%，现今是 11%，剩下 89% 主要

① Bordoff, Jason. America’s Landmark Climate Law [J]. Finance & Development, 2022.

是中国光伏产品。此法案中包含了大量针对光伏发展的补贴政策，遏制中国和欧洲光伏产品进入美国市场。《通胀削减法案》鼓励消费者使用美国企业生产的光伏发电产生的能源，激励消费者购买使用清洁能源产品，为购买清洁能源车提供补贴，给予消费者超 88 亿美元补贴，向消费者提供住房使用清洁能源以及能源效率提升税收补贴。

美国鼓励本土企业投资生产光伏组件，给予光伏投资税收减免。鼓励创新，国家实验室和企业的碳中和技术创新几乎全免税。通过国防法案拨款，提供关键原材料专门发展生物质电池，对汽车改造、对全国新建的能源汽车工厂提供贷款补贴。美国做出一些具体的部署，如计划花费 300 亿美元重建电网，大电网和私人电网并行是未来的发展趋势。

美国选择的路径是科技和市场。美国政府采用的战略是抓需求，支持科技发展和激发需求，供给则交给市场；政府也提供补贴，例如计划投入 58 亿美元对工业重新布局，但基础是市场，核心是竞争，加强统筹治理。相对而言，欧洲以规则制定为制高点，自上而下引领社会推动碳中和。美国则自下而上，从科技和企业入手推动碳中和。美国重视碳中和技术攻关：一是负碳技术，也就是碳捕捉技术；二是长时储能技术，要将储能时间超 10 小时系统成本降低 90%，其考虑所有类型的储能技术，包括电化学储能、机械储能、储热、化学储能，以及任何可满足电网灵活性所需的技术组合；三是氢能攻关，目标是十年内将清洁氢成本降低到 1 美元 / 千克；四是合成燃料技术，飞机必须用合成燃料，合成燃料基本上就是汽油，也就是碳氢化合物，由捕集的二氧化碳和水合成。燃烧合成燃料不会向大气中排放新的二氧化碳。美国科技委员会主席提出一些新技术的经济目标，例如碳捕捉达到100%，发展可控核聚变，实现每千瓦时1美分的成本发电，等等。

在国际合作和竞争方面，美国意识到欧洲要抓规则制定的制高点，也不甘落后，提出“环境正义”概念，即碳中和下国际产业和贸易竞争的代名词。在格拉斯哥会议期间，美国提出了一系列的倡议，包括甲烷、森林、排放、1.5℃等目标，都是要重新夺回碳中和转型的国际主导权。美国提出建立一个全球碳排放的测度系统，用传感器、红外线、卫星遥感等，实时监测全球各国、地区和企业的碳排放。

中国积极参加碳中和国际治理，加大国际合作和开放

中国的经济规模、技术优势和发展理念，决定了其必将成为全球碳中和的核心参与者和引领者，并推动建设共赢的国际治理体系。推动全球碳中和是中国加大与世界合作、学习世界经验、分享中国理念、履行大国责任、推动构建人类命运共同体的历史机遇。中国一直在国际社会中主动承担并积极履行应对气候变化国际义务，积极推进和深入参与全球可持续发展和气候变化治理，在多边框架下重视金融领域的国际合作和竞争，为全球零碳金融贡献中国倡议和中国方案。

中国人民银行、财政部和金融监管机构主动参与零碳金融国际合作，走在全球前列，主动引领和积极参与多双边平台及合作机制，推动国际合作开展绿色金融 / 可持续金融议题，多项合作研究成果形成国际共识。2016年中国在担任G20主席国期间倡议设立了由中国人民银行和英格兰银行共同主持的绿色金融研究小组，2017年中国人民银行与法国央行等共同发起创立NGFS，2019年与欧盟等8个成员

经济体共同启动 IPSF，2021 年恢复中国人民银行和美国财政部联合主持的 G20 可持续金融研究小组。同时，中国绿色金融的领先发展也为其拓展零碳金融国际合作打下了良好基础，积极与世界银行、亚洲基础设施投资银行、亚洲开发银行、新开发银行、全球环境基金、绿色气候基金等国际金融机构和机制合作，创新实践模式。

中国倡导鼓励企业参与零碳金融的国际合作，规范金融机构和企业在境外的投融资活动，推动其积极履行社会责任，有效防范和化解气候风险。推动更多的中国金融机构支持零碳金融的国际倡议，不断完善气候信息披露体系，落实巴黎协定和联合国可持续发展目标。截至 2022 年，中国已有 23 家银行签署负责任银行原则（PRB），成为联合国环境署金融行动机构（UNEP FI）的成员，有 55 家机构支持 TCFD，其中包括工商银行、中国银行等 26 家大型金融机构，共同支持中国的金融实践与国际标准相融合，为实现 SDGs 及巴黎协定目标贡献中国力量①。

中国大力发展以绿色债券为代表的碳金融市场，拓展零碳金融市场的国际化。中国上交所和深交所早在 2017 年就加入联合国的可持续发展交易所（SSE）倡议，既支持我国实现“双碳”目标，也提升其在国际资本市场的影响力和竞争力。2019 年上海证券交易所与卢森堡证券交易所完成签署“绿色债券信息通”合作协议，为资本市场绿色金融国际合作提供了新范例。作为全球第二大绿债市场，中国联合欧盟出台《可持续金融共同分类目录》，提供了缩小中国与国际标准差异的范例，将进一步支持扩大绿债的境外市场发行，壮大中国绿

① UN environment programme finance initiative. Principles for Responsible Banking [EB/OL]. https://www.unepfi.org/banking/bankingprinciples/.

债的规模和占比[①]。我国还具有全球最大的碳市场，2021 年 7 月全国碳排放权交易市场启动，未来将不断加强与全球碳市场的合作，协调机制差异，推动气候投融资发展。

中国应更加积极地参与全球气候谈判和国际规则制定进程，包括：（1）推动各方减碳和环境相关信息披露的基本方法及标准的国际趋同；（2）促进零碳政策的国际可比性、兼容性和一致性；（3）消除环境贸易的非关税壁垒，参与碳中和贸易新规则制定和协调碳边境调节税；（4）发展和协调国际碳定价机制，支持碳市场和抵消机制建设，连接跨境碳交易市场；（5）建立具有韧性和适应性的全球系统，加强早期预警系统以及灾害风险的准备和应对等。

中国还应推动全球科技合作，投资建设科技研发中心，开展联合技术研究，扩大开发合作，促进跨境重大科技突破转移、渗透和转化，开展开发、融资支持、部署和共享低排放技术和配套基础设施，包括：（1）煤炭向清洁能源的全面转型；（2）全球低碳技术科研和科研政策合作；（3）积极参与全球气候科学的合作，促进减排目标共识的形成；（4）投资建设联合科技研发中心，扩大开发合作，促进跨境重大科技突破转移、渗透和转化；（5）开发和共享低排放技术和配套基础设施；（6）共同努力保护自然资本[②]。

---

① CBI. 中国可持续债券市场报告［R］. 2022.

② Stern N, Xie C. China's 14th Five-Year Plan in the context of COVID-19, Rescue, recovery and sustainable growth for China and the world［J］. London: Grantham Research Institute on Climate Change and the Environment, London School of Economics and Political Science, 2020.

Stern N, Xie C, Zenghelis D. Strong, sustainable and inclusive growth in a new era for China［J］. Working Paper, London School of Economics and Political Science, 2020.

中国积极支持“一带一路”和发展中国家的低碳零碳发展和能力建设，推动制定“一带一路”共同的绿色金融标准，鼓励金融机构支持“一带一路”和“南南合作”的低碳化建设，助力“一带一路”国家绿色低碳转型，承担大国责任。2017 年中国领导人倡议发起成立“一带一路”绿色发展国际联盟（BRIGC），推进“一带一路”绿色发展合作的政策对话和沟通，推动绿色基础设施建设、绿色投资与贸易的发展[①]。2018 年中英两国共同发布“一带一路”绿色投资原则（GIP）国际倡议，与联合国负责任投资原则（PRI）相互补充，倡导用金融支持绿色“一带一路”建设，截至 2022 年 9 月，全球已有来自 17 个国家的 44 家签署机构和 14 家支持机构[②]。2019 年，中国财政部制定和发布了《“一带一路”债务可持续性分析框架》，为多边开发融资合作提供了重要的配套政策工具。

面向未来，中国深度参与国际零碳金融建设的起点是构建符合中国碳中和目标的零碳金融体系，方向是为实现全球气候目标贡献负责任发展中大国的实践和创新经验，在国际合作中提出中国方案、中国倡议和全球发展倡议，助力达成包括发展中国家在内的全球零碳目标，也在这一过程中支持开放、共享，助力中国建设社会主义现代化强国实现第二个百年奋斗目标。

总结

碳中和从一开始就是全球的和人类共同的目标和命运，是世界利

---

① 一带一路绿色发展国际联盟：http://www.brigc.net/.

② Green Investment Principle (GIP): https://gipbr.net/.

益的本质和未来的连接方式。任何规则、技术和政策的变化都会震动世界的每一个角落，全球生产贸易、消费行为、组织机制、价值定义都会在碳中和的框架下重新调整。碳中和已经成为各国国际合作和竞争的制高点。同时在碳中和的世界里，必须具有全球的立场和视野，这是思考碳中和的一个特别重要的维度。拥抱世界，参与合作，参与竞争。

跋

本书的设想起源于一个面向企业家、投资人的碳中和培训。20多位碳中和相关领域的专家精心备课，精彩讲授，帮助参加者改变思维方式，看到未来，看到碳中和的新世界，看到碳中和的颠覆，看到碳中和发展的巨大的机遇和挑战，看到碳中和的长潮和大浪。专家都是业内翘楚，有深厚的理论基础，有对碳中和领域的丰富实践，有对碳中和世界的本质的热爱，倾力传授。课堂上，老师侃侃而谈，学员勤奋记笔记，不时有手高高举起，讲课随即进入讨论。课后，大家围着老师提问、讨论、要微信核数据。授课堂堂精彩，讲者忘我，学者如痴如醉，课题延伸之间，碳中和转型视角成为参加者战略决策中重要的维度。我有感于如此精彩的内容不应局限于课堂，而当惠及更多有识之士，故不揣冒昧提议将老师们的讲义结集出版。这一想法得到老师们的热烈响应，每位老师都在课后都不辞辛劳地阅稿、改稿，字斟句酌，让讲课语言观点明晰、逻辑严谨、专业准确，力求行文流畅，阅读起来一气呵成。衷心感谢各位老师及其团队的付出与配合，我国碳中和各领域顶尖专家十数年的思想结晶才得以在如此短的时间内问世。

本书的出版，要感谢郑卫华全面的项目管理支持，从与出版社的沟通，到初稿编辑的稿件编撰，再到推进团队成员与每位老师及其团队的沟通确认，都有赖于她高效的统筹组织和出色的多线程任务管理能力。正是她卓越的管理，使得参与各方在时限前高质量完成任务。感谢巩冰、张娓婉、韩绍宸、郑重阳、李长泰、潘泓宇、郑卫华，作为初稿编辑，他们把老师的讲课稿和讲义教材编撰成文字稿件，去除口语化的表达，对必要的专业概念、术语加以标注，从读者的角度出发，梳理成章节。感谢郑卫华、丁羽茜和黄昭辉，就版权授予、稿件确认等事宜与每位老师及其团队细心、耐心地反复沟通。

感谢中译出版社的乔卫兵社长，他慧眼如炬，在市场上已有多种碳中和书籍的情况下发现本书的独特价值，不遗余力地推动本书的出版。感谢中译出版社本书策划编辑朱小兰、刘炜丽、任格、朱涵，文字编辑王海宽、苏畅、王希雅，他们就本书的学术规范、稿件组织、遣词用句等给了非常多的指导和建议，并竭尽全力确保本书的出版进度始终在时限之前。

最后，感谢本次培训的主办方王京伟先生，他的支持让本书从一个设想变为现实。更要感谢参加此次培训的企业家与投资人们，感谢他们在学习过程中的认真、执着、开放、交流。正是他们的投入，营造了良好的课堂氛围，激发了老师们的创造力。没有他们的参与，本书不可能完成。

当然，本书该由我负责。我在此等待诸位读者的阅读和批评指正。

朱　民